图书在版编目（CIP）数据

北运河流域特色小镇建设研究 / 毛巧晖等著 . —北京：学苑出版社，2022.10
ISBN 978-7-5077-6525-0

Ⅰ.①北… Ⅱ.①毛… Ⅲ.①运河—流域—小城镇—城市建设—研究—中国 Ⅳ.①F299.21

中国版本图书馆CIP数据核字（2022）第198641号

责任编辑：陈　佳
出版发行：学苑出版社
社　　址：北京市丰台区南方庄2号院1号楼
邮政编码：100079
网　　址：www.book001.com
电子信箱：xueyuanpress@163.com
联系电话：010-67601101（营销部）、010-67603091（总编室）
印　刷　厂：英格拉姆印刷(固安)有限公司
开本尺寸：710mm×1000mm　　1/16
印　　张：21.5
字　　数：350千字
版　　次：2022年10月第1版
印　　次：2022年10月第1次印刷
定　　价：128.00元

■ 北京市文学艺术界联合会组织编纂

北运河流域
特色小镇建设研究

毛巧晖　王卫华　张青仁　王文超　著

学苑出版社

目 录

"北运河流域民俗文化普查活动及民俗志编纂"项目影响力
评价报告（代前言） ································· 1
  一　导言 ································· 1
  二　项目的社会影响分析 ················· 2
  三　项目意义 ····························· 9
  四　工作经验 ····························· 9
  五　2022年工作规划 ···················· 10

绪　论　民俗赋能乡村建设 ···················· 001
  一　民间文化与"乡治" ················· 001
  二　乡村文化运动与延安时期的农村建设 ···· 010
  三　"文化下乡"与社会主义新农村建设 ····· 019

第一章　张家湾特色小镇的建设 ················· 028
第一节　张家湾特色小镇建设的政策与规划 ······· 029
  一　政策规划中的张家湾特色小镇建设 ······ 030
  二　张家湾古镇建设中的文化传统与协同发展理念 ···· 034
  三　张家湾设计小镇建设中的工业文化与产业升级需求 ···· 040
第二节　张家湾古镇建设实践与问题反思 ········· 046
  一　"漕运古镇"与张家湾的运河文化传统 ··· 047
  二　"红学载体"与张家湾的口头叙事资源 ··· 058
  三　"京郊集镇"与张家湾的商业空间建构 ··· 065
  四　"公社典范"与张家湾的集体劳作记忆 ··· 072

第三节　张家湾设计小镇建设实践与问题反思 ………… 078
　　一　"工业遗产"的蜕变重生：张家湾设计小镇的打造 … 079
　　二　"文化传统"的再度复兴：公共艺术空间的介入 …… 088
　　三　"文化景观"的未来愿景：文化共同体的凝铸 ……… 095

第二章　西集生态休闲小城镇 ………………………………… 098
第一节　西集"生态休闲小城镇"的发展基础与建设实践 … 100
　　一　"人、地、水"和谐共生的建设理念 ………………… 101
　　二　利用自然资源优势，发展绿色生态产业 …………… 107
　　三　深掘地方历史人文底蕴，厚植乡风文明 …………… 110
第二节　"传统农业"与"乡村民宿" ……………………… 114
　　一　西集特色小城镇建设与民宿发展的机遇 …………… 115
　　二　"田里花间"的发展历程 ……………………………… 121
　　三　"田里花间"的身份赋能 ……………………………… 129
第三节　"乡土文学"与"文化记忆" ……………………… 135
　　一　刘绍棠乡土文学的创作特点 ………………………… 136
　　二　刘绍棠作品的地域文化符号 ………………………… 141
　　三　刘绍棠作品的当代价值与资源转化路径 …………… 146

第三章　艺术乡建与台湖演艺小镇的运作实践 ……………… 153
第一节　台湖镇历史概览 …………………………………… 154
第二节　关于艺术乡建的理论与主张 ……………………… 158
　　一　国外乡村建设理论的背景、历史发展 ……………… 158
　　二　国外乡村建设实践经验 ……………………………… 164
第三节　台湖的民俗传统与非物质文化遗产资源 ………… 175
　　一　台湖地区的非物质文化遗产资源 …………………… 176
　　二　台湖民俗文化传统 …………………………………… 180
　　三　台湖地域文化特征 …………………………………… 184
第四节　台湖地区演艺小镇与艺术乡建的过程与实践 …… 186
　　一　北京市和通州区对于台湖演艺小镇的规划与定位 … 187

　　　　二　自上而下的艺术实践 ………………………………………… 191
第五节　通州区台湖演艺小镇建设工作的成效、经验与不足 ………… 199
　　　　一　成效 …………………………………………………………… 199
　　　　二　经验 …………………………………………………………… 207
　　　　三　不足 …………………………………………………………… 212

第四章　宋庄艺术创意小镇的发展实践 …………………………………… 214
第一节　宋庄历史与村落记忆 …………………………………………… 214
　　　　一　镇域历史地理概况 …………………………………………… 214
　　　　二　村落记忆与民俗叙事 ………………………………………… 216
　　　　三　非遗保护、传承与发展 ……………………………………… 219
第二节　宋庄艺术集聚区的形成与生态 ………………………………… 222
　　　　一　宋庄"画家村"的形成 ……………………………………… 222
　　　　二　艺术家与村民的磨合 ………………………………………… 227
　　　　三　宋庄艺术生态的形成 ………………………………………… 233
第三节　"宋庄模式"与艺术乡建 ……………………………………… 240
　　　　一　艺术介入乡村的多元模式 …………………………………… 240
　　　　二　"宋庄模式"的特点及意义 ………………………………… 246
第四节　宋庄艺术创意小镇的新发展 …………………………………… 251
　　　　一　宋庄艺术创意小镇的政策规划 ……………………………… 252
　　　　二　宋庄艺术创意小镇的发展现状 ……………………………… 256
　　　　三　宋庄艺术创意小镇的未来之思 ……………………………… 265

附录 ………………………………………………………………………… 267

参考文献 …………………………………………………………………… 321

"北运河流域民俗文化普查活动及民俗志编纂"项目影响力评价报告

(代前言)

一 导言

(一)项目概况

本项目关注北运河流域传统文化存留及传承情况,对乡风文明、传统伦理道德和价值观在村落社区治理的具体实践进行研究,探索优秀传统文化与现代社会对接、融合的途径,探索文化传承的有效模式,构建有利于现代城乡文明协调的治理框架,增进乡村社会的文化自觉和文化认同。

(二)项目背景

项目于2018年3月正式启动。2018年4月,项目组开展实地调研活动;并于2018年5月18日开启"北运河今昔"公众号,开设"运河历史""运河遗产""运河文化""运河情怀"等栏目,围绕实地调研经历,撰写"调研琐记""调研日志"和"调研工作简报"。2019年,《北运河民俗志·第一卷·基于文献与口述的考察》一书出版;该书在通州区内北运河沿途选择了永顺、潞城、西集、漷县、张家湾作为研究对象,梳理文献和古地图中的北运河流域历史与民俗,对"流域""河流"等水域"空间"的民俗事象进行综合研究。2020年出版的《北运河民俗志·第二卷·图像、文本与口述》展示了"停漕"后的北运河流域村落历史、香会、民间工艺、民间传说的脉络与发展现状,集中考察运河记忆如何跨越地域阻隔,在历史和现实的对话中不断回归传统场域,在历史沉淀中逐渐演化为"中华民族共有的精神家园"。2021年出版的《北运河民俗志·第三卷·民间文学合集》在前两卷的基础上,整理了北运河流域流传的民间故事、民间传说、运河号子、工艺叙事,是一次以运河为研究视点的民间文学和民俗事象的全面梳理。

1. 文献研究

搜集介绍项目区概况的市志、县志和其他反映当地风土人情的相关文献；收集项目区与民间文学相关的文献资料。

2. 焦点团体访谈

针对相对集中的问题，采用焦点团体访谈的方式进行。在项目区，就当地民间文艺保护现状、非物质文化遗产的传承群体等问题对不同机构进行了访谈。

3. 入户访谈

"北运河流域民俗文化普查活动及民俗志编纂"项目涉及通惠河、凉水河与永定河的沿岸居民。在调查过程中，深入家户访谈，了解当地民众的生计模式及民间文艺的传承。

4. 问卷调查

项目组编制了《北运河流域民俗文化普查暨民俗文化志编纂项目调查问卷》。利用"北运河今昔"微信平台，选择能够对本研究提供最大信息量的样本构成调查总体。

表 0-1 项目组调查方法一览表

研究方法	参加人员	调查内容
文献研究	项目组成员	项目相关文献
焦点团体访谈	项目组成员、村民、政府相关部门负责人	当地非遗保护现状、不同群体的传承等状况
入户访谈	项目组成员、村民	当地民众的生计模式及项目可能给其带来的影响
参与观察	项目组成员、村民	运河沿岸民众的社会生活状况及民间文艺的影响
问卷调查	项目组成员、村民	群众对民间文艺活动的参与度及保护意识等

二 项目的社会影响分析

通过对北运河沿线区域文化资源的挖掘、整理、研究、利用，增强了不同文化之间的整合和融合，实现文化遗产的科学保护、利用、传承，增强文化自信，提升中国文化的影响力。本项目通过联系基层民间文艺工作者和普通民众与民俗学者共同完成民俗文化普查，如下表所示，借助报纸、电视、网络以及微信公众平台、微博等新媒体征集家族故事、村落民谷、厂矿史、社区史以及图片资料，促使民众搜集北运河流域民俗文化资源。通过新媒体使参与者与学者互动，调动参与者热情，与学者共同完成普查、民俗志撰写。按照"在保护中发展，在发展中保护"的要求，保护、传承、利用好北运河历史文化资源，以运河文化为引领，深入挖掘北运河民俗脉络和优秀的传统文化基因。

表0-2 "北运河流域民俗文化普查活动及民俗志编纂"项目宣传概况（出版著作）

书籍名称	作者	出版社	ISBN号
《北运河民俗志·第一卷·基于文献与口述的考察》	毛巧晖等	中国戏剧出版社	978-7-104-04769-8
《北运河民俗志·第二卷·图像、文本与口述》	毛巧晖等	中国戏剧出版社	978-7-104-04993-7
《北运河民俗志·第三卷·民间文学合集》	毛巧晖等	学苑出版社	978-7-5077-6276-1
《历历如绘：舆图内外的运河故事》	王耀	学苑出版社	978-7-5077-6262-4

表0-3 "北运河流域民俗文化普查活动及民俗志编纂"项目宣传概况（报纸）

文章题目	作者	报纸名称	刊载时间	级别
《北运河的民俗印迹》	毛巧晖	《中国民族报》	2019年5月10日	国家级
《京杭对话 携手打造大运河文化带》	袁新雨 李如意	《北京晚报》	2019年12月8日	省级
《运河两岸是故乡》	毛巧晖	《文摘报》	2019年12月19日	国家级
《文化想象与地域记忆——谈〈北运河民俗志·第一卷·基于文献与口述的考察〉》	毛巧晖	《中国艺术报》	2019年12月23日	国家级
《作为大运河的重要组成，北运河与北京漕运记忆息息相关》	毛巧晖	《新京报》	2019年12月26日	省级
《〈北运河民俗志·第二卷·图像、文本与口述〉：文化景观与地域认同》	张歆	《中国艺术报》	2021年1月25日	国家级
《"小满江河满"——运河沿岸话"小满"》	毛巧晖	《每日新报》	2021年5月21日	省级
《"大运河文化遗产保护与传承"学术研讨会在京举办》	孙佳丰	《中国艺术报》	2021年12月9日	国家级
《〈北运河民俗志〉：通过民俗学研究成果增强基层文化建设》	邓立峰	《中国艺术报》	2022年2月25日	国家级
《古城张家湾中的文化景观与历史记忆》	杨赫	《中国艺术报》	2022年3月16日	国家级

表 0-4 "北运河流域民俗文化普查活动及民俗志编纂"项目宣传概况（网络）

文章题目	作者	网络平台名称	发布时间
《北运河的民俗印迹》	毛巧晖	中国民族宗教网	2019年5月12日
《北运河的民俗印迹》	毛巧晖	中国民族文学网	2019年5月19日
工作简报"北运河流域民俗文化普查活动及民俗志编纂"项目		腾讯网	2019年5月21日
《北运河的民俗印迹》	毛巧晖	中国民俗学网	2019年5月31日
《热议大运河历史文化研究》	任云兰	中国社会科学网	2019年8月5日
新书推荐《北运河民俗志·基于文献与口述的考察》		搜狐网	2019年9月22日
新书推荐《北运河民俗志·基于文献与口述的考察》		今日关注	2019年9月22日
新书推荐《北运河民俗志·基于文献与口述的考察》		中国民俗学网	2019年10月15日
《北运河流域民俗文化田野调查成果在京发布》		中国新闻网	2020年11月7日

表 0-5 "北运河流域民俗文化普查活动及民俗志编纂"项目宣传概况（期刊论文）

文章题目	作者	刊物名称	期数
《文学想象与地域民俗认同的构拟——基于北京市通州区张家湾"中国红学文化之乡"构筑的思考》	毛巧晖	《暨南学报》（哲学社会科学版）	2019年第4期
《传统工艺的文化复兴与非遗实践》	王文超	《民间文化论坛》	2019年第5期
《中国民间文化中的灾害记忆——基于北运河精怪传说的分析》	王卫华	《内蒙古民族大学学报》（社会科学版）	2020年第5期
《传说中的北运河古桥》	《北运河民俗志》项目组	《北京纪事》	2021年第1期
《桥梁传说与漕运历史》	《北运河民俗志》项目组	《北京纪事》	2021年第1期
《运河记忆与村落文化变迁：以北京通州里二泗小车会为中心的考察》	毛巧晖、张歆	《西北民族研究》	2021年第2期
《古桥传说与运河文脉传承》	王卫华、孙佳丰	《北京联合大学学报》（人文社会科学版）	2021年第3期

续表

文章题目	作者	刊物名称	期数
《民间花会与社会治理——以北京市通州区里二泗小车会为中心的讨论》	毛巧晖、王晴	《社会治理》	2021年第8期
《北运河流域民间文艺资源的传承与转化》	毛巧晖	《美术观察》	2021年第10期
《运河纽带与民族交往交流交融——基于通州北运河流域的田野调查》	张青仁、梁家欣	《西北民族研究》	2022年第1期
《千里运河白浮"源"》	王文超	《北京纪事》	2022年第1期
《北运河流域的帝王传说》	毛巧晖	《北京纪事》	2022年第2期
《护"漕"保"运"火神庙》	杨赫	《北京纪事》	2022年第3期
《北京运河流域多民族的民间花会》	王晴	《北京纪事》	2022年第4期

表0-6 "北运河流域民俗文化普查活动及民俗志编纂"项目宣传概况（研究生学位论文）

文章题目	作者	院校	类型
《庙宇与生活：对通州里二泗村的考察》	李莹	北京师范大学	硕士毕业论文
《非物质文化遗产视域下的张家湾民间花会研究》	王晴	中央民族大学	硕士毕业论文
《丫髻山上的二奶奶——民间传说驱动下的区域认同建构》	杨赫	中央民族大学	硕士毕业论文

表0-7 "北运河流域民俗文化普查活动及民俗志编纂"项目宣传概况（国家社会科学基金项目）

课题名称	姓名	院校	类型
"北运河流域民间文学资源的传承与区域文化建设研究"	王卫华	中央民族大学	一般项目

表0-8 "北运河流域民俗文化普查活动及民俗志编纂"项目宣传概况（微信平台）

开设时间	公众号名称
2018年5月18日	北运河今昔
2019年12月22日	旧瓶与新酒

"北运河流域民俗文化普查活动及民俗志编纂"项目组成员包括中国社会科学院民族文学研究所毛巧晖研究员,中央民族大学文学院王卫华教授,中央民族大学民族学与社会学学院张青仁教授、袁剑副教授,中国社会科学院民族学与人类学研究所王耀副教授,北京行政学院讲师王文超,廊坊师范学院讲师张歆及中央民族大学、中国社会科学院、中国艺术研究院、北京师范大学相关专业的20余位硕士、博士研究生。根据研究方向,形成了四个小组,分别由毛巧晖、王卫华、张青仁、王文超负责。

项目组2021年度工作计划整体完成情况如下:

(一)资料搜集整理

毛巧晖负责的小组搜集《北京市通县地名志》《人类学与流域文明》《寻找失落深山的脚印》《运河史话》《大运河与通州古城》《安徽捻军传说故事》《捻军故事集》《运河》《花儿选》《曹雪芹和香山》《曹雪芹传说故事》《曹雪芹的传说》《曹雪芹西山传说》《运河史话》《蒙古风俗鉴》《神话故事、歌谣、戏曲散论》,以及1963年7月至1966年5月不定期出版的24辑《故事会》部分资料。王卫华组主要搜集北运河流域民间文学文本,查阅多个版本《香河县县志》《中国民间故事丛书·香河卷》及《中国民间故事集成》等,搜集整理香河县内北运河流域流传的风物传说文本,并根据先期搜集的文本,整理北运河流域与精怪相关的内容。张青仁负责的小组主要搜集整理运河号子文本,已经搜集到常富尧关于运河号子的全部底本,并将其转化成文字稿。王文超负责的小组主要搜集通州地区的手工艺叙事,侧重传说和故事,如《鲁班爷与通州塔》《药王爷不治母病的传说》等,目的是为老字号及技艺类非遗故事构建地方历史语境等。

(二)实地调研

表0-9 "北运河流域民俗文化普查活动及民俗志编纂"项目实施调研与举办会议概况

日期	活动安排
2021年3月	赴什刹海周边地区调研运河文化建筑,包括火神庙、汇通祠、郭守敬纪念馆、积水潭京杭运河码头、万宁桥等。
2021年4月	调研大运河广源闸及龙王庙遗址。
2021年5月	调研北运河部分桥梁及镇水兽遗迹;赴妙峰山调研王三奶奶庙;赴通州西集镇调研北京运河古风文化市集;赴永定河妙峰山调研民间花会。

续表

日期	活动安排
2021年6月	参观、调研国家博物馆"千里舟楫"大运河文化展；南护城河陶然亭公园调研端午节；赴通州大运河森林公园调研。
2021年7月	参观、调研首都博物馆"探秘北京中轴线"展览。
2021年8月	赴温榆河沿线红螺寺调研。
2021年9月	赴岔道村调研乡村旅游建设；赴永宁古镇调研。
2021年10月	访谈民俗学家刘魁立先生。
2021年12月2—4日	对张家湾博物馆、里二泗佑民观、三教庙、南街十八个半截胡同、潞县榆林庄的"运河文化展"、西集镇的"田里花间"和"向北"民宿、宋庄的"熊氏珐琅"和"吉兔坊工作室"以及密云区古北口镇古北口村的关帝庙、九龙壁、土地庙、杨令公庙、蟠龙山长城，河西村的清真寺、姊妹楼长城、七郎坟等地进行了田野考察。
2021年12月5—6日	举办"大运河文化遗产保护与传承"学术研讨会。

（三）学术交流

2021年3月至11月组织20余次北运河相关文献整理及田野调研小型交流会，就访谈资料的整理及所拍摄图片的运用进行规范。

2021年11月28日，项目组负责人毛巧晖参加北京师范大学中国社会治理研究院/社会学院召开的"百村社会治理调查"项目工作交流会。

2021年12月2日至6日，"大运河文化遗产保护与传承"学术研讨会在北京举办。本次会议由北京市文联主办、北京民协承办，"北运河流域民俗文化普查活动及民俗志编纂"项目组主持召开。中国民协副主席、北京民协主席、北京大学教授赵世瑜，北京民协副主席石振怀，北京民协驻会副主席、秘书长史燕明出席活动。

2021年12月28日，项目组成员王晴参加中国人民大学信息资源管理学院京城大运河项目组主持召开的"大运河民俗交流会"。

（四）公众号工作

"北运河今昔"公众号作为"北运河流域民俗文化普查活动及民俗志编纂"项目展示阶段性工作成果、推广运河文化研究前沿的重要平台，从2018

年5月13日创建以来,每周更新一次,推送运河文化研究成果(包括论文与专著)。公众号始终坚持以习近平新时代中国特色社会主义思想为指导,深入贯彻习近平总书记关于保护好、传承好、利用好大运河文化的重要批示指示精神,遵循《大运河文化保护传承利用规划纲要》和《长城、大运河、长征国家文化公园建设方案》要求,致力于突显北运河区域民俗文化特征,以大运河文化为背景,服务于京津冀文化一体化建构,促进大运河沿线地区的合作和互动。

截至2021年12月,"北运河今昔"公众号累计发文640余篇,其中原创文章20余篇,现关注人数1400余人,总点击量近5万次。"中国民间文艺家协会""北京民协""民俗学论坛"等民俗学专业内影响力较大的公众号都曾转载"北运河今昔"公众号文章。2021年2月6日以来,改版后的"北运河今昔"公众号已经增添"往期推送""项目动态"等查询功能,以便用户进一步了解项目推进情况及运河文化资源在地方社会发展中的重要作用。

目前,公众号已形成"运河研究""运河故事""每周一书"三个固定板块。此外,"北运河今昔"公众号还集中展示了"北运河流域民俗文化普查活动及民俗志编纂"项目组对永顺镇、于家务、漷县、张家湾镇、潞城镇、西集、里二泗、仇庄等北运河沿岸重要村镇的田野调研成果及自2018年起项目组所召开的会议、讲座与读书会信息,进一步推动运河文化资源在地方社会中的传承、传播与转化。

"北运河今昔"公众号还为学者、民俗精英间的沟通与对话搭建了平台,如北京通州西集镇的民间文艺工作者王安就曾借助公众号发表其研究论文《北运河千年渡口——王家摆渡口》,"团花剪纸"传承人王文敏、"通州大风车"技艺传承人梁俊、"张家湾毛猴"传承人张凤霞等民俗精英的事迹也通过项目组成员的"调研琐记"发布于公众号中,展现了丰富多彩的运河文化。

根据《北运河流域民俗文化普查活动及民俗志编纂调查问卷》的数据分析,"北运河今昔"公众号是用户了解项目动态的主要途径。目前,公众号受众的年龄在15—45岁之间;其中,26岁以上受访者人数占总人数的89%,体现出运河文化在中青年群体中的较高关注度。公众号受众主要为居住在北京、山西、河北、山东、江苏、上海、浙江等地的专业技术人员(32.56%)、机关干部(16.86%)和学生(16.28%),这一结果体现出公众号跨地域的影响力。此外,媒体从业人员、普通民众、非遗传承人也纷纷通过公众号关注项目进展情况,并为公众号提出"进一步丰富成果形式""进一步加强运河民俗文化的宣传与推广""扩大民俗志编写人员队伍"等发展建议,"适当地运用影像资料记录和呈现民俗文化""展示更多的非遗技艺和表演"等要求较为凸显。

未来,"北运河今昔"公众号将进一步对其形式与内容进行改革,吸收用户提出的改进建议,进一步挖掘、记录并推广运河文化资源的传承、传播与转化情况,为项目组从学理、案例、对策三个层面对运河流域特色小镇地域文化的挖掘及建设提供服务,不断扩大项目影响力,坚持公众号的高质量发展。

(五)书稿撰写

围绕《北运河流域特色小镇建设研究》《文化遗产与文化景观译文集》书稿展开相关调研,并完成撰写工作。

三 项目意义

本年度的项目工作围绕特色小镇展开,小镇作为一种聚落,既有生态意义,也包括文化意义。在建设特色小镇的过程中,我们应该宏观认识聚落空间的布局,充分运用和保护城镇中的生态环境,发挥城市区位格局的优势,尊重生态文明。同时,我们也应从历史的纵深中挖掘和发扬城镇精神文化内涵,延续地方文脉。在乡村振兴战略的实行中,需要发挥当地各产业的优势,创建经济品牌,将自然环境的生命力、历史文化的向心力与经济的创造力结合起来,共同助力特色小镇的发展。

本项目组通过聚焦项目推进过程中的经验和问题展开集中研讨,以促进项目组内部信息共享和思想碰撞,构建"北运河流域民俗文化普查活动及民俗志编纂"项目学术共同体,助力产出高质量研究成果、铸造精品。

四 工作经验

建立数字化信息管理机制。建立北运河流域民俗文化基础数据资源平台。设立专家库,整合与北运河流域民俗文化相关的专家资源。依托公众号整理、挖掘与运河相关的资料。

建立多主体广泛参与的协同机制。建立常态化的河段间交流合作协调机制，并引入地方政府、社会团体、志愿者队伍，加强内部合作，推动项目实施过程的一体化。

五　2022年工作规划

表0-10　2022年工作规划

时间段	任务
2022年2—4月	加强人员管理与资料的收集整理。根据项目安排及需要，统一规划，确保工作的连续性。
2022年4—5月	在2021年工作的基础上，继续利用项目专设公众号推出的参与栏目，搜集北运河流域民俗文化音、影、图、文资料。
2022年6—11月	持续推进特色小镇相关领域专题研究。研究要始终维持在"运河文化带"建设的总体框架中，以促进沿线城市全面协调发展作为根本目的，在确立科学、完善、系统的保护策略下，促进与实现运河文化遗产的可持续性利用与协调发展，推进文化强国战略。
2022年9—10月	撰写《北运河流域特色小镇建设·第二卷》。
2022年11—12月	完成项目收尾工作。

绪论

民俗赋能乡村建设

村落作为中国乡村社会结构中的基本单位,是一种实际存在的时空坐落,它的治理结构、发展状况直接关系到基层社会的稳定。[①] 从1919年兴起的"到民间去"运动开始,中国的政治精英、知识分子就很重视乡村对于社会革命与社会发展的意义,这一发展历程大致可以分为20世纪20—30年代兴起的"乡治"讨论、延安时期的乡村建设、中华人民共和国成立初期的乡村改造、20世纪80年代至21世纪初的乡村旅游及艺术乡建。在每一阶段民俗传统[②]可以说都未缺席,在不同时期它所起的作用及在实践过程中形成的经验与问题可为当下民俗赋能乡村振兴提供一定镜鉴。

一 民间文化与"乡治"

北伐战争之后,随着农民运动的蓬勃发展[③],学人们围绕"农村建设"问题

[①] 刘铁梁:《村落——民俗传承的生活空间》,《北京师范大学学报》(社会科学版)1996年第6期。

[②] "民俗传统包含生态、生计、社会、信仰与道德伦理及村落文艺等五大类型。"详见萧放:《民俗传统与乡村振兴》,《西南民族大学学报》(人文社会科学版)2019年第5期。

[③] 如北伐战争前期,湖北农民在中国共产党的领导下,开始组织农民协会,到1925年底,汉川、黄冈、黄安、黄梅、潜江、天门、远安、枣阳等地建立了农民协会。参见吴礼林:《北伐战争时期湖北农运的几个特点》,《中南民族学院学报》(哲学社会科学版)1986年第3期。

展开了广泛讨论,并引入国外相关实践经验。① 1928 年,梁漱溟《请开办乡治讲习所建议书》一文开篇即谈到"乡治为适应潮流切合需要之时代产物,举凡伦常重心之民族问题,教养精神之政治问题,均平原则之民生问题,均非建设乡治,皆无从得其完满之解决"②,江苏的村制育才馆、湖南的村制训练所、广东的乡治讲习所、河南的农村训练班、河北的村政研究委员会等均为"乡治"的实践,然而此项事业"非仅制度的建设,实有赖于学术的训练"。1929 年,根培在《高呼建设声中之农村问题》的第三部分"农村一般生活的鸟瞰"中谈到"乡村人民的爱好":

> 若说到乡村一般的情形,凡是失业或闲散的人,多是欢喜牌赌看戏。他们都把茶馆,酒店,赌场戏场(行台戏)等消遣场,为唯一的正业,因而倾家败产,甚而生出极大的祸患,至死也不觉悟的很多……③

由于乡村的人民"全无维持精神正道的机关去指导",似乎与"迷信的结合"更能推进乡村事务,"凡一村之中,每要团结防匪自卫,或改良水利等通力合作的正事,反不如某处迎神某处打醮的号召力量之大"。为了不"溺于邪途",故而"农村自治"不可缓。知识人积极探索建设农村的方法,特别是对"农村娱乐的改良",提出以"农村音乐会""运动会""演说比赛会"等"新娱乐"代替"旧有的不正当娱乐"④,在"农村音乐会"的建设中,提出运用"农村的一切歌谣,编为乐谱,教农民歌咏,一切爱国词曲,使农民唱和,鼓励爱国

---

① 文章如黄山:《农民运动与农村建设》,《建国》1929 年第 33—34 期;阎若雨:《从兵荒马乱中说到农村建设》,《农村月刊》1930 年第 11 期;友农:《农村建设的方向》,《民间》1931 年第 2 期;笑菴:《中国农村建设问题》,《南针》1932 年第 2 期;董志立:《农村建设刍议》,《浙江省建设月刊》1933 年第 9 期;等等。著作如赵仰夫:《丹麦的农村建设》,新学会社 1928 年版;黑山徐正学编:《中国农村建设计划》,国民印务局 1935 年版;叶士平编:《中国之农村建设》,南风印刷社 1936 年版,等等。
② 梁漱溟:《请开办乡治讲习所建议书》,《内政公报》1928 年第 6 期。
③ 根培:《高呼建设声中之农村问题》,《村治月刊》1929 年第 10 期。
④ 如年节祝岁、正月十五的龙灯大会、三月清明、五月端阳、八月中秋、婚嫁礼、迎神赛会等。

心绪，养成高尚情操，改革鼓词，编纂农村新剧"。①梁漱溟也在《山东乡村建设研究院设立旨趣及办法概要》中专门设节讨论"乡间礼俗的变革"，认为此变革"关系乡村建设问题者甚大"。他认为：

> 所谓人与人之间关系日密，接触日多，所以行之者必有其道。此道非法律而是礼俗。法律只可行于西洋，行于都市；若在中国社会，尤其是在乡党之间是不行的。②

这一时期，社会各派政治力量在乡村建设的实践与讨论中关注到了歌谣、鼓词、民间礼俗等民间文化的重要作用。1923年5月14日，北大研究所国学门召开筹备会，决定成立风俗调查会③，并发出征求会员的启事：

> 风俗为人类遗传性与习惯性之表现，可以觇民族文化程度之高下……我国学者，记述民众事故，大抵偏重礼制；间论风俗，琐碎不全，能为有统系之研究者该少。……商定在本学门设立风俗调查会，先事文字上之调查，并约定歌谣研究会成员协力合作。……议决：先自北京一隅试行调查；并征集关于风俗之器物，筹设风俗博物馆。④

1928年3月，《民俗》周刊在广州创刊，"以调查、搜集及研究本国土各地方，各部族之民俗为宗旨"，内容涉及不同民族的风俗、习惯、信仰、思想、行为和艺术等，顾颉刚在《发刊词》中强调：需要"站在民众的立场上来认识民众"，将"埋没着的"民众艺术、民众信仰、民众习惯"一层一层地发掘出来"，从而"打破以圣贤为中心的历史，建设全民众的历史"。⑤在这种"发掘"

---

① 罗光宗：《怎样去建设我国的农村（附表）》，《河南中山大学农科季刊》1929年第1期。
② 梁漱溟：《山东乡村建设研究院设立旨趣及办法概要》，《村治》1930年第11—12期。
③ 1923年5月24日，成立日当场议决调查方法三项：书籍之调查、实地调查、征集器物。具体参见容肇祖：《北大歌谣研究会及风俗调查会的经过》，《民俗》1928年第17—18期。关于"风俗博物馆"的论述详见第二部分。
④ 同上。
⑤ 顾颉刚：《发刊词》，《民俗》周刊1928年第1期。

中，社会各派政治力量注重凸显民间文艺中蕴含的"激进""革命"的因素，民间礼俗中可以加以"利用"与"改造"为社会革命服务的部分，亦有将其纳入妇女、儿童教育的相关举措。

《农村月刊》[①]《乡村建设》[②]《农村》[③]《新农村》[④]《绥远农村周刊》[⑤]《绸缪月刊》[⑥]等刊物对民间文化及相关问题的讨论均反映了这一思想。如《农村月刊》1930年第14期刊载的《歌谣》一文中谈到歌谣作为在乡村最流行且有趣的民众文艺，从事乡村运动的人，可以拿它作工具。《绸缪月刊》1936年第5期刊载《从歌谣中去检讨农村妇女生活》一文，其中提到从歌谣里面去探讨农村妇女的生活和现状可以得到更真切更实际的刻画："她们的人生凄楚，她们的

[①] 《农村月刊》1929年10月在北平创刊，停刊于1931年9月，共23期，由中国农村改进社编辑并发行，属于乡村建设刊物。该刊以"发扬党义，昌明文化，改良农村"为宗旨，研究乡村建设、农业生产发展问题，揭示我国农村经济日渐衰落的原因，反映农民生活日趋悲惨的实际情况，探讨妇女解放、农村生产、生活教育等问题，也刊有少量文学作品。

[②] 《乡村建设》，半月刊，1931年10月创刊于山东邹平，停刊于1937年，由山东乡村建设研究院编辑并发行，属于综合性刊物。该刊以"记述社会真实状况，阐发乡村建设理论，供给乡村民众最需要的知识"为宗旨，积极研究乡村建设问题，指导乡村建设的开展实施。载文以该院和邹平县的消息为主，也有农村建设方面的理论文章、乡村运动消息、调查、医学常识、农业知识、文艺、国内外大事记等。出版过"农品展览专号""棉业合作报告专号"等特刊。

[③] 《农村》创刊日期不明，1936年10月停刊，由江西农村改进社编辑并出版。该刊原为月刊，自1935年第3卷起改为季刊，属于农村刊物。该刊主要供稿人有熊肇光、熊天翼、苏邺圃、江咏楠、袁啸虹、吴恺、陈传忠、尹行信、李幼农等，主要栏目有农村问题论述、专载、调查、农情通讯、农事消息等。《农村》以"复兴农村"为宗旨，肩负"集中人才、建设理论、分期实施"三大任务，希望有志于农村事业的社会人士、国内外农业学者专家，担起改进农村事业建设的重任。

[④] 《新农村》，月刊，于1933年6月在山西太原创刊，停刊于1936年6月，由农村教育改进社编辑并发行，属于农村工作刊物。该刊以"提倡农村事业、研究农村问题、改进农村教育以建设新的农村"为宗旨，内容包括教育评论、农村教育、农村经济、农村自治、农村社会问题、农村文学等方面的论著及通讯。出版过多期专号。

[⑤] 《绥远农村周刊》，于1934年在绥远创刊，由绥远农村周刊社发行，1937年停刊。该刊属于农村经济刊物，是研究当时农业发展、农村概况的重要期刊。主要撰稿人有赵文魁、高梅轩、雅珪、士杰、情居、戎占芽、继先等，主要栏目有农谚、社评、周文简载等。

[⑥] 《绸缪月刊》持本位救国之旨，以服务社会为目标。正如该刊的刊名"绸缪"一样，希望在灾难来临之前未雨绸缪。因其综合性强，读者面广，故有广泛的社会影响。

性爱的悲愤和愿望，都滴滴地从歌声里传出来。"如："教妹精，教妹莫嫁种田人；五更吃饭四更起，日头又晒雨又淋。""教妹精，教妹莫嫁种田人；红薯芋头家常饭，一年到头不见荤。""挑水妹，打烂水桶不敢回；一来又怕家婆骂，二来又怕老公槌。"此外，还有展现农村妇女受到旧制婚姻的痛苦而发泄愤怒的歌谣，如"家花不比野花香，家郎不比野郎强；野郎好比田科子，家郎好比老虎王。""石榴花开叶子青，丈夫打骂不留情；情哥待我仁义重，死在山头也甘心。"歌谣中的"田科子"为植物名，寓意"甜哥子"。歌谣记载了农村妇女真切的哀号和愿望，不仅呈现了"广大的中国农村社会中的妇女生活"，更暗含着 20 世纪 30 年代"农村妇女运动"中的妇女教育理念。如吕云章在《农村妇女运动方案》[①]（以下简称《方案》）的"宣传纲领"部分中指出："因为农村妇女很少有机会参加社会活动，所以动员社会妇女，应当特别注重家庭访问。不过一个面目生疏的人，很难获得农村妇女的欢迎，所以在做家庭访问之前，应当有一次广泛宣传，方式最好是演剧唱歌，每节表奏之后，夹着一次讲演，说明来乡村工作的目的和意义，使她们预先存着一个好感，工作上困难，便可减少了"。据此，《方案》中提出六种宣传方式：

1. 慰问　启发她们所以受痛苦的原因和抗战的意识。
2. 戏剧　用时事的刺激，引导她们奋斗的途径，打破乐天知命的宿命论。
3. 歌曲　编制农村所熟悉的曲谱，用通俗的词句，说明抗战建国的意义。
4. 壁报和漫画　乡村妇女，很多不识字的，但是从小学校中的教师，去推动儿童，自然使她们注意到壁报和漫画。
5. 讲演　鼓励她们多提出问题，发表意见。
6. 卫生　给予她们卫生常识，灌输新生活的意义。

其后的研究者更是在具体实践中进一步细化《方案》中的宣传方式，提出"创办妇女识字班""组织歌咏队""组织各种生产组合""充实各种原有的组织"等方法，其中，"充实各种原有组织"，像"迷信的老太太们"的"庚申会""甲子会""关帝会""佛会"等组织，在她们集中着"诚心"念佛的时候，广泛宣

[①] 吕云章：《农村妇女运动方案》，《中山周刊》1938 年第 20 期。

传抗日救国思想,激发她们的抗日情绪,"发动她们做献金运动等等"。总之,将各种"原有组织"发动起来后要求政府直接派人领导,使这些组织"系统统一""工作和领导统一"。①

这时虽然强调以民间文艺、民间组织唤起民众的"革命""反抗"意识,指导农业生产的"农村歌谣""农事月令歌"更是受到广泛重视,如《贵州农矿公报》1930年第2期刊载《农事歌谣》:

> 芒种打田不坐水,夏至栽秧米颗稀。
> 白露白茫茫,寒露满坝黄,
> 冬青子存,大雪封门,冬青子尽,已无雪凝,
> 杏子开花冷,牛索要齐整,
> 撒秧子不用夸,要看看猫猫茨,线楸树开花,
> 穷人莫听富人哄,猫猫茨开花才下种,
> ……

此外,还有《二十四节气农村歌》②《广东农事月令歌》③《农事节气歌》④《二十四节气农事歌》⑤《养蜂节气歌》⑥等也是备受关注。在这些歌谣俗谚中,凸显了它们的农事功能,如《养蜂节气歌》中"二月立春雨水多,工蜂出游王产卵""三月惊蛰又春分,加框饲糖扫灰尘""四月清明谷雨节,积载继箱采白蜜"等将养蜂工作中春夏秋冬的四季管理包孕其中,凸显了养蜂生产过程与节气的结合。

1934年,薄坚石在《新农村》第9期发表《从农村破产声浪里谈谈农民文艺运动》,文中将"农民文艺"分为:

---

① 杨筠:《发动乡村教育者帮助农村妇女运动》,《妇声》1939年第2—3期。
② 张元埙:《二十四节气农村歌》,《农友》1935年第6期。
③ 《广东农事月令歌》,《农业推广》1933年第2期。
④ 古图:《农事节气歌》,《民间文艺》1935年第5期。
⑤ 《二十四节气农事歌》,《广播周报》1935年第16期。
⑥ 樵父:《养蜂杂谈》,《农村》1934年第15期。

（甲）关于农民的文艺

（乙）由农民自己创作的文艺

（丙）有地方色彩的乡土文艺

（丁）为农民申诉或牖启农民智识的文艺

其内容涵括了乡土文艺、民间文艺及具有启蒙性质的精英文艺等。在当下我们的讨论中，因为学科分野，这几类文艺研究之间区隔越来越大，薄坚石的这一将农民文艺统合关照的思想值得当下借鉴。

同年开展的"新生活运动"[①]强调"今欲以优美之艺术，易其粗野卑陋之习尚，以固有之品性，化其争盗窃乞之行为"[②]，通过开"卫生宣传""清洁运动""取缔庸医""免费医疗""提倡乡村娱乐"等措施，客观上给乡村民众灌输了卫生、健康、文明的意识。所谓"提倡乡村娱乐"，并非将都市中的"电影院""游戏场""跳舞场""弹子房"等介绍到乡村里去，乡间需要的是"陶冶性情、锻炼体魄、调节疲劳的正常娱乐"，如象棋、围棋、拳术、游泳、丝竹等，"无论个人消遣，或团体娱乐，都是十分相宜"。[③]但这仅仅是一种美好的设想，由于"大多数人饭都没得吃"与"一个国家经济上、外交上都站在被处分的地位"[④]的现实境遇，"新生活运动"缺乏民众的广泛参与，动力不足，难以为继。

这一时期比较著名的乡村建设实验众多：1904年，米鉴三、米迪刚父子的"翟城实验"；1905年，张謇的南通县一级乡建实验；1926年，黄炎培等在昆山徐公桥镇的"乡村改进实验"（徐公桥模式）；梁漱溟与山东乡村建设研究院于1929至1937年间在邹平、菏泽和济宁的乡建运动（邹平模式）；1927年，黄展云的福建营前模范村；1929年，高践四的无锡民众教育实验区；1929年，晏阳初在河北定县、湖南衡山的乡村平民教育实验（定县模式）；1920年至

---

① 1934年2月19日，蒋介石在南昌行营扩大总理纪念周发表《新生活运动之要义》的演说，2月21日，新生活运动促进会首先在南昌成立，历时15年的"新生活运动"正式拉开序幕。
② 蒋中正：《新生活运动纲要》，《新生活周刊》1934年第4期。
③ 《新生活与乡村建设》，《新生活周刊》1935年第42期。
④ 王衍康：《新生活运动与乡村运动》，《锄声》1934年第3期。

20世纪40年代，卢作孚等在四川北碚的乡村建设实验（北碚模式）等等。[①] 时人认为，"无论什么事情，经过实地实验，才能发生效果"，如乡间有一风俗，"每至旧历年除夕，（不论大小月建）焚香奠位安神，将各样五谷稻种，不论多少，装入空麻秆内，放于水缸。翌日（大年初一）早晨，焚香接神，安奠完毕，将麻秆内取出各样五谷种籽，放于盘碗，仔细参观，什么种籽发出芽来依长短而论，长者本年大有收获，短者收获较少，不生芽者收获几无。据说，此事十有九准，故此农民家家依此法式试验后才选种"[②]。又如吴俗山歌云："做天切莫做四月天。种菜的哥哥要下雨。采桑娘子要晴干"[③]。此外，农村医药社还颇为注重"农村卫生歌谣"的搜集整理及传播，将"含有卫生意识之歌曲"加以卫生原理的说明，作为"卫生教育之普及材料"[④]。

在当时各种有关乡村文艺及文化建设的讨论与实践中，1932年初至1937年熊佛西等戏剧家在河北定县展开的文艺大众化实验影响较大。熊佛西初去定县时，便根据当地的民间生活，写了几个剧本，演的时候，熊佛西便混在观众里面，考察他们的反应：

> 看他们什么地方哭，什么地方笑，什么地方咳嗽，什么地方伸懒腰，凡是他们咳嗽伸懒腰，便知道这地方对他们不发生亲切的关系。[⑤]

熊佛西认为戏剧不仅有"给予"的问题，而且存在"接受"的问题，"接受"指的是民众能不能接受，愿不愿接受的问题。农民所欢喜的，是一个和农民生活相关的完整的故事，且需要多用动作，多用具体的表现。熊佛西的戏剧作品《牛》的演出更是采用新式的实验——"台上台下打成一片，演员观众不分"。这部作品可以视作"摒除幕的界限"的最高理想。[⑥] 另一部戏剧作品《屠

---

① 张晓春编著：《最美乡村：当代中国乡村建设实践》，广西师范大学出版社2008年版，第13页。
② 张睿：《农俗一斑》，《乡村工作》1937年第6期。
③ 《吴俗山歌》，《农趣》1926年第18期。
④ 《农村医药社采集农村卫生歌谣》，《新闻报》1934年8月29日，第15版。
⑤ 熊佛西、戴子钦：《民众戏剧与定县民众戏剧运动》，《教育辅导》1935年第6期。
⑥ 《熊佛西近作〈牛〉用最新技巧演出》，《民间》1934年第2期。

户》描写了一个放高利贷（印子钱）的孔大爷放债压迫农民的故事，这部作品在定县的乡村多次演出，据熊佛西回忆，某次演到第三幕时，忽有一年轻农人，大叫："打死他妈的孔屠户。"再如在第二届乡村工作讨论会上表演话剧《喇叭》的时候，吹喇叭的远远地吹来了，"全场观众的情绪，突然紧张起来，也不由得跟着台上的演员喊叫起来，台上台下打成一片，观众都是演员了"。① 熊佛西认为，在艺术的目标上，乡下人能这样欣赏，他们能成群结队的由村长率领跑到距离有40里远的地方去看戏，足见其新剧的感动力与吸引力。② 尽管因为话剧是"新的东西"使农民"非常高兴"，但是随着实验的结束，这种"痴迷"也迅速降温。

定县农民戏剧实验作为"雅俗夹缝中的另类启蒙"③，最初在乡村文化建设中发生了一定影响，无论是其现实主义的创作原则，还是"观众与演员打成一片"的演出方法，抑或对"露天剧场"的强调④，都对培育当今健康、繁盛的乡村舞台及农村文化建设，提供了值得参考和借鉴的经验。⑤

如熊佛西在演剧实践中提出农民喜欢"有形态有动作的实际的故事"这一观点，譬如《屠户》中，王大嫂与王二嫂打架，抹芝麻酱的种种动作，"在诸位看来，是很粗浅的描写；但是这却是最适合农民的胃口"。此外，熊佛西还特别提到一种"具体的公民训练方式"——"以剧场作为公民训练的中心，来看剧的，每人必得有票，他们在剧场中每人为他安设一个座位，请他脱帽，请他不乱说话，处处注意维持秩序"。定县所建的"露天剧场"花费甚少，所用材料均为"土产"，"剧台是用的土坯，稍微加上些砖，此外还筑了几道高的土墙挡风"。这个"露天剧场"作为农村文化教育活动的中心，可以"演剧""映电影""选举""开大会"⑥。

---

① 熊佛西：《农村戏剧与农村教育（选辑）》，《农村服务通讯》1935年第2期。
② 空常：《论旧剧与新剧以及农村新剧运动》，《文艺战线》1937年第13期。
③ 刘川鄂：《雅俗夹缝中的另类启蒙——20世纪30年代定县农民戏剧实验》，《文学评论》2013年第4期。
④ 熊佛西：《戏剧大众化之实验》，正中书局1937年版。
⑤ 曾宪章、刘川鄂：《20世纪30年代定县农民戏剧实验的历史意义》，《文艺研究》2013年第9期。
⑥ 熊佛西：《农村戏剧与农村教育（选辑）》，《农村服务通讯》1935年第2期。

但我们也看到：艺术家的理想与实践对乡村启蒙、"培养新民"的诉求还很遥远。① 话剧并未与民众发生内在关联，这可能与当下很多艺术乡建及文化扶贫等类似，人走"文化"则如云烟消散，在这些文化活动中，知识分子有意无意地忽略了民众的文化自主性。所以无论是定县戏剧试验，还是抗击日本侵略战争爆发后，各地兴起的利用民间文艺形式进行革命动员，我们看到更多的是从初始的兴盛到最后草草收场。严恭在《来自江南农村：农村流动演剧的报告》②中谈到"八一三"淞沪战役之后，上海剧运组织流动演剧团散发到农村去"唤起民众一致抗战的宣传"，在具体的表演实践中，演剧团逐渐认识到，农村演剧，主要是要给农民观众"看"得懂、"听"得懂。为了做到这一点，在内容方面，要选择农民切身的题材；在形式方面，根本原则是通俗。演剧团探索了一条行之有效的"试验"之路，即改编民间流行的小调歌谣，再配合固定的形式演出。如在无锡演出时上海救亡演剧队第四队改编了无锡民间最流行的《无锡景》："拉拉小胡琴呀，唱不勒（给）诸公听，诸位先生静呀静心听呀，听我唱格打倒东洋人呀，东洋呀矮子末罪过数勿（不）请呀！"经过改编的《无锡景》在演出时曾受到当地民众的欢迎，除此之外，还有改编的《梨膏糖》《数来宝》等作品。但批量的制作之后，如"通俗读物编刊社"的抗日文艺实践，引起了诸多批评，尤其对"狭隘的实用主义"③诟病甚多。

二　乡村文化运动与延安时期的农村建设

在中国近百年的乡村建设史上，中国共产党在延安乡村的实践具有独特地位。④1935年，中共中央到达陕北之后，面对"号称乡村运动而乡村不动"⑤的

---

① 孙诗锦：《1930年代定县戏剧改良与乡村启蒙》，《史学月刊》2012年第2期。
② 严恭：《来自江南农村：农村流动演剧的报告》，《文艺月刊》1937年第2期。
③ 向林冰：《通俗文艺的语汇问题》，《新华日报》1939年1月24日，第4版。
④ 高明：《不激进的革命——延安乡村建设再理解》，《开放时代》2018年第3期。
⑤ 梁漱溟：《我们的两大难处》，载中国文化书院学术委员会编：《梁漱溟全集》第2卷，山东人民出版社2005年版，第573页。

难题，积极探索用文化和政治治理乡村的"党治"之路。① 中国共产党逐渐认识到边区文艺"如野草闲花似的到处孕生着，成长着，遍地都是翠绿的小草和美丽的花朵，虽不伟大，然而普遍，深入大众"②。梆子、秧歌、落子、上党宫调、小花戏、皮黄、霸王鞭等传统民间文艺形式与话剧、歌剧、快报剧等现代文艺形式结合，形成了纷繁杂芜、生机勃勃的乡村文艺景观。1938年，朱可夫在《解放》③第47期发表"时评"《延安在文艺上的进步》，其中谈到"七一至七七中共十七周年与抗战一周年的伟大纪念节，以鲁迅艺术学院为主力，参加了延安各学校、团体的文艺工作者，用集体的力量与方法产生了三大剧本（三幕话剧《流寇队长》、三幕歌剧《农村曲》和新编旧剧《松花江》）并连续公演了半个月，观众达四万余人，轰动了全边区"。其中，《农村曲》以农村妇女动员丈夫上前线杀敌为题材，利用一部分中国地方的歌谣来制曲，"这确是在中国剧坛上别开生面的一种新型格局"。

中国共产党以边区妇女为中心，从文化教育、放足、改革婚俗、妇女参政议政等方面领导了边区妇女解放运动。④ 如提倡妇女放足和禁止缠足逐渐成为一种风气，当时山东根据地农村流行一首《放脚歌》：

>叫声我的姐啊，听我把话谈，
>几千年传下来的缠足坏习惯，
>把咱们天生的脚趾来裹断呀，
>受的那痛苦实在难言。
>妹妹说得对呀，缠足是苦难当，
>走路做活是全身无力量呀，

---

① 孙晓忠：《创造一个新世界——延安乡村建设经验》，引自孙晓忠、高明编：《延安乡村建设资料》，上海大学出版社2012年版，第3页。
② 周而复：《延安的文艺》，《文艺阵地》1939年第9期。
③ 1937年4月在延安创刊，1941年8月，为了集中力量办好中央机关报《解放日报》，《解放》周刊停办。该刊为中国共产党在抗日战争时期为争取民族解放出版的综合性政治刊物，载有宣传中国共产党的政策，揭露日本帝国主义的罪行，评论当时社会的时事政局，报导抗日运动的动态大量文章，也刊有专载来件、文艺作品的内容。
④ 何毅、姜东苑：《中国共产党领导陕甘宁边区妇女解放运动的历史审视》，《西南民族大学学报》（人文社会科学版）2021年第10期。

苦的那自己呀不如马牛羊,
丈夫打,婆婆骂,一天哭几场。
姐妹联合起来呀,齐心把脚放,
参加了妇救会帮着把日抗,
建立了民主(呀)独立的新中国呀,
那时节咱妇女彻底得解放。①

边区妇女解放运动不但提高了边区广大劳动妇女的地位,改良了边区的社会风气,还有力地支持了乡村生产,妇女们的服饰逐渐从清末民初宽袖肥身的衣裤变成窄袖紧身的式样;短发的发式也成为思想进步的标志,在农村妇女中流行起来;在掖县(今莱州市)的妇救会用"旧民歌填新词"的方式创作通俗歌曲小调,讽刺了一些爱穿戴,好打扮,游手好闲的大闺女、小媳妇:

谁家的闺女真封建,
头上擦油二两半,
走起路来嘀嗒!嘀嗒!
嘀嗒!嘀嗒!嘀嗒!
哎呀!真呀真难看!②

自由恋爱也成为边区的"新事物"。结婚不收彩礼,不坐花轿,不骑马;举行仪式的时候,向革命领袖行礼,向父母行礼;有的还要新人讲述恋爱过程。当时有秧歌调《送新娘》歌颂这种婚俗:

根据地里新气象,
庆祝媳妇和新郎。
咱们大家喜洋洋,
庆祝您俩好榜样,

---

① 王庆安、王明林、吕伟达编著:《山东根据地解放区民俗》,济南出版社2007年版,第133页。
② 同上书,第137页。

不穿裙子不坐轿,
打破封建理应当。
扭起秧歌来唱歌,
咱们青年得解放。

另外,还有劝守旧的老人接受新人新事的"歌儿":

叫声大娘听俺言,
陪送不用您花钱。
识字班上生办法,
扭着秧歌把家还,把家还。①

1942年《在延安文艺座谈会上的讲话》②(以下简称《讲话》)提出,"我们的问题第一是为工农兵","我们的问题基本上是一个为群众与如何为群众的问题"。1943年春节,宣传表演的新秧歌开启了"中国文艺史上空前的新文艺运动"。当时,这一"提高了的为群众的文艺"的代表作,是"由铁锤镰刀领头的鲁艺大秧歌和《兄妹开荒》"③。此外,还有《运盐队》《挑花篮》《拥军花鼓》《十二把镰刀》等剧目。扮演过《夫妻逃难》中"妻"这个角色的延安作家熊塞声④回忆起在米脂县杨家沟演出的场景时提道:

正逢春节,各乡都派了代表和自卫队员,手持红缨枪,从四面八方的山沟里涌出,吹打着唢呐锣鼓,用碾盘那样大的簸箩抬着肉、酒、蒸馍,

---

① 王庆安、王明林、吕伟达编著:《山东根据地解放区民俗》,济南出版社2007年版,第138页。
② 毛泽东:《在延安文艺座谈会上的讲话》,解放社1950年版。
③ 柯仲平:《把我们的文艺工作提高一步:陕甘宁边区文艺工作总结》,《群众文艺》1949年第11—12期。
④ 熊塞声(1916—1981),原名熊贤璆。他于1937年参加革命工作,历任延安鲁艺戏剧干部,东北文工团演员、东北特区文艺干部、东北电影厂演员、北京电影厂、北京电影演员剧团演员。1953年,他开始发表文学作品,著有童话剧剧本《巧媳妇》《还我的孩子》《一架缝纫机》《骄傲的小燕子》,童话诗《马莲花》《孟二先生》《吹笛子的人》,电影文学剧本《钟义和小白龙》,民间故事集《马郎》等。

人流如同从山沟里下来的山洪，声震天地，红旗招展，一起涌向杨家沟来慰问我们。①

随着"乡村歌咏活动""乡村剧团活动""乡村文艺通讯运动"的开展，民众主动加入到文艺创作的队伍，如河北唐山县（今唐山市）的王尊三、河北雄县（今雄安新区）西楼村的李国春、河北清苑县南宋村的魏炳山等鼓词艺人创编新鼓词，鼓舞群众参与革命，演唱乡村新景象。王尊三创作了《保卫大武汉》《晋察冀小姑娘》《亲骨肉》《皖南事变》《大生产》②等，其长篇鼓词，通篇多用"十四寒"的韵，偶用邻韵"十五删"，流转自然，妥帖工整。如鼓词《大生产》开篇即以"努力生产多打粮，生活一定就会强"，"要做懒汉和懒婆，难免挨饿受饥荒"四句揭示主旨，其中说到乡村新景象，"共产党的领导真不错，谁也有饭吃谁也有地种……如今实行了土地改革，谁也有衣穿谁也有活做"，同时村干部还参与调解家庭矛盾，"二小子去请农会主任刘老和，叫他们来给咱们分一分家业"。当写到好吃懒做的小三家的生活时，鼓词带着不无揶揄的凄清调子唱道："小三家两天吃不上一顿饭，支起灶火吊起锅，只饿得我头蒙眼又黑，一挂肠子闲半截。"③在鲜活的讲述中呈现了共产党人参与乡村政治、文化建设的工作。此外，快板④因其见景、即性编唱的特点，在乡村群众文艺中被广泛运用。如刘尊、刘哲的《不讲卫生的张葱妮》中写道："张葱妮，真不行，衣裳脏了她不洗。真是'窝囊'不卫生，人人见了都'格腻'。"这段快板充分地使用了乡土口语，采用群众最熟悉的形式，"很快地流传开来，而张葱妮也在群众的劝导下转变了"。⑤

这一时期的"乡村文艺运动"还包括被乡村群众接受和"乡艺化"了的话剧和歌剧乃至歌咏活动，如阜平高街村的《穷人乐》便是其中的一个典型，也是"乡村文艺运动"的一个方向。"它标志着边区人民的创造天才，在新民主

---

① 熊塞声：《在毛泽东文艺思想引导下——延安文艺座谈会后的一段回忆》，《大公报》1962年5月23日，第3版。
② 王剑清、冯健男主编：《晋察冀文艺史》，中国文联出版公司1989年版，第525—526页。
③ 王尊三：《大生产》，王尊三等：《大生产》，新华书店1949年版，第26—32页。
④ 即数来宝，又名顺口溜或流口辙。
⑤ 王剑清、冯健男主编：《晋察冀文艺史》，中国文联出版公司1989年版，第534页。

主义政治和大生产运动造成的物质基础上，已得到新的发展，给一切乡村、连队和机关工厂的戏剧运动，开辟了一条广阔的道路。"① 在中共中央晋察冀分局《关于阜平高街村剧团创作的〈穷人乐〉的决定》②（以下简称《决定》）中高度评价了阜平高街村剧团创作和演出的《穷人乐》一剧，认为它"真实地反映了边区群众的翻身过程"，形式是群众自己选择的综合性的形式，表演得活泼熟练，"表现劳动人民思想感情"深刻真实。《决定》指出，"各个乡村，连队，工厂，机关，学校，都应沿着这个方向，采用这种方法，根据本单位的具体情况，开展本单位的文艺活动"。1945年2月25日，《晋察冀日报》发表社论《沿着〈穷人乐〉的方向发展群众文艺运用》③，其中谈到《穷人乐》的产生，与1944年的大生产运动密不可分，由于经济生活得到了改善，工作有了进一步的发展，群众对文化生活的需要，比往日都迫切。《穷人乐》的创作与演出的过程中，从内容到形式都"充分发挥了群众的创造才能"。阜平高街村的周富德在讨论中提出要演《穷人乐》：

抗战前咱们受喇嘛的苛打，卖人口，掏佃钱，……八路军一来，二五减租，佃户们有了使用权，种地保了险，一九四〇年教导团帮咱们修滩，咱们又有了滩地。去年鬼子大"扫荡"，弄得咱们什么吃的也没有，今年春天，政府贷款贷粮，贷籽种，救济咱们。要不，凭什么活到现在？今年除了稻子不强，什么也丰收，从前挨饿受冻，现在有吃有喝，这不叫"穷人乐"吗？

周富德的这个提议，得到大家的一致认同。"高街村群众自己亲身经历过的惊心动魄的斗争史"被搬上了舞台。如"排锄苗"表演中，民众就很自然地想到了实际劳动中的"雁别翅"行列；在表现战斗与生产结合的时候，采用象征手法表现生活，他们自动只拿一把镰刀表演收割。用动作表示"扎麦个

---

① 《群众文艺运动的新范例》，《晋察冀日报》1944年12月3日，第2版。
② "附录一　中共中央晋察冀分局关于阜平高街村剧团创作的《穷人乐》的决定"，高街村剧团集体创作：《穷人乐》，大连大农书店1946年版，第97页。
③ "附录二　沿着《穷人乐》的方向发展群众文艺运用"，高街村剧团集体创作：《穷人乐》，大连大农书店1946年版，第99—104页。

子"①,"扛到场里,一个人剥,两个人入麦个,一个人挑开,三个人扣起臂膀就拉起碾子了,之后,是扬场"。虽然完全使用象征手法,但由于劳动动作的纯熟,演起来既真实,又美丽。《打蝗虫》《捉稻蚕》两场的动作,也有同样的特色。《穷人乐》在表演实践中,不受剧本限制,使演员充分发挥自己的创造才能,对剧作进行添加和补充。如《穷人乐》在第二届群英会②的演出中,儿童拨工组一场,小栓子因为找不到锄,上场晚了,演员们就很自然地说:"小栓子来晚了,咱们斗争他吧!"他应声答道:"我去拉屎啦,怎么拨工还不许拉屎呵!"极美满地解救了这个漏洞。刚一锄,锄头又跌下来了,小栓子就往上砸,孩子们马上加了一句预先没有的话:"叫你来锄苗来啦,谁叫你来打铁哩!"生活的丰富,使他们把戏演活了。"社论"最后认为各系统各级领导机关应根据《决定》,检查对文艺工作的领导,并将"组织人民的文化生活列入议事日程,发展群众的文艺运动,并以文艺的武器推动我们的战斗、生产和各项工作"。"该剧作为群众文艺路线的典型在边区推广,推动了更广泛的乡村动员。"③据《边区乡村文艺运动略述》载:

  根据冀西十二个县的统计(不完整):村剧团一〇一四个,团员将近二万人;黑板报二九四一个,霸王鞭和秧歌队几乎每村都有一个(铁路线上的村庄没有,那是因为国民党反动派还压在人民的头上)。④

  从边区文艺的实践看,其消解了"新"与"旧"、"土"与"洋"的文化等级,为文艺的本土创新和民族化发展提供了必要的发展空间。⑤如阜平作为文

---

① "扎麦个子",即麦子割下后将其捆成"捆子"。
② 第二届群英会是解放战争时期中国共产党在太行根据地召开的一次盛会,大会准备工作充分,太行区各市县政府、机关团体及社会各界积极参与。与抗日战争时期太行区首届群英会相比,第二届群英会英雄交流的深度与选举表彰的力度均达到了新的高度。具体详见魏晓锴、岳子璇:《太行区第二届群英会研究》,《军事历史》2021年第2期。
③ 韩朝建:《乡村剧团与社会动员——以1944年河北阜平县高街〈穷人乐〉的编演为中心》,《民俗研究》2018年第3期。
④ 张文芳:《边区乡村文艺运动略述》,《北方文化》1946年第2期。
⑤ 周维东:《革命文艺的"形式逻辑"——论延安时期的"民族形式"论争问题》,《文艺研究》2020年第1期。

艺活动的中心，在1945年春节的时候，近300个节目中，梆子、秧歌、快板等形式的节目，占了近200个。这些"旧的艺术形式"由于抛弃了脸谱、蟒袍、玉带等旧的服装道具，改造了某些"台步""台词"，因此又可将之视为新的民族形式的"雏形"。如边区唐县杨家庵的赵玉山，"他唱秧歌二十多年，他村大小人都能拉两句，村剧团就在这样的基础上建立起来"。一开始，他们演出新内容的戏，还穿着一些描龙绣凤的旧戏装，老乡们认为"戴着相公帽子埋地雷，不带劲"，后来在表演中逐渐将脸谱抹去，换上了平时的服装，又在唱腔和道白上做出改动：唱词由"短句改为长句，长句变为联句"，不但增加了唱词的内容容量，同时缩短了锣鼓过门。此外，赵玉山和"闹秧歌"的村民一起，在秧歌表演中，吸收了梆子、落子等调头，并大胆采用了一些新歌曲如《松花江》《黄水谣》《八月十五》《五枝花》等曲调，丰富了秧歌的声腔表现力。① 再如定县一区花留村成立的"花鼓组"在当地村干部的帮助下开始学编新词，所编所唱都是与群众切身利益有关的事，如抗战时期的《减租减息》《敌后力量》，土改时期的《斗恶霸》《中农贫农是一家》，解放战争中的《保卫胜利果实》《参军上前线》，大生产中的《捕虫》《反懒汉懒老婆》，还有很多宣传时局、破除迷信和反对赌博的作品。这些民间流传的旧的文艺形式，如秧歌、花鼓、霸王鞭、太平车、跑旱船、踩高跷、皮影戏等逐渐成为表达乡村生产变化、土地革命的"新文艺"。

这些"新文艺"由于秉承着"自己演自己的事""自己编大家审""采用民众喜闻乐见的形式"等原则，不仅成为现实斗争的有力武器，还对指导民众生产、生活起到了十分重要的作用。如1943年平山东岗南村面临"蝗灾"，但有些人认为蝗虫是神虫，不肯去打，还有些青年、儿童借打蝗虫的名义，踏坏了很多庄稼。为了应对这种情况，村剧团编了"打蝗虫"剧作，指导村民打蝗虫，后来这个村子被选为打蝗模范村。再如太行区涉县索堡镇，每到过庙会的时候，附近村上的妇女都赶来坐夜或下神。而一些人以巫神名义骗取老百姓钱财，索堡镇剧团就采取了一种"以其人之道还治其人之身"的方法：

> 索堡的剧团叫一个人化装男巫到那里去下神，另一个人装作病人去找

---

① 王剑清、冯健男主编：《晋察冀文艺史》，中国文联出版公司1989年版，第539—540页。

"男巫"治病,那个"男巫"就装腔作势地下起神来,要病人许很多愿才肯治病,最后那个"病人"当众声明,他自己什么病也没有,进一步揭穿了男巫的欺骗,并在当场展开了批评。这样启发了在场所有的妇女,大家认识到下神是假的,后来一哄而散。①

在中国共产党领导的乡村,政治精英、知识分子、民间艺人共同建构了乡村的新图景,民间文艺呈现出新样态。如"新年画"的创作,在保留传统年画形式的基础上,将年画的主题"由驱祸求福转变为革命宣传与动员"②。新年画《农家历》就是利用"春牛图"的形式,"把当中的春牛改成变工队,两面的十二属相,改成十二个月农家的工作中心,填上简单的词,就成了对今天根据地农家完全有用的东西了"③;新年画《立功喜报》借用传统年画《天官赐福》的形式,使用旧社会状元及第的报喜形式,把抗日英雄模范的"立功喜报"写上英雄姓名。④ 此外,还有将"灶王爷"上的"一家之主"改为"一家民主",两边的"上天言好事,回宫降吉祥",改为"天天做好事,人人都旺祥"⑤。印行之初也引起了群众的不满,有人表示"这是八路军的灶王爷","八路军一向不信神,说没有神,可是印下灶爷卖,这是怎么日弄的?"也有人认为"公家啥都好,就是不信神,现在'转变'了(指卖神像),就好了!"⑥ 在具体实践中,文艺工作者们逐渐认识到"年画印得美不美,合不合群众的习惯固属重要,但更重要的还是内容问题和如何正确地利用旧形式问题"⑦。于是,东北书画社在刊印年画之前,会将年画"初稿"带至乡间征求农民意见,几经修改,然后刊

---

① 刘松涛:《华北抗日根据地的农民教育工作》,《人民教育》社编:《老解放区教育工作经验片断》,上海教育出版社 1979 年版,第 244 页。
② 李军全:《民俗节日与革命动员:华北根据地、解放区乡村社会中的春节(1937—1949)》,《中国现代史》2014 年第 7 期。
③ 实验学校通讯:《年画创作中的点滴经验》,孙晓忠、高明编:《延安乡村建设资料》第 3 册,上海大学出版社 2012 年版,第 214 页。
④ 陈建伟:《年画与抗战》,《山西档案》2006 年第 2 期。
⑤ 王亚平:《冀鲁豫的新年画工作》,《文艺报》1949 年第 8 期。
⑥《关于年画》,孙晓忠、高明编:《延安乡村建设资料》第 3 册,上海大学出版社 2012 年版,第 232 页。
⑦ 同上书,第 234 页。

印了20种年画，深受各地农民欢迎，"年前一周左右即销售五十万份"，其中《人民解放军大反攻》《贫雇农大会》《翻身乐》广受好评。[①] 此外，还有在农民生产、生活中起过重要作用的"新洋片"，其将说唱文艺与连环图画结合，演述的内容多样，既有传统曲艺也有颂扬革命英雄英勇事迹、普及卫生等科学知识的内容，如一位姓张的老乡看了《怎样养娃娃》之后，一定要拉演洋片的同志到家里吃酒，并痛惜地表示："你们要是早来七八天，我那孩子就不会撂下了。"[②] 此外，说书艺人韩起祥、农民诗人孙万福、乡村艺人刘志仁等与知识人合作的文艺作品，不仅实现了中国共产党革命话语在乡村的推广，也对乡间抽烟、酗酒、赌博等不良现象起到训诫作用。

延安时期，在政治精英的介入下，知识分子走向乡村、走向民众，他们与民间艺人合作，充分发挥了鼓词、年画、旱船、高跷、舞狮、龙灯、杂耍等不同样式的民间文艺的社会功能，同时出现了"斗争秧歌""新说书""新年画""新洋片"等民间文艺的新样态，生活民俗、婚姻民俗、家庭民俗的改变也成为改造乡村文化的重要路径，这一时期的具体经验在中华人民共和国成立后进一步在全国范围内践行。

三 "文化下乡"与社会主义新农村建设

中华人民共和国成立后，乡村是社会主义改造和建设的重地。早在1945年4月24日中国共产党第七次代表大会上，毛泽东就在《论联合政府》中指出："农民——这是现阶段中国文化运动的主要对象。所谓扫除文盲，所谓普及教育，所谓大众文艺，所谓国民卫生，离开了三亿六千万农民，岂非大半成了空话？"[③] 新中国成立后提出建设农村就要发展好农村文艺，而在农村文艺中，民间文艺占据主导地位。在延安时期已有荒煤、王亚平等提到发展乡村文艺的关键是"团结和改造民间艺人和旧艺人"。1952年5月20日，《人民日报》召开"北京市郊区农民文艺座谈会"，"五个区十三个村的农民文艺活动积极分

[①] 《解放区文讯》，《正报》1948年第34期。
[②] 王剑清、冯健男主编：《晋察冀文艺史》，中国文联出版公司1989年版，第547页。
[③] 毛泽东：《论联合政府》，东北书店1948年版，第61页。

子、文艺爱好者和文教干部"参与了座谈,十四区关西庄的"快板能手"张凤山将"蚜虫繁殖的道理"编入了快板,"打破了群众的迷信思想"。经他宣传,群众积极加入捉虫队伍,共捉了四千七百三十四斤害虫。他说:"如果地里正长虫,就说害虫,大家自然留心听;要是在冬天也说害虫,群众就不爱听了,冬天我就说关于肥料的事情。"①

20世纪50年代,在各地乡村文化的发展中,重点在于如何重塑民间文化,并形成新的"地方讲述"及文化共识。"文化下乡"成为这一时期的主流,广大文艺工作者开始以前所未有的规模参与到农村的建设工作,如重庆曲艺团深入山区演出,坚持进行"七边"活动(即边劳动、边学习、边体验生活、边创作、边排练、边行军、边演出),创作了《问路》《贫下中农团结紧》《迎亲人》《信不信》等,增加了清音小演唱、扬琴演唱、快板群、对口词、方言剧等群众喜闻乐见的形式。除了对传统民间文艺资源的"创编"外,重庆曲艺团还对"新人新事新气象"进行编演,如记录"改土造田"工作的《好当家》,赞颂"虎溪公社"生产队长的《好队长杨志成》等。②

1953年,文化部发布了《关于开展春节农村文艺活动湖北向农民宣传总路线的指示》,其中专门提到了如何将文学、影视艺术与民间文艺更好地结合,塑造农村新文艺,同时也强调了"应充分重视和发挥民间艺人的力量,组织他们参加宣传活动"③。1955年,湖北浠水县在介绍领导发展农村文艺的经验时,强调了:

> 适当地满足了翻身农民的文化生活要求。全县一百五十六个乡,目前乡乡有业余剧团,村村有文娱小组。每逢节日或纪念会,各地都举行小型的演出,极受群众欢迎。在平时,分散在各区乡的民间艺人和爱好文娱活动的农民,也利用生产空隙时间进行活动;同时,县里还经常有计划地组

---

① 《农民迫切要求文艺食粮——记本报召开的农民文艺座谈会》,《人民日报》1952年5月24日,第3版。
② 朱兵:《活跃在山乡的文艺轻骑兵——记重庆市曲艺团深入山区演出》,《曲艺》1965年第4期。
③ 《中央人民政府文化部关于开展春节农村文艺活动湖北向农民宣传总路线的指示》,《人民日报》1953年12月10日,第3版。

织电影队、汉剧团深入农村巡回演出；各区并以乡为单位，以农业生产合作社为核心逐步建立农村俱乐部，在俱乐部中进行各种文艺活动以及问答会、大众讲座、读报、图书阅览等活动。由于农村文化娱乐活动的不断丰富和发展，广大农民的生产热情更为饱满。①

1954年春节，北京通县（今北京通州区）在里二泗村集中城乡57档花会，举行民间花会会演，演出历时3天，演员近3000人，观众逾5万人次。其中，胡各庄高跷、海户屯狮子、陆辛庄少林、里二泗童子跷等获得佳誉。花会成为活跃民众生活、宣传文化政策的重要方式。里二泗小车会在文艺会演中所表演的兴修水利、支援农业、推车运粮等内容与"时代共名"；小车搭载的也不再是俊媳妇，而是丰收的粮食或修水库的材料，角色也多为工农打扮。②1957年3月，"群众业余音乐舞蹈观摩演出会"在北京举行，汉、蒙古、朝鲜、侗、壮等民族的优秀演员表演的民歌合唱、女声独唱、咔戏、民间舞蹈等节目③，"显示出组织与推进农民群众的业余艺术活动是活跃农村文化生活，提高农业生产，推进互助合作运动和培养农民新的道德品质的重要方法之一"。④

20世纪60年代，为了响应"把社会主义的文艺送到农村去"的号召，新中国文艺建设明确规定了向农村输送社会主义文艺，进一步巩固工农联盟和发展社会主义建设事业三项任务。其中特别值得注意的是当时兴起的新故事讲述，各地文化馆培养"故事员"到田间地头进行讲述，宣传新政策、新文化。在创编与讲述中，故事员融入了民间文艺的创编原则与演述经验。如1963年《故事会》第2辑刊载毛学镛改编、龚昌平整理的《红色宣传员》，开篇以一种说唱文艺形式娓娓道来：

---

① 《我们领导农村文艺活动的一些体会》，《人民日报》1955年12月1日，第3版。
② 毛巧晖、张歆：《运河记忆与村落文化变迁：以北京通州里二泗小车会为中心的考察》，《西北民族研究》2021年第2期。
③ 如民歌合唱《采茶歌》《打麦歌》《舂米歌》《划龙船》等4首歌曲；女声独唱《土地还家》；咔戏《贫女泪》；民间舞蹈《手鼓舞》《踢场子》《小车舞》等。
④ 《民间艺术的花朵——群众业余音乐舞蹈观摩演出会农村部分》，《人民日报》1955年3月27日，第5版。

今天，我不讲山，不讲水；不讲天，不讲地；讲一个农村女宣传员怎样耐心帮助落后农民转变过来，共同搞好生产，建设社会主义；故事的题目叫《红色宣传员》。这个故事说嘛，蛮远，出在我们的兄弟国家——朝鲜；说近嘛，真近，讲的都是农村里面的事情，我们都很熟悉。①

在故事的"附记"中，强调故事的讲述需要凸显宣传员"李善子"帮助福善婶、崔官弼、崔镇午改造的过程，这就要求讲述者需要掌握李善子在"各个阶段的语气、仪态、行动"，此外，在讲到"千里马运动"与"青山里精神"的时候，一定要表达得很正确，"不能走样"。② 1964年，赵树理选编的《群众演唱丛刊》由北京出版社出版，书中收录了小型戏剧（话剧、评剧、歌剧），曲艺（唱词、相声、快板），歌曲和革命斗争故事等。③ 赵树理在"编者的话"中表示，选编这套群众演唱丛刊的目的是为了"满足农村公社社员，厂矿职工和广大青年开展业余文艺活动的需要，配合社会主义、集体主义、爱国主义思想教育，起到推动生产、鼓舞劳动热情，丰富群众文化生活的作用……"④

新中国成立初期，乡村文艺发展是为了更好地建设社会主义农村，提倡积极发挥与促动农民的主体性；他们不但是文艺的创造者、欣赏者，而且是艺术作品的检验者、鉴定者。⑤新中国成立初期，乡村文艺建设引起党和国家的高度关注，其中以民间文艺为基础的乡村文艺成为社会乡村建设的主要支持，并且我们看到这一时期乡村文艺不仅服务于乡村建设，而且"跃出工农城乡二元藩篱，在乡村之外的社会生活其他领域产生鼓舞乃至教育作用"⑥，成为社会主义文化的重要组成部分。

---

① 毛学镛改编，龚昌平整理：《红色宣传员》，上海文艺出版社编辑：《故事会》第2辑，上海文艺出版社1963年版，第1页。
② 同上书，第28页。
③ 包括《两姓之间》（话剧）、《卖鸡》（戏曲）、《火药枪·降妖记》（曲艺）、《把关》（评剧）、《捉"鬼"计》（评剧）、《盘关》（话剧）、《柜台》（话剧）、《一比吓一跳》（相声）、《一件棉袄》（评剧）、《卖烟叶》（新故事）、《永远站在社会主义建设最前线》（歌曲）。
④ 赵树理：《卖烟叶（新故事）》，北京出版社1964年版，"编者的话"。
⑤ 许向东：《略论文艺下乡》，《江淮学刊》1963年第4期。
⑥ 李炼石：《回望新中国初期乡村文化振兴的有效探索》，《北京日报》2020年12月7日，第15版。

20世纪80年代,伴随"文化热"以及民俗学、人类学、社会学的恢复,各地域、各民族民俗艺术遗产的挖掘与保护迅速兴起。① 国际上对文化遗产的保护政策、经验也经过译介进入中国,如"苏维埃文化基金会"对文化遗产采取的"保护、消化、发展"的态度及"继承、发展民间艺术创作,给民俗、民间艺术形式配上现代生活节奏"等。② 20世纪90年代,各地域、各民族的民俗艺术交流活动渐趋频繁③。在这一发展趋势下,"自下而上的乡村民俗展演和手工艺作为农村新型产业盛极一时"④,对于手工艺、说唱等表演艺术论述者较多,但我们也应该关注到这一时期神话、传说、故事等的搜集、整理、编辑出版⑤,尤其是以音影图文形式的传播。各地乡村建设本着"文化搭台,经济唱戏",一度出现了繁荣。同时,在这一时期,一种既强调地理联结又关注文化特性的"共同体"逐渐形成,建构起丰富多维的地域文化图景。如江苏镇江开发建设旅游区时,将金山、焦山、北固山、南郊诸山等自然景观与"甘露寺刘备招亲""梁红玉擂鼓战金山""水漫金山寺"等历史故事和神话传说以及该市收藏和展出的近4万件文物相结合,并通过"小码头古文化街,古渡、石塔、客栈、饭馆、茶楼、商号、书场"等地方景观的建设,将古文化街建成"唐宋元明清,从古看到今"的旅游街。⑥

1991年9月6—10日,在山东省枣庄市峄城区召开的全国农村(地区)旅游经济交流大会上,再一次强调了农村旅游经济是以农村旅游资源为条件,以农村旅游景点和旅游项目为媒介,形成吸引力强的市场,开展经济活动,创造新的财富。与会代表强调"农村旅游经济"的"乡土性",需要将这些旅游资

---

① 如20世纪70年代末期中国与日本民俗学者的交流与合作、20世纪80年代中期的中芬民间文学联合考察项目及20世纪90年代与美国民俗学界的接触等活动中都涉及这一话题。
② 胡锡进:《文化遗产:"保护、消化、发展"——苏维埃文化基金会》,《人民日报》1989年12月7日,第7版。
③ 如1994年文化部启动了"中国民间艺术"之乡的命名,从政府层面进一步推动民俗艺术的发展和研究。1999年,"'99巴黎·中国文化周"以文化为切入点介绍中国,联合国教科文组织总干事费德里科·马约尔(Federico Mayor)提到,联合国教科文组织希望通过对中国古典艺术、传统民间艺术和文化古迹保护的介绍,让人们真正了解中国的文化。
④ 张颖:《中国艺术乡建二十年:本土化问题与方法论困境》,《民族艺术》2021年第5期。
⑤ 刘锡诚:《旅游与传说》,《民俗研究》1995年第1期。
⑥ 范然:《镇江开发旅游资源》,《人民日报》1987年1月5日,第2版。

源,包括"农村特有的自然景观和人文景观",与当地民俗节日、风土人情紧密结合,形成旅游文化活动。① 但这一乡村建设路径并未走出很远。到了 21 世纪初,其所暴露的问题越来越多,如为了迎合旅游者的消费需求,民俗文化在"符号化""舞台化"中呈现出一种"半生不熟"② 的状态;突破文化消费边界,不顾文化伦理等事件频出不穷。再加上近年来城镇化的迅速发展③,出现了诸多问题,如"城市对乡村文明的侵蚀与同化""乡村价值的式微""集体记忆的消失以及群体认同的瓦解"等。④ 为了应对这些问题,十九大报告提出乡村振兴战略的重大决策部署,对乡村经济、文化发展产生了深入、持续、驱动性的作用。⑤ 在这一政策的影响下,再加上自 2006 年开始的非物质文化遗产保护,民俗逐步从"搭台"走向了"唱戏",如各类新型民俗节庆的设立与举办,非遗特色小镇的创建、农民画等民间工艺的文化产业化发展等,民俗在乡村建设中发挥着与历史上任何时期都不同的作用。

以中国农民画为例,其传统内容主要为乡村田园景观,表现农户日常生活,呈现农业生产劳动场景、收获景象及地方风俗民情等。⑥ 21 世纪以来,农民画呈现出一种新的发展方向,成为民俗文化和乡土风情的文化载体。如汕头龙湖区新海街道十一合村在发展"庭院经济"的同时,在当地 20 多座古民居和近 500 米长的巷道上绘制了多幅以农耕文化、海洋文化、潮汕民俗、红色基因等为主题的 3D 墙画。⑦ 再如浙江省宁波市澥浦镇农民画以渔民画为创作主体,吸收和继承了剪纸、刺绣、年画、壁画等民间艺术形式,色彩鲜明,造型夸张。像《澥浦船鼓舞》便结合了船、海、渔民等地域文化元素,通过澥浦农

---

① 《全国农村(地区)旅游经济交流大会纪要》,《数量经济技术经济研究》1992 年第 3 期。
② 李松、于风贵、杜晓帆、张刚、张士闪:《民俗旅游与社会发展》,《山东社会科学》2011 年第 7 期。
③ 截至 2021 年年末,我国常住人口城镇化率为 64.72%。此数据源自中华人民共和国 2021 年国民经济和社会发展统计公报,http://www.stats.gov.cn/xxgk/sjfb/zxfb2020/202202/t20220228_1827971.html. 查询日期:2022 年 4 月 6 日。
④ 彭莹:《乡村振兴战略与非物质文化遗产保护问题探论》,《上海城市管理》2018 年第 4 期。
⑤ 潘鲁生:《以文艺赋能社会发展》,《中国艺术报》2022 年 3 月 7 日,第 2 版。
⑥ 周星:《中国农民画的发展趋向与新的可能性》,《东方论坛》2021 年第 1 期。
⑦ 《打造文艺 3D 墙画 扮靓美丽新农村》,公众号"sttv 今日视线",https://mp.weixin.qq.com/s/2-zbmq_i4K5k__ZzRhOLyg,查询日期:2020 年 10 月 23 日。

民画再现了瀣浦船鼓的恢宏气势。近年来,陕西宜君、南京六合、安徽萧县、西安鄠邑、江西永丰、延安安塞、江苏邳州、上海金山、吉林东丰等地通过画廊、展览馆、美术馆或博物馆等,实现了由地域特色文化资源到区域特色文化产业的价值转化。

再如"中国农民丰收节"这一新型民俗节庆的设立,不仅推进了乡土文化的记忆和再造,中国各地、各民族庆祝丰收的民俗仪式在丰收节这一天得以集中展示[①],节庆内容包括"群众集会、网络直播、民俗体验、美食品鉴、乡村旅游、丰收大集、农事绝活、体育比赛、文艺会演、品牌推介、产销对接、非遗表演"等城乡联动庆丰收活动。[②] 中国农民丰收节的节日标志由"中国红"和"丰收黄"等具有"收获""红火"意蕴的颜色构成,标志中间是一棵呈"丰"字形状的金黄麦穗,其代表农业发展,同时亦包含庆祝丰收之事和祈愿未来丰收等含义。[③] 关于各地"秋分"习俗、丰收符号、民间传说的挖掘、整合及转化也对非物质文化遗产及重要农业文化遗产的保护利用颇有助益。此外,还有"荀子文化节""布洛陀民俗文化旅游节""广州乞巧文化节""张家湾民俗文化节""运河文化庙会"等新型民俗节庆经历了"标准化""规范化"到"庆典化"的开发,旨在激活村落文化,助推乡村全面振兴。[④]

伴随乡村建设的发展,艺术乡建[⑤]引起多领域关注。与20世纪以来的艺术家与民间互动形成的艺术实践不同,艺术乡建"呈现出艺术家与乡民各为主体的交响式互动特征"[⑥]。从渠岩发起的山西和顺"许村计划"(2007)到欧宁、

[①] 如江西上饶婺源篁岭村"晒秋"仪式、云南省罗平县罗雄镇的"谷神节"、四川阿坝州茂县"羌族转山会"、贵州寨蒿镇乌公侗寨的"烧鱼节"等。

[②] 温靖、郭黎:《弘扬黄河文化 推动农民丰收节化风成俗——中国农民丰收节组织指导委员会办公室主任、农业农村部市场与信息化司司长唐珂一席谈》,《农业工程技术》2020年第27期。

[③] 张华、王慧妍:《传播物质性视域下的中国农民丰收节》,《中华文化与传播研究》2021年第1期。

[④] 毛巧晖:《乡村振兴战略背景下民俗节日的传承发展》,《中国非物质文化遗产》2021年第2期。

[⑤] "艺术乡建"作为特指名词,较早见于渠岩《艺术乡建:许村家园重塑记》(载《新美术》2014年第11期)。

[⑥] 王阳文:《艺术乡建的内在张力与当代价值》,《艺术探索》2021年第6期。

左靖发起的安徽黟县"碧山共同体"(2011),再到金江波发起的浙江湖州"乡村重塑 莫干山再行动"公共艺术创作计划(2018),在他们的乡村建设实践中,其关注内容逐渐由"原始艺术""地方性知识"转向通过民间艺术发现或构建"地方性"与"地方感"[①]。在这一过程中,艺术乡建中本土化问题的"错位"[②]引发争议。如对安徽黟县"碧山共同体",当地有些村民表示,"看不懂,反正艺术家与学生都和我们没关系,农民是种田的"[③]。笔者2021年在北京市延庆、密云一带调研时,村落中的艺术雕塑、乡村绘画蒙上了厚厚的灰尘,有些则被老百姓铲除,当访谈到他们为何如此做时,他们大多回答这些跟他们没关系,没有用。这些与艺术乡建的初心"背道而驰"。从文化意义上考量[④],乡村振兴是"回归农耕文明本源的文化复兴工程",其核心是重构"精神回归之路"[⑤]。民俗是传统村落发展的重要文化资源,"凝聚着中华民族自强不息的精神追求和历久弥新的精神财富"[⑥],但长期以来它们无法进入公共文化系统,更多被视为"地方性知识"。非遗保护兴起后,它们实现了身份的转化,进入公共话语表述系统。一些文艺实践者运用艺术手段将传统文化符号转译成通用语言,对色彩、图样、功能等进行创新,推动传统民俗与当代生活融合,从对民俗传统的"汲取"与"引用"逐渐较向创造性转化、创新性发展。如近年来在游戏、网文、雕塑中对上古神话的吸纳与创新及各地品牌设计中对地域民俗的转化,像安徽省凤阳县小岗村"大包干蒸谷米"的包装设计中,设计团队在包装主图形中融合小岗村标志性建筑"大牌坊"、自主研发的蒸谷米制作流程以及安徽地方特色"花鼓戏",既彰显了品牌的价值,亦传递出小岗精

---

① 孟凡行:《地方性、地方感与艺术民族志创新》,《思想战线》2018年第1期。
② 张颖:《中国艺术乡建二十年:本土化问题与方法论困境》,《民族艺术》2021年第5期。
③ 邢晓雯:《争议"碧山乌托邦"——艺术家主导乡建,陷入"脱离群众"纷争》,《南方都市报》2014年7月16日,第AA36版。
④ "要大力弘扬农村优秀传统文化。深入挖掘农村优秀传统文化和习俗蕴含的思想观念、人文精神、道德规范,发扬乡土文化、乡贤文化、优良家风,结合时代要求继承创新。建立完善农村非物质文化遗产保护机制,支持民间艺人传授发展民族民间技艺工艺……"参见张天佐:《乡村振兴战略研究》,《当代农村财经》2018年第8期。
⑤ 舒伯阳、刘玲:《乡村振兴中的旅游乡建与包容性发展》,《旅游学刊》2018年第7期。
⑥ 龙新民:《毛泽东文艺思想对当代文艺工作的指导意义》,《党史纵横》2013年第12期。

神的深刻内涵。①

自2014年"杭州云栖小镇"②首次被提及,习近平总书记对加强特色小镇建设给予了充分的肯定,并做出了重要批示,国家发改委等部门先后印发并实施《关于加快美丽特色小(城)镇建设的指导意见》《关于规范推进特色小镇和特色小城镇建设的若干意见》《关于建立特色小镇和特色小城镇高质量发展机制的通知》等政策文件。③各地特色小镇如雨后春笋般出现。如北京市张家湾设计小镇、西集生态休闲小镇、宋庄艺术小镇、台湖演艺小镇等,其不仅是"城乡一体化"重要节点,更是乡村振兴、农村城镇化的重要载体和平台。

在乡村建设中,涉及的问题很多,大多研究又是从某一视角或问题出发,难免很多讨论都是"盲人摸象"式的理解,亦难免一叶障目。但从民俗的视角,梳理百年乡村建设的发展脉络,尤其是通过不同时期的典型个案或建设经验,我们可以看到:在乡村建设中,我们经历了启蒙农村、发动农村、改造农村、建设农村、振兴农村;其中,民俗在不同时期都发挥了作用,当然每个时段内政治精英、知识分子对民俗的态度或理念并不是均质化的,我们也只是通过对典型事件或当时的主流观点的论述,从中发现民俗的传承与发展不仅能够唤起民众的"文化自觉"④,还为民众提供了"历久弥新的精神核心"。⑤

---

① 陈炯:《"艺术乡建",为美好生活添彩(乡村振兴 艺术何为?)》,《人民日报》2020年10月11日,第8版。

② 云栖小镇是浙江省首批创建的37个特色小镇之一。小镇位于杭州市西湖区,规划面积3.5平方公里。按照浙江省委省政府关于特色小镇要产业、文化、旅游、社区功能四位一体,生产、生活、生态融合发展的要求,秉持"绿水青山就是金山银山"的发展理念,着力建设以云计算为核心,云计算大数据和智能硬件产业为特点的特色小镇。

③ 宋华清、闫晓莉:《特色小镇建设发展的研究》,九州出版社2020年版,第1页。

④ "文化自觉是指生活在一定文化中的人对其文化要有'自知之明',明白它的来历,形成过程所具有的特色和它的发展趋势。自知之明是为了加强对文化转型的自主能力,取得决定适应新环境,新时代对文化选择的自主地位。"参见费孝通:《反思·对话·文化自觉》,《北京大学学报》(哲学社会科学版)1997年第3期。

⑤ 毛巧晖:《乡村振兴战略背景下民俗节日的传承发展》,《中国非物质文化遗产》2021年第2期。

第一章

张家湾特色小镇的建设

"特色小镇"建设兴起于浙江,后在全国范围内推行。① 特色小镇在当下我国"深入推进新型城镇化"的过程中扮演了重要角色。城市化建设的关键是在有限的空间里优化生产力的布局,其目标在于用最小的空间资源达到生产力的最优化布局。时任浙江省省长李强指出,基于浙江"七山一水两分田"的区位条件,在城乡接合处建立"小而精"且融合"产业功能、旅游功能、文化功能、社区功能"的特色小镇,有助于改善空间资源布局,推动当地在新常态下保持中高速、并迈向中高端发展。② 此后,特色小镇在优化空间资源、促进"大中小城市和小城镇协调发展"、加强城镇化对农村发展的"辐射带动"③ 等方面的作用得到了社会各界的认可。习近平总书记、李克强总理也先后批示、推荐了浙江的特色小镇经验④,肯定了特色小镇建设在中国当代社会的价值。

2016年以来,国家各部委以政策文件的形式明确了特色小镇在新型城镇化建设中的作用,重点强调了特色小镇在疏解大城市功能,统筹经济、文化与生态建设等方面的价值,张家湾特色小镇的建设工作亦受此影响。2016年7月,住房和城乡建设部、国家发改委、财政部三部联合发布了《关于开展特色小镇培育工作的通知》,明确要坚持"突出特色""市场主导""深化改革"的基

---

① 陈立旭:《论特色小镇建设的文化支撑》,《中共浙江省委党校学报》2016年第5期。
② 李强:《特色小镇是浙江创新发展的战略选择》,《中国经贸导刊》2016年第4期。
③ 《国家发改委关于加快美丽特色小(城)镇建设的指导意见》,发改规划[2016]2125号,国家发展改革委城市和小城镇改革发展中心编著:《2018中国特色小镇发展报告》,中国发展出版社2018年版,第466页。
④ 周晓虹:《产业转型与文化再造:特色小镇的创建路径》,《南京社会科学》2017年第4期。

本原则,建立"特色鲜明、产业发展、绿色生态、美丽宜居的特色小镇",以此"推动新型城镇化和新农村建设"①,强调了特色小镇建设中生态文化建设与经济建设应同步开展。同年 10 月,国家发改委再次发文指出,特色小镇要立足产业"特而强"、功能"聚而合"、形态"小而美"、机制"新而活",尤其是要注意将特色小镇建设与"疏解大城市中心城区功能""特色产业发展""服务'三农'"相结合,发挥其在地域、功能、特色三个层面的意义②,主要凸显了特色小镇在疏解大城市功能方面的作用。2017 年,国家发改委等四部门为规范特色小镇建设提出了若干建议,再次强调了特色小镇的建设需要注重"产业特色鲜明、服务便捷高效、文化浓郁深厚、环境美丽宜人、体制机制灵活",小镇建设的目标在于"促进新型城镇化和经济转型"。③ 由此可见,在我国大城市"过度超载、城市建设千篇一律"并暴露出若干"城市病"的背景下,"在城乡结合的部位切割出体量不大但富有特色的区域"建设兼具地方文化特色与优美生态环境的特色小镇已然成为当下缓解大城市压力、带动城市周边乡镇发展的重要举措。

第一节 张家湾特色小镇建设的政策与规划

张家湾特色小镇规划是在北京城市副中心落户通州的背景下制定的,其发展目的既在于推动本地的产业转型与升级,亦在于疏解北京的"城市病",并服务于城市副中心建设。因此,张家湾特色小镇需要以建设"产、城、人、文"四位一体的"新型空间、新兴社区"作为日后的发展方向,通过承接北京

---

① 《住房城乡建设部 国家发展改革委 财政部 关于开展特色小镇培育工作的通知》,国家发展改革委城市和小城镇改革发展中心编著:《2018 中国特色小镇发展报告》,中国发展出版社 2018 年版,第 466—468 页。

② 《国家发展改革委关于加快美丽特色小(城)镇建设的指导意见》,发改规划〔2016〕2125 号,国家发展改革委城市和小城镇改革发展中心编著:《2018 中国特色小镇发展报告》,中国发展出版社 2018 年版,第 460—462 页。

③ 《国家发展改革委 国土资源部 环境保护部 住房城乡建设部 关于规范推进特色小镇和特色小城镇建设的若干意见》,发改规划〔2017〕2084 号,国家发展改革委城市和小城镇改革发展中心编著:《2018 中国特色小镇发展报告》,中国发展出版社 2018 年版,第 453 页。

的"非首都功能"在推动当地产业升级的同时，注重对本地区文化的挖掘、保护及对当地生态环境的涵养，最终打造美丽宜居的新型城镇空间。

一 政策规划中的张家湾特色小镇建设

张家湾特色小镇的建设规划是在市政府以改善北京城市空间布局、推动城市副中心建设为目标的政策引导下制定的。城市副中心的建设深刻影响着张家湾特色小镇的发展方向，在为其带来发展机遇的同时亦催生出若干挑战。

由于与城市副中心密切联系，张家湾特色小镇建设的首要目的同样是缓解北京因人口分布不均衡而引发的"城市病"。伴随人口的极速增长，北京"提前10多年突破了城市总体规划确定的2020年1800万人口的目标"①，诸如"人口过度膨胀，公共资源供需失衡，交通拥堵加剧，出行体验恶化"②等"城市病"依次涌现。但是，"城市病"的出现并不意味着北京的资源环境承载力已到达极限。仅从人口密度而言，北京16410平方公里的土地上有近2100万人口，相较于日本东京13500平方公里的土地上生存着近3500万人口的情况并不算十分密集。北京"城市病"如此严重的原因实际源于城市内各区域间发展水平、人口密度的差距。③ 具体而言，北京城市建设呈现出"'单中心''同心圆'式向外扩展的城市空间布局"，城市的大量核心功能都集中于"中心城区内"。仅北京二环内就有"20多个中央部级机关，100多个局级机关以及北京市市属的250多个单位"，西单等商业中心、北海公园等旅游景点亦集中于此。④ 这种空间布局导致了北京中心城区已暴露出严重的资源供给问题，而远郊区县却仍不够发达，亦未形成承接中心区经济与文化建设所需的环境。在此背景下，北

---

① 刘洁、苏杨:《从人口分布的不均衡性看北京"城市病"》，《中国发展观察》2013年第5期。
② 王溯瑄、王崑声:《城市副中心系统特征分析及提升对策——以北京城市副中心为例》，《城市问题》2021年第12期。
③ 刘洁、苏杨:《从人口分布的不均衡性看北京"城市病"》，《中国发展观察》2013年第5期。
④ 赵弘:《论北京城市副中心建设》，《城市问题》2009年第5期。

京应"构建功能清晰、分工合理、主副结合的格局"①，由原本的"单中心"转向"多中心"乃至"网络化"发展。②因此，北京城市副中心建设被提上日程，通州则被确定为北京城市副中心的落户地，承担起"有序疏解北京非首都功能，调整经济结构和空间结构"③的责任，张家湾特色小镇便成为服务这一目标的有力推动者。

张家湾特色小镇被作为重点战略写进通州"十三五""十四五"规划中，服务城市副中心是其建设的着力点，"古镇"与"设计小镇"则构成其发展的主要方向。通州"十三五"规划中以"一城一河两组团"作为当地发展的主要布局，其中的"一城"就是北京城市副中心的城区部分，即"通州新城"，而张家湾特色小镇则以"政务服务拓展"与"文创休闲旅游"为定位，以"政务服务及综合配套区"支撑城市副中心的建设。④此时，张家湾设计小镇与古镇建设已被写入规划文件。在"十四五"规划中，城市副中心建设的整体布局被调整为"一城一带一轴、四区三镇多点"，"三镇"中便含有张家湾设计小镇，规划指出张家湾设计小镇应在疏解"非首都"功能的同时，"聚焦创新设计和城市科技产业，打造成为北京设计之都、数字之都的重要平台"，而张家湾古镇则应承担起"留住城市文化基因，讲好千年大运河故事，塑造千年运河文化品牌"的重任。⑤

张家湾"设计小镇"与"古镇"建设表现为不同空间中同时推进的两个特色小镇建设方向，二者各有侧重又相互影响。与我国以行政区划为城镇边界的

---

① 中共中央国务院关于对《北京城市总体规划（2016年—2035年）》的批复，中央人民政府门户网站，http://www.gov.cn/zhengce/2017-09/27/content_5227992.htm，访问时间：2022年4月15日。
② 王洌瑄、王崑声：《城市副中心系统特征分析及提升对策——以北京城市副中心为例》，《城市问题》2021年第12期。
③ 冀丰渊：《京津冀协同发展规划纲要》，廊坊市应用经济学会：《对接京津——解题京津冀一体化与推动区域经济协同发展[对接京津与环首都沿渤海第13次论坛（二）]论文集》，内部资料，2016年。
④ 《通州区十三五规划》，北京市通州区人民政府网，http://www.bjtzh.gov.cn/bjtz/xxfb/201811/1181262.shtml，访问时间：2022年3月10日。
⑤ 《北京城市副中心（通州区）国民经济和社会发展第十四个五年规划和二〇三五年远景目标纲要》，北京市通州区人民政府网，http://www.bjtzh.gov.cn/bjtz/xxfb/202103/1338239.shtml，访问时间：2022年3月10日。

传统不同，特色小镇的特殊性是其在超越行政区划、产业园区的空间范畴中试图对"各类生产要素、制度要素、文化要素"进行重新整合，提高空间中资源配置效率，打造融合多种功能的"创新创业发展平台"。[①] 因此，张家湾特色小镇建设并非是对张家湾全境进行的规划与设计，而是对其中的两个"核心地块"——工业区旧址及张家湾古城遗址进行的规划，并分别为二者赋予了"设计小镇"与"古镇"的定位。这一规划既代表了张家湾特色小镇建设中传统与现代的两种面向，亦强调了张家湾特色小镇建设中协同发展理念的重要性，即如何串联设计小镇与古镇，打造"古今交辉"的城镇风貌。

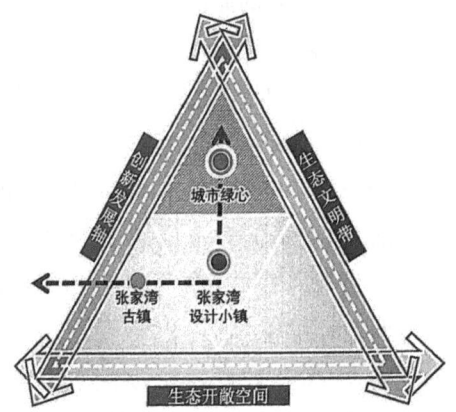

图1-1 张家湾设计小镇位置示意图[②]

在确定发展方向的同时，张家湾特色小镇还因城市副中心落户通州而获得了发展机遇，大运河文化带建设与环球影城开业对当地发展的影响最为显著。大运河文化带的建设为张家湾特色小镇带来了"经济动脉""生态水脉""历史文脉"三重发展机遇。其中，"经济动脉"既指涉张家湾因运河而形成的悠久商业传统及由此产生的会馆文化——张家湾"弦唱相闻，最称繁盛"的盛景便是对其"经济动脉"功能的历史写照，亦指代如"运河壹号"[③]等借助运河资源

[①] 周鲁耀、周功满：《从开发区到特色小镇：区域开发模式的新变化》，《城市发展研究》2017年第1期。

[②] 《张家湾设计小镇综合方案汇报》，内部资料，北京市通州图书馆提供，2019年11月。

[③] "运河壹号"地处通州新城附近，通惠河畔，旨在打造兼具中国古典建筑风格与现代艺术元素的综合商务空间。

而生、兼具现代与古典美的商务空间，凸显了运河对当下张家湾地区经济发展所发挥的作用。"生态水脉"与"历史文脉"是对张家湾历史与生态资源的概括，二者相互交织，共同为张家湾的当下发展注入了活力。具体而言，以运河水脉的变化为线索，挖掘、整理张家湾的历史文化资源，并将生态与文化资源相结合，探索当地文旅融合发展、产业升级转型的路径将成为推动张家湾特色小镇建设的关键因素。大运河代表着张家湾丰富的历史文化资源，而环球影城则意味着张家湾特色小镇建设的现代面向。环球影城的开业吸引了大量游客聚集于北京[1]，俨然成为张家湾文化产业与旅游业发展的新动力。在此背景下，借助运河的"联通功能"串联起张家湾古镇、设计小镇与环球影城的关系，对实现通州"十四五"规划中"推动环球旅游与大运河文化旅游联动发展……形成一批文化旅游精品线路""建设国家文旅商融合发展示范区"[2]的目标尤为重要。大运河文化带与环球影城是城市副中心带给张家湾特色小镇建设的重要机遇，而如何将二者转化为本区域发展的直接动力便成为张家湾设计小镇与古镇建设的关键性问题。

张家湾特色小镇建设不仅因城市副中心落户通州获得了发展的机遇，亦因其迎来新的挑战，即如何在有限的空间内保护文物古迹、推动地方经济的转型升级。自2012年北京市政府提出在通州建设副中心的决议后[3]，2017年城市副中心便被赋予了"着力打造国际一流的和谐宜居之都示范区、新型城镇化示范区和京津冀区域协同发展示范区"的艰巨任务。[4]根据通州区"十四五"规划，截至2020年，当地不仅要将生产总值提升至1103亿元，较"十二五"末期增加59.9%，更要推动一批"聚焦科技创新、行政办公、商务服务、文化旅游"

---

[1] 刘馨蔚：《主题公园经济再掀热潮》，《中国对外贸易》2021年第11期。
[2] 《北京城市副中心（通州区）国民经济和社会发展第十四个五年规划和二〇三五年远景目标纲要》，北京市通州区人民政府网，http:// www.bjtzh.gov.cn/bjtz/xxfb/202103/1338239.shtml，访问时间：2022年3月10日。
[3] 刘淇：《全力推动首都科学发展　为建设中国特色世界城市而努力奋斗——在中国共产党北京市第十一次代表大会上的报告》，中共中央组织部干部二局编：《31省区市党代会报告集（2011年10月—2012年7月）》，党建读物出版社2012年版，第13页。
[4] 蔡奇：《更加紧密团结在以习近平同志为核心的党中央周围　为建设国际一流的和谐宜居之都而努力奋斗——在中国共产党北京市第十二次代表大会上的报告》，《前线》2017年第7期。

的产业落户通州，为张家湾的经济与文化发展、特色小镇的建设奠定基础。①同时，为了与城市副中心发展相对接，张家湾的高速发展又不能以牺牲环境资源为代价，反而要兼顾文化资源的挖掘与保护、生态资源的涵养。如在通州"十三五"收官之年，当地政府秉承"疏解和承接双向发力"的原则，在取得经济发展成就的同时"累计腾退土地5741.7公顷"，甚至使得"万元地区生产总值能耗、水耗较'十二五'末分别下降20%和28%"，"细颗检物（$PM_{2.5}$）年均浓度下降至37微克/立方米，较'十二五'末降低60%。53条段黑臭水体治理全部完成，国家考核断面水质全部达标。累计实施绿化建设25.1万亩，森林覆盖率达到33%，较'十二五'末提高5.7个百分点，公园绿地500米服务半径覆盖率达到91.2%"②，在推动经济高速发展的同时带动了资源节约型、环境友好型社会的形成。在未来进一步推行特色小镇发展的过程中，张家湾仍然要兼顾发展的速度与质量，而如何以保护生态文化资源为基础，推动产业升级与转型、保障经济发展速度将成为张家湾特色小镇建设的首要任务。

综上所述，纵观通州"十三五"及"十四五"规划，张家湾特色小镇建设始终以服务城市副中心建设为目标，以疏解北京的"非首都功能"为核心诉求。在此背景下，张家湾设计小镇与古镇的建设都将以承接大运河文化带、环球影城等资源为出发点，以兼顾文化保护、生态涵养与经济的转型升级为核心任务，不断探索当地社会发展的新路径。

二 张家湾古镇建设中的文化传统与协同发展理念

张家湾古镇侧重于对当地物质文化、非物质文化资源的充分挖掘、保护，并致力于探索将上述文化资源转化为城市副中心建设动力的路径。张家湾古镇位于城市绿心以南，张家湾设计小镇以西，为大运河故道与副中心发展轴的交

---

① 《北京城市副中心（通州区）国民经济和社会发展第十四个五年规划和二〇三五年远景目标纲要》，北京市通州区人民政府网，http://www.bjtzh.gov.cn/bjtz/xxfb/202103/1338239.shtml，访问时间：2022年3月10日。
② 《北京城市副中心（通州区）国民经济和社会发展第十四个五年规划和二〇三五年远景目标纲要》，北京市通州区人民政府网，http://www.bjtzh.gov.cn/bjtz/xxfb/202103/1338239.shtml，访问时间：2022年3月10日。

汇处，邻近环球影城主题公园与文化旅游区①，这使当地沉淀了丰富的文化资源与生态资源，更便于与环球影城、设计小镇等现代元素进行联通、互动。因此，协同发展的理念在张家湾古镇的建设中具有重要位置。

（一）张家湾古镇的文化传统

张家湾古镇以"打造古今记忆交汇地区、漕运文化展示窗口、文化功能融合节点、文化旅游休闲胜地"②为发展目标。在这一目标的引领下，张家湾古镇建设坚持"一带、两轴、三区"的空间结构规划③，借助"漕运古镇""红学载体""京郊集镇""公社典范"四大资源优势④，综合保护物质文化与非物质文化资源，致力于打造古今融合、人群融合、文旅融合的一流特色小镇。⑤"一带、两轴、三区"的总体规划是对张家湾古镇物质文化与非物质文化遗存的全面概括，集中体现了当地文化的多样性特征：

> 一带即依托玉带河、萧太后河、凉水河等历史文化漕运河道，形成大运河滨水文化带。
> 两轴是依托长店街与张梁路，形成漕运文化展示轴和近现代文化展示轴。
> 三区则是依托自然河道水网，结合历史空间格局，形成古城遗址片区、张湾镇村片区、产居融合片区三个片区。⑥

依据上述规划，"一带"主要强调了张家湾古镇中物质文化与非物质文化

---

① 《涉棚改村！通州打造张家湾古镇，今年将启动考古勘探……》，腾讯新闻，https://view.inews.qq.com/a/20220331A07ZLW00，访问时间：2022年4月15日。
② 《加快搬迁腾退！张家湾将通地铁，多个重大项目扎堆儿推出……》，腾讯网，https://xw.qq.com/cmsid/20220126A07CI300，访问时间：2022年4月15日。
③ 《涉棚改村！通州打造张家湾古镇，今年将启动考古勘探……》，腾讯新闻，https://view.inews.qq.com/a/20220331A07ZLW00，访问时间：2022年4月15日。
④ 《加快搬迁腾退！张家湾将通地铁，多个重大项目扎堆儿推出……》，腾讯网，https://xw.qq.com/cmsid/20220126A07CI300，访问时间：2022年4月15日。
⑤ 《张家湾古镇规划》，内部资料，通州图书馆提供，2019年11月。
⑥ 《涉棚改村！通州打造张家湾古镇，今年将启动考古勘探……》，腾讯新闻，https://view.inews.qq.com/a/20220331A07ZLW00，访问时间：2022年4月15日。

的紧密结合。漕运古道使与运河有关的记忆能够依托一定的物质基础留存于张家湾古镇内，保护漕运古道亦成为挖掘运河文化资源、打造张家湾古镇"文化名片"的重要助力。"两轴"体现了张家湾古镇文化的多样性与复杂性。它既有古代的漕运文化、红学文化，亦有新中国成立初期形成的公社文化及一直延续至今的集镇文化，丰富的文化传统为张家湾古镇的建设带来了多样的发展路径，亦对当地文化的挖掘与保护提出了更高要求。"三区"则凸显了协同发展理念在张家湾古镇建设中的重要性。尽管张家湾古镇以运河古道、古城遗址为核心区域，但其发展仍然要考虑到区域内民居、产业的发展情况，文物古迹的保护及文化资源的挖掘也应与当地企业的升级发展相结合，共同打造张家湾古镇建设的未来路径。

图 1–2　张家湾古镇规划示意图①

"漕运古镇""红学载体""京郊集镇""公社典范"四大关键词准确概括了张家湾现有的文化资源，而如何深入挖掘、整理上述资源，并使之在当下发挥新的活力便构成了张家湾古镇建设的重要命题。

"漕运古镇"强调了张家湾作为大运河京畿段"运输历史最早、码头群规模最大、官用规格最高"的古镇所具有的丰富文物遗存与历史文化资源。张家湾城南门曾有"敕建通运桥福德庙碑"，记载了"京师之路，西则卢沟，东则

---

① 《千年文化古镇张家湾 重振古镇昔日辉煌》，北京通州官方发布，https：// baijiahao.baidu.com/s?id=1724522576687030943&wfr=spider&for=pc，访问时间：2022 年 4 月 15 日。

潞湾，为水陆绾毂"①的景象，"潞湾"即指张家湾，由此可见张家湾在南北物资往来中的重要地位。即便在嘉庆六年（1861）北运河"裁弯取直"后不再经过张家湾，但由于天津长卢盐场食盐运输的需要，张家湾仍然维持着其作为"北京地区的食盐中转码头"的地位，在北京一带水路运输中发挥重要作用，被称为"小盐河"②。作为重要的"进京水陆门户"，"漕运古镇"不仅是张家湾几度繁荣与衰落的主要动因，更使当地衍生出运粮、仓储、守卫等丰富的文化样态。在当下的文化保护工作中，作为"漕运古镇"的张家湾应尽量避免将古镇历史简单归结为明清时期的漕运历史的缺陷，而是应全面挖掘其历史文化资源，展示张家湾作为"漕运古镇"的丰富文化蕴藏。

"红学载体"主要强调了张家湾与曹雪芹、《红楼梦》创作之间的联系，凸显了经典作家文学、口传叙事与地方景观的结合，是古镇建设的重要动力。自1992年"曹霑墓石"出土后，红学界围绕张家湾展开了讨论，同时张家湾民众对本地红学文化的重视程度较之前亦有所提升。无论《曹雪芹墓石论争集》中有关"真"与"假"的讨论最终是否能得出确切的结论，张家湾民众已经在口传叙事中将《红楼梦》融入当地的历史遗迹，与已荡然无存的张家湾古城（包括花枝巷、曹家当铺等）③一并融入民众的记忆，成为其讲述的"文化事实"。当下，如何在充分挖掘张家湾历史遗迹与口传叙事的基础上，借助红学文化带动当地的文化保护与产业升级同样能为古镇建设带来机遇。

"京郊集镇"是对张家湾商业传统与未来发展方向的概括。"集镇属中心地系统范畴，是几千年形成以乡村生产、生活资料交易，提供教育、医疗、娱乐等需要为主要功能的载体，是农村集市贸易的中心"④。就人员构成而言，"集镇"由非农业人口构成，因"农村集市的逐渐扩大"而在"农村向城市过渡过

---

① 王铭、刘爽：《运河京门：张家湾运河古镇的独特定位及其当代塑造》，《新视野》2021年第3期。
② 陈喜波、韩光辉：《明清北京通州运河水系变化与码头迁移研究》，《中国历史地理论丛》2013年第1期。
③ 毛巧晖：《文学想象与地域民俗认同的构拟——基于北京市通州区张家湾"中国红学文化之乡"构筑的思考》，《暨南学报》（哲学社会科学版）2019年第4期。
④ 罗婷婷、邹学荣：《集镇现代化：乡村振兴补齐短板精准施策路径探析》，《农村经济》2021年第1期。

程中形成"①。依托当地悠久的商业传统,张家湾成为京郊颇具代表性的"集镇"之一。早在明清时期,张家湾就是商人进京的重要关口。当地的食盐、布匹、酒曲等行业都较为繁盛,朝廷曾在此设宣课分司(明朝)、坐粮厅分税口(清朝)负责税收事宜,以山西晋商为代表的商人群体还在张家湾开办了会馆,形成了独特的会馆文化。②在运河停漕后,张家湾地区工业的繁盛使当地同样聚集了大量的非农业人口,带动了当地商业与集镇文化的发展。基于此,张家湾古镇的建设亦应强调"集镇"所代表的商业传统,不断丰富漕运文化展示轴与近现代文化展示轴中的丰富文化资源,综合展示张家湾由古至今深厚的商业文化基础。

"公社典范"展示了张家湾古镇在新中国成立初期所形成的文化遗产,其进一步丰富了张家湾古镇的文化内涵。作为"人民公社时期的先进代表",张家湾古镇是北京周边"公社时期建筑遗存最为完整的地区之一"③,证明了当地除拥有丰富的古代漕运文化传统外,在近现代、当代也都有丰富的文化遗存。

综上所述,张家湾古镇的建设由漕运文化、红学文化、集镇文化、公社文化共同组成,需要在充分挖掘当地自然、文化资源的基础上,探索使传统文化资源转化为当下发展动力的路径,朝建设一流特色小镇的目标不断发展。

(二)张家湾古镇建设中的协同发展理念

张家湾古镇的建设是城市副中心建设的重要组成部分,其发展应秉承协同理念,在充分挖掘地方文化的基础上实现与大运河文化带、环球影城及张家湾设计小镇等城市副中心带来的机遇相对接。在政府文件中,张家湾古镇亦被赋予了建设"一动一静、错位互补的发展格局",以完成与环球影城的协同发展、遵循"相互配合、携手发展"的原则与张家湾设计小镇共同进取的使命。

"一动一静、错位互补"的发展格局强调了张家湾古镇建设与环球影城间的关系,其在张家湾古镇探索地方文化资源的转化路径、推动区域经济转型升

---

① 郭彩霞:《集镇社区应急管理能力提升研究》,山西财经大学硕士学位论文,2021年。
② 许檀:《明清时期的通州商业》,《中国社会经济史研究》2021年第3期。
③ 《与北京环球影城错位互补,张家湾古镇地区规划综合实施方案公布》,腾讯网,https://new.qq.com/rain/a/20220422A0AKIT00,访问时间:2022年4月20日。

级中发挥着重要作用。北京环球影城的开放为通州旅游业发展带来了巨大的客流量,亦为张家湾古镇带来了发展的契机。作为代表现代化、全球化文化成果的主题公园,环球影城因其丰富的娱乐设施、对青年群体的巨大吸引力引起了社会的广泛关注。在疫情之前,有学者预测:环球影城的开业将为通州带来每年800至1000万游客,由此产生的服务业产值将达到240亿。即便在疫情的影响下,2021年环球影城正式开园后,"同程旅行平台与之相关的出行产品搜索量环比上涨400%,周边酒店住宿搜索量也同步上涨,涨幅超过200%","十一"国庆假期,环球影城亦成为预订量最高的旅游景点之一,其人均消费水平约3300元。[①] 在此背景下,2021年中秋节期间环球影城周边酒店入住量较2019年上涨超过15倍[②],环球影城亦创造了超过10万的就业岗位[③],展示了旅游业对当地经济发展的重要作用。

  然而,环球影城的"流量"目前仍未充分转化为通州文旅融合发展的动力,通过建设张家湾古镇承接环球影城的客流量仍然是古镇建设的迫切任务。相较于环球影城带来的客流量,"大运河文化带、城市绿心公园、台湖演艺小镇等与环球影城的景区量级都有较大落差,需要通过差异化赋能实现提升"。距环球影城最近的小镇张家湾同样应凭借"差异化赋能"展示当地的丰富文化传统,以此使城市副中心的旅游业"从单个旅游景区吸引到旅游线路串联再到文化旅游区的聚落形态演进,逐步承接环球影城释放的能量"。[④] 为达成这一目标,张家湾古镇应遵循"动静结合"的原则,重点展示富有地方特色的漕运文化、公社文化,凸显红学文化、集镇文化在地方风物、民众日常生活中产生的影响。此外,相较于环球影城中的诸多娱乐设施,张家湾古镇要遵循"不拆真、不作旧"的原则,展示"红瓦、灰瓦、红砖、灰砖相协调的多元风格"[⑤],

---

[①] 刘馨蔚:《主题公园经济再掀热潮》,《中国对外贸易》2021年第11期。

[②] 李春莲、李乔宇:《北京环球影城"满月"调查:酒店"一房难求"新店蓄势待发》,《证券日报》2021年10月20日,第A03版。

[③] 袁佳、石丹:《北京环球影城,爆火后的近忧》,《商学院》2021年第11期。

[④] 吴金梅:《北京环球影城聚能之下文旅产业聚落式发展思考》,《中国旅游报》2021年11月12日,第3版。

[⑤] 《与环球影城错位互补,张家湾古镇规划实施方案公示》,北京日报客户端,https://baijiahao.baidu.com/s?id=1730782084724567113&wfr=spider&for=pc,访问时间:2022年4月20日。

在社会的不断发展中展示历史的厚重感与张家湾地方文化的多样性，以此吸引光顾环球影城的游客驻足张家湾古镇。

除与环球影城的"错位互补"外，张家湾古镇还应与设计小镇"相互配合，携手发展"。与通州其他特色小镇建设不同，张家湾在同一行政区内的不同空间推动着设计小镇与古镇两个特色小镇的开发，分别代表着张家湾不同时期的文化传统及其面向未来与传统两个方向的发展可能。虽然建设方向不同，但设计小镇与古镇有着相似的发展背景，且同样受环球影城等发展契机的影响。因此，如何协调古镇与设计小镇的发展，使二者共同服务于北京城市副中心的建设亦影响着张家湾古镇的建设方向。

综上，张家湾古镇以张家湾古城遗址为核心，在保护文物古迹与地方文化的同时还应遵循协同发展的理念，与环球影城、设计小镇形成相互促进、共同发展的格局。张家湾古镇有着漕运古镇、红学载体、京郊集镇、公社典范四大文化资源，但其发展却并不止于保护古代建筑遗迹，而是要在深入挖掘地方文化的基础上探索资源转化的新路径，最终"打造文旅古镇"[①]，借助城市副中心的发展机遇带动地方经济的转型与升级。

三 张家湾设计小镇建设中的工业文化与产业升级需求

张家湾设计小镇位于张家湾老工业区内，地处北京城市副中心东南部，北京环球影城主题公园东部，城市绿心以南，总面积约5.4平方公里。[②] 相较于张家湾古镇对当地传统文化资源转化路径的思考，张家湾设计小镇更倾向于在有限的空间内探索工业文化的资源转化与产业升级，以此带动当地的经济发展，服务北京城市副中心的建设。

---

① 《与环球影城错位互补，张家湾古镇规划实施方案公示》，北京日报客户端，https://baijiahao.baidu.com/s?id=1730782084724567113&wfr=spider&for=pc，访问时间：2022年4月20日。

② 郭洁、郭斯蕤：《张家湾设计小镇：北京城市副中心新型工业用地混合利用研究》，《北京规划建设》2021年第4期。

（一）设计小镇中的工业遗迹与工业文化

张家湾的工业发展一度形成了可观的产业规模，并留存了相对丰富的工业文化，当地的工业厂房构成了当下设计小镇建设中的宝贵财富，同时也是严峻考验。作为改革开放后通州的第一个工业区[1]，工业的繁荣使因停漕而短暂衰落的张家湾迅速迎来了第二次辉煌。但是，彼时的工业发展大多"以一般性制造业为主，产业层级和产出效益不高"[2]。在城市副中心落户通州、张家湾迫切需要产业转型升级的大背景下，这些传统的工业暴露出"缺乏支柱产业，全区工业大院量大面广，低端产业集聚，转型升级压力大"[3]等缺陷，成为设计小镇建设中要面对的重要问题。

为解决低端产业集聚、转型难度大等问题，张家湾设计小镇选择在推动企业腾退的过程中尽可能利用原有工业厂房，在保留工业风格的同时完成地方经济的转型发展。以张家湾设计小镇建设规划"五大地块"中的"北泡"地块为例[4]，北泡轻钢厂是始建于1999年"生产压型钢板、夹芯板等材料的国有企业"，是张家湾工业开发区内最著名的大型企业之一，见证了张家湾的工业发展历程。[5] 但是，由于北泡轻钢厂主要从事低端制造业，无论从经济效益或生态保护的角度分析，其在首都转型发展、产业升级的过程中都需要进行相应的"腾退和转型"，以便配合首都的高质量发展。在转型过程中，北泡工业区选择保留1999年的夹芯板厂房，并采取"中部挑高、小体块穿插等手法"，在合理利用建筑主体的基础上建成"北京国际设计周"的永久会址，其建设贯彻了"尊重历史、延续肌理、织补新旧"的基本原则。[6]

北泡工业遗址的改建是张家湾设计小镇建设中较为成功的案例，但其仍然存在着对工业文化的挖掘不够深入、转型经验难以被复制等问题。在兼顾保留

---

[1]《张家湾设计小镇综合方案汇报》，内部资料，通州图书馆提供，2019年11月。
[2]《张家湾设计小镇产业策划》，内部资料，通州图书馆提供，2019年11月。
[3] 同上。
[4] 设计小镇的五大重点地块包括铜牛地块、北泡地块、创新中心、经开智汇园和珠江地块。
[5] 王倩：《工业遗址之蝶变重生：张家湾北泡轻钢厂工业遗址改造》，《北京规划建设》2022年第1期。
[6] 同上。

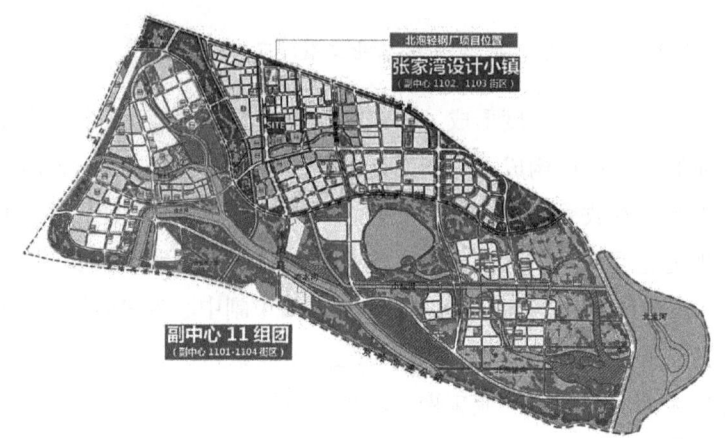

图 1-3　北泡轻钢厂项目区位①

北泡工业遗址与当下设计小镇发展需求的基础上，北泡工业遗址设计团队借用旧有的"红砖肌理"打造"具有复古特色的咖啡、餐饮、书店等功能"②，使古朴的工业遗址能够以颇具设计感的方式发展为设计小镇转型的资源。但需要指出的是，北泡工业遗址的开发以"浸染着智慧与汗水的工业遗存将担负起新的历史使命"为目标，而张家湾工业发展历史中工人们所创造并享用的文化却较少出现于老旧厂房的改建工作之中。换言之，当下张家湾设计小镇的产业改造主要关注物质层面的"再利用"，是对既有工业遗址的保护与升级，但对工业区中工人所创造的工业文化的传承与保护较少予以关注，这亦构成了未来张家湾设计小镇转型发展的新增长点。另一方面，即便北泡工业遗址的改造已积累了一定的经验，但这一经验却难以在张家湾设计小镇中推广。北京城市建设当下秉承"减量双控"的总体要求，其改造涉及"产业空间功能变更、产权确权与处置、容量调整的政策机制仍不健全"等诸多复杂问题，老旧厂房改造大多高度依赖"政府和国企"对改造工程"特事特办"③。这一情况与特色小镇所强调的"治理主体多元化、智库化"间仍存在一定的差距，"多元参与、协同

---

① 图片来源：中国建筑设计研究院一合中心北泡轻钢厂项目组，转引自王倩：《工业遗址之蝶变重生：张家湾北泡轻钢厂工业遗址改造》，《北京规划建设》2022 年第 1 期。

② 王倩：《工业遗址之蝶变重生：张家湾北泡轻钢厂工业遗址改造》，《北京规划建设》2022 年第 1 期。

③ 同上。

共享"本是特色小镇规划中最具代表性的治理方法，但这一方法在张家湾设计小镇的规划中并未得到足够的重视，这也是北泡工业遗址的改造难以被复制、广泛推广的原因之一。

综上所述，张家湾设计小镇以工业遗迹为空间基础，以具备国际水平的设计中心为发展目标，并以种种设计尝试将二者耦合。在此过程中，以北泡工业遗址为代表的重点地块改造展现了对工业遗迹的合理再利用，但其在挖掘工业文化价值、积累产业转型升级经验等方面仍有较大的提升空间。

（二）小镇建设中的产业升级与空间利用

张家湾设计小镇聚焦于"创新设计和城市科技产业"，试图将自身打造成"北京设计之都、数字之都的重要平台"①，希望以现代化的发展模式带动北京城市副中心的产业升级与转型。为了达成上述目标，对设计小镇空间使用方式进行合理规划是不可或缺的。根据《张家湾设计小镇产业策划》，设计小镇内部被划分为"设计科创片区""文化创意片区"和"现代服务片区"，其中产业空间、商务配套、生活配套分别占60%、20%、20%。产业空间主要供产业总部、商务办公、实验室等使用，公共配套区主要供产业服务中心、会议会展中心等使用，生活配套区则供博物馆、图书馆、剧院等使用，其具体规划可见图1-4。

根据上述规划，张家湾设计小镇在理论上可实现产业与居住平衡的关系，达到产业升级的目的。但是，设计小镇落户于"张家湾老工业区"内，其地块大多属于进行"低效生产"的企业，且大部分用地仍由工业区使用。②在此背景下，张家湾设计小镇的开发势必要考虑诸多现实因素，将老工业区转化为现代设计产业建设与发展的动力仍需要复杂、系统地统筹与设计。此外，张家湾设计小镇的建设还要在优化空间结构任务的基础上完成。《北京城市副中心控制性详细规划（街区层面）》中指出："严格控制用地规模，优化生产、生活、生态空间结构"，"合理控制建设总量，促进土地集约高效利用"与"预留弹性

---

① 《北京城市副中心（通州区）国民经济和社会发展第十四个五年规划和二〇三五年远景目标纲要》，北京市通州区人民政府网，http://www.bjtzh.gov.cn/bjtz/xxfb/202103/1338239.shtml，访问时间：2022年3月10日。

② 郭洁、郭斯菝：《张家湾设计小镇：北京城市副中心新型工业用地混合利用研究》，《北京规划建设》2021年第4期。

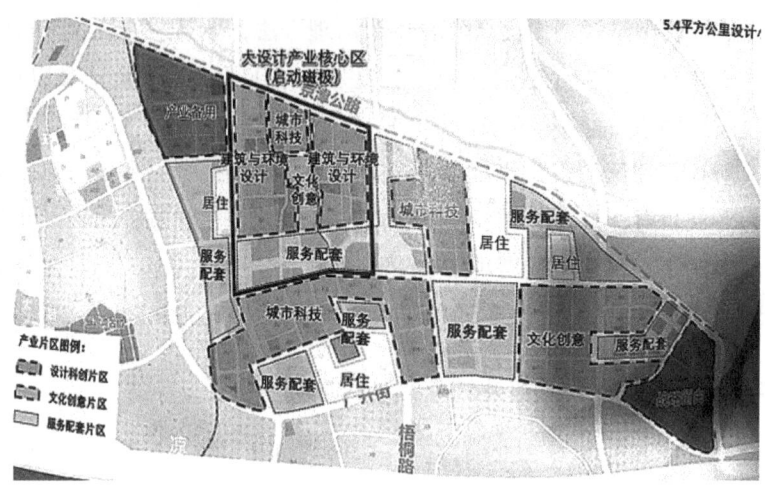

图 1-4　张家湾设计小镇产业落位图①

发展空间，提高规划的适应性和空间的包容性"等要求被明确写入规划中。面对新一轮的产业升级与改造，通州区计划于 2035 年前将城市副中心建设中的"城乡产业用地"占"城乡建设用地"的比重由 24% 下降到 15%—17%，将"通州区城乡产业用地"占"城乡建设用地"的比重由 33% 下降到 20% 左右。相应地，通州区还计划进一步扩大生态空间的面积占比，在 2035 年前，通州城市副中心计划将生态空间由原本的 40% 提升到 60% 以上。① 根据这一规划，通州区城市副中心将在建设过程中进一步优化现有的空间利用方式，使其成为适宜现代发展的蓝绿交融、生态宜居之地。因此，尽管张家湾设计小镇规划团队制定了"规划范围内各类建设用地在满足相关要求，且不互相干扰的情况下鼓励尽可能兼容"②的原则，但在实际的规划中仍然使用了"人群要换血、地方要升级、经济要发展，以优势产业替代落后产业"③等表述。"腾笼换鸟，筑巢引凤"固然是张家湾转向现代化发展、推动当地由工业生产升级为"城市设计

---

① 《北京城市副中心控制性详细规划（街区层面）(2016 年—2035 年)》，北京市通州区人民政府网，http://zhengfu.bjtzh.gov.cn/bjtz/xxfb/202201/1506725/files/eb0f17e2fe5f45608e1a71e91de9914a.pdf，访问时间：2022 年 4 月 20 日。

② 郭洁、郭斯蕤：《张家湾设计小镇：北京城市副中心新型工业用地混合利用研究》，《北京规划建设》2021 年第 4 期。

③ 《张家湾设计小镇产业策划》，内部资料，通州图书馆提供，2019 年 11 月。

发展高地"的必由之路，但面对有限的空间、紧张的用地问题，以低端产业与人口的腾退作为引入高端人才的代价是不可持续的，如何以更具人文主义关怀的方式完成当地的产业转型是值得思考的话题。

"多层级混合利用"的用地规划是张家湾设计小镇保护工业遗址、促进工业遗产活化的重要手段，同时也在一定程度上体现了产业升级中的人文关怀。这一用地方式的关键是使现有的建筑地块朝"功能兼容"与"建筑层面的复合利用"方向发展，"功能兼容"指涉"居住和产业用地适度兼容利用"，即"居住用地与商务商业、娱乐康体、公寓的兼容"，强调"产业升级和产业人口的就近职住平衡"，而"建筑层面的复合利用"则强调"建筑分栋、分层等精细化管控模式"，其目的在于"集约高效利用土地资源，提高城市的便利度"[①]。同样以北泡轻工业遗址为例，该设计团队在原厂区的西侧用原有厂房的钢架结构打造室外展场，并在屋顶增加了透明式开合屋面，设置了休闲咖啡、水吧等，与西侧绿化带形成了积极的互动。土场馆东侧则建造成下沉广场，打造中式古典园林，增强主入口的空间层次、文化特性和标识性。这种多地块的一体化与多元化设计优化了产业升级与城市公共空间建设间的关系，也在一定程度上缓解了用地的紧张问题，为张家湾设计小镇的转型提供了可供借鉴的经验。

由此可见，在张家湾设计小镇依托老工业区的用地进行产业升级与转型时，在处理新型产业与老旧产业间矛盾中积累了一定的经验。一方面，张家湾设计团队尽可能保留原有工业建筑的遗址，通过对其内部空间的设计与改造满足服务北京城市副中心建设的需要，但对张家湾工业文化的挖掘、保护仍显不足。另一方面，张家湾设计小镇的建设需要足够的建筑空间，这与老工业区内现有的产业结构、人口结构间存在一定的矛盾，尽管设计团队已经提出了"多层级混合利用"空间满足当地建设的方案，并在一定程度上取得了成功，但如何以更具人文关怀的方式完成产业的迭代、高端人才的引进仍然是张家湾设计小镇建设中必需思考的话题。

综上所述，张家湾特色小镇建设是在北京城市副中心落户通州的大背景

---

① 郭洁、郭斯蕤：《张家湾设计小镇：北京城市副中心新型工业用地混合利用研究》，《北京规划建设》2021年第4期。

下,由政府规划直接引导并制定的,其发展方向由古镇、设计小镇两部分构成,分别强调了张家湾未来发展中的传统与现代两个面向。张家湾特色小镇的建设不仅强调对区域历史文化的挖掘与保护,更强调如何使传统文化资源转化为当下发展的动力。因此,无论是古镇或设计小镇,都需要在兼顾文化多样性的基础上探索其创造性转化的路径,在服务城市副中心发展的前提下带动本区域的产业升级与转型。

第二节　张家湾古镇建设实践与问题反思

"张家湾古镇"建设将张家湾定位为"古今记忆交汇地区、漕运文化展示窗口、文化功能融合节点、文化旅游休闲胜地",基于古镇"悠久的历史和深厚的文化底蕴"提取出"漕运古镇""京郊集镇""红学载体""公社典范"四大关键词,谋求与环球影城主题公园及度假区的共生、共享、共融,以形成"一动一静、错位互补"的发展格局。[①] 古镇建设不只是建设旅游景观,更是建设生活的家园,最终目的是建立人与环境的协调可持续发展,因而产业升级、景观升级须对地方文化有足够的观照。

张家湾地域文化内涵丰富:"漕运古镇"承载的运河文化传统,"红学载体"缔造的口头叙事资源,"京郊集镇"形成的传统商业空间,"公社典范"留存的集体劳作记忆,都是由地方民俗实践者创造的"文化资本"[②]。这些"文化

---

① 《与北京环球影城错位互补,张家湾古镇地区规划综合实施方案公布》,"北京规划建设前沿"微信公众号,https://mp.weixin.qq.com/s/M3IPDfTrHY9zz6i7sAqMmA,访问时间:2022年4月25日。
② 皮埃尔·布尔迪厄(Pierre Bourdieu)认为在现代资本主义社会中,按支配地位的等级制原则进行分配的经济资本,是占支配地位的支配方式;处于被支配地位的等级制原则做出的分配的文化资本,是占被支配地位的支配方式,两者是一种反向对称关系。[法]皮耶·布赫迪厄:《所述之言:布赫迪厄反思社会学文集》,陈逸淳译,台北:麦田出版2012年版,第41、212、285页。由此启发,除经济资本之外的文化资本和社会资本,不仅影响着个人和家庭,也形塑着一个地方的文化消费和文化表现,民俗通过实践主体的习得和自我转化才能变为"文化资本",而规划者、研究者在这一过程中扮演着宣传者、推动者和实施者的角色。

资本"经过合理的开发既能凸显古镇建设的内在肌理，亦可为"古今记忆交汇地区""漕运文化展示窗口""文化旅游休闲胜地"的打造以及北京环球影城与古镇、设计小镇的联动提供重要补充，并进一步为古镇建设的高质量发展提供"内生动力"①。目前对张家湾古镇物质遗存的挖掘和保护工作已初具雏形，但当下的古镇建设在如何利用古镇文化底蕴、创造新旧景观的有机联结，如何与环球影城形成优势互补等问题上还处于探索状态；景观建设、旅游开发中的地方文化认同、乡村社会治理等问题尚待进一步挖掘。

一 "漕运古镇"与张家湾的运河文化传统

张家湾在"特色小镇"建设启动以前，就已作为北京市文物保护的重点。2012年，"张家湾城遗址群"被列入"一类建设控制地带"，地带内"不得建设任何建筑和地上附属建筑物"。②2014年"中国大运河"列入"世界遗产名录"后，张家湾城遗址与通运桥作为大运河上典型河道段落和重要遗产点列入"全国重点文物保护单位"，同时作为运河文化带建设"一河四区"的"运河文化聚集区"成为"多点挖掘内涵，传承历史文脉"的重点对象。③2019年，张家湾古镇被列为北京市文物工作"修缮保护重点"④，原有的遗迹、景观得到进一步保护。

张家湾600多年的漕运历史创造了凝聚运河文脉的古镇，并成为多元化的"历史文化空间"⑤。漕运形成的古镇不仅具有历史意义，更在遗产展示的过程

---

① 乡村建设的本质目标是满足群众日益增长的物质文化需求，村民既是乡村建设的建设者也是受益者，激活乡村建设的内生动力，能够提升村民的幸福感和获得感，最终形成"大事一起干、好坏大家说、事事有人管、我的村庄我来治"的村庄共同体。付伟：《激活村民参与乡村建设的内生动力》，《光明日报》2022年1月18日，第13版。
② 《大运河遗产保护规划（北京段）》，京文物〔2012〕1211号。
③ 《一河四区，推动东部运河文化带建设》，北京市文物局网，http://wwj.beijing.gov.cn/bjww/362679/362680/482911/597767/index.html，访问时间：2022年4月28日。
④ 《国务院关于进一步加强文物工作的指导意见》（国发〔2016〕17号），《北京市人民政府关于进一步加强文物工作的实施意见》，北京市文物局网，http://wwj.beijing.gov.cn/bjww/362760/362767/bwcxljsm/xxzn2/674901/index.html，访问时间：2022年4月28日。
⑤ 《张家湾古镇地区规划及实施方案系列规划工作进展汇报》，内部资料，2019年10月22日，第14页。

中将运河的文化意义加以升华，起到凝聚民族精神，增进文化认同的功效，而这一功效的发挥始终以运河文化传统为底色。

（一）运河的"历史文脉"：张家湾古镇的文化底色

运河不仅是流淌着的水脉，更是一条绵延不绝的文脉，这既是"对具有时间与空间双重维度的文脉概念的生动诠释"①，也是"全历史维度"②阐释张家湾古镇的一条路径。

张家湾被冠以"漕运古镇"，首先在于其漕运时期发挥的运粮、仓储、守卫三大历史功绩。1272 年，元世祖忽必烈改元中都为元大都，并定为国都，此后很长一段时期，张家湾作为物资转运的中心码头发挥功能。元世祖为保障粮食和商品供应，下令修会通河、济州河、通惠河等河段，疏通河道，同时建立漕运使司总理漕运事务，在运河岸边增设转运和管理的粮仓。元末明初，张家湾码头因张瑄到此督海运而命名，同时也从国家制度层面确立了张家湾的漕运职责，《（光绪）通州志》载："历元明，漕运粮艘均驶至张家湾起卸运京。"③由于水运转陆运的过程中需要建设物资存储的空间及管理机构，张家湾于明永乐年间设巡检司、提举司、宣课司、盐各检校批验所、料砖厂等；④盖仓廒 70 间，名为"通济仓"，功能是"收贮各处债运粮斛"；⑤后增设守军以管理粮仓，"张家湾守备设军三百名专以防护漕粮厅"。⑥明成化八年（1472），朝廷规定岁运漕粮 400 万石至北京，在张家湾中转上岸后分别运至北京仓和通州仓。此外，营建北京所需的木材、砖瓦、石材等各种建筑物资、商品、食盐等也都在张家湾卸货，因而张家湾古镇留下了盐厂、木厂、粮仓等历史遗迹与瓦片、石

---

① 王卫华、孙佳丰：《古桥传说与运河文脉传承》，《北京联合大学学报》（人文社会科学版）2021 年第 3 期。
② 《张家湾古镇地区规划及实施方案系列规划工作进展汇报》，内部资料，2019 年 10 月 22 日，第 14 页。
③ 〔清〕高建勋等修，王维珍等纂：《（光绪）通州志》卷一，光绪五年（1879）刻本，通州图书馆藏。
④ 陈喜波、贾潆：《漂来的繁华：明清北运河水系变迁与通州张家湾码头兴衰——兼论张家湾运河文化遗产保护、传承和利用》，《首都师范大学学报》（社会科学版）2021 年第 5 期。
⑤ 〔清〕周之翰：《通粮厅志》（1），学生书局 1970 年版，第 90 页。
⑥ 同上书，第 435 页。

权、瓷片等文物遗存。

张家湾古镇规划的"古城遗址片区"在萧太后运粮河北岸，张家湾古城内与寺庙相关的文化遗产有唐大历、太和年间兴建的广福寺（广福寺碑存于张家湾博物馆）、关帝庙（山西会馆碑存于张家湾博物馆）、文昌阁、土地庙等。① "2002年在城内西南部位旧村址挖坑取土时，于地下2至3米深处，出土了大批的金、元时代和明前期的各式各样瓷片、釉陶片"②。

北京市规划和自然资源委员会经过详细的空间考古③，以城墙、码头为核心，长店街、张梁路为十字轴线，已梳理各个时期的历史文化资源点约207处

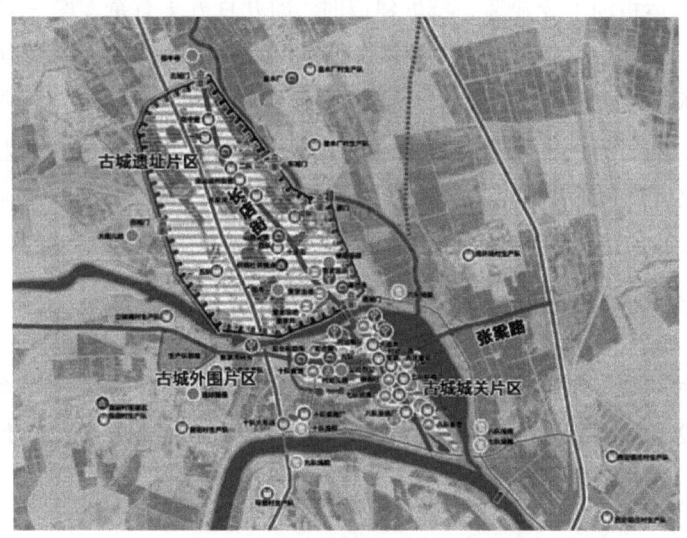

图1-5 北京市规划建设委统计的古城遗址分布地图④

---

① 《张家湾古城、运河、红学可行性分析》，内部资料，曹志义提供。特此致谢！
② 周良编著：《通州文物》，文化艺术出版社2004年版，第32页。
③ "空间考古"出自《张家湾古镇地区规划及实施方案系列规划工作进展汇报》，内部资料，2019年10月22日，第25页。空间考古不再仅仅局限在航空、航天以及地面平台的遥感空间观测技术，而要综合其他的广义遥感考古技术与方法，是遥感考古的继承、发展与飞跃。具体论述参见王心源：《空间考古大有可为》，《人民日报》2020年12月12日，第5版。
④ 图片来源：《与北京环球影城错位互补，张家湾古镇地区规划综合实施方案公布》，"北京规划建设前沿"微信公众号，https://mp.weixin.qq.com/s/M3IPDfTrHY9zz6i7sAqMmA，访问时间：2022年4月25日。

（其中现存46处）。① 现诸多石碑、瓷片、石权等文物存放于张家湾博物馆，其中馆藏山西会馆碑的碑文十分清晰，提供了清代晋商在运河一带的活动，以及运河民间俗信、民俗艺术等历史文化信息，在中国运河史、商业史、北京民俗史等研究方面极具价值。《北京城市副中心控制性详细规划（街区层面）（2016年—2035年）》23条提出对文物进行"保护性修缮"，未来将以"空间织布"②的方式将城墙、通运桥、下码头以及遗址公园（即将建设）连通起来，通过少量建筑的"意向性修建"③，烘托漕运古镇的历史文化氛围。

张家湾古城建于明嘉靖四十三年（1564），时鞑靼骑兵来犯，嘉靖皇帝为保卫皇城和运粮河下令建造，城垣建成时"周九百五丈有奇，厚一丈一尺，高视厚一丈，内外皆以砖。东南滨潞河，西北环以据。为门四，各冠以楼，又为便门一，水关三，而城之制悉备"④。古城依地势而建，建造者充分利用码头的自然形貌，契合运河的弯度修筑成"刀把形"城垣。城池的建立标志着"漕运古镇"在已有的运输中转、仓储功能之外，更承担起"京城守卫"的行政职能。徐阶所写《张家湾城记》提及张家湾建城的材料主要为"就地取材"，今残存城墙的东南段城砖，依稀可见"东拼西凑"的建城痕迹：

> 财取诸官之赎及士民之助者，木取诸营建之余，砖取诸内宫场之积，石取诸道路桥梁之废且圮者，夫取诸通州之卫卒及商若民之饶于资者。工即举，而财不时集，阶具以闻。⑤

这些不同年号、不同尺寸、不同颜色的城砖留给民众极大的想象空间，如

---

① 《与北京环球影城错位互补，张家湾古镇地区规划综合实施方案公布》，"北京规划建设前沿"微信公众号，https://mp.weixin.qq.com/s/M3IPDfTrHY9zz6i7sAqMmA，访问时间：2022年4月25日。
② 《张家湾古镇地区规划及实施方案系列规划工作进展汇报》，内部资料，2019年10月22日，第7页。
③ 同上书，第47页。
④ 程国政编注、路秉杰主审：《中国古代建筑文献集要》（明代），（上），同济大学出版社2013年版，第271页。
⑤ 〔清〕于敏中等编纂：《日下旧闻考》第3册，北京古籍出版社1981年版，第1825页。

当地流传的民间传说《九缸十八窖》①讲述了张家湾城的砖头瓦块之下藏有宝物，引发好奇者前往"砖头山"寻宝的故事。民众视张家湾为"风水宝地"，以传说的方式构筑了"地域想象中的'文化真实'"②。张家湾镇皇木厂村村民李树德在个人手稿中记录了这则传说，并对传说"真实性"进行了考证，他基于在张家湾一带的地质考察、资料搜集等，提出"九缸十八窖"实为"旧岗石把窖"之误的结论。③这一传说的形成一方面是基于张家湾古镇的自然地理条件，另一方面是建设北京城的几百年间对张家湾古城进行修缮的历史记忆。

这些记录城市空间建设发展的风物传说作为"北京城市建设的文化依据"④，反映出"一部生动的北京建城史和漕运发展史"⑤。风物传说因其"信实性"特质凝结了较多的文化记忆，在"古今记忆交汇"的古镇空间营造中发挥着独特的文化功能。

（二）运河的"生态水脉"：张家湾古镇生态资源的当代转化

贯穿中国南北的大运河在形塑内陆水系生态的同时，其衍生的运河文化也具备天然的"生态性"。1955 年，美国人类学家朱利安·H. 斯图尔德（Julian H. Steward）在其代表作《文化变迁理论：多线进化的方法学》(*Theory of Culture Change: The Methodology of Multilinear Evolution*)中提出"文化生态学"(cultural

---

① 《九缸十八窖》是一则"南蛮盗宝"型传说，传说"砖头山"在张家湾城东，系一座五六丈高、六七亩大小、砖头瓦块堆积而成的高岗。高岗两边是西瓜地，瓜把式卖瓜遇寻宝者，听说"张家湾一带，藏有九缸十八窖：九缸珍珠，十八窖元宝……其中一窖，就在砖头山西边的一座大坟底下，这窖里全是金子"，结果瓜把式出于贪婪，未等到子夜十二点就将瓜投入洞内，破了"禁忌"，使一窖元宝被大蟒转移，二人最终都未得到宝物。郑建山选编：《大运河的传说》，文化艺术出版社 2004 年版，第 86—88 页。
② 毛巧晖：《北运河流域民间文艺资源的传承与转化》，《美术观察》2021 年第 10 期。
③ 李树德参与皇木厂的村史编纂，他业余好考古，具有一定的地质学知识储备，因而从自己的角度对传说相关的风物及传说的"真实性"进行了阐述。此外，李树德搜集整理了大量关于古城遗存的其他叙事，如"三庙加一桥""三桥加一庙"，前者指土桥北、南两端共有三座庙，后者指馒头庙；"庙里有井""井里有庙"，前者指椴泉庵遗址中有一口椴泉井，后者指北皋寺（兴国寺）井中有一块方砖刻有"庙"字。
④ 毛巧晖等著：《北运河民俗志·第三卷·民间文学合集》，学苑出版社 2021 年版，第 101 页。
⑤ 同上。

ecology）的概念，指出文化与生物一样，具有生态性。①《北京城市副中心（通州区）国民经济和社会发展第十四个五年规划和二〇三五年远景目标纲要》中提出建设"自然生态的海绵城市"②的目标，张家湾古镇将在张家湾大街以东建设"生态湿地休闲区"，③北运河的"生态水脉"在营造"绿色"④的全球语境下，继续为构建人、地、水和谐共生的古镇图景提供生态智慧。

张家湾古镇的"水"生态在辽代以前已显雏形，但地方文化过于集中于明清史的研究导向使地方文史资料呈现同质化生产的局面，形成"将张家湾古镇历史简单归结为明清时期漕运史"⑤这一偏颇的文化价值判断。对此，张家湾古镇规划提出"全历史维度文化价值挖潜"的应对策略，增进对张家湾古镇明代以前历史的理解和挖掘，以站在更高格局应对21世纪运河重新通航所面对的现代性问题。辽圣宗统和年间（983—1012），天皇太后萧氏⑥临朝秉政并主持疏通了古永定河河道，形成一条"上承蓟水、中连辽南京护城河、下接今北运河（时称潞水）的重要河运通道"⑦，后人称之为"萧太后河"。主河道以运送粮食及物资、满足军事需要为首要任务，东入潞水之处形成的大面积湿地湖泊则成辽金元帝王的游幸之所，每到春秋季有北上或南迁的大量候鸟在此歇脚、

---

① ［美］朱利安·H.斯图尔德:《文化生态学的概念与方法》，贾促益译，张海洋主编:《民族研究文集·学科建设与应用研究卷》，中央民族大学出版社2000年版，第623页。
② 《北京城市副中心（通州区）国民经济和社会发展第十四个五年规划和二〇三五年远景目标纲要》，北京市通州区人民政府网，http://www.bjtzh.gov.cn/bjtz/xxfb/202103/1338239.shtml，访问时间：2022年4月15日。
③ 《张家湾古镇地区规划及实施方案系列规划工作进展汇报》，内部资料，2019年10月22日，第77页。
④ 张家湾"绿心"公园、"森林"公园的建设都具有营造"绿色"的指向性。"绿色"运动可以追溯至19世纪工业革命后期反对现代工业的浪漫主义运动，吉登斯基于工业主义"施加给传统生活模式的毁坏结果"，提出"生态运动的斗争场所是人化环境"，正是工业化这一"人化环境"行为导致了"绿色"运动与工人运动的结盟，引发社会运动。［英］安东尼·吉登斯:《现代性的后果》，田禾译，译林出版社2011年版，第141页。
⑤ 《张家湾古镇地区规划及实施方案系列规划工作进展汇报》，内部资料，2019年10月22日，第14页。
⑥ 萧氏，"讳绰，小字燕燕，北府宰相思温女"。〔元〕脱脱等撰:《辽史》卷七一，中华书局1974年版，第1201页。
⑦ 吴文涛:《萧太后河历史探源及相关文献辨析》，北京市社会科学院历史研究所编:《北京史学论丛（2016）》，中国社会科学出版社2017年版，第257页。

捕食，生态极佳。辽代南京①淀泊湿地较多，北有海淀，东有金盏淀，南有夏谦泽等，延芳淀则成为辽帝"春水"②中的一处，③耶律隆绪与萧太后都喜到延芳淀游猎。后来金元两代的帝王沿袭了这一"捺钵"制度，④至明初，"延芳淀大数顷，中饶菏芰，水鸟群集其中"⑤。明永乐年间迁都北京以后，湖淀渐淤，而且迁民屯田形成了张家湾镇的"柳家营""永和屯"等聚落。这些聚落的农田中常见瓦砾，部分为当年行宫旧物。⑥萧太后河的河床为坚硬的黄粘土质，虽屡遭大水冲袭，其底依然牢固，至今河道未改，故民间称为"铜帮铁底运粮河"。当然当地还有传说萧太后河并非萧太后开凿，而是当年萧太后率军征战北宋，路过北京，众将士口渴难耐，萧太后命手下找水，找到了一条无名的河流，河水清澈甘冽，萧太后饮后十分高兴，遂给这条无名河取名"萧太后河"。⑦当地还有其他有关萧太后河的传说，这些传说与文献一起为我们展现了运河文化的"地域"图景。

如今，辽代延芳淀旧迹难寻，铁路、公路、地铁的交通网路优化以及工业化、城镇化建设造就了由钢筋混凝土铸就的现代张家湾。古城区域仅剩残垣，但流域生态依然形塑着张家湾，萧太后河、北运河、凉水河等造就的自然生态与人文传统转化为"生态格局的一种风格"⑧。自2017年起，随着对张家湾辽代湿地生态史的挖掘、整理，通州区开始规划建设延芳淀湿地公园。湿地具有"调节气候，均化洪水，涵养、净化水源、固碳，保护生物多样性和为人类

---

① 辽南京城位于今北京市西南郊广安门外卢沟桥乡境内，由外城、内城构成。内城位置偏于西南隅，与外城共用西门、南门。子城（内城及附郭的瓮城）之中主要是宫殿区和皇家园林区，宫殿区东侧为南果园区，西侧为瑶池宫苑区，瑶池中有小岛屿，上有瑶池殿，池旁建有皇亲宅邸。周云芳:《中国古代名城历史地理研究》，中国社会出版社2015年版，第164页。
② 辽帝每年春秋两季必赴山水之地行猎，"春水秋山"，春多近水而猎鹈捕鹅，秋多入山而猎熊鹿，"春水"为"春猎之水"。
③ 刘福田:《说说延芳淀皇苑那些事儿》，北京联合出版公司2018年版，第16—17页。
④ 〔清〕于敏中等编纂:《日下旧闻考》第3册，北京古籍出版社1981年版，第1832页。
⑤ 同上书，第1837页。
⑥ 资料由通州区地方志办公室主任孙连庆提供。
⑦ 刘秀云:《萧太后河的前世今生》，《北京纪事》2018年第12期。
⑧ 周大鸣:《序一 让大家更多地关注流域研究》，田阡:《流域人类学导论》，人民出版社2018年版，第2页。

图 1-6 通州博物馆藏辽代延芳淀复原图[①]

提供生产、生活资源"等功效,[②] 恢复湿地的决策既是"建成低碳高效的绿色城市、蓝绿交织的森林城市、自然生态的海绵城市"[③] 的政策规划需要,更是创建和谐宜居现代化城区的要素。2021年,萧太后河通州段形成6万平方米"水下森林",河道两岸建成数十米宽的生态治河体验区和漕运文化展示区,形成一道历史文化与现代景观交织的城市绿廊。[④] 近10年,大运河森林公园、城市绿心森林公园、张家湾公园等城市生态公园相继建成,与古镇垂直连通的城市绿心森林公园专设"生态保育核",持续养护古镇的运河生态,创建宜居环境,同时促升古镇文旅的"生态游"建设。据2021年的统计数据,上述公园

---

① 图片选自章永俊:《美丽的皇家湿地园林——通州延芳淀》,《北京观察》2022年第3期。
② 杜鹏志:《北京湿地的变迁》,《北京农学院学报》2010年第4期。
③ 《北京城市副中心(通州区)国民经济和社会发展第十四个五年规划和二〇三五年远景目标纲要》,北京市通州区人民政府网,http://www.bjtzh.gov.cn/bjtz/xxfb/202103/1338239.shtml,访问时间:2022年4月15日。
④ 《萧太后河通州段完成提升修复 千年古河道种出6万平方米"水下森林"》,《北京日报》2021年10月27日,第13版。

栖息的野生鸟类已达341种（含多个国家一级、二级保护野生动物）[1]，生态环境得到极大改善，古镇建设不断向"创建国家森林城市"[2]，"蓝绿交织的森林城市"[3]和"国家生态园林城市"[4]的目标迈进。

（三）运河的"连通功能"：张家湾古镇与城市副中心建设的协同发展

北运河的贯通成就了"漕运古镇"张家湾，同时也奠定了张家湾"多元化历史文化空间"[5]的基础。张家湾作为"北京城市副中心国际文旅区的核心区域"[6]，通过萧太后河与西部环球度假区建立了交通线，再加上运河超越地域藩篱形成的多元文化交流交融，有助于北京城市副中心进一步发挥在不同国家、不同地域、不同民族文化交往交流中的"连通"作用。

由于中国西高东低的整体地势，各自然水系由西向东流淌，长期以来缺少一条纵贯南北的河流，造成中国南北地区在经济、文化上的区隔。贯穿黄河、长江两大水系的人工运河开凿后，极大地增进了南北经济往来和文化交流。辽宋"澶渊之盟"前，辽便利用便捷的水上运输从上京等较为富庶区域向南京输送粮食和物资。据曾任通州文物所所长的周良考证，辽萧太后河"西起辽南京

---

[1] 据北京城市副中心爱鸟会公布的《2021年通州重点区域鸟类监测年报》，国家级保护野生动物有"鸟中大熊猫"之称的大鸨（国家一级保护野生动物），"世界上最小的猫头鹰"纵纹腹小鸮（国家二级保护野生动物），白鹭（国家二级保护野生动物），斑头秋沙鸭（国家二级保护野生动物）等，有29种鸟类"稀客"记入城市副中心新鸟名册。鸟类是绿色生态环境最敏锐的探测器，一项重要的生活质量指标，近10年北京城市副中心生态建设水平明显提升，吸引着越来越多的野生鸟类来此栖息。
[2] 2021年11月5日，北京市委书记蔡奇围绕策划"十四五"高质量发展到通州区调查研究，提出"注重在群众身边建绿，建设便利可达的城市滨水生态体系，创建国家森林城市"的要求。区园林绿化局：《蔡奇调研通州，要求城市副中心突出特色亮点，创建国家森林城市》，北京市通州区人民政府网，http://www.bjtzh.gov.cn/slcs/fzx/202012/1326464.shtml，访问时间：2022年4月22日。
[3]《北京城市副中心（通州区）国民经济和社会发展第十四个五年规划和二〇三五年远景目标纲要》，北京市通州区人民政府网，http://www.bjtzh.gov.cn/bjtz/xxfb/202103/1338239.shtml，访问时间：2022年4月15日。
[4]《国务院关于支持北京城市副中心高质量发展的意见》（国发〔2021〕15号）。
[5]《张家湾古镇地区规划及实施方案系列规划工作进展汇报》，内部资料，2019年10月22日，第14页。
[6] 同上书，第9页。

东垣迎春门外,即今宣武区万寿公园东侧之大、小川淀及平渊里一带,东穿今陶然亭湖,过今崇文区龙潭湖,东南经今朝阳区十里河村,至老君堂村北东转,越西直河、水牛房、马家湾诸村,再沿今通州区口子上、台湖、高力庄等数庄一线,迄当年萧太后养马圈即今张家湾城之东入潞河(今北运河故道),全长50余里,河床均宽31米,底均宽8米。"① 元代之后,北运河、通惠河、凉水河等的开凿,不仅繁荣了地方经济,还打破了两岸农耕社会相对封闭的状态,推进了北方游牧文化、渔猎文化与中原农耕文化的融合,亦造就了张家湾多元文化肌理。张家湾古城南门外是一座明万历三十三年(1605)由木桥改建的三券联拱石桥,石桥上4尊镇水兽各长260厘米,栩栩如生,护栏栏板外面浮雕宝瓶,荷叶式瓶口叶脉线条洗练,互不相同。② 当年向北京转运食盐、粳米、瓷、茶的骆驼,商旅、大小官员悉经此桥,各国使节、商人于此上岸后而陆路入京,客船或驿船停泊在桥西300余米的广阔湖塘处。③

古城南门以西1公里,承载中外文化交流记忆的琉球国墓(在今张家湾镇立禅庵村)是张家湾萧太后河滨水景观建设、"漕运时期风貌建设"④ 的重点。明洪武五年(1372)至清光绪五年(1879)间,琉球国王派遣使节入贡,琉球国的国王都由明、清两朝皇帝封赠,中琉的庆贺使、吊唁使、封诰使、朝贡使往来不断,"一些琉球国官员、官生、水手、商贾,或因水土不服而生病,经治疗无效而死在中国,或因突遇狂风巨浪而船毁人亡在中国沿海,有的得到中国皇帝谕祭而葬,有的得到中国官民打捞而埋"⑤。

琉球国墓作为历史上中琉关系的历史见证,引起中日两国史学家的极大重视,因而具有中外文化交流的世界性意义。元代高丽寺(广福寺)遗址以及《燕行录》中朝鲜使臣往来于张家湾的文献记录了古代中国和朝鲜友好往来的

---

① 周良:《铜帮铁底运粮河析》,《北京文博》1998年第1期。
② 周良编著:《通州文物》,文化艺术出版社2004年版,第31页。
③ 北京市通州区政协文史和学习委员会、北京市通州区张家湾镇人民政府编著:《漕运古镇张家湾》,团结出版社2014年版,第185页。
④ 《张家湾古镇地区规划及实施方案系列规划工作进展汇报》,内部资料,2019年10月22日,第51页。
⑤ 北京市通州区政协文史和学习委员会、北京市通州区张家湾镇人民政府编著:《漕运古镇张家湾》,团结出版社2014年版,第186页。

历史。2014年，周良接待日本代表赴张家湾萧太后河参观，介绍了古代琉球国贡使登岸乘舟的情况。冲绳县人川满信一在参观琉球国墓地时以汉文即兴赋诗，用琉球语讲述琉球国林世功恳请清朝出兵援救琉球国的事迹，令在场学者为之动容。[1] 未来张家湾建设将在萧太后河汇聚演艺娱乐项目，复建象征中外文化交流的琉球国墓、营造富有古镇特色的"寻梦大运河"水上实景演出，充分利用运河文化，实现与现代化的环球影城度假区形成"古今记忆互补"[2]的图景。

铁路、公路的建设以及运河的重新贯通[3]，形成"空间与权力的'全新连结'"[4]，分散四处的小规模区域被"植基"于"全视构造之上"，[5]这种"空间的技术"超出了建筑本身具有的联通能力。随着"北京城市副中心"建设的推进，八通线南延、设"环球度假区"站并与地铁1号线贯通，7号线广渠路

---

[1] "2014年5月13日，北京大学、青岛大学、琉球龙谷大学、冲绳国际大学及冲绳琉球民族独立研究学会事务局等参加北京研讨会的代表一行16人，到通州张家湾通运桥参观，我给他们讲述古代琉球国贡使、官生在此处登岸乘舟的情况"，冲绳县人川满信一"悲痛地讲述了林世功光绪五年受琉球国国王之遣，来北京上表恳请清朝出兵援救琉球国，没有成功后，绝食并挥剑自刎于总理街门之前的悲愤凄壮情况，使旁听的北大博士生张展不由得摘下眼镜擦掉泪水。"孙连庆：《张家湾》，北京出版社2018年版，第184—197页。

[2] "张家湾古镇"建设将张家湾定位为"古今记忆交汇地区、漕运文化展示窗口、文化功能融合节点、文化旅游休闲胜地"，"古今记忆"的交汇需要在理解张家湾漕运史的基础上维系古镇景观，通过运河的"连通功能"进一步提升与环球影城和设计小镇的横向连通以及副中心城区与里二泗码头景区的纵向连通能力，张家湾古镇作为"十字中心"的关键节点尤为重要。

[3] 2022年4月28日，京杭大运河迎来近一个世纪以来的首次全线通水，对"活化"这一世界文化遗产带来了新的文旅机遇。叶榕整理：《大运河全线通水："活化"运河文化遗产的新机遇》，澎湃新闻，https://m.thepaper.cn/newsDetail_forward_17864325，访问时间：2022年4月30日。

[4] 福柯认为，铁路这种"不必然与传统公路对应的交通网络"是一种"空间与权力关系的新面向"，铁路建设引发的社会现象有"刺激了人口的转化""使战争变得更容易进行"等。参见[美]保罗·雷比诺（Paul Rabinow）：《空间、知识、权力——与米歇·傅寇对谈》，陈志梧译，王志弘、夏铸九：《空间的文化形式与社会理论读本》，明文书局2002年版，第415页。

[5] [法]米歇·傅寇（Michel Foucault）：《地理学问题》，王志弘译，王志弘、夏铸九：《空间的文化形式与社会理论读本》，明文书局2002年版，第393页。

东延,市郊铁路城市副中心线正式运营,位于"副中心国际文旅区"①的张家湾四通八达,逐渐拉近了与"副中心"城区的空间距离,成为"副中心"战略的直接受益者。同时,运河古河道的恢复、"历史文脉"的挖掘、"生态水脉"的建设、"连通功能"的促动,使得张家湾古镇建设区域经由"运河文化带"与北部的"副中心"城区、南部的"里二泗码头"纵向相连,在维系古镇文化及生态环境的同时推进副中心"生态园林行政办公区"②的整体建设。

图1-7 萧太后河滨水景观与环球影城连通设计③

二 "红学载体"与张家湾的口头叙事资源

2020年,北京市委书记蔡奇到城市副中心调研张家湾镇规划建设时强调,"做好文化的文章,深入挖掘漕运、红学、京郊集镇等历史文化资源"④。《红楼梦》被誉为中国古典小说的最高成就,"红学"历久弥新,又与"源学""莎

---

① 《张家湾古镇地区规划及实施方案系列规划工作进展汇报》,内部资料,2019年10月22日,第14页。
② 《通州十三五规划》,内部资料,2016年2月。
③ 《张家湾古镇地区规划及实施方案系列规划工作进展汇报》,内部资料,2019年10月22日,第81页。
④ 《蔡奇到城市副中心调研张家湾镇规划建设时强调 坚持古今交融 突出设计特色 打造一流的特色小镇》,北京市通州区人民政府网,http://www.bjtzh.gov.cn/bjtz/xxfb/zwyw/202005/1271348.shtml,访问时间:2022年4月27日。

学""浮学"一样是世界文学研究的显学。[①] 张家湾"古城遗址片区"的曹雪芹墓石、曹家当铺、曹家坟等以及依附于其上的口头叙事资源,在媒介化与遗产化语境中构拟了曹雪芹在张家湾的生活图景,为古城遗址与"张湾村片区"的景观共融以及"漕运文化展示轴"的整体联动提供了文学力量。

(一)曹雪芹与张家湾

"红学"的形成在于《红楼梦》"内涵底蕴的极其丰厚与'重新发现'"[②],以及与"民族兴亡史、知识分子命运史、中华人文学术史"的时代关联。[③]《红楼梦》与运河文化的探索一直受到红学研究者的关注,半数以上的清代红楼续书中都有关于大运河的抒写,如海圃主人的《续红楼梦新编》、陈少海的《红楼复梦》、临鹤山人的《红楼圆梦》、归锄子的《红楼梦补》、顾太清的《红楼梦影》等。[④] 但由于史料缺乏,鲜少有人谈及曹雪芹与张家湾的关系。

1968年秋后,张家湾4个生产队在重整萧太后河北岸坟茔时,几位社员在距地面1米深处发现了一块平放的条石,该石长1米,宽0.4米,高0.11米,上面刻着"曹公讳霑墓"5个字,右下角刻着"壬午"2个小字。[⑤] 1992年,通州文物保护单位将"墓石"公开于世,引发了一场关于其真伪的集中讨论,《北京日报(郊区版)》《北京晚报》《人民日报》《文汇报》《文学报》及香港《明报》和《人民日报(海外版)》等连续刊载相关报道。冯其庸从奏折、诗集等文

[①] 学界已有将红学与莎学、浮学、狄学等进行的比较研究或总体文学研究,如顾城、高利克《"浮士德"·"红楼梦"·女儿性》(《上海文学》1993年第1期);张帆、向兰《问询生命的不同反思——论〈红楼梦〉〈浮士德〉生命价值的异质观》(《红楼梦学刊》2010年第3期);傅光明《"莎学"和"红学"中的版本与研究——以哈姆雷特和贾宝玉为例》(《曹雪芹研究》2014年第1期);李学辰、韩伟表《钥匙:曹雪芹与狄更斯艺术世界中的叙事聚焦》(《红楼梦学刊》2021年第6期);等等。

[②] 龙协涛:《红学应定位于"新国学"——访著名红学家周汝昌先生》,《北京大学学报》(哲学社会科学版)1999年第2期。

[③] 赵建忠:《二十世纪红学研究的历史反思》,《天津师范大学学报》(社会科学版)2000年第5期。

[④] 伏涛:《红楼续书的运河取镜及其文化思索——以"复梦""圆梦""梦补"为例》,《红楼梦学刊》2021年第4期。

[⑤] 周良编著:《通州文物》,文化艺术出版社2004年版,第82—83页。

献分析曹家坟茔在张家湾的可能性①，文物鉴定专家史树青、傅大卣确认"墓石"在文物上的真实性，②1992年中国国际《红楼梦》学术研讨会基本肯定了"曹雪芹葬于通县张家湾"一说，③"墓石"一说逐渐盖棺定论。次年，这场集中争论被编撰为《曹雪芹墓石论争集》④出版。

张家湾"墓石"出土引发了学界关于曹雪芹家世的猜测与讨论。2015年10月9日，中国红楼梦学会、北京曹雪芹学会、通州区文化委员会和张家湾镇政府联合举办"曹雪芹与张家湾"红学学术研讨会，40多位红学界专家学者参会。10月10日闭幕式上，中国红楼梦学会、北京曹雪芹学会与张家湾镇人民政府联合签订了框架协议，决定将张家湾镇作为红学研究会址，深挖古镇"文脉"，恢复花枝巷、十字街、葫芦庙等文化遗址，构筑"中国红学文化之乡"。⑤2017年，北京卫视《记忆》栏目邀请《曹雪芹墓碑发现始末》记者焦保强、红学专家周岭、通州区历史教师贾长宽做客节目，现场讲述"曹石事件"。

这一时期，学人们开始关注到曹雪芹与运河的联系，如冯其庸赴张家湾目验"墓石"后，立即为曹雪芹墓石题诗四首⑥；时任国家文物鉴定委员会副主任的史树青"喜题七绝四首"⑦；北京通州作家王梓夫⑧于2011—2012年间创作了

---

① 冯其庸：《曹雪芹墓石目见记》，《文汇报》1992年8月16日；又见刘详选编：《曹雪芹与通州》，文化艺术出版社2004年版，第12页。
② 《文物鉴定专家史树青、傅大卣确认 曹雪芹故于壬午葬于通县无疑》，《北京日报（郊区版）》1992年8月31日，第1版。
③ 1992年国际《红楼梦》研讨会在扬州召开，冯其庸、王利器、陈毓罴、刘世德4位红学家引据文献资料，力辩曹雪芹葬于张家湾，墓石是真。思藻：《真伪难辨的"曹雪芹墓碑"公案》，周汝昌等著：《四海红楼》上部，作家出版社2006年版，第221页。
④ 冯其庸主编：《曹雪芹墓石论争集》，文化艺术出版社1994年版。
⑤ 王欢：《"曹雪芹与张家湾"红学学术研讨会圆满闭幕 张家湾镇被定为红学研究会址》，北京市通州区人民政府，http：//www.bjtzh.gov.cn/bjtz/xxfb/zwyw/2015-10/12/content_118982.shtml，访问时间：2022年4月28日；《深挖古镇"文脉"张家湾 打造"中国红学文化之乡""曹雪芹与张家湾"红学学术研讨会开幕》，北京市通州区人民政府，http：//www.bjtzh.gov.cn/bjtz/xxfb/zwyw/2015-10/10/content_118963.shtml，访问时间：2022年4月28日。
⑥ 冯其庸：《题曹雪芹墓石四首》，刘详选编：《曹雪芹与通州》，文化艺术出版社2004年版，第14页。
⑦ 冯其庸主编：《曹雪芹墓石论争集》，文化艺术出版社1994年版，第93页。
⑧ 王梓夫，北京通州人，毕业于武汉大学中文系，作家，国家一级编剧。作品有《漕运古镇》（2002）、《漕运码头》（2013）、《漕运船帮》（2021），被称为"漕运三部曲"。

长篇小说《漕运码头》，小说讲述女娲补天之石漂浮至张家湾古镇不远处的运河河岸，被曹雪芹托仙姑运到曹家的天顺隆当铺后院（在张家湾古镇内的花枝巷），成为曹雪芹创作《石头记》的重要前提①，进一步凸显了曹雪芹在张家湾的日常生活图景。这些都使得张家湾的红学文化积淀更为丰富。

可以说，红学界关于张家湾的"墓石"之辩极大地提升了张家湾古镇的知名度和传播度，也为曹学界曹雪芹葬于东郊之说带来新的可能性。同时，张家湾与《红楼梦》的联系进一步被民众认知，推动了"曹雪芹传说"在运河一带的传播、发展。②

（二）红学文化与地域认同

自联合国教科文组织（UNESCO）2003 年颁布《保护非物质文化遗产公约》直至当下在各国的践行，"体现了在保护人类文化多元发展中坚持多元文化论（multiculturalism）的实践"。③2011 年，通过并施行的《中华人民共和国非物质文化遗产法》将"传统口头文学以及作为其载体的语言"列入"非遗"范围，国家级非物质文化遗产代表性项目名录遵循涵括"民间文学"类别的十大分类体系④。2011 年，北京市海淀区申报的"曹雪芹（西山）传说""风筝制作技艺（北京风筝制作技艺）"⑤被列入第三批国家级非物质文化遗产代表性项

---

① 冯含真、敦敏、敦诚在曹雪芹西山住处共饮时，曹雪芹介绍《石头记》这部书写的是张家湾发现的"那块补天之石"。王梓夫：《漕运古镇》，中国文史出版社2015年版，第313页。
② 关于"曹雪芹传说"在运河一带的知识生产详见毛巧晖：《民间文学的搜集整理与知识生产：以曹雪芹传说为中心的讨论》，《红楼梦学刊》2020年第6期。
③ [美]张举文：《从实践概念"非物质文化遗产"到学科概念"文化遗产"的转向》，《民俗研究》2021年第5期。
④ 国家级名录将非物质文化遗产分为十大门类，其中五个门类的名称在2008年有所调整，并沿用至今。十大门类分别为：民间文学，传统音乐，传统舞蹈，传统戏剧，曲艺，传统体育、游艺与杂技，传统美术，传统技艺，传统医药，民俗。
⑤ "风筝制作技艺（北京风筝制作技艺）"指曹氏风筝制作工艺。根据清代《南鹞北鸢考工志》（相传为雪芹佚稿《废艺斋集稿》第二卷）所记载的风筝图谱及歌诀在北京传承至今，曹氏风筝作品样式新颖，种类繁多，表现内容有：历史典故、风物传说、民俗风情、仿真写实等题材，具有鲜明的古都文化特色。"风筝制作技艺（北京风筝制作技艺）"项目编号：Ⅷ-88，中国非物质文化遗产网·中国非物质文化遗产数字博物馆，https://www.ihchina.cn/Article/Index/detail?id=14439，访问时间：2022年4月29日。

目名录,曹雪芹西山故里、白家疃红学小镇以及逶迤其间的曹雪芹小道等文化旅游产业项目得以落地,继北京大观园、曹雪芹纪念馆、江宁织造博物馆成为网红打卡地以后,张家湾博物馆、街巷、公园也相继着手红学景观的建设。曹雪芹传说也逐渐脱离了"以文本为中心"的同质性表达,更注重与人群发生"地方性关联的实感";《红楼梦》的"跨媒介改编叙事"亦进入新阶段,在新的媒介环境下焕发活力,并"衍化出庞大独特的曹红文化遗产体系"[1]。

相较于红学、曹学专家们对曹雪芹墓石的真伪之辩,张家湾民众基于古镇文化遗存自发"生产"的曹雪芹传说,更发挥着唤醒地方感与地方认同的功效。比如名门望族、达官显贵多在土壤稳固的萧太后河两岸选坟,据说河北岸的将军坟村(属梨园镇)葬有清朝三位将军。[2] 曹雪芹墓石出土后,此地坟冢又和曹雪芹联系起来。"据看坟人张家湾村民徐瑞和已故的高丽庄看坟人之孙王法明讲,流经张家湾的萧太后河两岸过去是旗人墓地……据高楼金村69岁的王刚和88岁的王金讲,此处是曹家坟。"此外,《曹家井》《三家坟》《文房四宝地》等曹雪芹家世传说被录入《大运河的传说》[3]《漕运古镇张家湾》[4] 等地方文史图书,并在通州图书馆官网展示。曹家染坊[5]、曹家当铺[6]、花枝巷、铁锚寺[7] 等传说构拟的文学想象渗入到张家湾古镇的景观空间,共同创建了曹雪芹

---

[1] 李汇群:《论〈红楼梦〉文化资本和中国国家软实力构建》,《红楼梦学刊》2021年第6期。

[2] 传说一为孙姓,诰授光禄大夫,谥号镇海将军,镇守江宁(今南京)身亡,葬于此地。二为父子将军二人,父苏鲁迈,赐号"巴图鲁",康熙元年(1662)卒;第三子鄂罗顺(舜),亦赐父号,授江宁将军,后卒,均葬此地。命役看守,清末形成聚落,故名。

[3] 郑建山选编:《大运河的传说》,文化艺术出版社2004年版,第46—48页。

[4] 孙连庆:《张家湾》,北京出版社2018年版,第140—142页。

[5] "还有一家染坊,在曹家后花园的西北处,没有名号,外面都叫曹家染坊。后来由于经营不善,总是亏本,卖给了裕成和布店。原本该叫裕成和染坊了,可是人们依然习惯叫曹家染坊。"王梓夫:《漕运古镇》,中国文史出版社2015年版,第20页。

[6] "天顺隆当铺在张家湾镇的花枝巷,前后三进院子和一个后花园。""这所院子还是曹雪芹的祖父曹寅任江宁织造时修建的,为的是沿着运河进出京城,在张家湾有个落脚的地方。……曹寅便派人在前院临街开了一家当铺,取名天顺隆。说起来气派大,天顺隆的匾额还是康熙朝大学士高士奇的手笔。"王梓夫:《漕运古镇》,中国文史出版社2015年版,第20页。

[7] 《漕运古镇》开篇即写道,"铁锚寺癫僧无智和佑民观痴道无为"这两位"疯和尚傻老道"在张家湾大街上游荡,成为一道热闹的风景。王梓夫:《漕运古镇》,中国文史出版社2015年版,第1—2页。

在张家湾的"生活世界"①。

诸多红楼梦相关的文学景观在张家湾涌现。如在萧太后河一带建造了曹雪芹像、归梦亭、红学文化绿色走廊等。曹雪芹像底座刻有冯其庸题诗:

> 迷离扑朔假还真,踏遍西山费逡巡。
> 黄土一抔埋骨处,伤心却在潞河滨。
> 草草殓君土一丘,青山无地埋曹侯。
> 谁将八尺干净土,来葬千秋万古愁。②

图1-8 萧太后河边的曹雪芹像
拍摄时间:2021年6月27日
拍摄地点:萧太后河南岸　拍摄者:张歆

张家湾公园内"曹石印记"景观结合森林间的湖泊,以静谧郊野的空间体现曹雪芹与张家湾以及大运河的文化联系,华兴达青铜器复制厂也为通州文旅

---

① 包括曹雪芹作为真实存在的"人"的各种日常活动,如交往礼节、节庆活动、人生仪礼、求神拜佛等。高丙中将胡塞尔"生活世界"概念引入民俗学领域,强调日常的经验世界和高层次的知识概念世界同是在客观世界中发展起来的生活构造,而生活世界是任何客观认识的基础。民俗学研究的正是不证自明、不言而喻的"常识的世界",与文艺、巫术、物质生活、习惯法等共同构成了完整的"生活世界"。高丙中:《生活世界:民俗学的领域和学科位置》,《社会科学战线》1992年第3期。
② 抄录自曹雪芹塑像底座,亦见于刘祥选编:《曹雪芹与通州》,文化艺术出版社2004年版,第14页。

胜地"运河文化广场"铸造了"曹雪芹像"①。张家湾镇博物馆第三展厅则以红学文化为主，播放冯其庸的采访视频以及《曹家井》《三家坟》传说、曹家当铺遗址、古籍、奏折等历史资料，设计"红楼情牵张家湾""曹雪芹如是说""红楼画境"等主题，通过液晶拼接屏、多通道数字沉浸式投影、叙事性光影浮雕墙、虚拟人物对话、三维数字古城等智能科技全景呈现"红学文化"，使观光者获得身临其境的感受并产生文化共鸣。

图 1-9 张家湾博物馆藏古镇复原微缩模型
拍摄时间：2018 年 7 月 20 日
拍摄地点：张家湾博物馆　拍摄者：王晴

这些基于古镇遗存生发的叙事，经由民俗精英的再度创作，以跨媒介、跨符号传播的方式转化为当地的"文化资本"，在"时间与空间双重维度"中宣扬古镇的运河文化意义。博物馆、街道、河岸景观的主题设计，将张家湾跨越时空的古镇文化、红学文化、运河文化付诸物化的现实存在，并进一步增进地域认同，发挥共铸美好精神家园的功效。

---

① 孟宪良编著：《通州民间艺术》，文化艺术出版社 2004 年版，第 77 页。

三 "京郊集镇"与张家湾的商业空间建构

通州区是环渤海经济带和京津冀城市群的交汇点，是贯彻新发展理念，依托贸易金融推动农业农村高质量发展的重点地区，2.6公里/平方公里的区域公路网密度①，使其具备辐射华北、东北区域建设的天然地理优势和经济优势。根据首都城市的战略定位，"大京郊小城区"的市情农情以及"大京郊服务大城市"的发展方略②，张家湾集镇以长店街、十里街、萧太后河为核心的商贸底蕴，是发展夜间经济、打造"具备内生动力的活态古镇""多元人群融合的共生古镇"③的空间基础，也是进一步实现"十四五"规划中"打造运河消费带和夜间经济活力街区"④的先决条件。

（一）运河与跨地域的经济发展

张家湾传统的庙会与集市（下文详述，在此不展开），通过增进"个体行为在地方层次的社会传播"，激发了乡民的"社会活力"，使运河沿岸的城市通过经济活动和社会关系的连带效应成为一体。⑤庙会是集聚庙宇、进香、献艺、商贸活动的，"具有文化丛性质的文化空间"⑥。张家湾的庙会主要有广福寺庙会和里二泗庙会，广福寺庙会曾是带动该处经济发展的主要力量。庙会既是神

---

① 《关于促进我区现代物流业发展的意见》（通政发〔2008〕38号），北京市通州区人民政府网，http://www.bjtzh.gov.cn/bjtz/xxfb/201212/1070825.shtml，访问时间：2022年4月29日。
② 北京市人民政府：《关于全面推进乡村振兴加快农业农村现代化的实施方案》（京发〔2021〕9号），2021年4月8日。
③ 《张家湾古镇地区规划及实施方案系列规划工作进展汇报》，内部资料，2019年10月22日，第11页。
④ 《北京城市副中心（通州区）国民经济和社会发展第十四个五年规划和二〇三五年远景目标纲要》，北京市通州区人民政府网，http://www.bjtzh.gov.cn/bjtz/xxfb/202103/1338239.shtml，访问时间：2022年4月15日。
⑤ 夏循祥：《进取性的"地方主义"与农民的自我城市化——以湖北省毛市镇面点产业为例》，《开放时代》2020年第4期。
⑥ 陈勤建：《当代语境下庙会文化空间整体保护及重构——以上海龙华庙会及宁波梁祝庙会等为研究对象》，《西北民族研究》2016年第3期。

圣的，又具有日常性。庙会在一个区域中的重要功能就是物资交流。广福寺庙会一般为期三天，庙会举办时的热闹繁盛景象至今依然为人称道：

> 麦秋就要到了，卖镰刀的，卖杈子、扫帚、簸箕笸箩、牲口用的笼头、套包子、小鞍等。各种各样的小吃，凉的热的都有。还有耍猴的、吹糖人的，抽签算卦的，吹笛子算命的，相面看风水的，变魔术的，套圈的……尤其是拉洋片很吸引人。①

同样处在"运河生态文明带"的里二泗佑民观庙会，是张家湾的另一处繁盛之地。受地方俗信祭祀圈辐射范围的影响，里二泗庙会吸引了北京通州、大兴，河北廊坊、香河，天津武清等地的商人汇聚于此。广福寺庙会、里二泗庙会也是民俗艺术集中展示的空间，其繁盛程度从两句当地民谣可见一斑："京畿花会何可观，十人九说张家湾"，"马营的秧歌牌楼营的会，皇木厂的竹马排成队"。据史料记载及文物佐证，张家湾的庙会在明代就已形成。

明代运河人口的巨大流动带来沿岸地区商业贸易的繁荣，以徽商和晋商为首的各大商帮依靠地缘关系网络在北运河沿线迅速发展。张家湾古城内十里街东侧的山西会馆碑，记载了山西籍数十个商家在张家湾所经营的商号及创建的会馆一事。② 粮油商人、典当商人、布商、铁商、丝绸商、颜料商等，籍贯主要是山西平阳、泽潞、汾州府地区的临汾、襄陵、曲沃、翼城、长治、潞城、泽州、高平、阳城、汾阳、介休、平遥等地。③ 这些商人与掌管张家湾的官府人员进行联合，以会馆为中心举办庙会活动。清嘉庆十三年（1808）以后，北运河改走康家沟新河道，运河故道废弃，使得张家湾失去运河之利，码头、厂库、店铺废弃，坐商仅有30余家。但张家湾与里二泗之间的河道由于凉水河的灌注仍可行船。

---

① 北京市通州区政协文史和学习委员会、北京市通州区张家湾镇人民政府编著：《漕运古镇张家湾》，团结出版社2014年版，第319—321页。
② 周良编著：《通州文物》，文化艺术出版社2004年版，第92页。
③ 孟伟：《北京通州张家湾山西会馆考略》，《山西大学学报》（哲学社会科学版）2017年第2期。

图 1-10　张家湾古镇规划重点修复的古镇历史文化资源点

远道而来经商的民众利用亲缘、血缘、地缘等社会关系结成地域共同体，造就了张家湾古镇商业文化的丰富性和多元性。如清代文康在《儿女英雄传》所言：

> 那运河沿河的风气，但是官船靠住，便有些村庄妇女赶到岸边，提个篮儿，装些零星东西来卖，如麻绳、棉线、零布、带子，以至鸡蛋、烧酒、豆腐干、小鱼子之类都有，也为图些微利。②

---

① 《张家湾古镇地区规划及实施方案系列规划工作进展汇报》，内部资料，2019年10月22日，第44页。
② 〔清〕文康：《儿女英雄传》，岳麓书社2016年版，第278页。

类似的小本生意在运河沿线非常普遍，除交通运输业、商业以外，外来移民也从事纸匠、染坊、丝织加工等手工业以及垦荒、耕作和捕捞等农业生产活动。长店街曾有大车店、修车行、皮麻店、当铺、银楼、酒店等。据统计，张家湾乡民有60%居民祖辈经商，15%从事漕运相关职业，以纤夫、脚夫、贩夫、游商、坐商为生，5%以种地为生。[①]今张家湾古城外回民街的清真寺一带，集中开设诸多回民特色的餐饮店，售卖牛羊肉、饹馇盒、酱豆腐等，是运河沿线多民族荟萃的商业文化及饮食特色的延续。

张家湾的商业空间通过运河扩展至丝绸之路、亚欧大陆桥等商路，因而具备全球物流的属性。长芦盐经里二泗北部的运河故道运送至张家湾，这条故道至今被称作"小盐河"；另外，茶叶也经小盐河运至张家湾[②]，再由驻扎皇木厂的骆驼队[③]销往乌兰巴托、莫斯科等地区。清光绪二十一年（1895），俄国商人在中国南方购买茶叶90万石，经运河水运至张家湾和通州，再用骆驼陆运回国。[④]

张家湾集镇形塑的社会空间"存在着超越个体行动者或群体范围的社会建构"[⑤]，集镇的经济流动是民俗传统得以存在的前提[⑥]。张家湾古镇建设为保护原有的商业空间结构，将十里长街沿线的山西会馆、大通关、盐仓批验所、和合驿、关帝庙、火神庙等作为"漕运文化展示轴"的重点遗存，在明晰"十字主街和巷道肌理格局"的基础上进一步挖掘其民俗内涵，保留年代较长、品质

---

① 《张家湾古镇地区规划及实施方案系列规划工作进展汇报》，内部资料，2019年10月22日，第19页。
② 陈喜波、贾濛：《漂来的繁华：明清北运河水系变迁与通州张家湾码头兴衰——兼论张家湾运河文化遗产保护、传承和利用》，《首都师范大学学报》（社会科学版）2021年第5期。
③ 张家湾镇皇木厂村过去由几片独立区域组成，包括皇木码头与皇木厂、花板石码头与花板石厂、盐码头与盐厂以及皇店、骆驼店等管理和服务设施，此况一直延续到清嘉庆十三年（1808）。骆驼送货大多是煤炭、水果、山货、皮毛等，而出京的骆驼则根据所去地域的不同需要而区别驮货，如煤油、盐、布匹、药材、茶叶、粮食等。货物集散地如安定门外西黄寺的外馆、张家湾码头及粮食店、果子市、磁器库等货物集散处。此资料源自张家湾博物馆中有关骆驼店的介绍。
④ 孙连庆：《京华通览 张家湾》，北京出版社2018年版，第31—37页。
⑤ 夏循祥：《进取性的"地方主义"与农民的自我城市化进取性的"地方主义"与农民的自我城市化——以湖北省毛市镇面点产业为例》，《开放时代》2020年第4期。
⑥ 耿波：《近现代中国城乡廊道变迁与民俗传统的嬗变》，《民俗研究》2014年第3期。

第一章　张家湾特色小镇的建设

图 1-11　张家湾古镇规划 建筑空间综合评价[①]

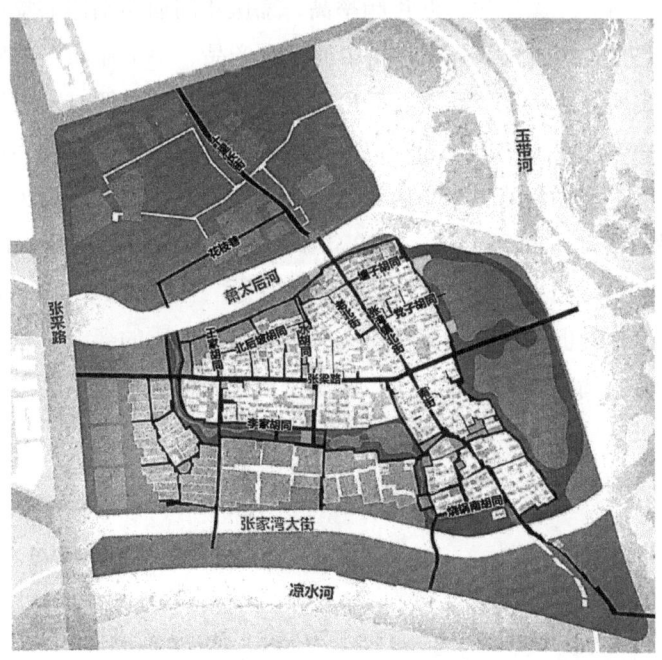

图 1-12　张家湾古镇建设规划重点街巷示意图[②]

---

① 《张家湾古镇地区规划及实施方案系列规划工作进展汇报》，内部资料，2019 年 10 月 22 日，第 41 页。
② 同上，第 42 页。

较高的街巷 44 条、改造 8 条有历史信息但较狭窄的街巷、拆除 123 条环境较差的街巷。① 保留东北片区清末至新中国成立前所形成的品质较高的院落格局，以及西南片区空间多样的院落肌理，拆除易涝易破损的危房建筑。② 后续将进一步注重古镇风貌与西部环球影城的娱乐时尚、东部设计小镇的现代工业风形成"差异互补"，以带动"近现代文化展示轴"各节点的连通。

（二）集市与民众的时间秩序

集市是乡村社会"定期聚集进行产品交换和交易的市场"③。张家湾古镇的传统集市有张湾集、里二泗集、牛堡屯集。

明代，张家湾古镇农业生产和家庭手工业的商品化程度因漕运贸易的发展而有所提升，官运、客运的漕运码头以及商业码头，定期举行的庙会与集市都是商品交易之所。张家湾集市开集频率高，嘉庆年间通州整体的集市发展水平在北方地区已属先进。④ 乡民在市场中通过农产品、手工业品等的贸易获得换取赋税、婚丧所需的货币及日常生活所需的生产工具、布匹、牲畜等。明代以后，北运河一带的乡村从以寺庙和码头为中心的社会，逐渐衍化为以非农业人口为主的聚落，众多商铺、车马店、当铺等相继设立，以寺庙为中心的信仰圈影响着乡民的活动时间和半径。1949 年以后，张家湾庙会的信仰内核逐渐淡化，"庙会始于社祭，进为社会，逐渐只会不社了，这是几千年来的演变痕迹。今后有发展前途的也全在有市集性质、有物资供应性质的会上，庙只是会的场所而已。"⑤ 张家湾庙会逐渐发展为以物资交流、民俗艺术展示为主，地方俗信逐渐淡化。

---

① 《张家湾古镇地区规划及实施方案系列规划工作进展汇报》，内部资料，2019 年 10 月 22 日，第 37—38 页。
② 同上，第 39—40 页。
③ 董丽娟：《乡村集市的"民俗文化空间性"》，《文化学刊》2014 年第 6 期。
④ 宋军：《集市、庙会与红阳教的传播——以嘉庆年间直隶顺天府通州为中心》，《中国历史博物馆刊》1997 年第 2 期。
⑤ 金受申：《北京的庙会》，《旅行家》1955 年第 4 期。

  集市形成的市场圈影响了乡民的"中心"[①]格局与移动半径，也带动着地方商业交易行为和乡民的日常生活节奏。中外学者关于华北集市的研究中，包括张家湾集市在内的通州集市"群"具有一定的知名度，如日本学者石原润在《定期市の研究》一书中统计了张家湾的集市日期。[②]张家湾在民国时期就已水路断绝，张家湾集市的繁荣程度远远落后于马驹桥、西集、永乐店、燕郊、牛堡屯等集市。[③]1949年，以萧太后河为界划分南、北两部，南部为集市。1995年建成占地面积12000平方米的农贸市场，集市时间设置在农历逢三、逢八的日子。[④]古镇南部常设集市还有农历逢四、逢九的里二泗集市，农历逢五、逢十的东永和屯村集市[⑤]，等等。由于里二泗大集在张湾集的后一天，许多乡民在这两个集市中轮番流动，商贩也从张湾集赶到后一天的里二泗集，形成"中间市场体系"（intermediate marketing system）的循环流动。[⑥]

  张家湾古镇建设中将庙会、民间花会、张家湾大集、叫卖调作为古镇特色的"商业集市"民俗事象，镇文化宣传部门在遵循古镇旧有集期的基础上设计了文化节、艺术周、文艺会演、花会比赛等文娱活动。"集镇"的商业环境使当地民众产生了群体意识和群体行为，这种形塑社会空间的力量也往往会改变一个镇的社会生态。

[①] 德国地理学家克利斯泰勒（W.Cristaller）于1933年提出中心地学说（Central place theory），美国学者施坚雅（G.W.Skinner）于20世纪60年代末以平原为典型环境概括出中心市场（Central Market）、中介市场（Intermediate）、基层市场（Standard Market）的"市场圈"理论，呈现"中心"的辐射性和覆盖性。"市场圈"中心说在中国明清社会史、商业史研究领域被广泛应用。

[②] 转引自宋军：《集市、庙会与红阳教的传播——以嘉庆年间直隶顺天府通州为中心》，《中国历史博物馆馆刊》1997年第2期。

[③] "1941年设张家湾、燕郊、西集、永乐店、牛堡屯、马驹桥6处镇集。各镇依繁荣情况，马驹桥居一，西集居次，按序为永乐店、燕郊、牛堡屯，张家湾则居其后。"通州区地方志编纂委员会编：《通县志》，北京出版社2003年版，第240页。

[④] 郭炜等编著：《大运河与通州古城》，北京出版社2018年版，第104—105页。

[⑤] 北青社区报通州版：《张家湾文化大集，年前还有三场！备年货走起~》，腾讯网，https://new.qq.com/omn/20200113/20200113A0O5UO00.html，访问时间：2022年4月29日。

[⑥] 王建民、施坚雅、汤芸、胡冬雯：《从川西集镇走出的中国学大师——美国著名人类学家施坚雅（G.W.Skinner）教授专访》，《西南民族大学学报》（人文社科版）2009年第10期。

四 "公社典范"与张家湾的集体劳作记忆

张家湾古镇是北京周边"公社时期建筑遗存最为完整的地区之一"①，被誉为"人民公社时期的先进代表"②。2018年4月17日，北京市委书记蔡奇到古镇调研时便专程考察了古镇的日杂店、村民老宅等公社时期遗存，这些遗迹佐证了在漕运文化、红楼文化之外，张家湾在当代同样形成了独具特色的文化样态。张家湾的公社遗存凝结了当地民众公社劳动的记忆，公社文化与张家湾的漕运、红学、集市、庙会构成一个整体，呈现出古镇文化的多样性、复杂性。

（一）张家湾人民公社的文化留存与生活记忆

张家湾古镇留存有大量公社时期的建筑，承载着当地民众在中华人民共和国成立初期的生活记忆。时至今日，人民公社的办公楼、大礼堂、供销社仓库、照相馆、副食店、日杂店、铁业社办公楼、食堂、卫生站等保存较好，这些建筑反映了20世纪50—70年代张家湾的建筑风貌。除张梁路一带的民居建筑以外，古城南部明代建成的萧太后桥（通运桥）也是公社记忆的组成部分。漕运停止后，萧太后桥依旧是四乡进京的要道，也是张家湾公社南河八村送公粮的必经之路，常有小推车、马车、拖拉机从桥上驶过。公社粮库购粮的城南非农业人口或缺粮农户，城内的居民到城南供销社买日用品，城南的回族民众到城北河岸放牧牛羊，都要经过此桥。③古桥在工农业大生产时代仍是乡民生活空间的重要组成部分，同时也孕育了新的时代价值。

对张家湾古镇内的民众来说，公社的集体劳作为他们带来了相对富足的生活，凝聚着他们对国家政策与发展道路的认同。在手工业合作化以前，张家湾仅有一个铁匠炉和一两户连家铺的裁缝店。1952年，张家湾地区开始出现手

---

① 《与北京环球影城错位互补，张家湾古镇地区规划综合实施方案公布》，腾讯网，https://new.qq.com/rain/a/20220422A0AKIT00，访问时间：2022年4月20日。
② 张家湾人民公社时期建有通州南部最大的供销社体系，以仓储和售卖两大功能为主，成为1985年北京市远郊县第一个亿元镇，且多次登上《人民日报》。《张家湾古镇地区规划及实施方案系列规划工作进展汇报》称其为"人民公社时期的先进代表"。
③ 康德真：《说说张家湾古镇那些事儿》，北京联合出版公司2018年版，第135页。

工业合作组织；1955 年，随着手工业社会主义改造工作达到高潮，张家湾约有 140 人参与了合作社，张家湾亦先后建成了铁业生产合作社、料器社、服装社、理发社、木业和草编小组等，经过 1957 年的"全民整风和反右派的斗争"和工农业生产"大跃进"，张家湾人民公社出现了群众大办工业的高潮。[①] 1960 年，北京市通州区张家湾公社粮食加工全部实现简易机械化，不少养猪场实现了饲养劳动半机械化，食堂的大部分劳动也实现了半机械化。[②] 张家湾工业生产走上快车道，"四万多名社员意气风发，敢想敢干，立即开辟了一条拥有七千多人的工业生产战线，建立了四百六十多个工厂"[③]。20 世纪 70 年代末，通县（今北京通州区）县委书记访问欧洲后提出："京郊应该走在农业现代化的前列"，在推进农业机械化的同时提升"食品供应和旅游事业服务"的理念[④]，张家湾公社的农业生产在京郊地区逐步占据了主导地位。公社从社办企业上交的利润中拿出部分资金，利用现有旧房，聘请北京工业大学等大专院校的教师，开办大学专科班，招录的四十名学生从公社近两年的高中毕业生中择优录取。[⑤]

张家湾人民公社具有历史性、时代性，为改革开放以后实现"四个现代化"的整体目标提供了镜鉴。目前张家湾古镇内的张梁路是公社时期建筑最为集中的街道，街道两旁的日杂店、供销社等蕴含着时代印记，同时也凝聚了张家湾人民公社劳作的集体记忆。张家湾古镇在建设中将在保护旧有空间的基础上营造出"追忆公社典型"[⑥]的一个文化场域。

（二）公社时期的革命文艺宣传

公社时期，张家湾独特的历史文化语境为革命文艺的创作及传播提供了得天独厚的土壤，出现大量"新民歌""新诗"及"新秧歌"。作为这一时期"新

---

① 吕国璋、李士路、史致新、王瑞：《北京市通州区张家湾人民公社办工业的经验》，农业出版社 1960 年版，第 5—6 页。
② 《农村工具改革的新发展》，《人民日报》1960 年 1 月 13 日，第 1 版。
③ 刘子山：《张家湾人民公社工业在成长壮大》，《前线》1960 年第 6 期。
④ 黄兆琦、周毅之：《京郊应该走在农业现代化的前列——从通县县委书记的访欧观感谈起》，《人民日报》1978 年 12 月 20 日，第 3 版。
⑤ 《公社与大专院校挂钩办专科班》，《人民日报》1983 年 1 月 17 日，第 4 版。
⑥ 《张家湾古镇地区规划及实施方案系列规划工作进展汇报》，内部资料，2019 年 10 月 22 日，第 49 页。

图 1-13　张梁路公社景观改造示意图①

文学范本的书写方式"②，这些文艺样态不仅呈现了张家湾人民公社集体劳作的历史记忆，还从文化教育、促进生产、改革婚俗等方面参与了民众生活秩序的重构。如20世纪60年代，张家湾镇南许场村通过放映电影《李双双》③，鼓励广大妇女走出家庭，参与农村建设；"通县河北梆子剧团"到各乡演出传统剧目《秦香莲》《打金枝》《王春娥》及现代剧——《姑娘的秘密》《年青的一代》《红灯记》《沙家浜》《奇袭白虎团》《红嫂》《送肥记》等剧目④，宣传大生产、识字运动、婚姻自由等进步思想。

1968年10月31日，中国共产党第八届扩大的第十二次中央委员会通过

---

① 图片出自《张家湾古镇地区规划及实施方案系列规划工作进展汇报》，内部资料，2019年10月22日，第60页。

② 曹成竹：《从"歌谣运动"到"红色歌谣"：歌谣的现代文学之旅》，《文艺争鸣》2014年第6期。

③ 徐炳忠、贺新创、周鸿书：《伟大的运动　深刻的变化——通县社会主义教育运动后的新人新事新风尚》，《人民日报》1965年6月18日，第2版。《李双双》讲述了爽直的农村妇女李双双热心集体事业，与自私落后现象做斗争，帮助丈夫喜旺提高思想觉悟的故事。

④ 中国戏曲志编辑委员会编：《中国戏曲志·北京卷》（下），中国ISBN中心2000年版，第829页。

了《中国共产党第八届扩大的第十二次中央委员会全会公报》，之后通县16个公社、农场，490个生产大队和所属生产队，普遍建立了毛泽东思想文艺宣传队（以下简称宣传队），其成员大多是"参加集体生产劳动积极的贫下中农及其子女"①，他们"把宣扬和歌颂本地贫下中农的先进事迹和英雄人物"②作为宣传工作的首要任务。在宣传队的推动下，"海可枯，石可烂，宣传毛泽东思想的红心永不变"③这样的口号一度在张家湾公社中广泛流传。通过形式各异的文艺活动，如创作新剧目、采录和挖掘民歌、传唱革命歌曲、讲述革命故事等活动，宣传队在宣传革命思想的同时，又满足了民众娱乐的需求。在宣传队的具体实践中，还培养了一批优秀的文艺人才，他们中一些人至今还活跃在文艺宣传的岗位上。④

当时张家湾公社各村的宣传队在演出中需要克服很多困难，如空闲时间少、表演任务重、表演场地简陋等，常常需要队员们"顶着刺骨的寒风，赶到了离村四十多里路的工地"，为本村出差挖河的工人们演出。⑤宣传队创作出鲜活灵动的表演内容，如张家湾公社上店村宣传队在劳动休息时，"坐在地头你一句，我一句地集体编出了表演唱《赞军之歌》，歌颂解放军。"⑥不论在家里或在田间地头，到处都能听到"毛主席画像光辉耀眼，毛主席语录歌响彻云天"⑦的歌声。在演出形式上，宣传队也以"短、小、多、活"⑧为原则，演出服装、道具、化妆都力求简约但样式齐全。如胡各庄公社南刘大队的文艺宣传

---

① 通县革委会、通县驻军支左办公室联合调查组：《在农村文艺领域中实现无产阶级的全面专政 通县农村业余毛泽东思想文艺宣传队调查报告》，《人民日报》1969年2月19日，第4版。
② 《发动群众 面向群众》，《人民日报》1968年5月23日，第4版。
③ 同上。
④ 如里二泗小车会会首韩德成，他曾经参加过生产队的毛泽东思想文艺宣传队，后于20世纪90年代开始负责里二泗村乡村文化站的工作，他依据时令、节庆及农业生产，定期组织与开展民众文化活动，积极推动里二泗小车会的日常表演、节日会演的顺利进行。
⑤ 通县革委会、通县驻军支左办公室联合调查组：《在农村文艺领域中实现无产阶级的全面专政 通县农村业余毛泽东思想文艺宣传队调查报告》，《人民日报》1969年2月19日，第4版。
⑥ 《发动群众 面向群众》，《人民日报》1968年5月23日，第4版。
⑦ 通县革委会、通县驻军支左办公室联合调查组：《在农村文艺领域中实现无产阶级的全面专政 通县农村业余毛泽东思想文艺宣传队调查报告》，《人民日报》1969年2月19日，第4版。
⑧ 即演出时间短，演出场面小，演出次数多，表演形式灵活。

队用鱼皮自制二胡，用羊皮自制手鼓，还自制了价廉物美的洋琴。[①] 据张家湾镇里二泗村的村民回忆：

> 宣传队是从1968年开始，大队组织的宣传队。人就是这样有精神，地里边干一天活了，多累啊，我们里二泗宣传队（的文艺活动）压根就没怎么断。第五生产队组织起一个评剧团演《四个老头学毛选》，之后还排演过《红灯记》《沙家浜》，就都排这些样板戏。[②]

这些文艺作品语言凝练、情感质朴，反映了民众集体劳作的日常生活和社会心态，既是人民公社时期的革命记忆，也是张家湾发展进程中的历史缩影，部分作品至今仍在60岁以上的老人口中传唱，成为张家湾古镇"社会记忆"的重要组成部分。

图 1-14　公社景观改造示意图[③]

[①] 通县革委会、通县驻军支左办公室联合调查组：《在农村文艺领域中实现无产阶级的全面专政　通县农村业余毛泽东思想文艺宣传队调查报告》，《人民日报》1969年2月19日，第4版。
[②] 资料来源于访谈。被访谈人：里二泗村村民王者军；访谈人：毛巧晖、王京、张歆、王晴、曹杨洋；访谈时间：2019年8月25日；访谈地点：张家湾镇里二泗村里二泗文化活动中心。
[③] 图片出自《张家湾古镇地区规划及实施方案系列规划工作进展汇报》，内部资料，2019年10月22日，第58页。

张家湾古镇建设秉持"古今并重"、保护与开发并重的建设理念，通过现代构件与景观设计，适当改造公社时期建筑，利用红色文艺资源，将其转变为党史馆等文化展示的活动场地。① 近年来，张家湾镇张凤路与凤桐路交叉口新建"人民公社大食堂"，服务员身穿绿军装，木头桌椅，铺大红花坐垫，餐厅营造出"大锅饭"的怀旧氛围。餐厅处于张家湾城市绿心森林公园"生态游"的延长线上，广受外地游客好评，也为后续张家湾古镇的红色文旅建设提供了一定经验。

张家湾古镇的文化底色是在长期的历史积淀中形成的，也是民众生活记忆的凝结，张家湾古镇建设应注重历史文化资源的挖掘与利用，进一步探索价值转化的有效方式。首先，运河的"历史文脉""生态水脉"及"连通功能"为张家湾漕运记忆的呵护②、生态景观的提升、古镇"夜经济"的区域联动提供了原动力。后续古镇建设应进一步发挥运河的资源优势，在维系历史景观的基础上，从运河文化传统中提取出具有代表性的元素作为设计语言，营造富含漕运特色的新型滨水景观。第二，张家湾"红学载体"的文化缔造提升了古镇的知名度和传播度，红学相关的文物遗存也得到了集中修缮和维护，在后续的文旅开发中应进一步激发这些文化遗产的文化意义，发挥地方口头叙事跨媒介、的资源优势，营造有地方感、认同感的景观叙事。红楼梦廊道、归梦亭、博物馆的 VR 体验等，为"红学艺术之乡"做了前期铺垫，但之后的发展依然具有极大挑战性。第三，张家湾"京郊集镇"的商业文化底蕴使其具备天然的市场优势，依托萧太后河、长店街、张湾集、里二泗大集等商业空间的联动效应，以及饮食品类丰富、交通便利的区位优势，能够与环球影城、设计小镇、"副

---

① 《张家湾古镇地区规划及实施方案系列规划工作进展汇报》，内部资料，2019 年 10 月 22 日，第 58 页。

② 2021 年 11 月，通州区政协教文卫体委员会与张家湾镇政府决定对《漕运古镇张家湾》（2014 年版）进行修订和更新，并公开征集史料。包括反映张家湾街巷历史地貌、演变过程、建筑特点、布置格局等的相关史料；反映张家湾与曹雪芹、曹家、《红楼梦》关系的相关典籍资料、照片、实物史料；反映张家湾民风民俗、民间艺术、民间工艺、民间传说、乡谚民谣、古人题咏、方言土语、乡贤名人、掌故传说、碑刻拓文、音乐美术、民间舞蹈、名品特产、风味小吃、民族文化等民间文化类史料；等等。《公开征集史料！〈漕运古镇张家湾〉将修订更新，期待您的参与》，"通州融媒"微信公众号，https://mp.weixin.qq.com/s/Soc5Nm68AqCNrh8GEO6IQ，访问时间：2022 年 4 月 25 日。

中心"城区形成"一动一静"的优势互补。第四，张家湾"人民公社"时期留存的集体劳作记忆使得"公社"建筑遗存具有了红色革命的精神价值属性，同时，对那一时期文艺作品的搜集整理应引起关注，并将其作为服务古镇红色文旅建设的重要资源。最后，规划时应考虑到外来游客涌入对古镇自然生态和社会生态的影响，尤其是村落人居环境变迁引发的社会治理问题，进一步在国家管理与民众意志的动态调和中予以解决。此外，持续对地方文化传统的深入挖掘，尊重地方民众的建设意愿，形成多元主体共建、共治、共享的古镇建设模式，仍是古镇规划与建设时需考虑的一个基点。

第三节 张家湾设计小镇建设实践与问题反思

从1953年第一个"五年计划"开启以来，大规模工业现代化建设席卷全国。20世纪60年代的"张家湾人民公社"为了发展工业，秉承着"没有资金大伙凑，没有原料社员投，没有技术本地找，没有厂房社员腾"的口号，将"前几年甚至前几十年学过手艺的社员推荐出来"[1]进行工业生产，先后建成了铁业生产合作社、料器社、服装社、木业和苇编小组等。[2]到了20世纪80年代，以"机械工业""缝纫、纺织工业""文教艺术品工业""粮油加工业"为主体的工业体系已经初步建构。[3]张家湾也在这一时期逐步转型成为北京东部地区的工业城镇，建立起工业开发区，支撑本地经济发展。[4]

随着北京城市副中心的确立，2019年开始张家湾工业开发区开始打造张家湾设计小镇。深入贯彻习近平总书记对北京城市建设的重要讲话精神，深入落实党中央、国务院批复的《北京城市总体规划（2016年—2035年）》和《北

---

[1] 刘子山：《张家湾人民公社工业在成长壮大》，《前线》1960年第6期。
[2] 吕国璋、李士路、史致新、王瑞：《北京市通州区张家湾人民公社办工业的经验》，农业出版社1960年版，第6页。
[3] 宁泽民、柳克令：《北京市通县乡镇工业1986—1990年发展的探讨》，《北京农业工程大学学报》1986年第4期。
[4] 王倩：《工业遗址之蝶变重生：张家湾北泡轻钢厂工业遗址改造》，《北京规划建设》2022年第1期。

京城市副中心控制性详细规划（街区层面）(2016年—2035年)》，促进中心城区功能疏解与城市副中心承接的紧密对接、良性互动，以中心城区优质设计资源疏解转移为契机，推动张家湾工业区存量更新和产业转型升级。[1]

一 "工业遗产"的蜕变重生：张家湾设计小镇的打造

作为城市副中心三个特色小镇之一，张家湾设计小镇[2]的功能定位为"设计小镇、智慧小镇、活力小镇"[3]，整体规划工作从城市副中心11组团及设计小镇、设计小镇启动区、重要节点三个层面展开，其中，启动区是整个设计小镇的核心，以改造为主、新建为辅，保留现状较好的空间尺度、建筑肌理、特色工业建筑、构筑物和场所节点，突显工业文化。[4]

工业文化的"突显"，不仅体现对原有建筑结构的整体性保护，更重要的是对工业遗产的改造、利用和更新。"工业遗产"是第二次世界大战后兴起的

---

[1] 张家湾工业区总面积约540公顷，其中启动区70公顷，以国有工业用地为主。其总体呈现出厂院密集、空间闭塞、大间距、疏路网的空间状态；部分厂区街道空间尺度较为宜人，为存量改造奠定了基础。建筑大致建成于20世纪90年代，是北京二次产业升级史的呈现，部分建筑（如红砖风格）具备可改造条件。具体参见《【BIAD方案】张家湾设计小镇规划》，"BIAD创作"微信公众号，https://mp.weixin.qq.com/s/P5qwUmIReBJ6R0dmEuv94A，访问时间：2022年4月25日。

[2] 张家湾设计小镇地处京哈高速以北、北京六环路以东、大运河以西，与北京城市副中心六环路"创新发展轴"和大运河"生态文明带"紧密联系。向北毗邻城市绿心，距北京行政办公区约3.3公里，向西距环球影城约3.5公里，位于北京首都国际机场和北京大兴国际机场连线交汇处，规划有M101、M102、M104三条轨道交通线。

[3] 设计小镇承接中心城区优秀设计资源，延伸扩展文化创意产业以及现代服务业，努力打造成为北京设计之都的重要支点；智慧小镇即城市科技应用的样板区，基于城市科技最新技术，融合设计小镇产业发展需求，构建集"设计—科技—商务—运营"于一体的智慧平台体系（DSBO智慧平台体系），实现全周期、全维度的城市服务模式；活力小镇即24小时活力的混合街区，依托老旧厂房的有机更新，同时植入创新活力功能，通过公共空间与景观进行串联与融合，吸引人群集聚，构建24小时活力街区。

[4]《【BIAD方案】张家湾设计小镇规划》，"BIAD创作"微信公众号，https://mp.weixin.qq.com/s/P5qwUmIReBJ6R0dmEuv94A，访问时间：2022年4月25日。

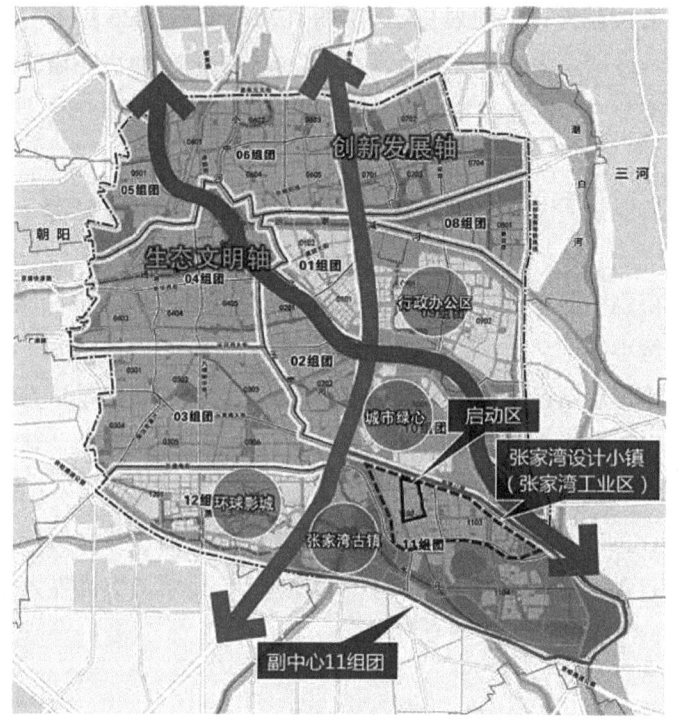

图 1-15　张家湾设计小镇区位①

概念，最初是一种老工业区的乡愁凝结。② 从 1963 年《工业考古学导论》（*Industrial Archaeology*: *An Introduction*）的出版，到 2003 年《关于工业遗产的下塔吉尔宪章》(The Nizhny Tagil Charter for the Industrial Heritage)（简称为《下塔吉尔宪章》），再到 2011 年在第 17 届国际古迹遗址理事会（International Counsil on Monumentsand Sites，ICOMOS）全体大会上通过的《国际古迹遗址理事会 - 国际工业遗产保护委员会联合准则：工业遗产、构筑物、区域和景观的保护》(Joint ICOMOS – TICCIH Principles for the Conservation of Industrial

---

① 图片出自《【BIAD 方案】张家湾设计小镇规划》，"BIAD 创作"微信公众号，https://mp.weixin.qq.com/s/P5qwUmIReBJ6R0dmEuv94A，访问时间：2022 年 4 月 25 日。
② 从工业文化的角度出发，工业遗产的核心价值是工业精神，可以被纳入产业政策，成为促进工业经济发展和地区经济循环重构的工具。从产业演化角度看，工业遗产是地区产业再造的一部分，应对工业衰退和去工业化等后工业问题。严鹏、孙星、陈文佳：《工业遗产：一个面向未来的论纲》，《东方学刊》2021 年第 3 期。

Heritage Sites, Structures, Areas and Landscapes,简称《都柏林准则》),关于"工业遗产"的定义愈加丰富与完备,《都柏林准则》将其定义为:

> 工业遗产包括遗址、构筑物、复合体、区域和景观,以及相关的机械、物件或档案,作为过去曾经有过或正在进行的工业生产、原材料提取、商品化以及相关能源、运输等基础设施建设过程的证据。工业遗产反映了文化和自然环境之间的深刻联系:无论工业流程是原始的还是现代的,均依赖于原材料、能源和运输网络生产和分销产品至更广阔的市场。工业遗产分为有形遗产和无形遗产的维度,有形遗产包括可移动和不可移动的遗产,无形遗产包括技术工艺知识、工作组织和工人组织,以及复杂的社会和文化传统。这些文化财富塑造了社群生活,给整个社会带来了结构性改变。[1]

根据规划,启动区内部选取了具有代表性、规划条件较好的三处老旧厂房,即北京铜牛、方和正圆及北泡轻钢厂进行改造。北京铜牛厂被改造为"兼具设计感、科技感、工业感、未来感和幸福感"的北京未来设计园;北泡轻钢厂地块位于张家湾设计小镇核心地段,被定位为文化活动核心展区及公共服务体验区,用于建设"北京国际设计周"永久会址。

(一)铜牛地块的"再生性改造"

北京铜牛集团有限公司的前身是北京市第一针织厂,原名北京市针织厂,于1952年建成投产,是新中国初期北京唯一拥有先进设备的国营针织企业。1965年3月,以北京市针织厂为主体成立了北京针织总厂。1975年,北京市针织工业公司成立后,北京针织总厂的针织机修部门和经编车间先后分出,独立成厂,原北京针织总厂改为北京第一针织厂。[2]"铜牛"是北京第一针织厂针织产品的品牌,1995年以来,"一针"实施名牌战略,"铜牛"走红市场。1995

---

[1]《都柏林准则》,马雨墨译,周岚审阅,载彭南生、严鹏主编:《工业文化研究.第1辑,工业遗产理论与实践》,社会科学文献出版社2017年版,第196—197页。

[2]《当代北京工业丛书》编辑部编:《当代北京纺织工业》,北京日报出版社1988年版,第280页。

年,"铜牛"被评为"北京市名牌产品";1996年,被评为"北京著名商标",同时中国针织工业协会授予其"全国推荐产品";1997年,在全国名优针织产品展销会上荣获"97畅销商品"称号。1997年12月18日,以铜牛名牌产品为龙头,以北京"一针"为主体,北京"三针"和"二针"分期并入一针,组建起北京铜牛针织集团公司。① 北京铜牛制衣有限公司是北京铜牛集团有限公司的子公司,于2002年改制,是生产制造高品质铜牛产品的专业化服装制造企业。2006年,铜牛集团购买了"位置处于与铜牛股份和铜牛线业生产基地相临"的北京市通州区张家湾镇牛堡屯原有厂房和土地,并于2007年7月将其逐步扩建成为北京铜牛高品质制衣生产基地。② 2013年起制衣生产线逐步外迁,最终腾出了7.8万平方米的厂区空间。

铜牛地块改造项目为副中心首个EPC项目,实现了"当年设计、当年施工、当年运营",经过改造之后,园区保留了以往厂房的"开放性",设计中将旧厂房通过"打断、位移、软化、叠加"③进行重构,建立新的"秩序"。厂房的部分钢质框架被保留,三根红色的钢管并排竖立。厂房改造既尊重园区规划格局、建筑空间和工业建筑特征,又增加了时尚设计元素和现代科技风格。

图1-16 铜牛地块规划图④

---

① 任金生:《铜牛,集团闯市场——记北京铜牛针织集团公司》,《市场观察》1998年第10期。
② 《北京铜牛制衣有限公司:新兴的产业基地》,《北京服装纺织》2008年第5期。
③ 陈佳敏、徐苏斌:《场域再生性主导下的工业遗产改造设计》,《建筑结构》2021年第19期。
④ 图片来源:《老厂房变身"网红"打卡地,北京城市副中心的这个小镇华丽蜕变》,光明网, https:// m.gmw.cn/baijia/2020-12/18/1301952389.html,访问时间:2022年4月26日。

成衣车间被改造为"集中办公区",内部的机器、管道、栈道、建筑构件伸到外侧,在外部形象上"保留着昔日的印记","成衣车间"内部被打造成"共享办公大空间"。工业设备是工业建筑中不可缺少的组成部分,在"铜牛地块"新的场所设计中故意将工业设备进行外露突显的做法,起到了较为直观的视觉图像作用,在传达工业遗产建筑的工业美学的同时,亦实现了对场所地域文化的呼应。

除了成衣车间的"再生",铜牛厂的食堂、办公楼、锅炉房都将做相应的改造。据北京市建筑设计研究院有限公司市场拓展中心副主任、未来设计园区EPC项目经理郭少山介绍,办公楼改造后仍然用于日常办公,但内外样貌和功能都将变新。"我们保留了原来的钢结构,用它做原生态的架子,在此基础上做改造。"[1] 此外,郭少山还特别提到"铜牛地块"建设中形式各异的"功能版块":

比如这些大柱子,是吹风用的,将风从地面送出来,在接近人的地方将空间制冷或制暖;还有头顶的600盏灯,模仿天光,既可以调节亮度也可调色温,就像人在自然环境中感受到的光线一样,白天偏冷,晚上偏暖。

这些"大柱子""灯光"本身除了实用功能之外,还是展品/参照物,同时也配合着使用空间向人们传达信息,成为空间气氛营造的重要因素。这些"功能版块"赋予旧的工业建筑以新的式样以及结构去获得"再生"。

为了延续厂区工业历史文脉,在铜牛地块的改造中,8000多平方米大平层的穹顶两侧,还专门设计了两个"牛角",以此纪念老"铜牛"的华丽转身。[2] 设计改造中保留了原厂区内的法桐林,将其建设为"铜牛广场"。树池设计成下凹的牛头形,还将把老铜牛厂标志性的"铜牛"雕塑放置到最为醒目的位置,形成一个"视觉中心","铜牛"作为工业遗产符号承载着"铜牛地块"

---

[1] 《制衣厂房成设计园区 这个网红打卡地将开园》,中国网,http://travel.china.com.cn/txt/2020-12/18/content_77025478.html,访问时间:2022年4月26日。
[2] 《老旧"铜牛"焕发科技之光 北京未来设计园邀市民体验未来》,北京市人民政府网,http://www.beijing.gov.cn/gate/big5/www.beijing.gov.cn/ywdt/zwzt/jjtz/whfzcxq/202103/t20210331_2337609.html,访问时间:2022年4月26日。

的历史记忆和文化精神。而原厂区内部高达50米的"大烟囱",也被保留下来作为张家湾设计小镇的地标。"铜牛"与"大烟囱"作为一种工业遗产"标志物",能够有效提升人们对张家湾设计小镇的辨识度、记忆度和关注度,从而促进"铜牛精神"的传承、保护、衍生及创新。

(二)北泡轻钢厂地块的"适应性利用"

北泡轻钢厂(以下简称"北泡厂")的成立始于改革开放初期,当时一些中小国有企业把社会化职能留给母体,主业分离出去,轻装前进,北泡轻钢公司应运而生。原本它只是隆达控股公司所属的北京泡沫塑料厂的一个聚苯板材车间。独立承包、自主经营以后,聚苯板材车间开始逐渐转向新型节能环保建筑材料——夹芯板的生产。1988年,聚苯板材车间成为北京第一家专业生产夹芯板的冷藏设备厂,并从提供库体板材起步,逐步发展到安装冷库,建造大型气调库,并在建造冷库的过程中,开始向轻钢结构工程建设转移。20世纪80年代末,冷藏设备厂初涉轻钢网架结构工程,在发展过程中试图打破生产场地狭小,钢结构制造依赖性强的瓶颈。最终在1995年的冬天,冷藏设备厂选定了通州区张家湾"一片烟囱倾倒、房屋破败、占地200亩的旧厂区"。1998年,该厂与张家湾镇政府正式组建了股份制企业"北京北泡轻钢建材有限责任公司"。[①]

近年来,由于北京城市规模的扩大及张家湾区域职能的转变,随着非首都功能疏解工作的开展,区域性物流及专业市场、低效工业用地和集体产业用地等已完成大量用地和建筑空间的腾退。[②]北泡厂也随着周边工业、企业一起开始腾退和转型。疏解后的腾退空间成为城市发展的重要承载地,这些"工业遗产"[③]担负起新的历史使命。

[①]《为有源头活水来——北京北泡轻钢建材有限公司改革发展历程》,周毓秋、王东主编:《试解国企大主题》(5),北京出版社2009年版,第329—330页。

[②] 环迪:《基于非首都功能疏解背景下的空间腾退与再利用研究》,《北京规划建设》2021年第4期。

[③]"工业遗产的意义和价值内化于建筑或遗址自身中,包括物质构造、部件、机械和布局,以工业景观和书面文件以及记忆、艺术和风俗等无形的记录作为呈现方式。"《都柏林准则》,马雨墨译,周岚审阅,载彭南生、严鹏主编:《工业文化研究.第1辑,工业遗产:理论与实践》,社会科学文献出版社2017年版,第197页。

张家湾设计小镇启动区内部街区依托北泡厂区原有的主要道路、主厂房及红砖楼（办公、宿舍、锅炉房、变电所等建筑）等"有形遗产"，将林荫道与红砖房作为北泡地块场所记忆和精神核心等"无形遗产"的物质承载。北泡厂腾退后遗留下的工业建筑，由于"结构稳固""空间便于改造""改造后易形成规模效益"等诸多优点，仍具有较大的社会经济价值；再结合现有的"文化活动核心展区及公共服务体验区"①的功能定位，对主要厂房及相关建筑的更新策略被确定为在原有遗产结构空间下的"适应性利用"。

考虑到厂区内的建筑现状及各个部分与设计小镇的整体规划，首先需要在北泡厂区内进行功能分区。根据统一规划，北泡地块一期用于建设"北京国际设计周"永久会址；二期位于永久会址的北侧，被规划为家园中心，建成后将为整个设计小镇提供配套服务；三期位于项目最南侧，将建成综合研发中心；四期是永久会址的下沉广场和综合研发中心的东侧大楼。②

图 1-17　北泡地块分期开发示意图③

---

① 王倩：《工业遗址之蝶变重生：张家湾北泡轻钢厂工业遗址改造》，《北京规划建设》2022年第1期。
② 由于这两处用地为集体土地，征地手续烦琐，审批流程复杂，为避免延误永久会址工期，通投公司将集体土地的建设与主会场部分做了拆分，目前该地块正在由政府开展征地及一级开发。
③ 图片根据中国建筑设计研究院一合中心北泡轻钢厂项目组方案改绘，引自王倩：《工业遗址之蝶变重生：张家湾北泡轻钢厂工业遗址改造》，《北京规划建设》2022年第1期。

北泡地块一期"北京国际设计周"永久会址①将于2022年6月正式建成开放。其中，地下一层主要功能为地下车库及设备机房，地上三层主要功能为展厅、全球发布大厅、设计中心、艺术商店等。"北京国际设计周"永久会址保留了老厂房原有的钢结构，并特意将具有工业风的钢梁钢柱"外露"，见证并记录了工业生产盛况。永久会址的"外立面"是由6.2万块手工陶土红砖构成，公共大厅内的采光天井外侧用不同类型的砖块砌筑而成：上半部分采用手工陶土砖，与建筑外立面的红砖幕墙相呼应，下半部分采用透明玻璃砖，日光可以透过砖墙洒入大厅，从而营造出一种红砖幕墙的悬空效果，凸显建筑整体的"自由灵动"。采光天井内部将移植原北泡厂区内的一棵老树，在保留旧工业建筑原有景观的同时，营造具有现代园林艺术的标志性景观。公共大厅屋顶和两侧墙面由铝板加上蓝机砖组合而成，蓝机砖砌筑的幕墙还做了局部镂空处理，内部再加上氛围灯光装饰，呈现出光影流动、自由变幻的效果。②

北泡地块的规划设计核心是保持原本厂区肌理、空间尺度和建筑特色。在具体建设中，设计团队基于场地物理空间的历史性和规划站位的前瞻性，"不拆真、不作旧，延续现状肌理，彰显新旧交织"的总体设计理念，力求实现工业文化、传统文化与当代设计的碰撞。如北泡地块的主厂房——夹芯板厂房为1999年建造，单层钢结构，改造前建筑外墙及屋顶等外围护结构材料破损锈蚀严重，无太大保留价值；但厂房内部钢结构、梁柱结构及斜撑等构件具有典型的工业特征，且大跨度结构与层高可以很好地适配展示空间。因此，设计团队选择保留主厂房原有的钢架结构，采取中部挑高、小体块穿插等手法，最大限度保持了原有厂房的轮廓，在有限的空间内满足了展览功能的空间需求和规模增量；主厂房北侧为原厂区附属配套用房，是具有典型年代特色的红砖房，有较高的留存价值，这里将是设计小镇的家园中心（二期）。设计团队将沿街面的宿舍、锅炉房、变配电室、旧厂房等四个建筑的沿街一跨完整保留，在二层以上采用退台式设计，顶部出挑体量，营造舒适的室外灰空间。结合旧的红砖肌理，设计多个具有复古特色的咖啡、餐饮、书店等场所，希望这里未

---

① 建筑规模约1.77万平方米，地下一层6670平方米，地上三层1.1万平方米。
②《北京国际设计周永久会址6月亮相，将逐步建成中国设计博物馆》，北京日报客户端，https://baijiahao.baidu.com/s?id=1721711816561300959&wfr=spider&for=pc，访问时间：2022年4月26日。

来能成为附近设计工作者休闲生活、艺术创意的交流场所。①

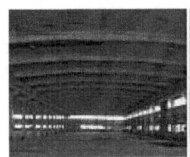

图 1-18　改造前的夹芯板厂房（主厂房）与配套厂房②

图 1-19　北泡厂区改造效果图③

北泡轻钢地块的设计很好地体现了"与古为新"的工业遗产特色。新技术、新材料的置入，旧建筑的改造与维护，突出了工业遗产中新旧元素的共生。保持原有工业遗产建筑中的"钢梁钢柱"，并借助光影变幻与砖体材料的设计，营造出一种"半透明化"的结构，从而打破原有工业遗产比较呆板的建筑模式，在强调工业遗产的场域性的基础上，让空间展现出场所的活力与表现力。

城市中的工业遗产作为历史特定时期城市社会发展的物质载体，见证了人类巨大变革时期的城市生活，保存了城市重要的发展记忆，丰富了城市历史文化底蕴，是社会文化发展不可或缺的物证。④ 在这一背景之下，张家湾设计小镇建设中对铜牛地块的"再生性改造"与北泡地块的"适应性利用"，运用建筑

---

① 王倩：《工业遗址之蝶变重生：张家湾北泡轻钢厂工业遗址改造》，《北京规划建设》2022 年第 1 期。
② 图片来源：中国建筑设计研究院一合中心北泡轻钢厂项目组。
③ 图片来源：《【BIAD 方案】张家湾设计小镇规划》，"BIAD 创作"微信公众号，https://mp.weixin.qq.com/s/P5qwUmIReBJ6R0dmEuv94A，访问时间：2022 年 4 月 25 日。
④ 王晶、李浩、王辉：《城市工业遗产保护更新——一种构建创意城市的重要途径》，《国际城市规划》2012 年第 3 期。

材料新旧之间的融合为工业遗产的空间赋能,在保留工业遗产中的历史痕迹、文化印记及激发工业遗产场域活力方面发挥了显著作用。

二 "文化传统"的再度复兴:公共艺术空间的介入

公共艺术(public art)指在公共空间中展示的、民众共同参与的艺术。[①] 环境艺术(environment art)、公众(public matters)、地景艺术(land art)、景观(landscape)等或多或少都涉及公共艺术的内涵和形式。[②] "公共艺术空间"是公共艺术借助不同物质媒介的呈现和表达方式[③],具有开放性、参与性、互动性等特质,大致可归纳为艺术作品、艺术设施和艺术客厅三大类型。其中,艺术作品体现为城市中常见的雕塑和艺术装置;艺术设施体现为兼具艺术性与功能性的各类公共设施;艺术客厅则是多种艺术空间的集合,体现为标志性广场或景观空间。[④]

根据2019年底启动的对副中心全域范围内的公共艺术空间规划研究,目前城市副中心"公共艺术空间"具备一定的建设基础。如运河文化广场、梨园公园、潞城公园等都设有雕塑,运河文化广场的主雕塑"东方""帆樯""仿古船"等艺术作品形成了具有标志性的雕塑公园;跨河道路桥也成了艺术化塑造的重点空间。其中,跨北运河大桥造型取自抽象水纹,具有鲜明的流线感;东关大桥栏杆表面采用传统浮雕,体现了强烈的历史气息;玉带河大桥桥墩为现代建筑造型,与城市背景相得益彰。

据此,规划结合副中心历史文化与主题功能,归纳出八类公共艺术题

[①] 周恒、赖文波:《城市公共艺术》,重庆大学出版社2016年版,第1页。
[②] 杨奇瑞、王来阳:《城市精神与理想呈现——中国城市公共艺术建设与发展研究》,中国美术学院出版社2014年版,第10页。
[③] 杜宏武、唐敏:《城市公共艺术规划的探索与实践——以攀枝花市为例的研究》,《华中建筑》2007年第2期。
[④] 李博洋:《北京城市副中心公共艺术空间规划研究》,《北京规划建设》2021年第6期。

材[①]。提出"三线六面、四类二十点"的公共艺术空间总体布局结构。

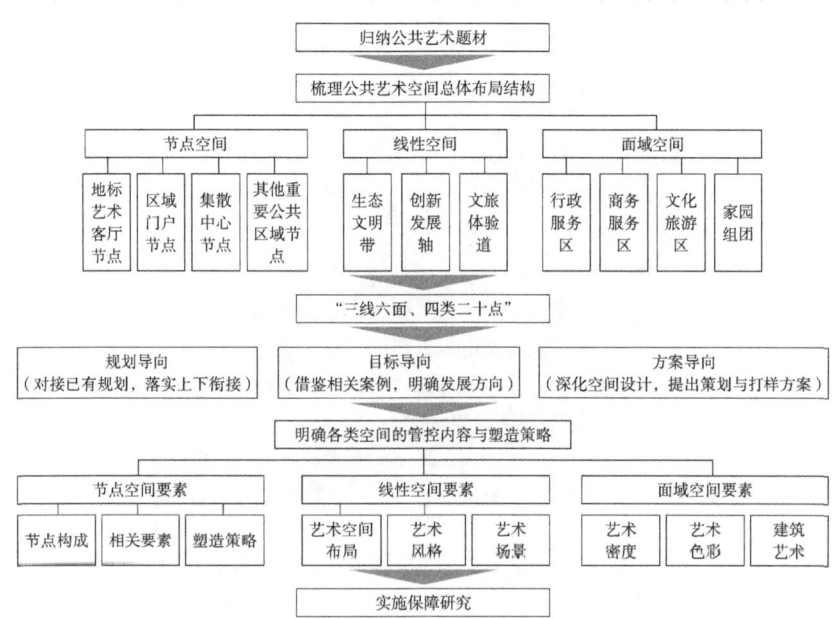

图1-20 公共艺术空间规划技术体系[②]

张家湾设计小镇在副中心公共艺术空间总体布局结构中被划分为"其他重要公共区域节点",规划中建议此类节点的"艺术空间布局与空间结构紧密结合,重要节点集中布置在结构性要素或核心区域内。艺术风格宜符合片区的风貌管控要求,并重点利用街巷道路、滨水空间、公共建筑等塑造具有代表性的艺术场景。同时,建议结合节事活动设置特定主题的临时公共艺术作品,保持对公共艺文空间的更新"。[③]

---

① 其中,对应历史文化归纳为以通州古城、路县故城、张家湾古镇、各级文保单位等历史元素为支撑的历史文化题材和以现状北运河、拟恢复古河道、古码头为支撑的大运河题材。对应主题功能归纳为以环球影城主题公园为支撑的影视娱乐题材,以宋庄艺术区为支撑的原创艺术题材,以行政办公区为支撑的首都行政题材,以城市绿心为支撑的生态修复题材,以台湖演艺小镇为支撑的大众演艺题材和以运河、副中心站商务区等现代化建设为支撑的现代都市题材。李博洋:《北京城市副中心公共艺术空间规划研究》,《北京规划建设》2021年第6期。

② 图片来源:李博洋《北京城市副中心公共艺术空间规划研究》《北京规划建设》2021年第6期)。

③ 李博洋:《北京城市副中心公共艺术空间规划研究》,《北京规划建设》2021年第6期。

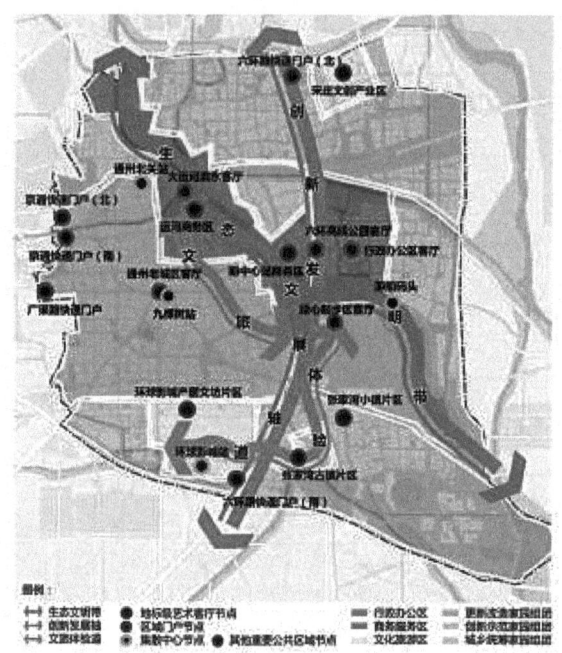

图 1-21　副中心公共艺术空间总体布局结构[1]

（一）"毯式街区"的更新改造

2019 年，北京清华同衡规划设计研究院有限公司在对张家湾老工业区进行多次实地勘察后，提出"毯式街区"[2]更新改造模式，该公司北京城市副中心分院副院长于润东谈到"毯式街区"时表示，在国外也有类似的提法，如米兰 Caserma Montello 街区规划及建筑设计即采用了毯式建筑的设计手法，从建筑尺度的选择，到建筑对周边街区的可视性，均强调人与街区连接的紧密程度。在空间设计的艺术表达上，"采用程式化的方形空间分割及单元重复延伸的平面布局方式"，在保证建筑内部各部分空间流通的基础上，运用经纬交错重叠的线性建筑结构与光影的有机结合，使整体建筑更具律动感。[3] 张家湾设计小

---

[1] 图片来源：李博洋《北京城市副中心公共艺术空间规划研究》，《北京规划建设》2021 年第 6 期）。
[2] "毯式街区"，顾名思义，就像在这个区域铺开一张巨大的地毯，建筑室内空间与室外城市开敞空间整体设计，形成融合型、开放性街区。
[3] 单靖雯：《米兰 Caserma Montello 街区规划及建筑设计》，《创意与设计》2018 年第 1 期。

镇的建设规划对"毯式街区"进行了本土化的延展和阐释。据于润东回忆，在实地勘察中，张家湾工业园区的基底，并不是让人"眼前一亮"的那种，旧工业区腾退更新中存在着典型问题，如"空间需提质""设施水平低""产权小而散""公共空间破碎、零散""建筑风貌参差不齐"等，使得张家湾老工业区中的室内外空间呈现出"犬牙交错"的状态，还有一些线状道路穿插其间。"毯式街区"更新改造方式的采用，不仅可以有效实现室内外空间一体化的融合发展，也是在城市更新和改造提升中的一种示范性探索。

"毯式街区"的实施范围共1平方公里，包括70公顷的启动区和30公顷的拓展区，范围北至京津公路、西至张凤路、东至梧桐路、南至张梁路。这里作为张家湾小镇的"核"，通过"一核驱动"，实现从破碎到整体、从各自为政到开放共享、室内外一体化、上下一体化的巨变。① "毯式街区"更新改造的核心要义是开放共享，整个张家湾设计小镇不设围墙，公共空间高度共享，营造出一种"无界感"。室外空间在小镇的设计中，是非常重要的一个概念，从前被忽视与漠视的室外空间在张家湾设计小镇的设计中，与室内空间一起，共同营造复合的、充满活力的公共艺术空间。在"毯式街区"的概念中，室内外空间互为"正负空间"，这种"正负空间"的建构蕴含着《老子》中"埏埴以为器，当其无，有器之用。凿户牖以为室，当其无，有室之用。故有之以为利，无之以为用"②的哲学内涵，强调有形之物背后的无形之道的重要性。与"毯式街区"相伴而生的还有"齿状绿地"概念，即沿绿化带布置与建筑功能相交融的绿地，绿地和建筑像牙齿一样无缝"咬合"。

"毯式街区"的更新改造首先关注的是"新旧对话关系"的协调共存。设计组对老厂房进行甄别，对于具有工业时期典型风貌的建筑，尽可能保留了其空间尺度、主体结构和场所记忆。如位于铜牛地块2021年年底率先"亮相"的北京未来设计园区，厂区内原有的办公楼拆除了局部外墙，改造成了开放的"创新办公楼"，建筑上部增加了钢栈道，外侧增加钢楼梯，楼顶建造了露台，

---

① 《张家湾设计小镇创新提出"毯式街区" 形成融合型、开放性街区》，北京通州官方发布，https://baijiahao.baidu.com/s?id=1707850466488190206&wfr=spider&for=pc，访问时间：2022年4月26日。

② （汉）河上公注，（三国）王弼注，（汉）严遵指归，刘思禾校点：《老子》，上海古籍出版社2013年版，第24页。

变成一个可以观景和休憩的场所。北京未来设计院副院长郭少山表示：

> 未来设计园区的设计建设中，我们始终在落实毯式街区和齿状绿地的理念。将来我们会把围墙全部拆掉，考虑用绿化的方式把整个园区围起来，既能形成视觉上的通透，又能形成齿状绿地的交融，一举两得。

此外，"毯式街区"的更新改造还尤为注重与整个城市副中心建设规划的"和谐共生"，张家湾特色小镇位于"环球影城—张家湾古镇—设计小镇"城市活力与历史文脉连绵带上，与城市副中心六环路"创新发展轴"和大运河"生态文明带"空间紧密联系，作为"城市绿心"向南重要的功能延伸区，张家湾设计小镇须在功能、景观、公共空间等方面进行协调联动。

（二）公共艺术空间的设计再生

张家湾设计小镇结合原有园区内部结构，在各个特色功能聚落中形成内部公共开放空间，构建外部围合、内部开放的公共空间组织模式，兼顾产业发展与人本生活需求，鼓励不同产业人群在公共空间交流互动，追求"步移景异"的空间体验；通过广场、室外阶梯、下沉空间、局部水景等空间设计手法，形成层次丰富、舒适宜人、开放共享的公共空间，同时通过步行连廊系统以及地面公共廊道对公共空间进一步拓展、连接，形成活力开放的公共空间网络。[①]

以铜牛地块的北京未来设计园区为例，夜间地标"光立方"位于新建室外电梯的顶端部分，高约 18 米，远远望去，仿佛一个运动造型的小人在光影间奔跑。作为夜间观赏照明工程的一部分，"光立方"巨大的体量感和"纪念碑式"的高度带有明显的视觉冲击力，流畅的外形设计给人们带来轻盈、光芒闪耀的感觉，让建筑空间充满活力。地标"光立方"将线条的柔韧性与金属的坚硬度相结合，表达出蕴藏着力量的温柔和纯粹的自由。

"共享大厅"由昔日的北京老铜牛厂成衣车间改造而成，整个平层办公区高 6.9 米，横跨 72 米，宽度 106 米，开阔豁朗。在"共享大厅"的空间建构中，

---

① 《【BIAD方案】张家湾设计小镇规划》，"BIAD创作"微信公众号，https://mp.weixin.qq.com/s/P5qwUmIReBJ6R0dmEuv94A，访问时间：2022年4月26日。

图 1-22　开放共享的公共空间体系

艺术被植入到人们的工作日常，人们在不经意间"遭遇"艺术，艺术在这里"触手可得"，它们就是长在屋子里的大树、随处点缀的绿植，迷你版的泳池，办公空间中造型各异、功能独特的沙发、圆凳，咖啡吧中由预制混凝土构成的桌子、椅子、纸巾盒、杯子等。其中，三棵"元宝枫"在室内空间的"扎根入驻"在城市副中心的建筑中还是一次崭新尝试。"元宝枫"与"成衣车间"共同扎根于此，与室内绿植一起塑造了绿意盎然、生机勃勃的"绿色办公环境"。

此外，园区中发光混凝土浇筑的道路建设、共享大厅的"风环境模拟"及升级版"礼士书房"[②]的打造让园区呈现出一种人与自然的和谐共生，人们在

---

① 图片来源：《【BIAD 方案】张家湾设计小镇规划》，"BIAD 创作"微信公众号，https：//mp.weixin.qq.com/s/P5qwUmIReBJ6R0dmEuv94A，访问时间：2022 年 4 月 26 日。

② "礼士书房"隶属于北京市建设设计研究院有限公司，面积近 700 平方米，集合了图书销售、文创宣传、阅读空间、会客交流、展览展示、活动举办、轻食茶点等多种服务。3.8 万余册书籍以建筑设计类为主，搭配艺术、文化、旅游等其他种类，极大方便了建筑行业、周边居民的购买、阅读等服务需求。《书香西城"礼士书房"正式对外营业》，北京西城文明网，http：// bj.wenming.cn/xc/xcqyw/202001/t20200102_5369699.shtml，访问时间：2022年 4 月 26 日。

这里并不会感受到美术馆或博物馆的那种"神圣艺术"的精神负担，而是在随意一瞥或偶一驻足中便能邂逅"新奇"。设计者给予了环境新的活力与无限的可能性，也在特定维度上塑造着这一公共艺术空间的景观及形态。

北京未来设计园区中的"公共艺术空间"指涉的并非其中的某一件物品，而是聚焦于整体风貌的展现。无论是单独凸显的"地标"，如"大烟囱""铜牛"等工业遗产；还是选定艺术作品植入特定的空间之中，如"光立方""发光路""室内绿肺"等，它们都以各自的方式参与当地语境的对话与重塑。

除了铜牛地块打造的"北京未来设计园区"，北泡地块由道路分隔为南北两块，总体形成了"外整内散"的半围合式布局，以主场馆为核心，面向公众，塑造完整开放空间。改造后的主场馆入口设在建筑东侧，由一条架空的步行廊桥与地块入口连接，下方为下沉广场，营造活跃的庭院空间，并打造出一处中式古典园林，增强了主入口空间层次、文化特性和标识性；下沉广场与东侧公共创新活力带无缝衔接，共同构建设计小镇启动区"毯式街区"的重要节点。场馆西侧利用原有厂房钢架结构，打造室外展场，在屋顶增加半透明式开合屋面，设置休闲咖啡、水吧等功能，在空间关系上与西侧绿化公园形成积极互动。"多地块一体化设计，不仅优化了永久会址与城市公共空间的联系，同时也通过三期创新平台的体量加长，完善北泡地块的功能构成，规模和空间形态更加匹配其'世界设计中心'的总体定位，体现出空间地标效应。"①

张家湾设计小镇以独特的工业风貌为基础，将景观空间与历史建筑进行一体化构思，结合张家湾老工业区的历史线路、文化空间等人文元素，在设计中充分挖掘工业建筑的历史资源，拓展延伸文化功能和价值。特别针对同类型的建筑，打造"规模群落效应"。其后，更是逐渐拓展至城市层面的"公共艺术空间"构建与工业文化记忆的回溯。通过北京铜牛博物馆、北泡轻钢博物馆的建设，加强与工业遗产的相互关联，并通过营造叙事性场景，引起民众的情感共鸣。

---

① 王倩：《工业遗址之蝶变重生：张家湾北泡轻钢厂工业遗址改造》，《北京规划建设》2022年第1期。

图 1-23　一期和三期共同打造面向城市的共享空间①

三　"文化景观"的未来愿景：文化共同体的凝铸

工业遗产作为人类文明在工业化阶段的证据，以工业景观的形式分布在不同的地理空间中，实际上提供了人类在工业文明发展阶段的确凿的时空线索，是工业现代化的有形标志物。② 工业文化景观中包含了产业融合系统、绿色环境系统、工业文化系统、功能空间系统等。③ 其中，工业文化系统作为工业文化景观中的子系统，在文化景观"保护"与"再生"中发挥着极为重要的作用。

张家湾设计小镇整体规划在尊重工业文化价值的前提下，挖掘工业文化内涵，在工业文化中融入新内容，使其在延续的过程中得到创新。但在具体实践中，往往会陷入"保护"还是"拆除"的两难境地，这种矛盾的根源在于对工

---

① 图片来源：中国建筑设计研究院一合中心北泡轻钢厂项目组。
② 张悦群、高宇：《关于工业遗产作为城市记忆容器与文化载体的研究》，《包装工程》2017 年第 10 期。
③ 涂彦珣、杨莉莎、何也：《多元耦合理论下景德镇工业文化遗产景观保护与再生性策略研究》，《中国陶瓷工业》2022 年第 1 期。

业文化景观的认知。①

张家湾老工业区在面对工业资源枯竭、产业转型时，"设计小镇"以创新中心、铜牛地块、北泡地块、经开智汇园、珠江地块五大重点地块为突破，对这一地区的工业文化进行了区域性、系统地整合，将工业文化与自然景色、民俗技艺、运河记忆相结合，强化了人们在小镇内部的情感体验。张家湾设计小镇，同样也承载着城市功能演变和设计产业化的发展诉求。这就要求建设规划"要以设计为主，以城市规划建设设计打头，再加上工业设计、文化设计、创意设计、艺术设计等"，形成设计集群。②

工业遗产直观地反映了人类社会在工业时代的发展历程，具有历史、社会、科技、经济和审美等多重价值。③ 展望张家湾设计小镇"文化景观"的未来愿景，工业遗产文化景观设计应围绕"文化共同体"展开，留住文化"在场的有效性"。首先，旧厂房的"改造"与"利用"应当彼此呼应，形成统一风格。如铜牛地块的户外单独的集装箱式立体办公空间以及开放式办公环境在园区整体风格表达中较为突出，因此在后续的规划建设中，要考虑到不同地块景观建设的协调与平衡。其次，推动原有建筑空间"活化"与"新生"。如铜牛地块尊重现状园区规划格局、建筑空间和工业建筑特征，对老厂房进行保护性利用。"共享办公大厅"内部随处可见对现代工业美感的追求，通过设计创造与工业遗产进行对话。第三，有效利用不同地块的工业文化特征与标志物营造"共有、共建、共享"的文化记忆。除北京铜牛博物馆、北泡轻钢博物馆等展出的文件、公章、人事档案、职工老照片、机器等实物外，还有如"铜牛""大烟囱""厂房及红砖楼""食堂"等一些原厂房建筑内保留了原有的设备

---

① 如果将工业景观作为一种文化资源看待，那么现代化和传统是可以相互调和的，并且能在调和的过程中融合为具有现代价值，满足当代人们生活需求的后工业文化景观。与物质性资源整合不同的是，非物质工业文化景观资源因其非物质性而在使用过程中具有不会损耗的特点，这在很大程度上避免了资源保护与整合开发所形成的矛盾。甚至在某种程度上能有效地促进非物质文化景观资源的合理整合开发的延承与发展。邵龙、赵晓龙、姜丽：《后工业文化景观资源的文化生态系统整合研究》，《华中建筑》2010年第3期。
② 王倩：《工业遗址之蝶变重生：张家湾北泡轻钢厂工业遗址改造》，《北京规划建设》2022年第1期。
③ 张悦群、高宇：《关于工业遗产作为城市记忆容器与文化载体的研究》，《包装工程》2017年第10期。

及内部钢结构，这些实物既可以作为景观建设手段，又可以在新旧传承中重构景观功能与空间秩序，延续工业记忆，并形成新型社区文化。第四，充分挖掘张家湾地域民俗元素，并通过相应的空间、材质、肌理以及公共艺术手段强化文化理念传承；通过融入艺术生活主题，用景观感知的手法呈现"共享"内蕴。如张家湾设计小镇中的东方艺珍北京传承基地设置了非遗工艺作品的产品发布厅，有展示花丝镶嵌精巧技艺[①]的燕京八绝精品馆，还有大运河非遗文创传习所等等。通过对张家湾地域建筑文化、工业符号及民俗技艺的深入挖掘，唤醒民众对张家湾的共同记忆。

作为"产城人文"四位一体的全新发展平台和新兴聚落空间，张家湾设计小镇根植于"城乡交错的地理空间、经济系统、区域社会和生态环境"[②]之中。随着小镇规划的"落地生根"，建设中的不足也日益显露，如运河文脉延续、特色空间塑造、特色产业植入等问题，此外，研发投入与创新发展不足、文旅融合协作机制不健全、惠企政策不完善等问题，都在一定程度上阻碍了特色小镇的发展。

在未来的发展中，张家湾特色小镇应遵循"特色产业是基础，特色文化是内核，特色生态是重点，特色生活是旨归"[③]的基本理念，坚持以"人"为核心，通过漕运文化、红学文化、公社文化、集镇文化及工业文化的内涵挖掘与资源转化，进一步推进服务性配套设施建设，补齐功能短板，强化产业载体功能；完善产业链，优化供应链，提升价值链，发展以"融合、创新、协调、共享"为主题的小镇建设实践新范式；推动北运河流域文化资源与小镇旅游的深度融合，进而探寻地域文化资源在小镇建设中挖掘整理及开发利用的有效路径。

[①] 自1958年北京花丝镶嵌厂落户通州孔庙遗址，这门与金子打交道的技艺便与通州结下不解之缘。20世纪90年代，企业改制后更名为北京东方艺珍花丝镶嵌厂，保留了400余名技术骨干，并于2012年迁址张家湾。
[②] 陆昇：《论特色小镇的空间转向和文化转向》，《北京城市学院学报》2018年第1期。
[③] 彭灵灵：《特色小镇培育发展的逻辑》，《城市观察》2020年第1期。

第二章

西集生态休闲小城镇

培育特色小（城）镇是"十三五"规划纲要提出的关于推进新型城镇化发展的重要举措。2016年，西集镇在《北京市通州区国民经济和社会发展第十三个五年规划纲要》中被正式定位为"西集生态休闲小镇"，由此开启了以"生态休闲"为方向的建设发展之路。[①] 在《北京城市副中心（通州区）国民经济和社会发展第十四个五年规划和二〇三五年远景目标纲要》中，西集"生态休闲小城镇"的建设方向再度被强调，并被赋予了"构筑城乡融合发展格局的关键功能节点……服务周边农村发展、带动城市副中心整体城镇化"[②] 的使命。

"生态休闲"是指人的生态化休闲与发展的生态空间。这一概念指涉一种高层次、高品位和高质态的生存状态和发展状态，它既是人类着力建造的生态物质文化家园和生态享受精神文明家园，亦是一种崭新的生活方式和生活态度。[③] 2017年，西集镇发布"北京向东是西集"的生态休闲小（城）镇品牌战略，

[①] 在"十三五"规划时期，"特色小镇"与"特色小城镇"两个概念常被混用，在通州"十四五"规划中，西集被正式定位为"生态休闲小城镇"。"特色小镇"与"特色小城镇"的区别在于"特色小镇"指"在几平方公里土地上聚集特色产业、生产生活生态空间相融、不同于行政建制镇和产业园区的创业创新平台"，而"特色小城镇"则指"拥有几十平方公里以上土地和一定人口经济规模、特色产业鲜明的行政建制镇"，国家发展改革委城市和小城镇改革发展中心：《2018中国特色小镇发展报告》，中国发展出版社2018年版。为保证引文的准确性，本文依据所引文献使用"特色小镇"与"特色小城镇"的概念。

[②] 《北京城市副中心（通州区）国民经济和社会发展第十四个五年规划和二〇三五年远景目标纲要》，北京市通州区人民政府网，http://www.bjtzh.gov.cn/bjtz/xxfb/202103/1338239.shtml，访问时间：2022年3月10日。

[③] 包庆德、叶立国：《生态休闲与休闲经济》，《自然辩证法研究》2003年第9期。

突出表现西集"慢生活"理念,致力打造健康、舒适、优质的休闲空间和生活状态,①迈出了西集生态休闲特色小(城)镇建设的重要一步。

2018年,西集镇在北京城市副中心九大特色小镇中率先发布《西集镇国民经济和社会发展"十三五"规划》,将产业结构升级、生态文明建设、生活条件改善等作为重要发展目标,形成"一轴连四核、两翼带五区、绿道贯两河"的城镇空间发展格局,即以产城联动发展轴串联镇服务区、产业创新园区、生产配套区和旅游休闲区,以运河养生文化和潮白河养老度假带动樱桃采摘文化片区、运河文化休闲片区、湿地景观游憩片区、潮白农事体验片区和生态垂钓度假片区,同时建设辐射西集镇与漷县镇的生态走廊与湿地公园,对"十三五"时期西集生态休闲小镇规划建设起到重要作用。2020年,《通州区大运河文化带保护建设规划》提出了"一河、三区、多点"的发展格局。其中,西集生态休闲小城镇被列为"多点"中的"休闲文化体验点",并属于"三区"中的"运河生态观光区"建设范围,这为西集生态休闲小镇建设与大运河文化带建设的融合发展提供了良好契机。

2021年,通州区发布的《北京城市副中心(通州区)国民经济和社会发展第十四个五年规划和二〇三五年远景目标纲要》对城市副中心发展布局再次优化调整,计划形成"一城一带一轴、四区三镇多点"的发展布局,其中"多点"即指代包括西集生态休闲小城镇在内的城市副中心拓展区六个新型小城镇,该文件明确了"西集生态休闲小城镇重点发展高品质绿色产业和网络安全产业,强化综合配套,进一步将生态优势转化为发展优势的"②的任务与目标。在2022年出台的《北京城市副中心(通州区)"十四五"时期乡村振兴规划》中,西集镇作为"三带、三圈层、多点"乡村振兴空间布局中保障区圈层的关键区域,在推进农业发展、促进乡村旅游、探索新型产业、建设美丽乡村、弘扬传统文化、增进民生福祉等方面扮演重要角色。同时,《规划》依托小城镇资源禀赋,聚焦发展方向,形成"小城镇+"理念,以"西集生态休闲小城镇

---

① 《西集将打造生态休闲小镇!今年规划都出了!》,"北京通州发布"微信公众号,https://mp.weixin.qq.com/s/5p6WOqNuakmPZsSOUXsWqw,访问时间:2022年3月12日。
② 《北京城市副中心(通州区)国民经济和社会发展第十四个五年规划和二〇三五年远景目标纲要》,北京市通州区人民政府网,http://www.bjtzh.gov.cn/bjtz/xxfb/202103/1338239.shtml,访问时间:2022年3月12日。

+'果篮子'"，发挥西集镇特色品牌农产品优势，打造乡村生态振兴示范点。"十四五"时期的发展规划为西集生态休闲小镇在新时期的建设提供了发展蓝图与行动纲领。

回顾西集生态休闲小城镇的发展历程，西集镇始终坚持对标城市副中心建设要求，立足"生态休闲"的发展定位，以习近平生态文明思想为指导，在挖掘、保护当地自然地理资源与乡土人文资源的同时，打造生态景观、发展绿色产业、建设美丽乡村、厚植乡风文明，推动生态、生产、生活深度融合。尤其是在探索西集传统农业与乡土文学资源转化路径的过程中，西集生态休闲小城镇建设进行了大量实践，积累了宝贵的经验，不仅调整了当地的产业结构、带动了地方经济的发展，更唤起了民众心中共同的文化记忆、改善了西集民众的物质与精神生活，展示出特色小（城）镇建设在乡村振兴中的重要作用。

第一节　西集"生态休闲小城镇"的发展基础与建设实践

西集生态休闲小（城）镇的建设与发展首先得益于当地优越的自然资源禀赋，并因西集悠久的农业传统与丰富的文化底蕴而获得了发展的动力。西集镇位于通州区东南部的北运河畔，纵贯千年的京杭大运河自西北向东南穿流过此地，海河水系五大河之一的潮白河在镇域东侧蜿蜒流淌。两条河流环抱西集，绿树成荫的大堤路如玉带环绕全镇，造就了西集镇水草丰美的生态环境，这既构成了当地农业发展的基础，也以和谐宁静的乡土韵味影响着当地民众的文学创作与文化记忆。如今，西集秀美的自然环境又成为人们亲近自然、体验绿色生活的理想空间，每年都有大量游客来此进行观光、度假、娱乐、健身等休闲活动。

以保护自然资源禀赋为基础，推动西集生态休闲小城镇建设已成为当地发展的重要举措。近年来，西集秉承人、地、水和谐共生的发展理念，以"生态休闲小城镇"建设为目标，结合城市副中心建设及大运河文化带保护新形势，多措并举，致力于提升两河沿线生态景观，打造展示西集镇蓝绿交织生态底色的休闲空间。

一 "人、地、水"和谐共生的建设理念

作为运河畔的村落聚居区,西集生态休闲小城镇旨在构建人、地、水和谐共生的发展格局,使当地优越的自然资源禀赋转化为改善当地民众生活条件的推动力。因此,西集的生态休闲小城镇首先应聚焦涵养运河沿岸的生态资源,并以此为基础,吸引高端产业,改善当地民众的生活质量。

(一)依托两河水脉,打造滨水生态休闲空间

大运河行经西集镇西界和南界,沿沙古堆、儒林村向南流,经老庄户、耿家楼西南弯环向东,经陈珩、和合站、吕家湾、杨家洼、辛集、桥上等村之南,至牛牧屯村南入香河县。流淌千年的大运河不仅是西集镇靓丽的文化符号[1],更构成了当地打造大运河滨河景观廊道、潮白河生态休闲绿道等生态休闲空间的基础。

1. 贯通大运河滨河景观廊道

多年来,西集镇一直重视维护运河大堤环境,因地制宜打造运河景观带。2018年,西集镇启动北运河大堤路沿线景观提升工程,对北起沙古堆村,南至阳光国际会议中心,全长约3.1公里的北运河大堤开展村庄沿线整治、墙体改造、排水整治、绿化提升、节点营造等工程,最终历时半年完工。[2] 2020年,西集镇北运河大堤路被评为"北京市最美乡村路",进一步擦亮了西集"生态休闲小镇"的名片。2021年,作为大运河国家5A级景区建设重要工程之一的北运河通航工程完工,实现了北运河通州段40公里全线通航,河道两岸景观品质得以再次升级。

目前,水务部门还计划打造"一轴、两带、两山、十三节点"运河风景线,并通过筑山造景,形成"一条水带穿两峰"的山水景观格局。根据设计方案,毗邻西集镇的北山为呼应西集生态休闲小镇建设,被定位为田园慢活养生

---

[1] 北京市通州区政协文史和学习委员会、北京市通州区西集镇人民政府编:《颐和西集》,团结出版社2017年版,第7页。
[2] 《换新貌 城市副中心后花园颜值再提升》,北京市通州区人民政府网,http://www.bjtzh.gov.cn/bjtz/xxfb/201908/1245721.shtml,访问时间:2022年3月12日。

区，并试图打造意境深远的康体疗愈景观。①

图 2-1　北运河河畔的民俗活动——舞龙
拍摄时间：2022 年 1 月 17 日
拍摄地点：潞县镇张庄村北运河畔　　拍摄人：杨赫

同时，北运河通州段还将利用榆林庄船闸、杨洼船闸等建设集防洪、水质净化、生态景观功能为一体的"绿道花谷"湿地公园景区。② 其中，位于北京市通州区西集镇杨洼村南附近的杨洼船闸建设工程，是打通北运河通航断点、实现北运河京冀段通航的关键工程。在景观设计方面，杨洼船闸以"杨洼千帆"为设计主题，旨在重塑古时北运河槽船穿梭、商贾繁茂的盛景，寓意北运河重焕活力、通州副中心区域千帆竞发、熠熠生辉的光辉未来。③ 这一工程使西集杨洼船闸在实现保障河道通航功能的同时，亦成为展现大运河的自然与文化风貌的地标景观。

---

① 《"黄金水道"2022 年亮相城市副中心》，北京市人民政府网，http://www.beijing.gov.cn/ywdt/zwzt/jjtz/jjjjtsn/202107/t20210713_2434860.html，访问时间：2022 年 3 月 12 日。
② 《北运河副中心段 2021 年全线通航》，北京市人民政府网，http://www.beijing.gov.cn/ywdt/zwzt/jjtz/jjjjtsn/202004/t20200421_1872627.html，访问时间：2022 年 3 月 12 日。
③ 《京杭大运河将实现京冀通航》，北京市发展和改革委员会网，http://fgw.beijing.gov.cn/gzdt/fgzs/mtbdx/bzwlxw/202109/t20210927_2502762.htm，访问时间：2022 年 3 月 12 日。

2. 建设潮白河生态休闲绿道

潮白河是西集镇境东部重要的湿地生态片区，也是城市副中心东部生态绿带的有机组成部分。作为通州区首个"首都森林城镇"，西集镇始终重视林业生态发展，致力于持续推进潮白河森林生态景观带建设、提高林木资源利用率，打造以林窗游憩为主的近自然森林。

2017年启动四期潮白河森林生态景观带项目，其中二、三、四期工程均涉及西集镇。该项目计划新增林地面积19 140亩，并与原有12 156亩平原造林相连接，共同打造31000亩林地，该项目的前三期工程现已完成。[①] 在北京市自2017年起决定建设的20个市级、30个区级生态林养护管理综合示范区中，西集镇侯各庄村的市级示范区按照近自然生态林型定向培育，因地制宜发挥示范区功能。位于潮白河畔侯各庄村的市级示范区总面积1837亩，主要栽植刺槐、旱柳、油松等树木，地被植物达3.9万余平方米。针对示范区立地条件较好、林木生长较快的特点，西集镇近年来通过对较密的常绿树木和落叶乔灌木采取重剪、疏密移植、去除病弱树等抚育措施，扩大林木生长空间，改善林木生长环境，进一步丰富了生物的多样性。同时，西集镇还在保育区的低洼地段建设了湿地，最大化地发挥了林地的生态功能。

2019年，西集镇牛牧屯村北口的潮白河绿化带公园建成开放。潮白河绿化带公园建设是潮白河引河（牛牧屯段）河道两岸景观提升工程的重要项目，其利用腾退土地和边角地总计115亩，补齐了西集镇东部"散乱污"企业聚集的生态短板。[②] 潮白河绿化带公园全园打造了乔、灌、花、草和配置的复层生态群落，并依托潮白河沿岸丰富的水资源，搭建5个亲水平台，使市民游客能够在休闲游憩中感受西集生态之美。

（二）坚持生态理念，营造宜业宜居生活环境

在打造良好生态环境的同时，西集生态休闲小城镇以人、地、水和谐共生的理念，肩负起完善乡镇基础设施、提升居民生活环境的任务。近年来，西集

[①]《潮白河畔建成40公里休闲绿道》，北京市人民政府网，http：//www.beijing.gov.cn/ywdt/zwzt/jjtz/lsjnhbfz/202009/t20200917_2061861.html，访问时间：2022年3月12日。

[②]《通州潮白河畔添百亩亲水公园》，北京市人民政府网，http：//www.beijing.gov.cn/ywdt/zwzt/sjzzcts/zxjz/201905/t20190528_1836107.html，访问时间：2022年3月12日。

镇依托良好的自然生态环境，坚持生态建设与地区发展相结合，大力实施绿化美化工程，把生态文明建设放在突出地位，致力于将西集打造为城市副中心的"后花园"。①伴随着国家网络安全园区的建设，西集坚持生态优先发展理念，发挥生态保障、绿色服务、功能承接的核心作用，为网络安全产业的衍生关联产业提供功能承载和设施服务，有序推进镇区建设，推动城乡协同发展。

1. 建设美丽乡村，全面提升城乡人居环境

美丽乡村建设是实现城乡融合发展的基础工程，亦是西集人、地、水和谐共生建设理念的体现。伴随着生态休闲小城镇建设的开展，西集镇于2021年启动了第一批美丽乡村建设工作，通过改善人居环境，打造生态宜居环境提升了百姓的生活质量与民众的幸福感。

目前，南小庄、小屯、太平庄、车屯、尹家河、前东仪、侯东仪、史东仪、石上、东辛庄等10个村已完成美丽乡村补短板项目，村庄基础设施得到了完善。西集镇南小庄村实现了自来水管道百分之百全更换，沥青路面全覆盖，种植了白蜡、金叶榆、国槐、银杏、樱花树等各种树木两千多株，整治后的村庄焕然一新。尹家河村通过对渡口周边绿化进行提升，令如今的渡口两岸拥有了草木茂盛、生机盎然的景致。②在美丽乡村污水治理中，西集镇优先聚焦肖家林村、吕家湾村、何各庄村等7个村庄的生活污水治理项目，相关工程现已全部完成，解决了困扰村民已久的"排水难"问题，极大改善了村民的居住环境。与此同时，西集镇还围绕"天更蓝、水更绿"的目标，把良好的生态环境打造成西集的硬品牌。在裸地治理方面，西集镇致力于完成小屯村、杜柳棵村、任辛庄村3个村具备绿化条件地块的"揭网"复绿工作。在园林绿化方面，西集镇计划完成金各庄村金星公园景观工程、东水渠两侧苗木更换工程、车屯村与西集村绿化景观提升工程，以及西集镇平原重点区域造林绿化工程等。此外，西集镇还积极协调各村完善道路功能，对金各庄路、王金路、望和路、兴锻路、太协路、牛桥西路、牛牧屯路等7条道路实施大修工程，切实把

---

① 《你竟不知道！就在通州这里！副中心的后花园如今建得如此美！》，搜狐网，https：//www.sohu.com/a/329769970_99961867，访问时间：2022年5月10日。

② 《西集镇建设美丽乡村　点亮幸福生活》，"西集往事"微信公众号，https：//mp.weixin.qq.com/s/KVvHVTPHLSrOZM0cQPLwUA，访问时间：2022年3月21日。

农村道路建设成为群众的"民心路""满意路""致富路"。①

得益于美丽乡村建设工作的持续推进，西集镇还建设了马坊村和侯各庄村的两个村头公园，并通过生物多样性保育小区提升村头公园平原生态林的观赏性与生态可持续性。同时，西集镇按照城市副中心拓展区"一园一特色"的要求，建成西集中心公园，以环状步道景观带构成主要轴线串联主要功能空间。同时，各类功能完善的小型广场穿插于中心公园中，景观层次分明，成为居民的理想休闲空间。

2. 以网络安全产业园建设带动城镇化发展

依托本地良好的自然资源禀赋，西集生态休闲小城镇还将发展网络安全产业视为特色小城镇建设的重点任务，以此带动区域的产业升级与转型。

作为国家网络安全产业园区的承载地，西集镇将园区建设与生态休闲特色小城镇空间规划相配合，结合空间结构及功能定位的研究分析，综合考虑职住关系、交通组织、绿色空间布局和景观风貌等因素，按照"一廊五组团"的格局，利用中央 5 公里慧谷绿廊，串联起产业拓展、智慧总部、创新协同、应用创新、科创研发五大组团，建设生产、生活、生态和谐共生的新一代智慧园区。根据规划，西集镇共有三处集中建设区，分别为西集镇中心区、网络安全产业园通州园和西集镇综合配套区，带动所涉及的 10 个村向城镇化迈进。② 近年来，西集镇"七星北里、七星南里、孝行西里、孝行东里、孝行南里"等新居住区名称的核准，以及泰晤士印象等住宅楼盘的建设，都见证了当地城镇化进程的不断加快。

按照国家网络安全产业园区建设"一园五区"总体布局，西集镇还规划 5.06 平方公里的空间用以建设企业总部区、产业生态区和产业配套区。其中，企业总部区未来计划建设成国家网络安全高端产业集聚示范基地，产业生态区将形成大中小网络安全企业协同发展的生态体系，产业配套区则将打造国家网

---

① 《做好绿色文章绘就生态画卷！西集镇高标准打造生态休闲小城镇》，"通州融媒"微信公众号，https://mp.weixin.qq.com/s/p-_nWAMWrgkB2i9qmy8Zgw，访问时间：2022 年 3 月 21 日。
② 《3 大重点区域地块接连公示！通州西集这 10 个村或将率先城镇化！》，搜狐网，https://www.sohu.com/a/386699237_103567，访问时间：2022 年 3 月 21 日。

图 2-2　通州发展规划蓝图

拍摄时间：2022 年 1 月 25 日

拍摄地点：通州运河文化公园　拍摄人：杨赫

络安全领军人才培育基地和互动体验式网络安全培训和科普基地。①目前，国家网络安全产业园已正式开园，园区已入驻北京技德系统技术有限公司、北京未来安全信息技术有限公司、华夏宏源（北京）科技有限公司、西安四叶草信息技术有限公司北京分公司等 50 余家企业。②

国家网安园和环球度假村的规划和建成将使产业链、企业、资金和就业人口不断注入西集镇，拉动区域居住需求快速增长，推动西集镇成为集观光旅游、生态休闲、生态办公等功能于一体的特色生态休闲小城镇。

---

① 《通州西集即将腾飞！国家级项目布局　高楼拔地而起》，网易，https://3g.163.com/dy/article/EFMOGQ6705149BCH.html，访问时间：2022 年 3 月 21 日。

② 《国家网络安全产业园区（通州园）》，北京市投资促进服务中心网，http://invest.beijing.gov.cn/tzbj/tzxm/zsxmfb/yqzsxm/aqckyq/tzqzsxm/202106/t20210623_2419434.html，访问时间：2022 年 3 月 21 日。

二 利用自然资源优势，发展绿色生态产业

"绿水青山就是金山银山。"地处潮白河与永定河冲积平原的西集镇多河富水、土壤肥沃，具有优越的农业生态条件。多年来，西集镇依托农业基础资源，持续加强农业基地建设，推进农业产业化进程。近年来，西集镇结合城市副中心"特色小城镇"建设要求，因地制宜走出一条"一村一品、特色富农"的产业兴村之路。通过延展"通州大樱桃"等特色品牌农产品发展，推动合作联社、农业观光园、科技农业种植等产业融合，积极探索农业与旅游、文化等相关产业的融合，不断将资源优势转化为产业优势，以生态农业助推乡村振兴，带动生态休闲小城镇的建设进程。

（一）培育特色农业产品，发展现代农业技术

西集镇是北京市有名的"樱桃之乡"，其樱桃种植历史已有20余年。双河环抱的冲积平原造就了西集镇独特的沙质土壤，当地人称这种土壤为"蒙金夜潮"，即白天时，在太阳照射下沙质土壤比较干燥，到了晚上，由于河流反水，土壤又比较湿润。樱桃是一种浅系根的植物，既喜水又怕水，因此白天干燥、晚上湿润的土壤正适合樱桃的生长。[1]

优质的土壤条件加上先进技术的精心栽培，使得西集镇大樱桃珠圆玉润、红艳饱满，具有果型大、果肉厚、味浓多汁、甜脆味香的特点。2011年，以西集镇为主产区的"通州大樱桃"被农业部授予了"国家地理标志"产品称号。2018年，北京市通州区西集镇沙古堆村凭借"通州大樱桃"这一农业品牌，被认定为国家级"一村一品"示范村。如今，西集镇樱桃总种植面积达到1.1万亩，[2] 主要分布在沙古堆村、儒林村、供给店村、小辛庄村等30多个村庄。据通州区西集镇农业综合服务中心介绍，西集镇大樱桃的年产量在32 800余公斤，收入可达160余万元，可以解决近千名村民的就业问题。同时，西集镇以

---

[1]《通州西集大樱桃采摘季开启啦！持续至6月中旬》，北京市农业农村局网，http://nycj.beijing.gov.cn/nyj/snxx/gqxx/1805393/index.html，访问时间：2022年3月15日。

[2]《北京通州：西集暖棚大樱桃本周上市》，北京市农业农村局网，http://nycj.beijing.gov.cn/nyj/snxx/gqxx/21243633/index.html，访问时间：2022年3月15日。

"文化古河，甜美樱桃"为形象定位，持续推动打造樱桃品种示范基地、智慧樱桃生产研发中心和樱桃文化休闲度假田园。[①] 通过培育大樱桃这一特色农业产品，擦亮西集生态休闲小镇的靓丽名片。

在农业科技创新发展的大背景下，西集镇不断更新种植技术，以现代科技赋能生态农业。位于西集镇樱桃产区门户位置的北京市红樱桃园艺场是西集镇沙古堆村的樱桃种植园之一，该园区占地120亩，以种植大樱桃为主，品种有红灯、美早、雷尼、艳阳、先锋、布鲁克斯等。[②] 近年来，种植园在大棚樱桃栽培过程中采用了智能控温、棚体覆盖防雾无滴膜、树下设置反光膜、膜下水肥一体化小管滴流、蜜蜂授粉等技术，可有效增加光照、适时控制好温度与湿度，显著提高了坐果率和果品甜度，果实成熟周期也有效缩短。[③]

在与沙古堆村相距不远的耿楼村坐落着北京御尊庄园农业生态科技专业合作社。占地600余亩的庄园建有各种温室大棚等设施130余座，是一座以绿色无公害种植为主，集观光采摘、科普学习、娱乐休闲及生产生活于一体的大型旅游生态观光园。同时，该合作社以先进的雾化栽培技术提高农业生态效益，该技术是目前最先进的一种无土栽培模式，其优势在于以智能温室立体种植增加土地的利用面积、克服连作障碍、提高产量与收益。同时，其所使用的喷雾回流装置能够将多余的营养液回流存储，从而达到节水的效果，所耗用的水分只有传统土耕农业的1%—5%。在这种条件下，一茬蔬菜仅需要25—30天即可上市。一个占地1.5亩的大棚年产量可达到20万斤—30万斤，是传统土地种植的2—3倍。[④] 同时，庄园雾化栽培全程不施农药，喷雾装置中的营养液不含重金属和大肠杆菌，从而生产出可以直接食用的绿色无公害产品，体现了西

---

① 《采摘走起！通州西集暖棚大樱桃提早上市！红彤彤的樱桃挂满枝头》，"通州三农"微信公众号，访问网址：https://mp.weixin.qq.com/s/rFdamaI3yTQZOmy-x1Pncg，访问时间：2022年3月15日。

② 《通州樱桃又大又甜，开启今年的樱桃采摘之旅吧》，北京旅游网，http://visitbeijing.com.cn/a1/a-XEOWFS8CD372414CE4EB1E，访问时间：2022年3月15日。

③ 《采摘走起！通州西集暖棚大樱桃提早上市！红彤彤的樱桃挂满枝头》，"通州三农"微信公众号，https://mp.weixin.qq.com/s/rFdamaI3yTQZOmy-x1Pncg，访问时间：2022年3月15日。

④ 《厉害了！不用土只喷雾，通州这镇蔬菜长"墙"上！》，网易，https://www.163.com/dy/article/H0HH3N8405158QAB.html，访问时间：2022年3月15日。

集镇资源节约、环境友好的农业生态发展理念。

（二）创新农业产销模式，推进农旅产业融合

为促进农业发展，推动产业兴村，西集生态休闲小城镇建设坚持创新和做实"支部＋专业合作社＋基地＋农户＋电商"的产业发展模式，以打造"产业支撑、基础配套、生态旅游、文化彰显"的美丽乡村为抓手，采取"电商＋农户"发展模式，大力发展产业链经济体系，形成赏花、旅游、采果等一站式旅游特色项目，实现经济效益和生态效益双丰收。[1]

目前，西集镇有北京聚隆农业联合社、北京御尊庄园农业生态科技专业合作社、北京王庄果林专业合作社、北京市西集郎东大樱桃专业合作社等众多专业合作社与农户合作开展生产经营，拓宽了农产品的销售渠道，保证了农业收益。同时，西集镇马坊村还建有"分享收获"社区支持农业项目（CSA）种养殖基地。"社区支持农业"是让农场和社区居民建立直接联系，由消费者群体共同支持农场运作的生产模式，即消费者提前支付预订款，农场向其供应安全的农产品，从而实现生产者和消费者风险共担、利益共享。[2] 较之传统农业，这一发展模式的优势在于能够以产品为媒介，形成"CSA社会企业—消费者"的直销闭环供给过程，从而降低运营成本，提升运输速度，保障产品品质。同时，这种新型供销方式能够促进城市居民与乡村居民的有效联系，提升城市与农村相融合发展的速度和规模，是实现乡村振兴的重要推手。[3]

在保证农业发展的同时，西集镇亦致力于延长农业发展产业链条，发展精品民宿，以农家体验、农业体验、乡村文化旅游为辅助，推动生产、观光、休闲、旅游融合发展，打造一、二、三产融合的新兴特色休闲农业综合体。[4] 近

---

[1]《通州西集大樱桃采摘季开启啦！持续至6月中旬》，北京市农业农村局网，http://nyncj.beijing.gov.cn/nyj/snxx/gqxx/1805393/index.html，访问时间：2022年3月15日。

[2] 冯何松、徐鹏举、刘伟锋：《"社区支持农业"产销科普一体化模式研究——以广州"神农田园"农场为例》，《安徽农学通报》2014年第18期。

[3] 于慧丽、沈红梅：《我国CSA社会企业实施的缘起、优势、挑战及发展路径——以分享收获农场经营为例》，《安徽农业科学》2021年第10期。

[4]《做好绿色文章绘就生态画卷！西集镇高标准打造生态休闲小城镇》，"通州融媒"微信公众号，https://mp.weixin.qq.com/s/p-_nWAMWrgkB2i9qmy8Zgw，访问时间：2022年3月15日。

年来，西集镇紧抓城市副中心建设机遇，依托北运河全线通航，承接北京环球度假区开园带来的发展机遇，打造运河湿地西集段休闲农业线路，沿运河线重点打造田园体验板块、民宿板块等，促进农旅产业的融合。西集镇各农民专业合作社种植基地及南小庄村的金果天地庄园、后寨府村的北京东升跃阳农业生态观光园、沙谷堆村的北京市红樱桃园艺场和曹女阳光农场等集观光采摘、农耕体验、亲子研学为一体的休闲农业园区随之成为展示西集镇生态休闲文化的重要窗口。

为了让游客住得下、住得好，西集镇还成立了民宿发展专班，逐步明确运河沿线沙古堆村、吕家湾村等各村民宿的产业定位、空间布局、品牌特色、公共服务等内容，不断推动民宿提质升级。[①] 在2021年通州区推出的10家特色民宿中，西集镇共有8家民宿上榜，分别是沙谷堆村田里花间、运河小院、向北精品民宿；老庄户村马捌家；吕家湾村荷塘月色1号院、荷塘月色2号院；尹家河村清韵别院和岳上村三旬小院。特色民宿的建立不仅带动了西集镇经济发展、优化了营商环境，还以产业发展带动村民创业和就业，增强了乡村发展的内生动力，在培育农业农村发展新动能的同时，推动了西集生态休闲小镇建设的发展。

三　深掘地方历史人文底蕴，厚植乡风文明

乡风文明建设是乡村振兴的重要内容，也是西集生态休闲小城镇建设的内在推动力。加强乡风文明建设，既要传承优秀传统文化、发挥好先进文化的引领作用，亦应充分尊重乡村本位和农民主体地位，围绕农民需要提供相关文化服务，组织农民开展系列文化活动，提升农民素质与乡风文明程度。[②] 在建设特色小城镇的过程中，西集镇立足乡风文明，深入推进传统村落历史文化资源的挖掘与保护，注重传承乡村优秀传统文化，加强乡村精神文明建设，为生态休闲小镇的建设提供了重要的文化支撑。

---

① 《做好绿色文章绘就生态画卷！西集镇高标准打造生态休闲小城镇》，"通州融媒"微信公众号，https://mp.weixin.qq.com/s/p-_nWAMWrgkB2i9qmy8Zgw，访问时间：2022年3月15日。
② 张华伟：《乡风文明：乡村振兴之"魂"》，人民网，http://theory.people.com.cn/GB/n1/2018/0914/c40531-30292760.html，访问时间：2022年3月25日。

(一)传承乡土文化,留住乡愁乡情

西集镇丰厚的历史人文底蕴是激发乡村文化活力、推动生态休闲小城镇建设的重要资源。作为大运河畔历史悠久的京东重镇,西集镇在明代已经形成规模较大的集市,并因此而得名。如今,西集镇依然以"西集大集""文化庙会"等民俗文化活动延续着历久弥新的地方商业传统。西集大集每逢农历二、五、八、十举行,以西集自产的粮食、瓜果、蔬等绿色有机食品为亮点,汇集八方各类物产、用品,充满了西集乡村生活浓浓的烟火气息,是人们体验西集生态休闲文化的重要窗口。

西集镇也会在每年小年、元宵等民俗节日举办庙会,这不仅丰富了西集人的文化生活,也为西集民间文化的传承与传播提供了平台。庙会上既有舞龙舞狮、小车会、踩高跷等丰富多彩的民间艺术表演,也有供人体验和购买的风车、剪纸、毛猴、糖画、捏面人儿等非遗产品和民间手工艺产品。

西集镇武辛庄村的"通州大风车"是北京市级非物质文化遗产,代表中国的民间工艺多次走出国门。作为西集标志性的民俗文化符号,"通州大风车"形象还被应用在潮白河绿化带公园等公共文化空间建设中,促进了西集生态景观的人文化提升。西集镇王庄村的"团花剪纸"是通州区级非物质文化遗产,具有古朴独特、写实创新、构图多边、生活气息浓郁的特点。在通州区文化馆和镇政府的支持下,这一民间技艺也通过非遗进校园等活动传承发扬。同时,为提升生态休闲小镇的旅游品质,西集镇还将古运河仪仗文化、高跷会、小车会及烧锅酒等民俗文化项目展示融入乡村旅游发展中,打造文化展示体验类景点,结合西集民俗馆的建设打造民俗文化展览,在传承的同时将民俗文化打造成为新的增长点和精神文明建设载体。[1]

独特的运河景观、丰厚的文化底蕴以及淳朴的民俗民风共同孕育出西集的乡土文学。有"大运河之子"之称的中国著名乡土文学作家刘绍棠便用自己的文字记录着西集的乡土文化。刘绍棠出生于西集儒林村,是西集文化的象征性人物。他在家乡生活30余年,深受北运河文化的濡染,创作了《运河的桨

---

[1] 《崛起!通州西集将打造生态休闲小城镇!大樱桃采摘季开幕!》,"通州小兵"微信公众号,https://mp.weixin.qq.com/s/WNI8pi2YJEb0vDQbeKYduw,访问时间:2022年3月25日。

声》《蒲柳人家》《渔火》《京门脸子》《瓜棚柳巷》等众多以北运河畔民众生活为背景的文学作品，艺术性地再现了家乡不同历史时期的风土人情和社会风貌，建立了独具风采的大运河乡土文学体系。成立于2016年的西集民间文学组织"两河文学社"则延续了西集的乡土文气，不断挖掘当地的文化资源、发扬文学传统，与西集镇的众多文人作家同行，将西集镇的风土人情记录在自己的作品当中，努力将西集建设成为具有文学气质的特色小镇。

近年来，西集镇还进一步深入挖掘大运河文化，整合历史人文资源，把建设生态休闲小镇与乡土文化相结合，探索乡土文化资源转化的路径。在刘绍棠故里儒林村修复"刘绍棠先生故里"，打造与刘绍棠作品同名的"青枝绿叶"等景点。上述实践集中打造了展示运河乡土文化和西集风俗民情的地标景观，为人们留住了乡愁记忆，展示了西集生态休闲小镇独特的人文风貌。

（二）弘扬革命文化，赓续红色血脉

西集镇自古就是北京的东部门户，具有十分重要的军事战略地位。抗日战争时期，这里是抗敌的前哨阵地，是人民武装力量的重点活动地区。西集人民经过不屈不挠、艰苦卓绝的斗争，付出了巨大的牺牲，为抗战胜利做出了贡献。据《北京市通州区军事志》记载，单是在进攻西集南烧锅炮楼的战斗中，西集就牺牲了8名战士。① 解放战争时期，西集人民亦在中国共产党的领导下，为全国解放事业流血牺牲，他们的英雄事迹为西集民众留下了深刻的红色记忆。

一直以来，西集镇重视革命传统，注重对革命故事的搜集整理。《颐和西集》是西集镇志，其中收录的故事有：《西集在抗战中》《侵华日军在西集的暴行》《火烧小辛庄目击记》《潮白河畔的枪声》《抗战时期的"拉锯"生活》《三打南烧锅》《我家与通州解放》《一位台湾老兵的心愿》《潮白河畔六烈士》《西集地区的第一个党支部》等；还有《颐和西集文化丛书之一·民间故事集》中辑录的《革命烈士白永泉》《通州红色政权的诞生地》《辛庄的那场战斗》《杨景林传奇》《于辛庄伏击战》《夜渡》等文本，都是根据西集革命历史和村民口述史整理而成的红色故事。这些革命史以民间故事的形式流传于民众中，承载了西集

---

① 北京市通州区政协文史和学习委员会、北京市通州区西集镇人民政府：《颐和西集》，团结出版社2017年版，第331页。

人民反抗外来侵略者的历史记忆，反映了西集人民对家乡与民族的情感，同时也是西集镇开展红色教育、传承革命文化的重要资源。在西集镇开展的各类党史学习活动中，这些生动鲜活的红色故事作为重要的学习内容，在传承西集红色文化精神，推进西集文化事业发展等方面发挥了重要作用。

中国共产党领导通州人民在抗日战争、解放战争时期创造了光辉的历史，同时也在西集镇留下了丰富的红色文化遗存。辛集村是平津战役时的后方医院，牺牲在这里的解放军战士有7名，官职最高的一位是团长。辛集人敬仰革命先烈，埋葬烈士的地块原来被称作顶堤子，解放后更名为八路军坟地，以示敬仰和纪念。当地至今保留着烈士墓碑，每年清明时节由村民、学生向英烈敬献鲜花。① 抗日战争时期，大沙务村一带处于通县、香河、三河的三边区域，是抗日游击区。解放战争时期，有6位革命战士在一次掩护当地群众突出国民党军包围圈的战斗中牺牲在这里的潮白河畔。为缅怀这6位烈士，1972年西集镇在他们牺牲之处——大沙务村东北潮白河右岸果园内树立了一座纪念碑，该碑碑身高2米，宽1.08米，厚0.52米，有两层水泥台基，碑正中纵刻隶书题额大字"革命烈士永垂不朽"。② 2021年，北京市公布了第一批革命文物名录，"西集大沙务革命烈士纪念碑"收录在册。如今，这尊纪念碑已成为西集人民缅怀革命先烈，弘扬爱国主义精神的红色教育场所。

作为北京重要的红色文化阵地，西集镇还建成了红色退役军人服务站，组织"首都老兵"志愿服务队开展缅怀英烈、守护革命烈士纪念碑等丰富多彩的志愿服务活动。同时，西集镇还将传统文化传承与爱国主义教育相结合，在清明、端午等传统节日开展纪念活动，通过追思烈士的英雄事迹，传承革命精神，坚定理想信念，以西集革命历史的鲜红笔触为生态休闲小镇的文化建设添上浓墨重彩的一笔。

西集生态休闲小城镇的建设遵循人、地、水和谐共生的建设理念，以保护自然环境为基础，推动乡土农业与人文底蕴进行资源转化，以此加快当地特色小城镇建设与乡村振兴的进程。在促进乡土农业发展的过程中，西集民宿的发

---

① 北京市文学艺术界联合会、中共北京市通州区西集镇委员会、北京市通州区西集镇人民政府编:《颐和西集文化丛书之一·民间故事集》，内部资料，第226页。

② 北京市通州区政协文史和学习委员会、北京市通州区西集镇人民政府:《颐和西集》，团结出版社2017年版，第62页。

展提供了将农业与旅游业相融合、带动区域生态文化建设与产业升级的成功经验。通过挖掘地方人文传统，西集应进一步重视本地乡土文化作家笔下的文化记忆与文化解读，探索以文学作品再现民众"文化记忆"、提升乡村精神文明建设的路径，以此推动特色小城镇的建设与发展。

第二节 "传统农业"与"乡村民宿"

西集特色民宿是以响应生态休闲小城镇建设需求、弥补传统农业发展缺陷为目标逐步探索出发展道路的。作为自然资源禀赋良好的"两河"之地，西集在"停漕"后便以农业作为当地发展的关键产业。然而，在西集推动生态休闲小城镇的建设中，传统农业种植存在的附加值低、生产效率低[①]、抵抗自然灾害能力弱等诸多问题逐渐显露出来，制约了当地经济的发展。在此背景下，西集以民宿发展为契机，打造"想象的乡土"，推动农业与旅游业相融合，提升农产品附加值，为西集乡村振兴、特色小城镇建设注入了新的活力。

"想象的乡土"是指民众理想中自然环境优美、地方特色鲜明、人与自然和谐相处的自然、恬淡、闲适的乡村生活。这一理想的生活状态是城市民众乡村旅游的追求，亦是西集打造特色民宿、推动生态休闲小城镇建设的发展方向。为达成这一目标，西集镇遵循党的十九大报告中有关乡村振兴战略的相关论述，以"产业兴旺、生态宜居、乡风文明、治理有效、生活富裕"为目标，将"城乡融合发展"、完成"农村现代化"作为民宿发展与特色小城镇建设的预期成果。[②]与此同时，"培养造就一支懂农业、爱农村、爱农民的'三农'工作队伍"，"促进农村一、二、三产业融合发展""加强农村基层基础工作"与"构建现代农业产业体系、生产体系、经营体系"则成为实现西集特色民宿发展的主要路径。[③]

---

① 俞志成：《我国休闲农业发展现状与展望》，《南方农业》2017年第2期。
② 王亚华、苏毅清：《乡村振兴——中国农村发展新战略》，《中央社会主义学院学报》2017年第6期。
③ 习近平：《决胜全面建成小康社会 夺取新时代中国特色社会主义伟大胜利》，《人民日报》2017年10月28日第1版。

经营者队伍的建设与民众的参与是西集特色小镇建设的关键，而新技术与新经营理念则构成了其发展的主要手段。西集镇沙古堆村的曹女是颇具代表性的民宿经营者。她在返乡创业后建立了"田里花间"民宿，并因其取得的优秀成果而被政府以"农村实用人才带头人"的称号"赋能"，从而自觉担负起沟通政府与民众、带动村民致富的责任。同时，曹女对新媒体的使用有着丰富的经验，她带领当地村民运营互联网账号，展示西集的地方民俗文化，宣传当地的特色民宿，积极加入西集生态休闲小城镇的建设行列。

一 西集特色小城镇建设与民宿发展的机遇

西集的特色小城镇建设与北京城市副中心落户通州的规划相契合，特色民宿建设也是当地经济转型发展中的重要一环。通过建设特色民宿，西集的农业得以朝向生态农业、农业融合等方向发展，承接北京城市副中心、大运河文化带、环球影城所带来的发展机遇，在向"生态休闲小城镇"转型的过程中实现"产业兴旺"与"生态宜居"，带动村民"生活富裕"。① 近年来，西集民宿的发展取得了令人瞩目的成就，2021 年通州认定的 10 家特色民宿有 8 家坐落于此。② 民宿取得的成就有赖于国家政策的关照，亦离不开地方政府对民宿经营的规范管理。民宿行业发展为西集农业的转型升级做出了重要贡献。

（一）大运河与环球影城带来的民宿需求

通州"十三五""十四五"规划中都多次强调生态建设的重要性，西集在此领域亦取得了斐然的成绩。截至 2021 年，西集镇计划完成 1837 亩市级生态养护示范区，实现 48.45% 的林木覆盖率，并进一步打造"多河富水、草木葱茏的北方水乡风光""大尺度森林景观""绿色生态廊道"与"大规模的休闲公园"③。

---

① 习近平：《决胜全面建成小康社会 夺取新时代中国特色社会主义伟大胜利》，《人民日报》2017 年 10 月 28 日第 1 版。
② 《惊艳！通州首批 10 家特色乡村民宿出炉，西集镇有 8 家！这个中秋约起来吧》，搜狐网，https://www.sohu.com/a/490897168_121106842，访问时间：2022 年 3 月 10 日。
③ 《通州区西集镇推进生态建设 创建绿色西集》，通州区农业农村局网，http://nyncj.beijing.gov.cn/nyj/snxx/gqxx/10926607/index.html，访问时间：2022 年 3 月 10 日。

基于地域自然及文化特色，西集将民宿作为本区域发展的重点产业，最大程度发挥本土农业的吸引力，将"绿水青山"转化为"金山银山"，塑造符合游客心理预期的"想象的乡土"。正如《通州区产业规划研究》中所言，西集作为"生态涵养区"的一部分，应注重向"休闲观光活动"方向发展[①]，并以特色民宿等相关配套产业丰富游客的体验，带动区域社会与经济的发展。

伴随城市副中心落户通州，大运河文化带与环球影城的建设速度日益加快，推动了西集民宿的发展。对西集民宿而言，在秀美的风景之外，独具特色的文化表达同样是构筑"想象的乡土"以吸引游客的重要因素。因此，大运河所代表的传统文化与环球影城所承载的现代文化元素便成为西集民宿发展的助力，在为民宿发展吸引客源的同时，亦使地方文化对区域社会发展的价值得到彰显。

大运河代表着西集深厚的传统文化底蕴，凝结了当地民众生活的智慧与经验。自2014年"中国大运河"被列入"世界遗产名录"以来，中国大运河文化带的保护工作便日益受到国家与社会的关注。2017年习近平总书记在北京通州调研时提出，"要古为今用，深入挖掘以大运河为核心的历史文化资源"[②]。2018年北京市委常委会审议通过了《北京市大运河文化带保护建设规划》。此后，以通州为中心的北京大运河文化带建设在文化与生态等方向取得了诸多成绩，大运河遂成为西集文化与旅游发展的推动力。一方面，作为大运河畔的小镇，西集因北运河的湿地养育与恢复通航得以发展起游船、钓鱼等休闲活动，为当地旅游业发展奠定了良好的基础。另一方面，大运河文化带的建设离不开对运河流域乡土文化的保护与传承，这亦为西集的地域文化发掘与保护提供了政策支持。具体到西集镇的发展中，如后寨府的宗规石碑受到通州文物部门的保护，当地民众对"国"与"家"关系的思考成为凝聚村落共识的纽带。北京市级非物质文化遗产"通州大风车"、通州区级非物质文化遗产"团花剪纸"与

---

① 《通州区产业规划研究之三 文化旅游产业规划研究（上）：文化创意产业》，内部资料，通州图书馆提供。
② 新华社：《习近平在北京考察：抓好城市规划建设 筹办好冬奥会》，新华网，http://www.xinhuanet.com//politics/2017-02/24/c_129495572.htm，访问时间：2022年5月10日。

地方民间工艺"画葫芦"①是西集颇具特色的民间工艺，反映着当地民众的生活记忆与审美取向，其与民宿的结合能够在彰显地方文化传统的同时为当地"农旅融合"提供新的活力。

环球影城体现了西集借助现代文化发展旅游业的潜力。环球影城发端于20世纪60年代，环球制片公司将好莱坞的部分摄影棚改建成"环球影视城"并对外开放。由于环球影视城能够为游客提供"参观电影的制作过程""回顾经典影片片段""在电影拍摄现场亲身体验电影的拍摄过程"等服务而成为"好莱坞最吸引人的去处"。经过多年的实践，环球影城在"整合优势文化资源，打造经典主题文化"方面成功探索出了带给游客"立体感、代入感"体验的路径，因而成为当下最知名的主题乐园品牌之一。②北京环球影城是世界第五座、亚洲第三座环球主题公园，于2021年9月开始运行，并开辟了哈利·波特的魔法世界、变形金刚基地、功夫熊猫盖世之地等7个主题园区③，借助迎合全球化时代青年群体审美的海外IP（Intellectual Property，即知识产权产品）吸引着中国各地，乃至世界范围的游客来此参观、游览。④未来，北京还将以打造亚洲最大的环球影城为目标开放更为多样的主题园区，借助更为丰富的游乐设施推动当地的旅游业发展。得益于高速公路的修建，西集沙古堆村距环球影城只有10分钟的车程，沙古堆村因而能借助环球影城吸引的庞大客源推动本地旅游业的发展。

面对代表着传统与现代的文化资源，西集能够通过发展民宿产业成为大运河与环球影城的"中转站"，以此带动本土产业的兴旺与发展。以令游客"多留一夜"为目标，西集民宿的经营者不仅以传统与现代相结合的风格装点着民宿的房屋，更利用代表乡土文化的民俗事项举办起诸多活动，将民宿打造为"想象的乡土"。

---

① 毛巧晖等：《北运河民俗志（第一卷）——基于文献与口述的考察》，中国戏剧出版社2019年版，第198—206页。
② 《全球主题乐园巨头：环球影城的前世今生》，《中国商界》2021年第7期。
③ 北京环球度假区官网，https://www.universalbeijingresort.com/zh_CN/ubr-introduction?intro-tab=themepark，访问时间：2022年5月9日。
④ 《9月1日即将正式试运营的北京环球影城究竟有多牛？》，人民网，https://baijiahao.baidu.com/s?id=1709111358475085355&wfr=spider&for=pc，访问时间：2022年4月1日。

(二)民宿发展的政策保障

民宿能够将大运河文化带、环球影城与西集农业传统相联结,具有广阔发展空间。通州区政府认识到西集民宿在其特色小城镇建设中的重要作用,迅速制定了一系列政策,为特色民宿的发展提供了规范与保障。

民宿已有数十年的发展史。中国的"民宿"曾被称作"农家乐""家庭旅馆"或"客栈",西方则将之称为 B&B(Bed & Breakfast)。"民宿"一般指房屋主人将自家空闲房屋加以改造并出租给旅游者短期居住,房主人为旅居者营造"家"的感觉。经营规模小与依托当地特有资源为游客组织相应的活动是民宿的主要特点。① 民宿的经营大多是个人负责、自发组织的行为,政府较少直接干预。

民宿的发展能够对地方农业、旅游业的融合发展起到重要的推动作用。西方民宿的发展可追溯至 20 世纪 50 年代。由于彼时乡村旅游的兴旺,西方各国的政府扶持、引导农户将自家房屋改造并出租给游客,在提高农民收入的同时试图减缓西方国家农村人口流失的问题②。我国当代民宿的发展始于 20 世纪 80 年代的台湾地区,其目的是缓解"游憩区假日的旅馆住宿供应不足"③的问题,彼时亦未形成正式的民宿管理办法。④ 此后,我国江苏盐城、陕西西安、云南丽江等地的民宿产业也先后迎来了发展机遇。相较于 80 年代借助自然生态、农业生活等资源,在农村或城郊提供以餐饮为主、住宿与购物为辅的"农家乐",90 年代后我国民宿已形成两条发展路径,即依靠"价格低"的优势在城市与近郊开办的"家庭旅馆"及依靠代表性景点、展示地方文化的"客栈"。进入 21 世纪以来,民宿的发展日益多元化,其品质可分为"标准民宿、优品民宿、精品民宿"等多个类别,提供吃、住、行、游、购、娱等多方面的服务⑤,俨然成为地方旅游业发展与文化展示的重要平台。

---

① 张延、代慧茹:《民宿分类研究》,《江苏商论》2016 年第 10 期。
② Fleischer Aliza, Pizam Abraham. Rural Tourism in Israel. *Tourism Management*, 1997, 18(6): 367-372.
③ 周琼、曾玉荣:《台湾民宿发展分析及其启示》,《中国乡镇企业》2013 年第 9 期。
④ 直至 2001 年中国台湾才颁布"民宿管理办法"。
⑤ 张广海、孟禹:《国内外民宿旅游研究进展》,《资源开发与市场》2017 年第 4 期。

图 2-3 民宿中的公安机关信息采集公告
拍摄时间：2022 年 1 月 25 日
拍摄地点："田里花间"民宿 拍摄人：杨赫

纵观民宿的发展历史，在取得辉煌成就的同时，缺乏足够的制度规范一直使其出现品质良莠不齐、存在消防治安隐患等弊病，[①] 制约着该行业的发展。无论是怎样有特色的民宿，游客都需要政府的监管以确保自身出游的安全，民宿的经营者也希望借助法律的规范营造良好的市场环境。有鉴于此，北京市通州区文化和旅游局等八部门共同印发了《通州区促进乡村民宿发展的实施意见》（通文旅发〔2021〕19 号），从经营主体、经营用房、生态环境、公共安全、从业人员、规范经营等 6 个方面对民宿的经营提出了要求。[②] 同时，2021 年《北京市通州区人民政府公报》中还附有《通州区乡村民宿申请表》，经营者需填写企业名称、经营地址、建筑面积、楼层、客房数量、床位数、餐厅数、餐位数、法定代表人与主要负责人的联系方式等基本信息，经村集体经济组织与乡镇政府审核后提交到区乡村民宿发展工作小组办公室，再次通过审核后才能获

---

① 林巍:《北京家庭旅馆发展现状及对策研究》，北京第二外国语学院硕士学位论文，2009 年。
② 《通州区促进乡村民宿发展的实施意见》,《北京市通州区人民政府公报》2021 年第 3 期，内部资料，第 127 页。

得开办民宿的正规资质。① 在通过通州区的审核后,民宿的经营还需区市场监督管理局授予民宿经营执照与食品经营许可证、区卫生健康委授予公共场所卫生许可证、区公安分局安装公安机关的信息采集系统,之后才能获取正式的营业资质(详见图)。② 当西集民宿"田里花间"的经营者曹女颇为欣慰地向客人展示只需刷身份证便能登记入住信息、完成入住办理的设备时,国家的认可与政策的扶持让她感到民宿的发展确实迎来了良好的机遇。

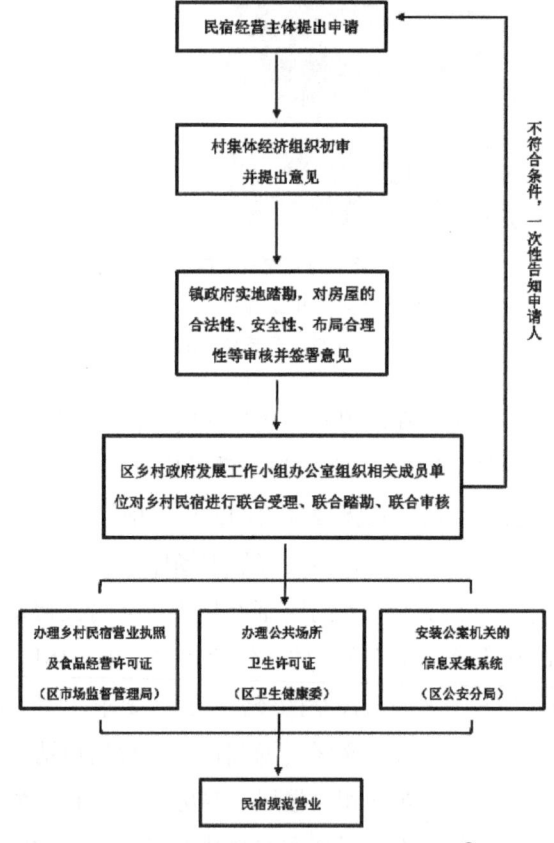

图 2-4　通州区民乡村民宿审核流程图③

---

① 《通州区乡村民宿申请表》,《北京市通州区人民政府公报》2021 年第 3 期,内部资料,第 138 页。
② 《通州区乡村民宿审核流程图》,《北京市通州区人民政府公报》2021 年第 3 期,内部资料,第 140 页。
③ 图片来源:《北京市通州区人民政府公报》2021 年第 3 期,内部资料,第 140 页。

在相关政策公布后，大量民宿经营者开始填报、申请民宿经营资质，通州民宿迎来了高速发展期。因地处北运河沿岸，又有高速公路与环球影城相连，西集得以借助城市副中心带来的发展机遇，一跃成为通州民宿发展最快的区域之一。

二 "田里花间"的发展历程

作为西集特色民宿的代表，位于沙古堆村的"田里花间"民宿以农业与旅游业相结合的方式尝试打造"想象的乡土"，成为西集特色小城镇建设的重要参与者。"想象的乡土"意味着民宿经营者隐去了田园生活中的辛劳与枯燥，向游客展示出人与自然和谐共处、生活节奏悠然闲适且具有独特文化传统的一面。作为西集的民俗精英，"田里花间"的经营者曹女由当地农业发展的实际情况出发，逐步探索出乡村民宿的发展路径，并通过物质与文化的表达营造出理想中的"乡土生活"，为西集的农业与旅游业发展起到了推动作用。

（一）从农业到民宿："田里花间"的品牌建立

西集由"传统农业"转向"特色民宿"的过程是由一批具有现代视野的经营者逐步探索完成的。"返乡创业"的曹女便是其中的代表。

曹女所经营的"田里花间"民宿是西集首批通过政府审核的精品特色民宿之一。曹女生长在西集沙古堆村，大学毕业后在北京市里工作几年后，返回家乡创业。在刚刚返回西集时，曹女便对西集农业的脆弱性感到十分焦急。"全村有一百多户人都种樱桃树，家里田地多的有一百多亩，少的也有三五亩地"，曹女家中也经营着三十亩的"家庭农场"。① 樱桃种植业是西集的支柱性产业，但单一的生产方式也使这一传统优势产业难以抵御自然灾害的侵袭。例如，有一年一场突如其来的冰雹导致樱桃产量骤然下降，西集大部分民众一整年的生活都因此受到严重影响。

为尽量减少自然灾害对西集农业发展的影响，曹女思考并尝试拓宽西集农业发展的道路。在返乡创业之初，曹女曾将农业与文化产业、旅游业相结合，

---

① 访谈对象：曹女；访谈人：徐睿凝、杨赫；访谈时间：2022 年 1 月 25 日；访谈地点：西集镇沙古堆村"田里花间"民宿。

依托自家农场开展科普类亲子活动，建立了"自然科普教育基地"。她邀请老师带领孩子辨认农田里的植物、用写生的方式鼓励孩子绘制自己眼中的田野风光，为北京市内的孩子提供了亲近大自然的机会。

尽管由于种种原因，科普教育所获得的收入并未达到曹女的预期，但这一时期的尝试也令曹女意识到，西集便利的交通是推动当地农业与旅游业融合发展的独特优势。基于此，她又选择利用"家庭农场"为北京市内的公司提供团建场所。借助便利的交通条件，参与团建的员工能够在一天内往返于城市与乡村，就近体验田园风光，这一安排得到了不少公司的认可。但由于彼时的沙古堆村并没有合适的居住场所，即便来此游玩的员工想在村里住一晚也十分困难，部分公司因此向曹女提出开办民宿、提供住宿服务的建议。此时，曹女已初步察觉到生态休闲的生活状态对城市居民的吸引力，西集的"绿水青山"可以转化为当地经济发展的"金山银山"，是她致富路上的重要资源。因此，曹女最终决定将自家的老房子改造为民宿，为游客提供住宿的服务。曹女对西集农业与旅游业融合发展的尝试也在实践中证明了西集"生态休闲小城镇"的建设方向能够为区域经济的转型升级提供持久的动力。

然而，曹女开办民宿的过程却并非一帆风顺。相较于怀柔、密云等地相对成熟的民宿产业，曹女在2019年才开办起的"田里花间"民宿在自然环境、顾客基础、住宿价格等方面都没有足够的优势，这也是沙古堆村村民开始并不看好曹女经营民宿的原因。尽管如此，曹女却坚信"大运河"这一地域符号与便利的交通能够为西集民宿的发展带来足够的优势，从市中心出发仅40分钟的车程便能体验到理想中的田园生态休闲，这对久居都市的北京市民有着莫大的吸引力。尤其是在城市副中心落户通州、2020年大运河北京段通航、2021年北京环球影城开业后，国家政策的倾斜使西集民宿迎来了快速发展的契机，西集的农业也得以顺利转型，成为生态休闲小城镇建设的助力。曹女亦敏锐地抓住了机会，以最快速度为"田里花间"民宿办下了环球影城的"二级代理"[①]，使民宿与环球影城的门票"捆绑销售"，进一步推动了民宿的发展。

政策的推动与个人的探索使曹女所经营的"田里花间"即便在疫情的影响

[①] 访谈对象：曹女；访谈人：徐睿凝、杨赫；访谈时间：2022年1月25日；访谈地点：西集镇沙古堆村"田里花间"民宿。

下仍取得了令人瞩目的成绩，为曹女带来了可观的收入，亦从一个个案反映了生态休闲小城镇建设的成就。

(二)"现代乡居"："田里花间"的物质呈现

在"田里花间"逐步走上正轨后，曹女还依托当地的生态与文化资源，以打造"想象的乡土"为目标持续推进西集民宿的建设。农业、旅游业与生态文明建设的有机结合是打造"想象的乡土"的关键。具体而言，如何在辛劳的田园工作之余营造并展示兼具浪漫气息与地方特色的田园牧歌式生活是民宿经营者所面临的难题。对曹女而言，从物质与文化表达两个层面塑造"想象的乡土"是她为"田里花间"所做的规划。对家庭农场与民宿房屋的经营构成了"田里花间"中物质表达的基础，而协调农场中的"闲适"与"忙碌"，平衡民宿中的"现代"与"传统"则使曹女打造"想象的乡土"成为可能。

1. 农场中的"忙碌"与"闲适"

"田里花间"民宿的发展始终与曹女的30亩"家庭农场"紧密相连。正如曹女的微信名"曹女有一个带农场的民宿"，"民宿"与"农场"相连，家庭农场使入住民宿的游客能近距离感受乡村生活，享受田园风光。在返乡之初，曹女便意识到西集的耕地面积不足以支撑大规模的农业集中生产，而应该发展"小而精""小而美"[①]及"四季有景"的农业，这类似于学者们笔下的"景观农业"[②]。基于此，曹女分季节栽种了各色蔬菜瓜果、应季鲜花，还饲养了鸡、鸭、鹅、兔子、孔雀等动物，在农场中营造了良好的生态。

农场的经营始终是一项忙碌的工作，对曹女而言亦是如此。为了搭建符合游客需求的"花海"，曹女选择优良花种进行栽种，如郁金香的种子便来自遥远的荷兰，玫瑰、百合等亦精挑细选优质品种。在精心选种之外，对农场的日常打理同样是十分艰巨的任务。三月的荠菜、五月的樱桃、七八月的鲜花与蔬果、九月的苹果，看似美好的"四季有景"实则需要大量的精力投入。曹女提到，为了保证自己的农田能够持续展现乡村生活的秀美景色，包括她在内的5

---

① 访谈对象：曹女；访谈人：徐睿凝、杨赫；访谈时间：2022年1月25日；访谈地点：西集镇沙古堆村"田里花间"民宿。

② 温铁军、唐正花、刘亚慧：《从农业1.0到农业4.0——生态转型与农业可持续》，东方出版社2021年版，第27页。

个人要全力投入农田的打理。每逢樱桃成熟的时节，曹女还需要雇佣20多位村民帮她一起选果、采摘、售卖，这些工作都要倾注大量的劳力与心血。

尽管工作异常忙碌，但除却小菜园的"认领出租"外，曹女却只向游客们展示农场生活中"闲适"的一面。告别城市中单调且劳碌生活的游客希望在入住民宿后体验人与自然和谐相处的景象，他们期待着欣赏农田中的自然之美，感受亲自采摘时的丰收喜悦，享受乡土生活中的闲适。基于上述考量，曹女邀请来此游玩的客人参与蔬果采摘，为小孩子提供喂动物、做手工等多样活动，还在采摘过后为他们准备带有乡村特色的"家宴"，使亲手采摘的食物能够迅速变为游客享受的美食。这些活动能够满足游客回归乡村、感受自然并进行亲子互动的需求，也受到游客们的普遍好评。

值得注意的是，游客所感受到的田园牧歌式生活包含了农场经营者的辛勤汗水。正是由于经营者隐藏了农村生活中"忙碌"的一面，"闲适"的农业生活才变为游客"想象的乡土"，西集的民宿也能凭借农业的风光赢得数量可观的收入。

2. 民宿房屋中的"传统"与"现代"

曹女开办的"田里花间"民宿是在她家"老宅"的基础上改建而成的。这些宅院曾于1988—1990年进行过装修，寄托了曹女儿时的记忆与她家庭生活的印迹，这便为民宿中的传统韵味奠定了基础。在"田里花间"的10间客房中，"燕来"是最受欢迎的一间，房屋中使用的部分摆设是曹女母亲的嫁妆，时光的痕迹处处浸染着这座古朴的房屋。为了打造"想象的乡土"，曹女意识到仅凭对过往的回忆与重建难以满足游客对传统建筑的期许，因此她又引入了一批古香古色的家具以增强民宿中的传统韵味。如"田里花间"民宿的木制大门是用经过处理的老榆木制作的，这种木门在北京已十分罕见了，曹女便选择从山西运城的两处古宅中购买了木制大门，以此凸显自家民宿中的传统气息。[①]

---

① 《环球影城边的民宿，田里花间今天正式挂牌，欢迎大家入住》，微信视频号《曹女阳光农场》，https://finder.video.qq.com/251/20302/stodownload? X-snsvideoflag=xV1&adaptivelytrans=514&bizid=1023&dotrans=2991&encfilekey=Cvvj5Ix3eezXKmVNfShJRUicJJMYPEroic00808a7aXgoYWoMJY43x6WBOD4Ea68zwtmFSBddj6zPQl2Ug6Ff4ibva5f5emPk3iaHMxmaDiaHCicKeXibVND0wWtDLYJr8CuBmkGRzPyjd4InnfdDfbw9QG410Sg8MXKCL7VnbMfhjgibgtmKSuqiahLTgyKoTTNliahfcsnaEjZ5kCpU&hy=SH&idx=1&m=8ed7cfd748d24ff5eca130c2b1ed7aec&token=AxricY7RBHdU5LCBy0L8r5sViaHGFfspjwH3Oqn9A3emAWibG5WZdgLaCPBEvVpaiav1fMeRseibCb14，访问时间：2022年5月10日。

又如餐厅中充满古韵的屏风，寄托了曹女对传统风格的追求与巧思。

单纯追求传统的复现并非是游客们"想象的乡土"，在运用现代科技的基础上力求透露出传统的韵味，以此打造城市民众心中温馨、舒适的"乡土"生活才是曹女所追求的方向。在当下中国发生剧烈"生活革命"的背景下，"都市型生活方式"[①]已经被中国大多数民众认可，并成为他们日常生活中不可或缺的一部分。不管是从环球影城过来，还是慕大运河之名而来到西集的旅客，民宿较为高昂的费用使其所吸引的客人大多是在城市工作、物质生活相对宽裕的人。对这些游客而言，全球化与现代化带来的便利生活已深刻影响了他们的日常生活，传统农业村落中简陋的生活条件他们难以接受，他们已习惯舒适整洁的房屋与便利多样的现代家电。因此，曹女的"田里花间"民宿在经营中十分注重传统与现代的交融。如民宿的厨房中虽然有着中式的摆件与家具，但却同时准备了中式、西式烹饪所用的各种设备，能够满足国内外游客的多种需求。在客房内，除让人感到舒适的家居摆设外，也设置了独立的卫生间、淋浴室，使游客在感受农村乡土生活的同时也能享受到现代生活的便利，优化了游客的体验。

图 2-5 "田里花间"民宿的客房
拍摄时间：2022 年 1 月 25 日
拍摄地点："田里花间"民宿　拍摄人：杨赫

---

① 周星：《"生活革命"与中国民俗学的方向》，《民俗研究》2017 年第 1 期。

总之，在农田的"忙碌"与"闲适"之中，在建筑的"传统"与"现代"之间，曹女使"田里花间"民宿朝向民众"想象的乡土"发展。通过淡化乡村生活中的"忙碌"，融合民宿建筑中的"传统"风韵与"现代"便利，以曹女为代表的民宿经营者创造出"想象的乡土"，打造了颇具吸引力的理想空间。

（三）"想象的乡土"："田里花间"的文化表达

民众理想中的乡村生活不仅是物质上传统与现代的结合，更需要彰显区域特色的文化景观作为支撑。"田里花间"所展示的区域文化既受其目标客户群体的影响，亦形成于沙古堆村诸多民宿的相互作用之中。具体而言，大运河与环球影城的巨大影响力吸引了北京城区、全国各地乃至世界范围的游客汇集于通州，扩大了西集民宿的客户群体，亦使西集民宿的"文化表达"有了更为广泛的选择。因为有了良好的发展机遇，沙古堆村的民宿数量快速增加。为了避免民宿间的冲突，以曹女为代表的民宿经营者会了解其他民宿的发展方向，进而调整自身的经营方式，以此形成独具特色的文化表达。

1. 以"国际客"为目标客源的文化表达

由于受环球影城与大运河吸引的庞大顾客基础，曹女将"田里花间"的目标客户群体定义为"国际客"，其所选择的文化表达也以国际客为主要受众。由于毗邻北京城市副中心，曹女察觉到西集镇正进行着日新月异的发展，她不应将眼光局限于两三年内、囿于西集镇中。尽管当前仍受到疫情的影响，曹女所招待的游客大多来自国内，即北京城区的客人因大运河来到西集，而外地游客则被环球影城所吸引，但曹女坚信环球影城终会在疫情得到控制后展现出其强大的影响力，并以此为西集吸引源源不断的国际客。

由于以国际客、全国各地的游客为目标客源，曹女认为一切能代表中国民俗文化、乡村文化的资源都是她可选的资源。游客"想象的乡土"是特色鲜明的、有别于自身日常生活的乡村体验，这不仅意味着充满休闲气息的田园生活，亦需要体验与乡村文化相关的活动。由于当下城市化、现代化进程日益加快，乡村生活在许多人的人生经验中缺位，而"田里花间"又能吸引全国乃至世界范围的游客来到西集，因此，一切能代表中国乡土文化的民俗事项都能成为令游客感到新奇，或唤起其幼时生活记忆的文化资源，并由此成为"田里花间"民宿的文化表达元素。明确这一想法后，曹女在建立"田里花间"民宿初期便联系妇联、村镇文史办，经其介绍找到擅长制作花馍的民间手艺人，并将她邀请到西集镇沙古堆村，教村民制作花馍，以此作为民宿游客的早餐，也为村民开辟一条致富的途径。在学习制作花馍并将其作为商品出售的过程中，不少西集村民参与其中，从中感受到了国家政策对民众生活的切实影响。

沙古堆村是运河旁的村落，因此，曹女认为大运河流域的民俗事项是最适合"田里花间"民宿的文化表达。在民宿逐步走向成熟的过程中，曹女不断挖掘西集本土的民俗文化，尝试进一步丰富民宿中的运河文化传统。如今，曹女仍然在积极联系西集大风车、团花剪纸等西集民间工艺的传承人，希望将大运河沿线的文化研究、保护成果能够转化为民宿经营中的资源，进一步丰富民宿客人的旅游体验、推动特色小城镇的建设步伐。

图 2-6　过年期间的"田里花间"民宿
拍摄时间：2022 年 1 月 25 日
拍摄地点："田里花间"民宿　拍摄人：杨赫

可见，在曹女以"国际客"为对象建构文化景观的过程中，民俗文化被带入民宿，而以运河文化为主导的西集民俗文化亦得到了发展的机会。"田里花间"民宿的最大优势在于其能带动民众亲身参与到西集的经济与社会发展进程之中，使沙古堆村村民切实感受到国家政策对民众日常生活的影响，这也使民宿在推动经济转型与特色小城镇建设中发挥重要作用。

2. 民宿相互影响下的文化表达选择

"田里花间"并非是西集转型发展过程中"一枝独秀"的产业，而是当地涌现的诸多特色民宿的代表。因此，在"田里花间"的经营过程中，西集其他民宿的影响同样是不可忽视的因素。据曹女描述，西集的几家民宿希望达到互为补充、各有特色的局面，如"田里花间"房屋多，能满足大家庭出游或公司团建的需求，其他民宿按各自规模及特色，亦会找到各自需要的客户群体，按自己的设想进行建设。①

具体到民宿的文化表达方面，在"田里花间"选择引入花馍等民间工艺后，"向北"民宿则计划将"变脸"作为一种民俗表演带入民宿②。民宿经营者依托自身资源与兴趣进行的文化表达，不仅能带动西集民宿朝向更为多元的方向发展，加强西集对游客的吸引力，也能使当地的文化资源变得更为丰富，进一步拓宽民众的致富道路。

总之，在探索西集民宿的文化表达方式时，目标客源与同行间的关系是影响西集民宿文化表达及文化景观建构的主要因素。在对标国际客的基础上，以"田里花间"为代表的西集民宿不断寻找、搜集中国乡土文化资源，以此作为西集特色小城镇建设的动力。同时，西集的多家民宿经营者也在相互交流中影响着彼此的发展方向，其目的在于打造相互协作、优势互补的精品民宿发展格局。尽管西集民宿的经营激发了民众参与乡村建设的热情，但无论是疫情影响下国际游客的缺位、旅游业的衰微，抑或近年来西集民宿数量的迅猛发展都使"田里花间"理想的经营道路遇到种种挑战。沙古堆村的民宿在短短两年中由四家增长到十余家，如何协调好民宿经营者间的关系，在维持西集民宿良好发展业态的基础上使其为村民创造更多的就业岗位，这仍然是特色小城镇建设中必须面对的问题。

---

① 访谈对象：曹女；访谈人：徐睿凝、杨赫；访谈时间：2022 年 1 月 25 日；访谈地点：西集镇沙古堆村"田里花间"民宿。
② 访谈对象：韵秋；访谈人：王卫华、徐睿凝、孙佳丰、杨赫；访谈时间：2021 年 12 月 3 日；访谈地点：西集镇沙古堆村"向北"民宿。

三 "田里花间"的身份赋能

对自身身份的认同是西集民宿经营者融入乡村社会、自觉担负起推动特色小城镇建设的动力之一。作为"田里花间"民宿的经营者,曹女是一位土生土长的西集村民,她对沙古堆村的社会发展有着自发的牵挂与担当。与此同时,政府为她赋予的"农村实用人才带头人"头衔与她自身认同的"新农人"称号为她民宿经营者的身份进行了"赋能"。在此背景下,曹女不仅自觉担负起推动沙古堆村区域社会发展的责任,还为当地引入了新的技术手段与经营理念,成为西集生态休闲小城镇建设的积极参与者。

(一)"带头人"与"闲人"

"农村实用人才带头人"(以下简称"带头人")称号是政府对曹女民宿经营行为的肯定与对未来工作的期许,更是为她身份"赋能"的过程。出于对"带头人"这一身份的认同,曹女成为国家政策、地方政府与村民间沟通的桥梁,为西集特色小城镇建设起到了示范作用。

"带头人"的称号源于 2007 年起国家以培养高素质人才队伍带动农村经济发展、助力"三农"问题的设想,这与乡村振兴战略中强调的"培养造就一支懂农业、爱农村、爱农民的'三农'工作队伍"有异曲同工之处。中办发〔2007〕24 号文件《中共中央、国务院关于推进社会主义新农村建设的若干意见》中将"农村实用人才带头人"定义为:"具有一定的知识或技能,为农村经济和科技、教育、卫生、文化等各项社会事业发展提供服务、做出贡献,起到示范或带动作用的农村劳动者。"这些带头人展示出农村人才资源的潜力,他们作为"广大农民的优秀代表""新农村建设的生力军"为我国农村地区的发展注入新的活力。[①] 随着国家对"三农"问题的持久关注,我国"农村实用人才带头人"队伍人数不断增长,人才类型日益丰富,对农村社会发展的作用也日

---

① 《中共中央办公厅 国务院办公厅关于加强农村实用人才队伍建设和农村人力资源开发的意见》,《云南政报》2007 年第 23 期。

益凸显。①

作为"农村实用人才带头人",曹女获得了深入学习国家政策、更新经营方式的更多机会。近年来,她曾多次参加中组部组织的学习,并为其他地区的民宿经营者、职业学校里的学生授课。由"带头人"身份带来的权利与义务不仅使曹女得以深入了解相关政策,更使她在调整自身经营策略中肩负起带动家乡致富的责任。

图 2-7　西集镇沙古堆村
拍摄时间:2022 年 1 月 25 日
拍摄地点:沙古堆村村口　拍摄人:杨赫

对身为"带头人"的曹女而言,村中的诸多"闲人"是她可用的资源,也是影响西集特色小城镇建设、区域经济发展的重要资源。相较于林兆华导演的《闲人三部曲》中描绘的"刻意地生活在原来的时空中",以自己的"痴癖"缅怀传统时空消逝的群体②,西集镇沙古堆村的"闲人"则更多体现出对生活现状主动或无奈的接受。这些"闲人"一部分是因年龄偏大、缺少技术等问题无法找到合适的工作,只好在家待业或偶尔干一些临时性工作;另一部分则是出于

---

① 杨莉、赵瑞全、周雪松:《关于加强农村实用人才队伍建设的思考》,《中国农学通报》2009 年第 11 期。

② 张琦:《生活仪式与自我认同——对过士行"闲人"形象的解读》,《北京社会科学》2003 年第 4 期。

家庭的现实需要而难以出去工作，主要以在家照顾老人、孩子的妇女为代表。尽管这些"闲人"的生活大多不算窘迫，平时也有烦琐的家庭事务需要他们处理，但没有稳定的收入来源仍然影响着他们的生活质量。由于"闲人"长时间生活在村落中，他们对村落民众间的关系十分了解，与村民间的关系也相对融洽，是引导民众接受新技术、新理念的有力推动者。因此，村落中的"闲人"不仅是乡村振兴过程中必须予以关注的对象，更是乡村社会发展的重要资源。对民宿经营者曹女而言，如何调动起"闲人"的积极性并使其成为乡村振兴的力量，是她作为"带头人"必须思考的问题。

曹女为村中"闲人"寻找致富途径的方法同样离不开其民宿的经营。一方面，曹女的民宿本就需要大量的服务人员帮助清扫卫生、准备饮食，以满足顾客的多方面需要。为此，曹女邀请了希尔顿酒店的工作人员为西集沙古堆村的村民进行培训，提升这些"闲人"的职业素养，并为他们创造了更多的就业可能。同时，曹女还充分挖掘西集的地方特色美食，雇佣村中的妇女为民宿的客人准备餐饭，在满足顾客需要的过程中给西集的妇女们带来了就业的机会。受曹女的影响，又得益于曹女对村民的专业化培训，如今沙古堆村的民宿经营者都倾向于雇请村民为自家民宿清扫卫生、准备饭食。

此外，曹女在建构乡土文化表达的过程中邀请了一些民俗文化传承者进入"田里花间"民宿。这些传承者能够为村里的"闲人"提供相应的培训，使村民学会制作花馍等手艺，以精致的糕点等产品换取更为丰厚的收入。正如曹女所说："一个人赚的钱是有限的，你不可能什么都赚……大家一起赚钱的话，村民能够一起提高收入，这不也是件好事吗？"[①]

"田里花间"的客人除了住宿费外，一般还会支付价值不菲的餐费，餐费部分便是曹女能提供给村民的受益。曹女还表示，"如果村民信任我，即便不是我负责经营的民宿或农产品，我也会帮忙一起出售，尽量帮助大家提高一些收入"。在帮助村中民众掌握制作花馍等民间工艺的技巧后，曹女还借助自己使用新媒体的经验将民宿中的花馍、饹馇盒等农家食品搬入网店，为村中民众带来额外的收入。正是由于她对沙古堆村经济发展的贡献，村民也十分愿意为

[①] 访谈对象：曹女；访谈人：徐睿凝、杨赫；访谈时间：2022 年 1 月 25 日；访谈地点：西集镇沙古堆村"田里花间"民宿。

她提供准备饭食、接送游客等民宿经营所需的帮助，对曹女的经营理念表现出了较高的接受度与认可度。

由于村民的认可与接受，曹女还在"带头人"身份的"赋能"下自觉担负起帮助村民了解国家政策的责任。2022 年"中央一号文件"出台后，曹女便在"央视频"中录制了自身对政策的理解与关注的主要内容，她回顾了历年"一号文件"中对"三农"问题的持续关注，对国家出台的各类利好农民、农业与农村发展的政策表达了感谢之情。她特别提到"一号文件"中涉及"聚焦产业促进乡村发展"的条目，有"持续推进农村一、二、三产业融合发展"一项，强调"拓展农业多种功能、挖掘乡村多元价值"，要重视"农产品加工、乡村休闲旅游、农村电商等产业"的发展[①]，这些政策与她"带农场的民宿"的经营状况直接相关。无论是出于自己的责任还是相关部门的促进，"带头人"的头衔都使曹女自觉学习国家的相关政策文件，也使抽象的政策条文经她之口变得更易于西集村民理解，更易于落实。如今，曹女还在积极了解大运河文化带建设与生态建设的政策与信息，以期更深入理解国家发展规划与西集镇村民致富间的关系，更快地带动村民发家致富。

对政策的学习也极大地便利了曹女对"田里花间"民宿的经营。通州区对当地乡村民宿的经营进行了详细的规划，但填报各类申请表的过程仍略显烦琐，此时，村集体组织、乡镇政府中的公职人员便成为经营者办理民宿手续的重要助力。由于对国家政策的关注，曹女第一时间了解到民宿申报的流程，并积极与地方公职人员取得了联系，在他们的帮助下顺利完成了民宿经营的申请，获得经营资质。"田里花间"也因此得以成为西集沙古堆村最具代表性的民宿之一，北京市委领导也曾来此视察，并对其经营状况予以肯定。

可以看出，国家所赋予曹女的"农村实用人才带头人"身份促使曹女形成了带动村民一起发展的自觉，也使得国家政策能以这位民间精英的行动影响到普通民众，提升他们的生活质量。作为"带头人"的曹女不仅从自觉学习政策、带动民众致富的行动中为自家民宿带来了发展的机会，更得到了村民们的认可与支持，成为西集特色小城镇建设的推动者。

---

① 《当"乡村振兴观察员"看了一号文件她的农场今年要做点啥？》，央视频网，https://w.yangshipin.cn/video?type=0&vid=c000075uywz，访问时间：2022 年 3 月 2 日。

（二）"新农人"与"传统农民"

"新农人"是曹女为自己赋予的又一重身份。这不仅因"田里花间"民宿与家庭农场始终被曹女视作一个整体进行经营，更因互联网技术与现代化经营理念是曹女"带农场的民宿"[①]最突出的特点之一。由于对互联网等新技术的引入，曹女使西集农业的发展与互联网接轨，令新技术成为西集特色小城镇建设的重要推动者。

"新农人"是与"传统农民"相对的概念，指的是将以互联网为代表的新技术、新理念融入农业发展的新群体。他们不但擅长使用互联网为自己与当地村民创收，而且在经营理念上深刻受到互联网的影响。"新农人"作为一个群体出现可追溯至 2013 年，一批从事"商品性农产品生产加工和流通"的"投资型农业经营者"因"富有农业情怀、追求产品安全和生态和谐"的共识而自发结成同盟，成为"未注册等级的非正式民间组织"，并引起了社会的广泛关注。[②] 有学者以"农民新群体""农业新业态""农村的新细胞"对新农人的特点进行了概括，并提出新农人能够缓解"谁来种地"这一严峻问题。[③] 随后，阿里研究院《2014 新农人研究报告》对"新农人"群体进行了深入分析，指出"中央一号文件"对农村发展的构想、"农村电商快速崛起"与"阿里平台电商快速发展"是"新农人"群体出现的背景，"互联网基因""文化基因""创新基因""自组织基因"则构成其核心特点[④]。新农人的经营方式，体现于曹女经营"田里花间"民宿的全过程。

曹女的成长经历使"互联网基因"成为她日常生活的一部分。在大学毕业后，曹女曾供职于一家广告公司，无论是良好的教育经历还是工作的现实需要都锻炼着曹女运用互联网的能力。在回到西集创业后，曹女在 2019 年年底报名参加了抖音官方举办的"三农达人"培训班，借助互联网公司所搭建的平台

[①] "曹女有一个带农场的民宿"是曹女的微信名，也是她对自己民宿特点的概括。
[②] 农业部农村经济体制与经营管理司课题组、张红宇：《农业供给侧结构性改革背景下的新农人发展调查》，《中国农村经济》2016 年第 4 期。
[③] 汪向东：《"新农人"与新农人现象》，《新农业》2014 年第 2 期。
[④] 阿里研究院：《发现新农人——2014 新农人研究报告》，中文互联网数据资讯网，http://www.199it.com/archives/334598.html，访问时间：2022 年 3 月 1 日。

系统学习了视频的拍摄与剪辑、账号的标题与运营、网店的运营等互联网商业技巧，并在为四川、广西等地农产品"带货"的实践中锻炼了自己使用新媒体的能力。① 如今，曹女在西瓜视频、今日头条与微信视频号中都运营了自己的账号，不仅用精美的短视频讲述自己经营民宿、开办农场的故事，也向观众分享着沙古堆村独特的文化。此外，在对平台用户特征的分析中曹女也倾注了一定的心血，她认为北京的"都市农业"是农业与生态发展的融合，其目标在于打造高品质农产品，因此愿意为健康生活、高品质生活买单的群体才是她的目标客户，小红书等平台也随之成为她的选择。借助用户消费水平相对更高、追求更高品质生活的互联网平台，曹女得以进一步提升农产品的附加值，为自家农场与西集的民众带来了致富的机会。受曹女的影响，沙古堆村的村民见识到了新的致富方式，并主动尝试直播、拍视频，互联网因此逐步成为西集"文化网络"的重要组成部分。

曹女对民宿与自家农庄经营方式的思考深刻影响着西集镇沙古堆村向"生态休闲"方向的发展。曹女的大学阶段在北京市里度过，受过相对良好的教育，在回到西集后她敏锐地察觉到西集单调的农业生产极易受到自然气候的影响，逐步探索出开办民宿的道路。即便如今的民宿已经渐渐走上正轨，曹女仍然思考着民宿发展的新方向，并致力于丰富西集的文化资源，提升当地的文化底蕴。

开朗的性格使"自组织基因"贯穿曹女的民宿经营与日常生活，也令她能进入更为广阔的社交网络，为"田里花间"及西集沙古堆村的发展注入新的活力。"自组织基因"强调擅长使用互联网技术的"新农人"对分享信息与技术的热情。相较于传统农民所处的相对封闭、固定的社交圈，"新农人"更乐于与全国范围内志趣相投的同行自发组成团体，彼此共享信息，寻求共同的致富途径。曹女也是如此。在融入"新农人"群体后，曹女拥有了更为广阔的农产品销售渠道，这不仅意味着她能将西集的特色农产品推销到祖国各地，也使她能了解全国各地的优质农产品发展动态，在提升自己生活品质的同时进一步思考西集民宿与农业品牌的打造。曹女提到，自己的"新农人"伙伴使她能用较

---

① 访谈对象：曹女；访谈人：徐睿凝、杨赫；访谈时间：2022年1月25日；访谈地点：西集镇沙古堆村"田里花间"民宿。

为低廉的价格从全国各地买到应季的高品质水果,在帮助同伴售卖各地农产品的同时,她也能打造西集农产品品牌、扩大农产品销路,推动西集的农业与民宿朝向"生态休闲"方向不断发展。

曹女作为西集地方精英的代表,她以活跃的思维探索着西集未来发展的可能,积极参与到西集特色小城镇建设之中。在"返乡创业"的过程中,曹女首先以带动村民致富的方式融入西集的乡土社会,并因对"农村实用人才带头人""新农人"等身份的认同而自觉成为国家政策与西集地方发展的桥梁,在为西集带来新发展机遇的同时,以互联网的思维加速了西集沙古堆村的发展转型。

总之,西集民宿因北京城市副中心落户通州而兴起,借助大运河文化带与环球影城两大资源迅速发展,把西集悠久的农业传统转化为当下特色小城镇建设的动力。"特色民宿"发展的关键在于将农业传统、大运河文化带与环球影城相串联,而经营者的不断探索则是其顺利发展的关键。作为受过系统教育、具有现代思维又与西集乡村社会紧密联系的人,西集民宿的经营者成为沟通宏观政策、区域经济发展与民众生活的桥梁,使民众切实感受到国家对"三农"问题的政策支持。在此过程中,国家的"身份赋能"推动曹女式的新一代年轻人自觉担负起带动村民致富的责任,在为西集民众引入新技术、新思维方式的同时推动当地的产业升级与转型,使西集朝着"生态休闲小城镇"的目标发展。

在民宿经营者的推动下,西集正经历着"农旅融合"的进程,传统的农业得以与生态旅游、互联网等新事物结合,共同打造"想象的乡土",为当地民众带来了致富的契机。在民宿发展的过程中,不仅西集的农业有了更为广阔的发展前景,西集的传统民居与当地的生态资源亦被转化为民众致富道路上的重要资源,当地民众因此形成了涵养地方生态、保护地方古建筑、传承传统民间工艺的自觉意识,为西集特色小城镇建设贡献了力量。因此,借助民宿发展的经验,进一步培育民俗精英以调动民众在特色小镇建设中的参与感、获得感,能够为西集的乡村经济发展与产业转型提供持久的推动力。

第三节 "乡土文学"与"文化记忆"

西集生态休闲小城镇的建设不仅需要经济的发展,更离不开地方文化的传承与保护。在西集的众多文化资源中，以文字书写、记录大运河沿岸民众生活，以细腻的笔触留住大运河流域民众文化记忆的乡土文学是最具代表性的一项。刘绍棠是西集最著名的乡土文学作家，他对大运河的书写广泛吸纳了乡土文学的创作理念、中国革命的思想、古典文学与民间文化的表达方式，建立了"运河文学体系"，展示了他对大运河文化的理解与记忆。刘绍棠的文学创作对西集特色小城镇建设具有重要价值。

一 刘绍棠乡土文学的创作特点

1936年初春，刘绍棠出生在大运河岸边一个普通的农民家庭。他一生的大部分时间是在这里度过的。儒林村记录了刘绍棠的成长，承载着他的得意与失落，也为他提供了源源不断的创作源泉。运河岸边的人和事是刘绍棠乡土文学作品中"水汽"的来源。

刘绍棠独特的人生经历使他的文学创作记录了西集社会各个时期的发展与变化，为西集特色小城镇建设提供了宝贵的文化资源。刘绍棠自13岁起便开始写作，并发表作品，立志成为人民的作家。1956年，刘绍棠加入了中国作家协会，成为当时最年轻的会员，他的小说《蒲柳人家》《峨眉》《京门脸子》等也先后获奖，被誉为20世纪50年代的"神童"作家。1985年以来，刘绍棠的名字先后被载入《世界名人录》《当代世界名人录》《世界作家名人录》等，并于1991年荣获"为我国文化艺术事业做出突出贡献"专家称号。

纵观刘绍棠40余年的创作生涯，他的乡土文学记录了通州不同时期的风土人情与社会风貌，凸显了乡土题材文学特有的地方特色与民族风格，这也体现了他所秉承的乡土小说创作理念。正如刘绍棠在著作中写的："我要以我的全部心血和笔墨，描绘京东北运河农村的20世纪风景，为21世纪的北运河儿女，留下一幅20世纪家乡的历史、景观、民俗和社会学的多彩画卷"。[①] 他的作品以鲜明的风俗画风格丰富了乡土小说的美学特征，延续了孙犁"荷花淀"派的发展方向。与此同时，刘绍棠十分注重对民间文学的研究与运用，这使他的乡土小说更贴近民众的生活，形成了独具特色的艺术风格。刘绍棠的乡土文

[①] 刘绍棠：《十步香草》，北京十月文艺出版社2018年版，第2页。

学创作既为民众所喜爱，又在现实主义与浪漫主义的结合下，呈现了运河流域自然状态下简单古朴的人性美与人情美，体现出浓郁的地域特色。

（一）扎根农村的创作追求

深入农村生活是刘绍棠进行文学创作的原则。他的乡土文学作品无不以深入农村、了解农民生活为创作前提，以讴歌劳动人民的美德与情怀为作品主题，以"为农民创作"为写作目的。这一创作原则客观上受五四运动后"文学到民间去"的主张及重视民众的思想影响，同时也遵循了延安文艺"向生活学习"的主张。

对农村生活的体验和观察使刘绍棠的小说具有浓郁的生活气息和地方特色。正如刘绍棠所言，"我本来是个头顶着高粱花儿，脚踩着黄泥巴，在农村长大的孩子……根子还扎在家乡的泥土中，但是藤藤蔓蔓却千缠百绕在城市知识分子的圈子里。"[1] 他对故土的热爱，充分表现在他的文学作品当中，也是他的创作主题指向。"检验一个作家是否熟悉生活，首先看语言，如果身在其中，朝夕相处，而只见共性，不见个性，只见一般，不见特征，描写和对话抓不住特点，归根结底还是对身在其中的生活和朝夕相处的人物不算真正熟悉。"[2] 刘绍棠在创作中一直进行着反思与追问，并致力于创作经得起时代洗礼的故事。

讴歌劳动者是刘绍棠文学创作的主题，这与他对文学功能的理解密切相关。刘绍棠认为，"文学的任务、作用和功能是美育。美在生活中，美在劳动人民身上"[3]，他笔下的人物常常能在日常生活找到对应，同时设置了"无主角"的书写方式，以群像式的刻画描写运河岸边的人和事，书写他们的劳动与美德。

刘绍棠作品中的人物形象多为正面，且正面人物总有原型，他也有意塑造较为扁平化甚至肤浅的反面人物形象，这些反面人物的存在亦是为了衬托正面人物的形象。此类塑造人物的方法同样来源于刘绍棠对农村生活的观察，也是

---

[1] 刘绍棠：《乡土与创作——〈峨眉〉题外》，《人民文学》1981年第7期。
[2] 段宝林主编：《刘绍棠与运河乡土文学》，北京燕山出版社1996年版，第177页。
[3] 刘绍棠：《〈蒲柳人家〉二三事》，《北京师院学报》1981年第2期。

他个人生命经验的映射。1957年前后，伴随紧张的政治形势，刘绍棠决定离开北京城，回到他的生身之地。这一时期，他写下《言志》诗："狂飙从天落，三十归故园；迈步从头越，桃源学耕田。曙色牵牛去，夕烟荷锄归，蓬荜陋室窄，柴灶自为炊。深更一灯火，午夜人不眠；学而时习之，孜孜不知倦。席卧难入梦，皎月窗外明；浮想联翩起，枕畔风雷声"①。回到家乡后，善良淳朴的乡亲们并没有因他的遭遇而对他批斗打击，反而表现出疼爱子侄似的同情、怜悯之心，在生活中对他多加照顾和爱护。那些独自放牛、拾粪的生活使他远离政派纷争，回避了腥风血雨，获得了难得的宁静。通州档案馆的冯老师回忆，刘绍棠回到故乡后和乡亲们感情特别好，喜欢开玩笑，许多村民都找他给小孩起名字。②这段经历使刘绍棠更为深入乡土生活，缓缓流淌的运河之水不断启发着他文学创作的灵感。本村的青年读过刘绍棠的作品后都鼓励他继续写作，甚至直接命题，想要看"运河边革命斗争的历史"，这些质朴的语言给原本心灰意冷的刘绍棠带来了希望和信心。

由于在动荡起伏的社会浪潮中度过了与农民亲近的漫长岁月，刘绍棠不仅获得了大量的文学创作资料，亦更为深入地理解了农民的生活，为日后的创作提供了养料。刘绍棠常常用感恩感动的心情去回忆这段岁月，他原本心灰意冷的创作热情被乡亲们的鼓励重新燃起，也使他日后的作品中展示出自己对西集民众生活的细致记录，透露出自己对农民与农村的热爱与熟悉。他所创作的三部长篇小说《地火》《春草》《狼烟》都是深入农民实际生活、密切联系群众的过程中书写而成的，是真正写给农民看的文学作品。

（二）用农民口语讲故事

刘绍棠的小说格外注重对小说语言风格的选择。"语言脱离了生活就是死的，语言是生命与生活的声音"③，刘绍棠将创作过程中对语言的积累比喻成"挖一口深井"，而运河边生活着的人们所使用的口语，就是这口井中不断的源泉。这口深井挖到了运河深处，汲取了运河文化的源头活水。

---

① 李培禹：《北京二中的两位文学家》，《鸭绿江》2019年第6期。
② 访谈对象：通州档案馆冯老师，访谈人：徐睿凝、杨赫，访谈地点：通州档案馆，访谈时间：2022年1月21日。
③ 刘绍棠：《〈蒲柳人家〉二三事》，《北京师院学报》1981年第2期。

刘绍棠并非简单挪用农民的口头语言，而是经过了大量的观察与提炼，将口语中的音乐性、活态性运用于文学创作之中。刘绍棠作品中对于农民口语的吸纳，既源于他能深入民众的日常生活，了解民众的审美意趣，也因为农民口语自身具有的艺术性。独具特色的语言艺术使刘绍棠的作品"不失乡音，不负乡情，不改乡风"[1]，在给予读者田园清新感的同时生动记录下民众的日常生活。

农民口语富有音乐性，表现为节奏感和韵律美感。"有的农民说话漂亮之极，口齿伶俐，知识分子望尘莫及，四、六句，像打鼓点一样，有节奏，有松有弛，有紧有慢，很有音乐性。"[2]刘绍棠在创作过程中，有意收集和运用农民口语中具有对仗、节奏、韵律的艺术美，使他的作品朗朗上口，具有很强的可读性。

农民口语的活态性还表现为画面感和生活感。"农民的语言，最富于比兴，生动形象，含蓄优美，诗情画意，有声有色。"[3]农民的语言来自于经年累积的生活智慧和生命经验，民众在历史长河当中不断探索自然、总结规律、延续生命，在未知当中获得生命体验，总结出通俗易懂、简洁率真的语言，并在口口相传中传递着先辈们的经验和智慧。那些民谚、隐喻、修辞，是通过语言实现的，劳动创造语言、劳动创造文化，这就是为什么劳动人民的口语丰富多彩且具有独特的美学价值。

刘绍棠坚信农民的口语是一种现场的语言，它流传于民众的日常生活中，是活态、流动的语言。因此，借助灵动的、充满生活气息的语言，他笔下的农民也仿佛生活在京东的田间地头、运河渡口，以文字保留了彼时民众的文化记忆。

（三）吸取民间文艺与古典文学精华

刘绍棠的乡土文学兼具民间文学的生动与古典文学的雅致。在文学创作的过程中，刘绍棠十分注重吸收民间文艺的形式，他的作品诗意地记录了运河沿岸民众的日常生活与娱乐，杨柳青年画、野台子戏、评书、俚曲传说的手法

---

[1] 刘绍棠：《刘绍棠文集》第10卷，北京十月文艺出版社2003年版，第35页。
[2] 刘绍棠：《乡土文学四十年》，文化艺术出版社1990年版，第179页。
[3] 刘绍棠：《乡土与创作——〈峨眉〉题外》，《人民文学》1981年第7期。

和格调在他的小说中随处可见。此外，刘绍棠十分注重对先秦文学、明清小说的研究，并试图从中总结创作的规律，以此打磨自身小说的情节设置与语言运用。正是在古典文学与民间文艺的共同作用下，刘绍棠的乡土文学展示出兼顾历史与现实的"民族风格"，体现出强烈的地方文化特质。

刘绍棠先后多次表达过他对民间文艺的热爱，他的作品亦被称作"文人创作的民间文学"。对民间文艺的运用源于刘绍棠幼年时期的乡村生活经历与成长过程中对民众生活的细心观察，运河两岸丰富的民间文艺样态使刘绍棠的作品呈现出独特的风格。在诸多民间文艺形式中，曲艺是具有较强专业性与艺术性的一类，也是刘绍棠小说创作中特别注意吸收的内容。民间曲艺的唱段和唱词，历经了较长时间的积累，在艺术表现上更为严谨、整齐，在表演者与听众之间建立了紧密的联系。民间曲艺的表演者常常通过扮演某一种角色达到讲述的目的，在表达方式上集文学、音乐、表演等多种艺术形式为一体，手法呈现出更为多元的特质。刘绍棠指出："乡土文学和地方戏曲、民间美术共属同一家族。乡者，地方也；土者，民间也。它们都采取为人民大众所喜闻乐见的艺术形式，密切联系群众，富有浓郁的生活气息，自然成趣，雅俗共赏。"① 在文学创作中，刘绍棠善于化用民间曲艺的情节结构、人物命运与表达方式，增强了叙述的艺术感染力，使读者能够领略多种文艺形式结合的魅力。

刘绍棠对古典文学的深入思考与研究同样影响着其文学创作，其中先秦文学与明清小说最受刘绍棠的喜爱。刘绍棠认为先秦文学是中国古典文学的根基，深厚的先秦文学功底是学习其他各时期文学的基础。因此，他十分注重研究先秦典籍，并能引以为鉴，借古思今，虽然是在讲古，却并非局限于古代，而是用积极的态度观照当下生活，再用生动的语言表达出来。读刘绍棠的文字，仿佛与一位睿智风趣的长者促膝长谈、唠家长里短，虽博古通今，却又轻松自然。明清时期的《西游记》《水浒传》《三国演义》《聊斋志异》《红楼梦》《阅微草堂笔记》等小说亦对刘绍棠有着深刻的影响。刘绍棠提到："我写小说是追求以个性语言，来刻画人物的个性和暗示人物心理活动。又以人物在动态中的准确的细节描写，描绘人物形象。……我在我的小说中，写过不少'乡土

---

① 刘绍棠:《刘绍棠文集》第10卷，北京十月文艺出版社2003年版，第62页。

晴雯''乡土方倌''乡土金钏''乡土袭人'。"① 何其芳指出，"《红楼梦》中的人物对话，平均每次不超过五句，每句不超过七个字"②。刘绍棠对此深以为然，他的小说中人物的对话，简洁而生动，形象而幽默，深得《红楼梦》写作技巧的要义。

正是由于对古典文学与民间文艺优秀成分的吸纳，刘绍棠在文学创作中形成了独特的文风，使其作品独具魅力。他的文字以力透纸背的坚实力量传递着亲切与温和的情怀，深得民众喜爱。从这一意义上看，刘绍棠的作品可成为西集特色小城镇建设中的重要文化资源。

二 刘绍棠作品的地域文化符号

刘绍棠的乡土小说绘制了20世纪北运河流域"田园牧歌"式的画卷，书写了乡土社会中的风景画、风俗画和风情画，展示了他对西集运河文化、革命文化的记忆与理解，是以文字书写的北运河文化记忆。他的作品传承了地方文化的基因，带有地域文化符号，传达了北运河民众的家乡认同感与地方归属感。

刘绍棠的文学创作凝聚着区域历史文化的变迁与多样的民间文艺形式，既受益于丰富的地域文化传统，反之亦可视为对地方文化的回馈，成为具有创新力和再生力的文化资源，在特定背景下转化为区域社会发展的动力。尤其在当下西集生态休闲小城镇建设中，刘绍棠及其作品就是一个具有魅力的地域文化符号。

（一）运河文化的诗意描绘

作为一种文化资源，刘绍棠的乡土文学具有多重价值。他既被称作"大运河之子""京味作家"，还被视为"荷花淀派"的代表性作家。他的小说被认为是"乡土小说""运河文学体系"的重要组成部分，也是"燕赵文学"的代表。

一方水土养一方人，不同的地域会产生不同的文化形式，并影响人的生

---

① 刘绍棠：《刘绍棠文集》第10卷，北京十月文艺出版社2003年版，第302页。
② 郑恩波：《刘绍棠全传》，文化艺术出版社2006年版，第82页。

命历程与人格情怀。西集地处北运河流域,自古便是沟通京津冀三地的交通要道,人口流动性大、生计方式多样、文化形式丰富,当地的艺术、风俗、信仰都有其独特之处。刘绍棠的文学创作正是对北运河流域民众生活的记录和解读,是对他深爱的地域文化的诗意描绘。

刘绍棠将自己的家乡描述为"京津(北运河)的'且介亭'区域"。他的家庭成员散布在北京城内、通州和天津三地,因此他从小便对三地文化都十分熟悉和亲切。评书是刘绍棠最喜爱的民间文艺形式,他曾写道:"我的家乡,京津运河通州水域的农村,盛产评书艺人。我走上文学创作道路,评书艺人起到启蒙作用。"[①] 此外,在1945年到1957年的12年里,刘绍棠听过140多场京剧,可谓是一位十足的"戏迷"。刘绍棠还曾撰文品评多位京剧"名角儿"(马连良、谭富英、程砚秋、荀慧生、张君秋、叶盛兰、赵荣琛、杜近芳等)的精彩唱段,也提出过若干有关曲艺行业前途发展的思索与振兴京剧的建议。刘绍棠的小说创作中具有浓厚的京剧戏曲韵味,这不仅表现在他的情节设定中,还体现在他对人物的塑造里。崔志远在《刘绍棠对新时期文学的贡献》一文中提到,"刘绍棠小说的人物形象,几乎都可找到与京剧行当的对应关系"[②],"生、旦、净、丑作为中国的戏曲艺术原型,人物性格的类型性具有民族的共性,而刘绍棠在借用这种原型意象进行创作时,依靠自己的人生体验和艺术经验,发掘出北运河的区域文化个性,实现了原型的地域化"[③]。京剧的形成本就离不开运河的影响,作为京剧来源之一的徽班自扬州北上进京就是被大运河"运"来的。因此,京剧不仅是运河流域颇具代表性的艺术形式,更是运河漕运联通功能的典型体现。刘绍棠对京剧艺术元素的采撷,充分体现出他对运河文化的理解。

乡土小说强调对地方风土的描述,刘绍棠的小说中有大量关于地方风俗的描画。运河流域的独特生态环境、根植于运河中的特色文化、运河沿岸民众的日常生活共同滋养了刘绍棠的乡土文学叙事。茅盾指出,"关于'乡土文学',我以为单有了特殊的风土人情的描写,只不过像看一幅异域图画,虽能引起

---

① 刘绍棠:《刘绍棠文集》第10卷,北京十月文艺出版社2003年版,第165页。
② 崔志远:《刘绍棠对新时期文学的贡献》,《文艺报》2017年4月21日第3版。
③ 崔志远:《燕赵的豪侠——刘绍棠"运河文学"形象与京剧行当》,《文艺理论与批评》2012年第5期。

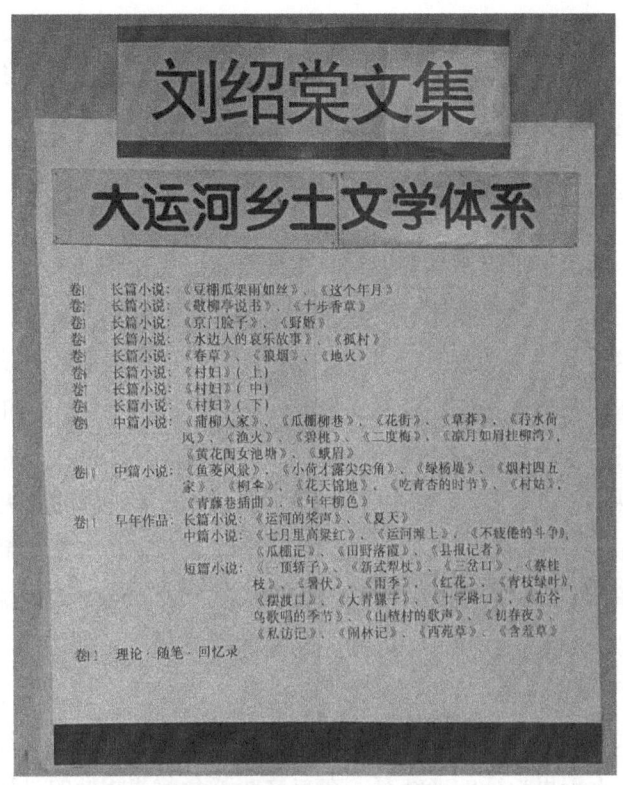

图 2-8　通州档案馆展示的"大运河乡土文学体系"
拍摄时间：2022 年 1 月 23 日
拍摄地点：通州区档案馆　拍摄人：徐睿凝

我们的惊异，然而给我们的，只是好奇心的餍足。因此在特殊的风土人情而外，应当还有普遍性的与我们共同的对于运命的挣扎"①。对于刘绍棠来说，通州大运河岸是他的生身之地，求学、写作与人生经历的起伏又使他从未远离大运河，始终在故土中汲取着创作的灵感。刘绍棠的乡土小说中不仅充满着他对运河文化特质的理解、沉淀了他对故乡之美的感怀，更通过对细节的捕捉描摹着运河流域人们的"原生态"生活情状，描绘了人们在这片土地上的挣扎、抗争、喜悦与恬适。通过对生活实际情景的深入与对生活细节的把握，刘绍棠用

---

① 茅盾：《关于乡土文学》，《茅盾论中国现代作家作品》，北京大学出版社 1980 年版，第 241 页。

细腻的笔触留下了人们的乡土记忆与运河流域丰富的文化资源,这种艺术取向超越了运河水土的自然属性,将大运河塑造成了慰藉心灵的精神家园,保留着当下西集特色小城镇建设所亟需的文化资源。

(二)革命历史的忠实记录

贯穿古今的运河不仅承载着多元的文化交流,更是革命文化的载体。刘绍棠的小说创作中同样书写着他对运河流域红色文化的记忆与解读。

刘绍棠这样讲家乡人的热血生活:"我的家乡农民非常豪爽仗义,久远的历史不必赘述,明末清初的农民起义余波,在我们家乡直到康熙年间才平息下去。清朝末叶,义和团运动又在我家兴起……辛亥革命的志士为推翻满清王朝抛头颅洒热血……大革命失败后的农民暴动,抗日战争的烽火连天,解放战争的硝烟弥漫,我的家乡大地上洒满了共产党人和革命群众的鲜血。"[①]

北运河东岸自1942年便是共产党领导的解放区。西集儒林村地处运河的河湾角,不易引起敌特注意,因此,党与军队的领导机关便以儒林村为"堡垒村",隐蔽休整秘密办公。当时14分区司令员、三(河)通(县)香(河)联合县支队长、京郊武工队队长等负责同志都曾在刘绍棠的家中借住过,他们有些是参加过两万五千里长征的老红军。在与这些革命前辈相处的过程中,刘绍棠在潜移默化当中提高了政治觉悟,早早加入了抗日救国儿童团,成年后便积极向党组织靠拢。在成为专业作家后,刘绍棠将革命文化与精神内化于自己的写作中,以党的文艺理论作为自身创作的指导思想。

刘绍棠的文学创作对革命文化的书写与解读不仅表现在他对革命历史题材的喜爱,也表现在对革命英雄人物的描写上。孙犁提出,"作家如果仅仅把日常风俗的描写作为文学创作的中心,那就只能局限于风景描写,唯有嵌入政治事件,才能使作品充实饱满、内蕴深刻,才能在政治高度上再现生活场景"[②]。刘绍棠的小说将民众守护家乡的革命行动与乡土气息融合在一起,使他笔下的革命人物更有"土气",更接地气。

---

① 刘绍棠:《刘绍棠小说选自序》《一个农家子弟的创作道路》,中国作家协会北京分会文学评论委员会:《探索者的足迹——北京作家作品评选》,北京十月文艺出版社1985年版,第596页。
② 孙犁:《孙犁文集》第4卷,百花文艺出版社2002年版,第391页。

对革命文化的书写体现于刘绍棠的多部经典著作中。他的代表作《蒲柳人家》便是一部革命题材的作品。小说主要以"九一八"到"七七"事变前冀东建立殷汝耕日伪政权及人们抗日情绪的日益高涨为背景，展现了冀东运河滩上的风土民情及历史变迁。刘绍棠以形象的描绘讴歌了运河滩人民的斗争精神和生活热情，展现了劳动人民的道德品质、婚姻爱情、生活智慧和创造能力。《地火》描写解放战争中京东北运河兰渚县烟村、罾罟台、茑花沽一带的人民，在蒲葵、叶荷、雷响、飘香等人的组织领导下，与国民党地方势力吴莲池、吴宗笠父子的斗争，最后解放了兰渚县，抓住了吴宗笠。《春草》和《狼烟》描写了20世纪二三十年代京东地区在北京高等学府求学的几位青年知识分子的革命故事。他们在五四运动影响下，接受中国共产党的教育，走出"象牙之塔"，返回家乡发动群众、建立革命武装组织。他们巧妙运筹，只身入险，与敌人进行了艰苦卓绝的斗争。《蒲剑》则写农民蒲天明不愿再忍受地主恶霸的压迫剥削，齐家外出寻找"奇人"（共产党）的故事。《渔火》是写殷汝耕投敌时期，知识分子阮碧村联合绿林好汉解连环等与敌斗争的故事。刘绍棠小说中的情节设置深受古典小说与民间文学的影响，在他的革命题材作品中多描绘具有侠义精神的人物，他们侠肝义胆，扶危济困，体现出解放前京东地区人民反抗黑暗势力的决心、炽烈的革命热情及对美好生活的向往。

"以革命的现实主义为基础，以革命的浪漫主义为主导，也就是来源和忠实于生活真实，又充满革命理想和激情"[①]是刘绍棠乡土小说的艺术追求。刘绍棠将运河儿女的革命斗争精神与现实生活相结合，诗意歌颂运河儿女的英勇抗争，赞扬他们抵抗阶级压迫、反抗民族侵略的精神，体现了无畏的革命英雄主义。这些革命题材的小说为人们了解彼时运河沿岸民众的革命斗争及生活状况提供了依据，兼具美学与社会学的价值。

刘绍棠的乡土文学创作承载了他对运河文化的深情，也凝聚着西集民众共同的历史记忆。在当下西集特色小城镇建设的过程中，刘绍棠的乡土文学作品以其艺术性与社会价值的特点，成为西集社会发展的可贵资源。

[①] 刘绍棠：《运河文学体系论》，《刘绍棠文集·卷10》，北京十月文艺出版社2003年版，第3页。

三 刘绍棠作品的当代价值与资源转化路径

纵观刘绍棠的乡土文学创作与文学理论建构,他的作品始终书写着运河流域的文化与历史,承载着他对运河流域民众的文化心理与民族精神的解读。理解刘绍棠文学作品的当代价值,探索其乡土文学的资源转化路径,对于西集特色小城镇具有现实意义。

(一)刘绍棠作品的当代价值

作为长期将大运河流域的民众生活作为书写对象的作家,刘绍棠的作品以诗意的语言书写着运河的历史,既保留了运河流域民众的文化记忆,又能够满足民众的情感归属与乡土情结。

1. 补充历史资料与文化记忆

作家是文化的传播者,他们将地方风土以文学的表达方式和艺术表现手法加以展现,既传承了民俗文化,又保护了民众的历史记忆与文化记忆。刘绍棠创作是这方面的典型代表。

在长篇小说《地火》中,刘绍棠描写过辽代耶律阿保机的晾鹰台,在《京门脸子》中他述说了辽代萧太后的萧妃井,在《豆棚瓜架雨如丝》和中篇小说《渔火》中,他描写了明代徐达、常遇春的点将台和明成祖朱棣的驻跸台。这些古迹早已湮没无存,鲜为人知,只在一些古籍中有所记载。但是,刘绍棠却用小说将这些遥远的古迹记载下来。值得一提的是,有些与文物古迹相关的民间传说仍然还在流传,如晾鹰台虽然消失了,但"海东青拿天鹅"的传说还在讲述,通州博物馆中展出的海东青标本和运河文化广场上展示的延芳淀风土人情雕塑都记录了辽代贵族狩猎的生活经历。此时,作家文学与文物、古遗迹、民间传说彼此印证,为西集的生态休闲建设提供了新的文化资源。

刘绍棠在小说中详细地描写了李卓吾墓,这是西集较具代表性的历史遗迹。相传明代大学者李卓吾临终前一年流寓通州,隐居著书。因遭谗陷,李卓吾最终被捕入狱,自戕而死,并葬于通州北关外。该墓地曾因故迁址,后墓碑又遭破坏。20世纪70年代末,刘绍棠呼吁重修李卓吾墓。1982年,通县人民政府在风景秀丽的西海子公园为李卓吾新建陵园,刘绍棠出面邀请周扬为其题词、镌刻新碑。如今，新建的李卓吾陵园坐落在荷塘碧水之畔，成为北京市级文物保护单位。刘绍棠不仅在小说中记录西集的历史，更以实际行动保护西集的历史文化。

民间花会是刘绍棠小说中常常描写的内容。《京门脸子》中有如下描写：

> 这一年正月十五雪打灯，春天雨多风少，一籽落地万籽归仓，秋收是个百年不遇的好年景。头一场冬雪三尺厚，东北大军进关，关里关外两路大军会师，打下了天津卫，包围了北京城。我们河这边村村成立剧团，大办花会。鱼菱村的狗打架戏班，到各村跑野台子。莲房村的高跷会，柳伞村的霸王鞭和打花鼓，绿杨堤的跑旱船，也是争奇斗胜，各不相让，走到哪村吃那村。谷老茬子大伯要抢上风，又攥起了小车会；都是谷姓人，而且男女同台。①

民间花会是通州地区标志性的民间文艺形式。它存在时间长，经历了繁盛时期，也曾差点失传。近年来，随着国家非物质文化遗产保护运动的开展，在政府、地方文化精英和民间艺人的共同努力下，民间花会重新焕发了生机。刘绍棠对花会的书写囊括了对历史事件和个体经历的记忆。虽然这些记忆并不一定能作为史实被看待，但是包含着民众对于苦难生活的抗争和对美好生活的向往，这些饱含情感的民众记忆就成为了解历史的一把钥匙。② 民间花会作为自我管理的服务性组织，"文化自愈"是其延续的内在机制，关系的凝结是提升组织团结，乃至社区团结的关键力量。③ 在花会传承不畅时，刘绍棠的文学书写能够为花会的"自愈"提供借鉴，为保持民间文艺的活力提供借鉴。

2. 满足情感归属与乡土情结

在刘绍棠 40 余年的创作生涯中，有 30 多年的时光是在他的家乡儒林村度过的。"乡土"是他文艺创作的主题，也是他文学成就的底色，还是他文学理

---

① 刘绍棠：《京门脸子》，《刘绍棠小说精选》，四川人民出版社 1999 年版，第 264 页。
② 毛巧晖、白蓉：《地域秩序与社会记忆的表达——以山西运城盐池神话为中心的考察》，《中北大学学报》（社会科学版）2018 年第 4 期。
③ 毛巧晖、王晴：《民间花会与社会治理——以北京市通州区里二泗小车会为中心的讨论》，《社会治理》2021 年第 8 期。

论的关键词。正如费孝通在《乡土中国》中所说:"我们不能有个人的语言,只能有社会的语言。要使多数人能对同一象征具有同一意义,他们必须有着相同的经历,就是说在相似的环境中接触和使用同一象征,因而在象征上附着了同一意义。因此在每个特殊的生活团体中,必有他们特殊的语言,有许多别种语言所无法翻译的字句。"①对刘绍棠而言,书写运河流域的地方文化是他肩上的责任,反映运河流域的民众情怀是他的使命。"土生土长所形成的土性,也就是我的经历和教养决定了我是个土命人,是个土著作家,只能写土气的作品。"②

图 2-9　通州区民间收藏者闫宝林展示他收藏的刘绍棠作品
拍摄时间:2021 年 12 月 3 日
拍摄地点:通州区榆林庄村　拍摄人:徐睿凝

如今的"乡土"已远远超过了乡村的范畴,更成为一种乡愁的意象,这也是刘绍棠文学在当代的重要价值之一。刘绍棠生动讲述故乡儒林村的得名传说:

每个村子的来历,都是口头相传。一传十,十传百,百传千,千传万,一代又一代;每过一人之口,每一代承上启下都有所增删润色,艺术加工。所以,村史并非信史,不可不信,也不可全信,应该归于野史稗闻,或民

---

① 费孝通:《乡土中国》,北京出版社 2005 年版,第 16 页。
② 刘绍棠:《刘绍棠文集》第 10 卷,北京十月文艺出版社 2003 年版,第 17 页。

间口头文学范畴。相传儒林村本是清朝初年跑马占圈的旗地,主人是正黄旗的皇室旁支,可能是多尔衮王爷的一个庶出儿子,名叫"如意",又叫"如意带子"。这块河滩地被圈占以后,并没有开垦种田,只是每年入伏,青草长得一人高,十来个家奴马夫,牵着如意带子的十二匹走马,到这里放牧吃青。十来个马夫搭一座窝棚,住到草枯树黄的深秋时节,便牵着膘肥腿壮的走马回北京了。过了几年,如意带子的一个爱妾所生的女儿出嫁,这块河滩地当成妆奁,算是这位千金小姐的脂粉地。十来个马夫不放马了,犁耧锄镰,牵牛赶驴,日出而作,日入而息,给这位如意带子的千金小姐垦荒熟地,种的是五谷杂粮,栽的是瓜果梨桃;每年的收入,便是千金小姐搽脂抹粉的费用。后来,众人娶妻生子,于是便立户成村了。六亲九族,外来移民,三五成群,四面八方,越聚越多,小村一天天大起来。村名原叫"如家林",叫白了又称"如林"。50年代人民政府修订地名,才正式称为儒林村。①

对故乡村名由来的重视蕴含着刘绍棠的村落归属感和乡土情结。地名本身具有指代性和社会性,是村落的符号资源。

刘绍棠的作品源于对土地、家乡、祖国的依恋与深情。他的小说将乡愁寄托于自然和生活,以洒脱真挚的心灵讴歌脚下的一片热土,视野广阔,情感真挚,具有强烈的现实意义。

(二)刘绍棠文学的资源转化路径

作为"大运河之子",刘绍棠的人生经历与他的乡土文学实践是西集文脉传承的重要一环,对西集生态休闲小城镇建设具有重要的意义。如今,西集的特色小镇建设十分重视刘绍棠的作品,不断探索其资源转化的路径。纪念性展馆及资料室的建立,对小说的改编、文旅资源的运用等,皆承载了人们对刘绍棠的缅怀与追忆,也在特色小城镇建设中发挥了重要作用。

通州档案馆的"刘绍棠文库"于1992年5月建立。这里收藏了刘绍先生的著作、手稿、书信、简报、藏书、证章、证书、照片、实物等资料1600余

---

① 刘绍棠:《刘绍棠文集》第10卷,北京十月文艺出版社2003年版,第343页。

卷（件）。档案馆设立的名人文库、非遗艺术馆和雷锋文献资料室成为北京市爱国主义教育基地，主要服务于通州区100多所学校。多年来，档案馆曾多次举办"名人故乡行""今天学名人，明天担重任""我爱大运河主题夏令营""了解通州历史，感受通州文化"等面向青少年的爱国主义教育活动，定期举行专题讲座和主题报告，让青年学子们深入了解家乡文化并坚定建设家乡的决心，成为通州区教育科普、文化研学的重要平台。在通州图书馆的"运河文学库"专题资料室中亦专门陈列了刘绍棠、浩然等通州作家的资料，其中还收藏有刘绍棠曾经伏案写作的桌椅。刘绍棠曾居住的光明胡同45号现已成为"刘绍棠乡土文学研究会"的办公地点；儒林村村委会还设置了刘绍棠故里与刘绍棠展览馆，向前来参观的人们展示他的生平以及主要作品。近年来，刘绍棠展览馆成为西集中学骑行研学活动的重要站点，使学生通过对刘绍棠及其创作的了解，身临其境地感受运河两岸的时代变迁，体会家乡的建设与发展。

图 2-10　通州图书馆展示的"刘绍棠作品专柜"

拍摄时间：2022年1月16日

拍摄地点：通州区图书馆　拍摄人：徐睿凝

刘绍棠的文学作品还被改编成其他形式的文艺作品。其中比较成功的改编有：发表于1979年的中篇小说《碧桃》于1987年被西安电影制片厂改编成电影《野妈妈》；出版于1983年的中篇小说《渔火》同年被天津人民美术出版社改编成同名连环画；1997年，他的大运河乡土文学系列作品《花街》《蒲柳人家》《渔火》被改编制作成电视剧《运河人家》；2019年，改编自《渔火》和《蒲柳人家》的话剧《运河1935》在运河文化艺术节上演，等等。这些尝试将文学文本转化成其他类型的艺术形式，丰富了文艺的表现方式，拓宽了艺术体验的边界，使人们对于运河文化的理解更为立体和形象。

文旅融合协同发展也是转化文化资源的重要路径。这种将文化宣传与经济发展相结合的方式能满足人们对于物质体验和精神活动的双重需求。作家描绘的地方风物常常成为文旅融合的有效纽带。例如，榆钱树在运河畔屹立了上百年，榆钱树春天结的榆钱儿是带有地方特色的农副产品，也是伴随北运河两岸民众幼年经历的集体记忆。刘绍棠将其诉诸笔端，用艺术手法记录特殊年代的童年生活。这种记录与许多人的童年阅历相契合，也与不同年代成长起来的人们产生情感共鸣，今天在生态休闲小城镇建设中仍发挥作用。刘绍棠在《花街》中这样回忆昔日运河滩上的饮食风俗："春天吃个树饱；夏天生吃面瓜，熟吃倭瓜，落个瓜饱；秋天烧玉米，煮青豆，打枣扒花生……混个杂饱。"① 这里的"树饱"就是指吃榆钱儿。他还在短文《榆钱饭》中描绘自己吃榆钱饭的几段不同记忆：有童年时榆钱树上无忧无虑的玩乐，苦难时期缺衣少食拿榆钱儿果腹的满足，还有由于城内榆钱树稀缺而使榆钱儿成为珍馐的奇观等。如今通州区的榆林庄村开发了"榆钱宴"，制作出榆钱糕、榆钱摊鸡蛋、榆钱饭、榆皮面压饸饹等食品。经营者还通过"余钱"的谐音表达吉利的彩头。"榆钱宴"既唤醒了人们的昔日记忆，也主张现代营养观念，还作为地方饮食文化的代表参与到2022年"潞县民间美食节"，助力特色小城镇建设。

作为具有深厚农耕文化基础的中国社会，乡土性是中国社会基层文化的主调。梁漱溟指出，"中国社会是以乡村为基础，并以乡村为主体的；所有文化，多半是从乡村而来，又为乡村而设——法制、礼俗、工商业等莫不如是"②。推动西集特色小城镇建设、促进西集乡村振兴应重视乡土文化的传承与资源保护。作为兼具审美与社会功能的文学作品，刘绍棠的乡土文学作品承载了乡村地方风土、民风民俗、文化传统，蕴藏着特色小城镇建设的丰富资源，亦能够被转化为文化建设的新动力。

---

① 刘绍棠:《花街》,《蒲柳人家·刘绍棠文集》,北京十月文艺出版社2018年版,第257页。
② 梁漱溟:《乡村建设理论》,上海人民出版社2006年版,第10页。

西集生态休闲小城镇建设强调生态环境与精神文化的交融，希望给身处其中的人们以物质与精神的双重享受。此时，刘绍棠的乡土文学可以成为特色小城镇建设的重要文化资源，缓解城市居民紧张的生活节奏，使人们回归乡土、回归自然的精神空间，重温温馨的乡土记忆。此外，刘绍棠的乡土文学还能通过不同的传播媒介和传播途径，转化为新时代特色小城镇发展的重要文化资源，为区域社会发展提供助力。

综上所述，在西集以"生态休闲小城镇"为方向推进特色小城镇建设后，农业传统与文学底蕴便成为小城镇建设的重要资源，并能在资源转化的过程中为当地社会的转型发展提供新的动力。正如北京"十四五"规划纲要的要求，通州的发展应"利用好千年运河文化品牌。推动大运河文化遗产整体保护与文化品牌塑造，延续壮美运河千年神韵"[①]。西集生态休闲小城镇的建设同样应将运河生态与农业传统、地方文化相结合，在涵养生态的同时以多元发展路径加快特色小城镇的建设步伐。

---

① 《北京市"十四五"文化产业发展规划》，北京市文化和旅游局网，http：//whlyj.beijing.gov.cn/zwgk/tzgg/202110/t20211025_2519412.html，访问时间：2022年4月15日。

第三章

艺术乡建与台湖演艺小镇的运作实践

2012年,北京市政府明确提出"聚焦通州战略,打造功能完备的城市副中心",更加明确了通州作为城市副中心定位。2017年2月,习近平总书记考察北京城市副中心时指出,"站在当前这个时间节点建设北京城市副中心,要有21世纪的眼光。规划,建设,管理都要坚持高起点,高标准,高水平,落实世界眼光,国际标准,中国特色,高点定位的要求。不但要搞好总体规划,还要加强主要功能区块,主要景观,主要建筑物的设计,体现城市精神,展现城市特色,提升城市魅力。"位于通州区的台湖作为北京"城市副中心"打造的重点,《北京城市副中心控制性详细规划》中的相关要求指出,台湖要做好"城市副中心",能够重点引导小城镇的功能联动和特色发展,共同承接中心城区功能和人口疏解。规划建设好台湖地区对于发挥北京"城市副中心"作用具有长远意义。2017年8月10日,蔡奇书记视察台湖镇,明确指出,规划建设好台湖镇,对于处理好城市副中心和通州区的关系,促进副中心可持续发展并发挥辐射带动作用,具有示范作用,要把台湖演艺小镇打造成为北京市特色小镇的标杆。在对台湖历史文化资源系统分析的基础上,本章将介绍乡村建设与艺术乡建的基本理论主张,进而对台湖演艺小镇建设的实践进行分析与把握,并对台湖演艺小镇建设中的积极经验与不足之处进行分析,以期为特色小镇建设提供经验事实与理论支撑。

第一节 台湖镇历史概览

台湖镇地处北京市东南部,通州区西南部,系北京市通州区下辖镇。其北邻梨园镇,东临张家湾镇,南临马驹桥镇,西临朝阳区黑庄户地区,占地面积 81.3 平方千米。截至 2020 年,台湖镇有下辖台湖村等 46 个行政村,两个居委会,常住人口 15.17 万。[①] 凭借着京哈高速、京津高速、京沪高速和六环路在镇内交汇贯通的便捷优势与北京市政府政策上的大力支持,台湖镇多次蝉联北京市 42 个重点小城镇综合评比第一名,2017 年被评为"全国文明村镇""疏解整治促提升"专项行动先进集体,2018 年被评为"首都环境保护先进单位""公共机构能效领跑者""北京市体育特色乡镇"。[②]

根据考古资料显示,台湖地区历史上东、南、西三面地势低洼,多湖泊湿地,适宜人类居住和生产生活。又因围湖设立了多处方形土岗,这些土岗被称为"台",台湖因此得名。镇域内古墓群众多,战国至汉代整片区域中都有大量人类活动,例如周家坡岗子汉墓群、垛子汉墓群、永隆屯汉墓群,可惜文字记载极少。[③] 至唐代,镇域内出现大量有名称并传承下来的聚落,例如今台湖镇西南部崔家窑村附近的赵户台子遗迹,遗迹内古井为唐砖砌成,2009 年拆迁前该地仍被称为赵户台子。[④]

辽圣宗耶律隆绪开泰元年(1012),南京道幽都府易名"南京道析津府"。[⑤] 今镇域上隶南京道析津府。时镇域内有湖泊名"台湖"。据《辽史》记载,耶律隆绪于统和八年(990)、九年(991)曾到台湖游猎,十年(992)夏四月,并

[①] 程行利:《乐和台湖》,团结出版社 2021 年版,第 2 页。
[②] 《第五届全国文明城市、文明村镇、文明单位和第一届全国文明校园名单》,新华网,http://www.xinhuanet.com//politics/2017-11/17/c_1121973853.htm?baike,访问时间:2021 年 11 月 12 日。
[③] 程行利:《乐和台湖》,团结出版社 2021 年版,第 11 页。
[④] 同上书,第 12 页。
[⑤] 孙自凯、张洪林:《通县志》,北京出版社 2000 年版,第 509 页。

将台湖更名为"望幸里",这也是历史上少数对台湖一地的直接记载。① 此地之所以能留名青史,很大程度上依托了辽代的四时捺钵制度。契丹作为渔猎民族,打猎活动构成其社会政治制度的重要一环,《辽史·营卫志》记载:"辽主秋冬违寒,春夏避暑,随水草,就畋渔,岁以为常。四时各有行在之所,谓之捺钵。"② 所谓捺钵,实质上是契丹语言的音译,指可汗外出狩猎时所建之牙帐,或休假时之行宫。"四时捺钵"就是辽朝皇帝一年四季当中在不同的地方去打猎,类似中原皇帝的亲耕大典,也就是在辽圣宗时代这四处活动地点被固定下来:鸭子河(今松花江)、长春河(今洮儿河)、鱼儿泺(长春河附近)、鸳鸯泺(今河北省张北县)。四时捺钵不仅仅是皇帝的休闲娱乐的场所,更是其定期会见南北官员、决定军国大事的中心。然而统和八年(990)、九年(991)辽圣宗与萧太后因军事问题驻扎北京城,无法去传统的春捺钵地,他们到北京城外部台湖地区游猎时发现此地恬静幽豫,风光旖旎,前有襟江带湖,水草丰茂,背有岗丘拱卫,林木青葱,遂在此地设役使,修庭馆,成为皇家招待所。萧太后还在此地修一阅台,以供皇家子弟渔猎和军队演武时观览休息之用,人口也随之增长,于是其形成数个较大的村落。③

然而沧海桑田,台湖水域随着时间流逝也逐渐消失在历史中。因浑河(凉水河)多次泛滥,特别是元至正二年(1342)重开金口河后,永定河水因水流湍急,泥沙壅塞,大量泥沙涌入台湖,导致了湖底升高,水面干涸。此后台湖再不见湖水,只留下台湖一名传承下来。清代乾隆四十八年(1783),台湖村被改名为台户,直至民国二年(1913)才被改回台湖。④ 1949年10月新中国成立后,通县设八区,今镇域北部台湖及附近村庄被拨为通县第六区辖地,区治所设在曾经的田府村(2013年已拆迁);南部次渠及附近村庄划为通县第七区辖地,区治所设在马驹桥。⑤ 1958年4月,河北省通县专区被撤销,通县、通州市合并为通州区,台湖自此成为北京的一分子。1961年7月全县建32个公社,始建台湖人民公社。1983年7月28日,人民公社和生产大队建制被撤销,

---

① 程行利:《乐和台湖》,团结出版社2021年版,第26页。
② 〔元〕脱脱:《辽史》,中华书局2017年版,第1055页。
③ 程行利:《乐和台湖》,团结出版社2021年版,第30页。
④ 同上书,第32页。
⑤ 同上书,第10页。

原人民公社管辖范围基础上建乡。原台湖公社、麦庄公社，分别改建为台湖乡、次渠乡。2000年7月，撤销台湖乡，设立台湖镇。2001年11月，撤销台湖镇、次渠镇，设立台湖镇，镇政府驻台湖村，管辖区域为原台湖镇和次渠镇辖域，共46个行政村。时移世易，尽管今日我们已经很难在台湖镇看见那些曾经的"台"与"湖"，但仍能从这一名字中窥探到此地的历史记忆。

从文明伊始到21世纪前，台湖受多平原、洼地等自然环境影响，一直以农业作为主要生产活动，主要生产小麦、水稻和莲藕。在1996年，台湖乡拥有工业企业77家，形成金属制品、普通机械制造、造纸、纺织、家具、印刷等16种行业，第二、三产业产值达3457万元，占生产总值的45.9%。[①] 尽管这一数额在农村地区已属上乘，但横向对比通州其他乡镇就显得略逊一筹，作为地方性知识的非物质文化遗产和民风民俗也处在一种自在状态，没有走入公共视野中，相对应的保护与开发也十分薄弱。

直到2001年，台湖依托建设中关村科技园区的光机电产业园和星湖工业园，突然呈现出一种高速发展的势头。光机电产业园作为国家级的产业园区，吸引了大量高精尖技术企业入驻，现已经成为北京市最重要的产业集聚区之一，亦是通州区发展质量、经济效益最佳的园区。星湖工业园作为拥有1510亩土地开发面积的镇级工业园在开设后却始终保留大量产业用地，因为园区始终对"三高一低""五小"之类的企业关闭进入之门，确保园区定位，在普遍追求眼前效益的北京大小产业园区中可谓凤毛麟角。事实上，通州区对于园区建设的理念在北京相当超前，在2007年便参考了南方诸省的属地化管理方式，将位于乡镇的产业园区全部交由属地管理，避免了因区块分割、各自为政造成的发展掣肘，极大地释放了乡镇做大做强园区经济的动力，确保台湖能对产业园区做出更加长久的发展决策。[②] 以光机电基地为例，自2007年划归台湖镇管理之后，地方税收已由2006年的不足3亿元，在3年时间内翻了三番，2009年同比上一年实现了24%的增长，达到9.3亿元。台湖的第二产业也由传统的食品、机械制造、家具等企业转变为生物医药、高新技术类高附加值企业。

2008年，台湖成为通州区首个税收突破10亿元的乡镇，到2017年底，

---

① 孙自凯、张洪林：《通县志》，北京出版社2000年版，第398页。
② 赵方忠：《台湖：探路特色小城镇》，《投资北京》2010年第2期。

全镇实现工业产值361.3亿元，税收总额达到276.2亿元，亿元纳税大户占全区的1/3，工业产值和税收的年均增速分别高达13.6%和10.1%，经济总量与发展速度均居通州区乡镇前列。① 蓬勃发展的高新技术产业不仅为台湖镇的公共基础建设打下坚实的物质基础，也使其在建设现代化国际新城的同时将更多目光放在地方文化建设上，力图通过挖掘地方传统文化与村庄特色民俗故事，营造一个全新的文化发展空间。

在2018年市政府正式东迁后，北京进入通州时间，作为城市副中心拓展区9个特色小镇之一的台湖亦逐步走向时代舞台的中央。为将通州从"行政副中心"升级为"城市副中心"，北京政府从东迁开始便要求北京属下的国企、学校、医疗、产业等全面向通州转移。根据通州对外公布的《北京城市副中心老城区城市双修与更新三年行动计划（2019-2021年）》通州共储备项目937个，总投资约10706亿元。其中，仅市民非常关注的老城区改造提升项目，就安排了148项重点项目，总投资约627亿元。② 毫不夸张地说，北京全市至少30%的政府投资都汇聚在通州。

依托着风生水起的城市发展趋势，通州着力建构"北有宋庄原创艺术、南有台湖演艺小镇、东邻张家湾与城市绿心、中有北京环球度假区"的"大文旅"产业发展格局。台湖演艺小镇则把创意创作、展演交流作为出发点，大力发展艺术推广、文化旅游等产业；在创意创作维度，政府打造以青年社区为主的艺术家孵化基地、以知名艺术家工作室为主的文化基地、原创歌舞剧目产业孵化地、版权机构及交易中心聚集地，力图建设一站式的文化产业小镇，成为京东文化建设的核心地带；在展演交流维度，一方面围绕国家大剧院太湖舞美中心打造剧目预演交流平台和高精尖舞美、道具演出装备的展示演示中心，另一方面建立演出博览交易平台，提升艺术市场经济效益。

与此同时，台湖演艺小镇还将生态建设作为发展的重要指标，打造森林城市，为市民提供休闲生态景观空间，台湖公园和台湖万亩游憩园的建成便是台湖区域生态环境品质提升的最佳写照。生态环境的改善为地方打造有文化、有

---

① 《国民经济和社会发展》，北京市通州区人民政府网，http://www.bjtzh.gov.cn/bjtz/fzx/201905/1225526.shtml，访问时间：2021年11月21日。
② 《北京城市副中心老城区城市双修与更新三年行动计划（2019-2021年）》，澎湃新闻，https://m.thepaper.cn/baijiahao_7201454，访问时间：2021年11月14日。

内涵、有特色的高端民宿业态提供了可能性，休闲的"静居所"与热闹的环球影城度假村提供了截然不同的体验，可以满足更多游客的需求，台湖演艺小镇形象和艺术氛围也进一步提升。

第二节　关于艺术乡建的理论与主张

在经历一番艰难的探索后，2010年后，台湖镇将演艺小镇作为城镇建设的目标，并在此基础上推动从高科技产业乡镇到文化艺术产业的转变。这一转变，既是对国家发展定位的主动调试，更在相当程度上体现出基层政府对于乡村建设理念的发展。本节主要对国内外艺术乡建理论进行梳理，在此基础上为后文对台湖演艺小镇的运作实践进行理论准备。

一　国外乡村建设理论的背景、历史发展

根据牛津词典的解释，"rural"（乡村）来自于古法语，意为"住在乡下的人"，大体出现在15世纪早期。15世纪的欧洲在经历漫长的瘟疫、自然灾害的迫害下终于恢复生机，农业产业结构调整，技术改进，粮食产量增多，农业革命使欧洲经济获得快速发展，城市不再像以往一样只具有政治职能，开始从农村中分化出来承担起经济职能。1800年以前，大约97%的人口都生活在农村。

工业革命改变了产业结构，大机器生产背景下，资本主义披上城市化外衣，吸引乡村人口进城贡献廉价劳动力。城市依托技术发展带来的工业化加速从乡村母体中汲取养料，乡村社会被过度利用又被无情抛弃，城乡关系发生巨大变化，地位倒转，城乡关系从依赖农村变为依赖城市，农村靠着城市发展施舍的一点辐射得以苟延残喘，城乡差距无限拉大，城乡对立急剧尖锐。乡村危矣，理论家们大体分成三派来阐述乡村建设理论：

（一）反对城市化，主张乡村自我实践

工业革命带来的经济飞速发展以及加速城市化的后果之一就是大批的农村

移民进入，城市的机能无法负载过量的人口催生出社会管理、就业、疾病等问题。所以出现了反城市化的主张，将城市和乡村看作互相对立的两段，想要保护乡村不受城市化的污染，限制农村人口流向城市，停止城市扩张，建筑必须限制在明确界定的区域内①。

但事实上这种想法并没考虑到乡村的实际情况，一方面乡村经济发展、基础设施、服务等方面均落后于城市，需要得到城市工业化的帮助，另一方面现在虽然产生了乡村人口增长，但是增长的原因并不是出走人口回流，而是城市人口向往乡村宜人的居住环境和低廉的租金，并不会给乡村发展带来实质性的人才帮助，还会产生乡村绅士化现象。

（二）乡村城市化

持有该观点的人把城市化当作人类社会发展的重要里程碑，是生产力发展的必然结果，与中国的农业文明不同，欧洲发展的底色是城市文明，城市是承载欧洲神灵的家园②。农村向城市的迁移是社会进步的一种象征，需要的是有效管理而不是遏制。

美国人类学家雷德菲尔德在其著作《农民社会与文化》中提出大传统和小传统的概念，在他看来，二者泾渭分明，大传统特指主动地，以城市为圆点辐射范围内的知识分子代表的文化，小传统则是被动地，乡村社会大多数农民所代表的文化，并且认为随着社会的发展，农村不可避免地会受到城市的同化，形成乡村城市化。迈纳和刘易斯对雷德菲尔德分出的民间社会展开批评，认为他为了验证自己的分类，过分强调城市的普遍性，过于注重形式而不是文化内容③。虽然该理论遭到了很多批评，但是雷德菲尔德仍然提供了一个城乡连续发展的框架。

韦斯特隆德·汉斯和小林清志认为在全球知识背景下，城乡"对立"已经成为过去式，分界线出现在扩张和衰退的地区之间而不是城乡之间，具有明显相似节点和资源流动系统的连续体才是现在城乡关系的写照。他认为，现阶段

---

① C.E.M. Joad. *The People's Claim*. Britain and the Beast，1938，pp.64–85.
② 刘易斯·芒福德（LewisMumford）：《城市发展史 起源、演变和前景》，宋俊岭、倪文彦译，中国建筑工业出版社 2005 年版，第 9 页.
③ Horace Miner. The Folk-Urban Continuum. *American Sociological Review*，1952，17(5).

乡村建设首先是要承认乡村已经失去主导甚至是平等地位，沦落成为城市的附庸。而经济基础决定上层建筑，乡村想要发展，就必须要以满足城市需要为重，社会资本决定城乡关系[1]。但是这种过分重视社会资本、城市需求的观点，会使乡村社区在社会、经济和环境方面越来越难以维持[2]，会破坏乡村的"乡村性"，很容易把乡村建设变成城市后花园建设。

（三）城乡联合建设

英国国家统计局 2002 年的数据显示，虽然英格兰在地理上主要是"农村"，但在社会经济方面，它绝大部分是"城市"[3]，就像威尔斯二十世纪初预测的那样，城市和乡村的有形边界变得越来越模糊，城乡关系越来越复杂[4]，虽然有很多极端城乡二元论者对城乡一体化建设多有批评，认为他会让城市和乡村失去本来的特点，贬低他为一种不育的、雌雄同体的野兽[5]，但是城乡融合一体，协调发展，才能实现消除对城市和农村的误解[6]，现阶段的城乡关系应该是双向交流、动态联合的统一体，他们都是同一个经济和社会功能系统的一部分[7]，城市和乡村应该是合作伙伴，而不是竞争对手。具体而言，这一主张主要包括如下三种观点：

---

[1] Hans Westlund, Kiyoshi Kobayashi. *Social capital and sustainable urban–rural relationships in the global knowledge society*: Social capital and rural development in the knowledge society, 2013.

[2] South East England Development Agency, State of the Region. SEEDA, Guildford GU1 1YA, 1999.

[3] National Statistics, *A review of urban and rural area definitions*: Project Report. National Statistics, 2002, http：//www.statistics.gov.uk/geography/urban_rural.asp.

[4] Wells, H.G., *Anticipation of Reaction of Mechanical and Scientific Progress upon Human Life and Thought*. Chapman and Hall, 1902.

[5] T. Sharp. *Town and Countryside*: Some Aspects of Urban and Rural Development. Oxford University Press, 1937.

[6] A. Caffyn, M. Dahlstroem. Urban–rural interdependence: Joining up policy in practice. *Regional Studies*, 2005, vol.39.no.3.

[7] S. Gruber, Soci A. Agglomeration, agriculture, and the perspective of the periphery. *Spatial Economic Analysis*, 2010, vol.5.no.1.

1. 城乡融合理论

马克思和恩格斯主张城乡融合理论，继承空想社会主义者的思想，认为资本主义私有制不仅消除不了城乡对立，还会让他日益恶化。① 空想社会主义者在很早之前就对资本主义的丑恶进行了深刻揭露，开创者莫尔在其著作《乌托邦》中猛烈抨击"私有制是一切祸害的总根源"②，摩莱里在《自然法典》中称私有制是"万恶之源"③，指出城乡对立是资本主义私有制经济的必然结果，欧文的"新协和村"考虑了人口、住宅、工业、农业等各个方面的有机联结，展开了对城乡和谐结合构筑的美好想象，他们主张消灭私有制，重塑农业的经济主导地位，尽管由于"不成熟的资本主义生产状况"和"不成熟的阶级状况"④导致了空想社会主义不成熟的理论，但是仍然可见乡村建设"城乡融合"发展模式的雏形。

马克思和恩格斯从辩证唯物主义和历史唯物主义的角度论述了城乡差距、城乡对立产生的必然性和发展成城乡融合的必然趋势。城市过于集中，导致城市区域空间结构重构，繁忙、拥挤、污染、压力、竞争等词汇镶嵌其中。乡村过于分散，偌大的土地与人口、经济不成正比，产生"空心化"。城乡差距和城乡对立是生产力发展到一定水平的产物，是私有制产生的副产品，他们没有片面地否认劳动分工带来的阶级压迫，而是辩证地认为工场手工业的出现使农民摆脱了过去被行会剥削的命运，大工业是社会发展进步的动力，城乡之间的对立是随着野蛮向文明的过渡、部落制度向国家的过渡、地域局限性向民族的过渡开始的，它贯穿着文明的全部历史直至现在⑤。

恩格斯首次提出了"城乡融合"的理论，他在《共产主义原理》指导无产阶级消灭私有制措施中提到"结合城市和农村生活方式的优点而避免二者的偏

---

① 崔越:《马克思、恩格斯城乡融合理论的现实启示》,《经济与社会发展》2009年第7卷第2期。
② 杜红娟、余涛:《空想社会主义的产生、发展、贡献与局限再论》,《湖北社会科学》2020年第3期。
③ [法]摩莱里:《自然法典》,黄建华、姜亚洲译,商务印书馆1982年版,第148页。
④ 中共中央马克思恩格斯列宁斯大林著作编译局编译:《马克思恩格斯文集》第二卷,人民出版社2009年版,第528页。
⑤ 中共中央马克思恩格斯列宁斯大林著作编译局编译:《马克思恩格斯全集》第一卷,人民出版社1995年版,第104页。

颇和缺点"①，马克思认为只要"社会生产规模达到满足社会全体成员需要"②，就能消灭私有制，就能从根源上消除城乡差距和城乡对立。

2. 霍华德的三磁铁理论

第一次工业革命改变了产业结构，大机器生产背景下，资本主义披上城市化外衣，吸引越来越多的农村人口进城贡献廉价劳动力。埃比尼泽·霍华德指出人们总是颇有成见地认为城市和农村的产业形式和分工严格且分明，劳动人民不可能住在农村而从事农业以外的职业。③农村老龄化现象严重到病态，1939年英格兰和威尔士的农村地区65岁以上的人占10.3%④，残破不堪的农舍都勉强称不上是房屋，被剩下来的老弱病残也无力承担建设农村的责任。

英国各界纷纷加入讨论，保守党政治家戈斯特认为解决现阶段问题必须从根源上制止农村人口向城市迁移，让他们返回故土，坎特伯雷教长法勒悲伤而又痛苦地指出人口外流造成乡村发展的停滞，城市日复一日地变成人类的坟墓。

他们都把阻止农村人口外流看作解决城乡问题的关键，但是霍华德提出如果不创造一个比"城市"更大的新引力，那么这个问题是不可能解决的。所以作者秉持着"人民解放"的愿望，为解决农村人口外流问题提出了"城市"、"乡村"、"城市-乡村"的三磁铁理论，"城市"靠着他发达的经济和便利的生活吸引人民，但是又伴随着污染和高消费，"乡村"有着城市向往的清新空气和美丽环境，但是贫穷一直无法解决。霍华德认为城市和乡村各有优点，也各有弊病，而"城市-乡村"磁铁既具有城市的经济魅力，又拥有乡村的风光秀丽，能够使"人类社会和自然美景兼而有之"⑤，所以作者主张城市和乡村必须成婚，这样才能迸发出新的希望、新的生活、新的文明，进而构想出了城乡一体的"田园城市"。"garden city"之所以被翻译成"田园城市"，是因为金经元希望读者不要把关注重点错放在"garden"上，而是更多地联想到"田园""城

---

① 中共中央马克思恩格斯列宁斯大林著作编译局编译：《马克思恩格斯全集》第四卷，人民出版社1995年版，第368页。
② 同上书，第365页。
③ [英]埃比尼泽·霍华德：《明日的田园城市》，金经元译，商务印书馆2000年版，第6页。
④ 同上书，第4页。
⑤ 同上书，第9页。

市"一体的愿景①。

3. 城乡一体化建设

阿姆斯特朗和麦基在研究了印度尼西亚一些社区之后，认为亚洲城乡发展不同于西方，提出"DESAKOTA"模型，意思为毗邻大都市区的城乡混合空间②，李晨、樊华将其视为自下而上的城镇化过程③，周一星认为该词的意思就是"乡村城镇化"④。沃考恩、库里洛娃等人从捷克共和国现有的实际情况出发，以确定在欧洲和国家层面如何处理城乡关系的方式，以及城乡关系中的潜在问题为目的，主张建设城乡连续体，支持农村发展政策的多学科多样化发展，以确保农村的多功能性得到尊重⑤。

4. 其他理论

包括哈克在内的四位作者1977年在Development Dialogue上发表《迈向农村发展的理论》一文，他们通过对印度、孟加拉国、斯里兰卡、中国、泰国的农村历史发展和当时状况的调查研究，想要真正发展农村，解放村民，就必须动员穷苦农民团结起来，必须通过精心协调的集体行动挖掘村民的创造潜力，改革现有的农村政治体制，改善他们的经济现状，从而获得真正的发展⑥。

但是赫尔佐格对此展开了猛烈批评，认为他们的理论视角非常浅薄，"以群众为基础的领导层没有掌权"的社会中难以实现。他从文中强调的三个方面一一展开辩驳。一是认为该文作者虽然认识到农村社会阶级的存在，但是过于强调农村穷苦村民的主观意识形态，而忽视其与物质基础之间的关系。二是他们对"剥削"的理解只停留在表面上，无法真正阻断阶级压迫，甚至可能出现

---

① [英]埃比尼泽·霍华德：《明日的田园城市》，金经元译，商务印书馆2000年版，第17—18页。

② W. Armstrong, T. McGee. *Theatres of Accumulation: Studies in Latin American and Asian Urbanization*. Methuen, 1985. p.269.

③ 李晨、樊华：《Desakota地区城乡空间统筹路径探讨》，《规划师》2013年第9期。

④ 周一星：《"desakota"一词的由来和涵义》，《城市问题》1993年第5期。

⑤ R. Wokoun, J. Kourilova, M. Pelucha, et al. Prospective future trends in urban–rural relationships within the territorial agenda of the EU: A critical analysis of implementation with a special focus on the example of the Czech Republic. *European Planning Studies*, 2010, vol.18. no.11.

⑥ W. Haque *Towards a Theory of Rural Development*. 1975.

新的更隐蔽的剥削。三是非常依赖集体行动，不考虑国家经济结构和国家现实经济情况，对真正改善穷苦村民的经济生活很少关注。

虽然该理论被诟病良多，但是哈克的出发点是落在穷苦农民这个底层集体上的，理想化诟病下的是对村民的关注，是从人本主义出发的乡村建设理论。

二 国外乡村建设实践经验

欧美等国的乡村建设模式大多都依靠发达的工业化进行，贫困并不是乡村的代名词，就此而言，亚洲各国的乡村建设对中国来说更具有借鉴意义。

（一）韩国新村运动

二战后，韩国国民经济非常低，人均 GDP 不足 100 美元，他与日本相类似，拥有的国土面积也很有限，国家致力于发展工业化、城市化，分给乡村建设的资金有限，城乡差距纵深发展，但是农村人口约占当时韩国总人口的五分之四[1]，政府无力拯救的乡村不能被放弃，所以另辟蹊径，秉持"勤奋、自助、合作"的理念，从 1970 年开始在全国范围内进行由村民主导的新村运动，号召乡村由传统落后迈向现代进步的希望之乡[2]。

新村运动以文化教育为主导，进行经济和社会公共基础设施建设，在近 50 年的发展过程中，不断地适应新情况、新变化，形式从政府主导转变为民间主导，范围从农村扩散到全国城乡，目标从解决农村问题演变为实现国家的现代化[3]，开创了乡村道路改进城市建设的新模式，不仅改善了"离农"现象，还出现了"惠城"的效果，乡村建设发展的成功经验能够有效缓解城市在现代化过程中暴露出的"城市病"，带动韩国经济飞速跃进，成功迈入发达国家行

---

[1] 宋一：《国际农村文化建设的经验与启示》，《广西师范学院学报》（哲学社会科学版）2009 年第 1 期。
[2] 陈昭玖、周波、唐卫东、苏昌平：《韩国新村运动的实践及对我国新农村建设的启示》，《农业经济问题》2006 年第 2 期。
[3] 金英姬：《韩国的新村运动》，《当代亚太》2006 年第 6 期。

列，还从根本上转变了全体国民的精神面貌和生活态度[①]，甚至为城市建设输送高素质人才。

(二) 日本乡村建设

1. 日本"造村运动"：名为造村实为造人

第二次世界大战结束后，百废待兴，日本把恢复的主力放在受伤严重的城市身上，大量农村人口涌入进行城市重建，劳动力人口流失，农村空心化现象加剧，加上 70 年代爆发的全球石油危机，农村经济文化伴随着人口老龄化迅速衰败。

平松知事秉持着百姓主导，政府服务的宗旨，[②] 1979 年回乡开展大分县"一村一品"乡建运动。一村一品，顾名思义就是要每一个村庄都要有一个依托本土特色，能够打造走向世界市场的全球品牌。大分县以当地特色农产品为画布，以本土文化为颜料，充分发挥村民意愿这只画笔，在地方政府的大力指导下，遵循地方的就是世界的、独立自强和创新、人力资源开发三条原则，[③] 通过传播战略营销、创新思维和培养地方领导人等启发性信息，发展和巩固当地的自我组织能力，[④] 共同描绘出了具有世界乡建参考价值的，集传统技术发掘和现代技术创新为引导的产业链打造、人才培养、村民教育和社区建设于一体[⑤] 的"一村一品"乡建模式。日本"一村一品"运动的成功实践恢复了当地人民的自豪感，提升文化自信力，达到了振兴乡村社会和乡村经济的目的，被包括中

[①] 袁艳红、朱强：《韩国、日本经验对提高我国农民素质的启示》，《北京农业职业学院学报》2007 年第 5 期。

[②] [日] 平松守彦：《一村一品运动：日本振兴地方经济的经验》，上海国际问题研究所日本研究室译，上海翻译出版社 1985 年版。

[③] N. T. Anh. One village one product (OVOP) in Japan to one tambon one product (OTOP) in Thailand: Lessons for grass root development in developing countries. *Journal of Social and Development Sciences*, 2013, vol.4.no.12: 529–537.

[④] Y. Claymone, W. Jaiborisudhi. A study on one village one product project (OVOP) in Japan and Thailand as an alternative of community development in Indonesia Thai. *Journal of East Asian Studies*, 2011, vol.16.no.1.

[⑤] 张婧：《日本一村一品运动走向世界对中国乡村振兴的启示》，《日本问题研究》2019 年第 5 期。

国、泰国、印度尼西亚等多个国家所引进。

2. 酷日本计划下的乡村吉祥物

20世纪90年代被日本称为"消失的十年",创新动力不足,产业结构僵化严重,经济长期低迷,日本政府在专家指导下改变策略,充分利用国内优秀动漫资源,开展"Japan cool"计划,其中打造吉祥物成为日本软文化输出世界,吸引游客旅游,振兴城乡经济发展的有效手段。

在日本,几乎每个县都有属于自己的吉祥物,会为他们编写故事,设计身份,比如现在最为知名的日本吉祥物——熊本熊,结合熊本县的黑色要素和萌系腮红的熊本熊,是熊本县的临时公务员,肩负着振兴熊本县的任务,有着迷失城市、找回腮红、偷吃降级等丰富有趣的经历。日本利用他擅长的宣传经验,将带有地方特色的萌物熊本部长推向全世界,吸引全球游客来此旅游、消费,极大地拉动了当地的经济,从2010年正式宣传到2018年,仅8年官方授权商品销售额就已累计超过6600亿日元。[①]

3. 艺术介入进行社区营造

日本在二战后就开始推行美化乡村运动,致力于实现艺术和乡村社会的"共创共生"[②]。早稻田大学佐藤滋教授提出"社区营造"的概念,宫崎清教授将其区分为"人""文""地""产""景"五大类[③]。武隆懒坝大地艺术节通过"在地环境共生、在地文化激活、在地乡民互动"[④],践行着"把艺术还给人民"的理念,突出村民的乡村主体性。濑户内三年展的作品远远脱离了"艺术品"的概念,成为由艺术家组织,志愿者和本地居民参与,以及游客互动构成的"艺术事件"[⑤]。北川富朗在越后妻有村践行着与村民"同吃、同住、同劳动"的介入方式,经过24年的长期筹备,最终使破败的小村子重获新生。2009年丰岛土庄町的唐柜村开展"丰岛梯田再生计划",在自身农业发展基础上开办艺术节,

---

① 张莉:《振兴地方经济的二次元萌物——从熊本熊看日本地方吉祥物》,《文教资料》2019年第31期。
② 张颖:《异质与共生:日本当代艺术乡建诸模式》,《民族艺术》2020年第3期。
③ 苏育南:《社区营造中民众参与空间营造角色课题之初探——以台南县三个社区为例》,成功大学硕士学位论文,2004年。
④ 陈田甜:《武隆懒坝大地艺术节"在地"设计研究》,四川美术学院硕士学位论文,2020年。
⑤ 渠濛:《当代艺术节介入乡村地域再生的可持续发展研究》,《公共艺术》2016年第5期。

形成农艺协调、可持续发展的自体循环。

（三）民国时期中国乡村建设的实践

西方列强的坚船利炮击碎了中国自认为顽固的闭关锁国，工业文明如同海啸一般压垮了中国的小农经济。中国农村屡遭天灾人祸，已经破败不堪。知识分子想要通过拯救乡村来救亡中国，所以就有了民国时期的乡建运动。

乡建运动发轫于由甲午之变催生的张謇在南通进行的"有实无名"的乡建实践，1904年米迪刚等人在河北省定县翟城村进行了"翟城村治"实践。这两项实践给了随后进行的乡村建设宝贵的经验。二十世纪二三十年代，大局甫定，梁漱溟首次提出"乡村建设"这个概念，指出乡村建设不单是建设乡村，而是一种"建国运动"，[1] 大批知识分子高举"民族再造"大旗，以"民族自救"为己任，从文化出发，强调乡村自治，多元视角建设实验区，形成不同的乡建模式。

梁漱溟建设的邹平实验区宣扬儒家精神，实行文化救济，主张从农村入手发展工业，以乡村为本而繁荣都市，[2] 杨开道教授和许仕廉教授带领燕京大学师生进行的清河实验立足于当地传统民俗文化，对经济、政治、教育、医疗等方面展开改革，不仅在一定程度上富裕了村子，还富裕了村民的精神生活。晏阳初认为中国落后的关键因素在于中国农民身上固有的"愚穷弱私"，他领导的定县实验区以教育为抓手，推广文艺、生计、卫生、公民四大教育，[3] 启发民智，扫除文盲……根据南京国民政府实业处的调查，当时全国从事乡村建设工作的团体和机构有600多个，先后设立的各种实验区达1000多处。[4]

民间乡建发展的轰轰烈烈，带动了政府也参与进来，建设内容囊括政治、经济、教育、卫生、医疗、思想等各个方面，力图实行农村政治的自治化和民主化[5]。虽然获得了资金和政策上的支持，但是政府的介入又会带来另外的问题：为谁建设和谁来建设，到底是站在农民一边改造政府，还是站在政府一边

---

[1] 梁漱溟：《乡村建设理论》，上海人民出版社2011年版，第9—20页。
[2] 郑杭生、李迎生：《中国早期社会学中的乡村建设学派》，《社会科学战线》2000年第3期。
[3] 刘重来：《民国时期乡村建设运动述略》，《重庆社会科学》2006年第5期。
[4] 梁漱溟：《梁漱溟乡村建设文集》（三），中国社会科学出版社2018年版，第2页。
[5] 虞和平：《民国时期乡村建设运动的农村改造模式》，《近代史研究》2006年第4期。

改造农民①，添上政治色彩后，乡建成为政府的工具，为村民服务的初衷变质为政治教化，所以也得不到村民的支持。

民国乡建实验的失败不仅仅是政府介入后性质的改变，根本上还是因为乡建知识分子本身固有的阶级局限性。虽然晏阳初、梁漱溟等人都主张乡村建设天然要靠村民，遗憾的是他们在实践过程中并没有真的依靠村民，还是牢牢把握住乡建的主导权，梁漱溟后来也反思过"号称乡村运动而乡村不动"，但是他把乡建失败的主要原因归结到知识分子与农村存在天然思想差异上，他们大部分子缺少农村生活经历，"愚、穷、弱、私"②是他们对村民根本需求的一种漠视，也就是资产阶级知识分子刻意回避的土地问题，所以根本无法调动农民的参与积极性，这也印证了乡村建设不能跟真实的农村没有关系。③

后来，我们从农村包围城市变成以城市发展为先，80年代改革开放，一路驾着现代化的马车狂奔，高歌猛进，兴高采烈，但是沿途的乡村却被城镇化的车轮倾轧地面目全非，没有人想要回望一眼，被冲撞四散，远远落在后边痛苦哀号的村民。

（四）艺术乡建：乡村建设的现代探索

村民走失，主体难塑，村将不存，文将焉附。梁漱溟曾言当时中国近百年的历史也可以说是一部乡村破坏史④，这句话到现在仍然适用。进入21世纪，在资本主义的裹挟下，乡村一层一层褪色，村民对乡村发展的向往仅剩下"拆迁"二字，仿佛只有离开以后，生活才会蜕变美好。而艺术家们在这个人口出走的大背景下，提出"艺术乡建"的新路径，开展"行动式"的参与式艺术，渠岩牵头建设的许村国际艺术公社，欧宁实践的"碧山共同体"、楼纳村国际建筑师公社、羊磴艺术合作社等都是他们为复兴乡村发展和重新进行社区营造做出的努力。

但是经过近二十年的发展，艺术乡建一直在困境中挣扎，大背景下是对艺术介入乡村建设可行性的怀疑，很多的乡建其实是城市精英艺术的易地搬迁，

---

① 祝彦：《"救活农村"：民国乡村建设运动回眸》，福建人民出版社2009年版，第222页。
② 晏阳初：《晏阳初全集》第二卷，湖南教育出版社1989年版，第247页。
③ 廖廖：《艺术乡建不能跟真实的农村没有关系》，《中国美术报》2016年第41期第7版。
④ 梁漱溟：《梁漱溟全集》第二卷，山东人民出版社2005年版，第150页。

于子然说"我国现阶段已经具备了城市反哺农村的能力"[1],王廷信、萧放都认为资本下乡可以达成城市和乡村双赢的局面。虽然乡村城市化能够在短时间内有效地改善乡村面貌,但是这种乡建专注于量化艺术带来的经济效益,而忽视了它对文化的传承和发展以及对村民中无形的影响作用。建设者把乡村放在城市的语境中去发展,不相信乡村本土文化的具有的内生动力,乡村很容易变成"资本扩张的生意场"[2]。这种功利性的艺术乡建只会变成艺术来乡村进行的一次"快闪",悬浮于表面,资本撤离之后扬下的只是人走茶凉的悲剧。

还有一种乡建视角是从乡村文化内生动力入手进行建设。城镇化发展将城市和乡村分割开来,巨大的经济利益吸引着农村人口外流,造成"人口过疏",乡村文化景观呈现出空心化的"完好",无人认可,无人欣赏,无人传承,被边缘化的乡村文化变成了"三无产品",人口流失最终带来了文化心灵的走失。

郑振满讲述了三个艺术乡建的失败案例,都是因为没有确切落实到当地文化历史中去,有的村子甚至会假造文化,这都是处于经济利益的改造,虽然通过艺术改造了当地环境,带来了经济上的发展,乡村社会在物质上变得比过去更加繁荣,但是当地文化的传承性并没有被村民理解,很多村民在城市文化侵入过程中也感受到了排斥,所以对经济有利的不一定对社会有利,这种自上而下的乡建只会是"昙花一现"。

国家复兴之本是乡村建设,中国乡村是中国社会的基础和主体,乡村文化是中华文化的本源和目的。[3] 渠岩2006年第一次来到许村,以一种他者的身份进入其中,赋予许村找寻"久已失落的家园和故乡"的职能。[4] 许村依托古民居筑牢优秀传统文化内核,到2019年已经举办了五届国际艺术节,许村十五年建设不仅发展了经济,还在思想上增强了村民的文化自信心。碧山计划源于欧宁的逆城市化想法,城市人购买乡村房屋作为临时栖息地,在城市和乡村的互

---

[1] 于子然:《我国"艺术乡建"的研究现状、理论热点及知识谱系分析——基于CNKI数据库Cite Space可视化软件的知识图谱应用》,《浙江艺术职业学院学报》2020年第4期。
[2] 邓小南、渠敬东、渠岩、王南溟、郑振满、张圣琳、赵世瑜、王铭铭、李人庆、周飞舟、王长百、马琳、梁钦东、李永东、吴飞、毛丹、江湄、张志强、陈进国、任强:《当代乡村建设中的艺术实践》,《学术研究》2016年第10期。
[3] 梁漱溟:《梁漱溟全集》第二卷,山东人民出版社2005年版,第150页。
[4] 渠岩:《"归去来兮"——艺术推动村落复兴与"许村计划"》,《建筑学报》2013年第12期。

动中,加深了碧山的"缙绅化"。欧宁把艺术乡建作为逆城市化的一种手段,他期望乡村更像乡村,而不是成为城市的后花园。实践者欧宁和左靖灵活融合艺术家们带来的城市资源和在地的本土乡村文化,2011年成功举办"碧山丰年庆"。

艺术家从小就被教育要有独特性,所以他们有介入乡村建设的天然优势,艺术家进入乡村之后所创造的模式不可能复制,这也有利于因地制宜地进行乡村建设。但是这种过于强调个体性的特征,带着城市的眼光,可能会让他们对村民的需求有"想当然"的倾向,理所当然地认为村民没有知识,没有艺术向往,只要满足经济需求就可以随便改造乡村,艺术家们带着从城市来的文化,他们还是把城市和乡村作为两条分明的经纬线,使艺术乡建很容易被异化成一种迎合城市精英主义审美的外在视觉美感,陷入现代社会科学殖民主义的困境中,而忽略真正生活于其中的村民的想法,这又是晏阳初似的返归,最终也就只会感动中产阶级。

乡村文化建设"村民不在场"这个弊端又显现出来,不论是20世纪的乡建运动还是现在的艺术乡建,无不都是知识分子牵头的建设,他们发自内心地抹杀农民的艺术创造能力,俯视曾经创造中华灿烂文明的农民的审美意向,不想深入了解农民的内心世界,主客颠倒,有的知识分子甚至把乡村当作不适应现代化发展的安慰剂,强行把属于城市的"钢筋水泥"灌注进乡村,建设属于知识分子的"高楼大厦"。所以这样的乡建注定会是失败的。

艺术乡建一直致力于回答两方面的问题,一个是主体性问题,谁是乡村的主人,谁来主导乡村的发展。乡村传统文化复兴成了艺术家最为追求的事情,"民为邦本,本固邦宁",很多乡建者都承认村民才是乡村主体,但是他们的立场还是站在自己那里的,这就导致村民主体性没有获得应得的地位。村民一直被提及,但却从未真正被重视,真正注意到村民切实需求的艺术乡建是很少的。艺术家们甚至从心底里不承认村民也有艺术性追求。欧宁并不认为村民能够理解他的"共同体",思想上就将村民排除在艺术场域之外,他试图将碧山打造成他乌托邦幻想的试验田,还想要发行"碧山时分券",这又是一种对自给自足小农经济的返归,体现的只是古代精英文人的审美[①],他营造的并不是一个共同体,而是以艺术为边界,将村民和城市精英间隔开的审美凝视。

---

① 廖廖:《艺术乡建不能跟真实的农村没有关系》,《中国美术报》2016年第41期第7版。

乡村建设一直都在讲村民，其实村民和他们的生产生活可能只是艺术家重视的古村落或者传统文化的附属品，是游离在乡村建设之外的"他者"，是艺术家为完成艺术作品操纵的"傀儡"，出发点上就把艺术家摆在高一级地位上，默认村民对本土文化的"集体无意识"①。

艺术乡建不是再造城市，不是把乡村当作艺术的展演平台，而是拯救受到资本主义席卷全球风暴影响，被城镇建设边缘化的乡村，艺术应该是服务于乡建的。不管是举办艺术展还是塑造艺术作品，都只是提供了一个可行性载体，去实现乡村文化的"地域再生"②。

艺术乡建谈的其实是艺术创造，创造的是社会审美逻辑和村民生存需求之间的平衡点。乡建者应该牢记无论是城市文明介入乡村，还是乡村传统文化发生作用，艺术家都只是文化的搬运工或者修复者，不应该去制造与村民的文化区隔，方李莉学者强调"艺术乡建必须尊重村民主体性"，村民在场成了最迫切的需要。我们从救活乡村发展到救活村民，从专注经济转变到恢复文化，从自上而下到自下而上，艺术乡建更应该是关注村民真正需求和想法的乡村建设。

但是极端化又会产生一个新的问题，主体性真的应该全还给村民吗？村民是乡村的主人，也有自己的审美趣味，但是现阶段来说，脱贫致富的现实迫切先一步掩盖了这样的艺术需要，村民们对艺术对文化都具有"集体潜意识"，艺术家的参与正是一个刺激潜意识的机会。现在很多村子里留下都是老人、孩子，他们是村子的主体，但是只是一部分的主体，我们搞乡村建设还需要扩大主体，吸引外出务工的强壮年回乡建设。我们常说主体难塑，不如说是主体间性难塑，艺术家认为村子的文化民俗是有很大价值的，但是这与村民的思想统一不起来，以往的乡村历经风霜，模糊了回乡引力，所以艺术家的进入就要去激活这块磁铁。

晚近几年，村民的主体性已经不像原先那样被刻板强调，李人庆认为乡村建设仅仅依靠处于现代化弱势地位的村民是不行的③。刘曼姝提出"逐渐让

---

① 渠岩：《艺术乡建 许村家园重塑记》，《新美术》2014年第11期。
② 渠濛：《当代艺术节介入乡村地域再生的可持续发展研究》，《公共艺术》2016年第5期。
③ 李人庆：《乡村建设仅依靠农民本身是不行的，艺术在其中的作用》，雅昌网，https://news.artron.net/20140831/n648108.html，访问时间：2022年1月2日。

渡"的理念①，村民务实的经济需求和艺术想要可持续性美化乡村的初衷暂时相背离，完全让出主体性是不利于乡村发展的。艺术家的主体性要发挥在引导上，在互动过程中引导村民发现其所在家园的文化内蕴。学术界虽然一直在讨论主体性的问题，但是对主体权力的边界仍然难以划定，王孟图认为艺术介入不能进入极端化，主体性不能全然属于艺术家，也不能完全让渡给村民，双方在互动中，才会碰撞出成功建设的火花②。渠岩在后期反思中也提到多主体协调、配合的联动实践方式③。梁濛也在强调艺术介入的多元互动性④。路艳红提出要在强调村民核心主体地位的前提下，倡导多主体共生，发挥各方主观能动性⑤。越来越多的乡建者看到了"主体性"和"主体间性"的多元融合。

  艺术乡建不是重构乡村去创造艺术作品，而是通过解读乡村文化来疗愈失落的文明，修复人与人，人与乡村社会的关系的振兴实践。林正碌秉持"村民都是艺术家"的理念，突破传统艺术模式，让零基础的村民不用上素描课，想画什么就画什么，通过艺术美育，引导村民发现家园的审美价值、文化价值所在3。"去艺术化"地建设乡村也是近年来艺术乡建的发展趋势，她强调的是艺术与乡村"你中有我，我中有你"的在地性交融。她的关键在于以现代艺术精神重塑乡民的主体性，促进乡民的传统文化与现代文明的精神汇通，利用艺术去"触动村民主体"，使其产生"文化寻根意识"3，激活村民对其家园的文化自信，用艺术来暖村民，通过将艺术镶嵌在重塑村民主体性的框架中，改变生活在乡村的人，进而改变乡村的社会结构⑥，让艺术成为美化乡村的手段，让乡村真正融入现代社会。

---

① 刘姝曼：《艺术介入乡村建设的回首、反思与展望——基于"青田范式"的人类学考察》，《民族艺林》2017年第4期。
② 王孟图：《从"主体性"到"主体间性"：艺术介入乡村建设的再思考——基于福建屏南古村落发展实践的启示》，《民族艺术研究》2019年第6期。
③ 邓小南、渠敬东、渠岩、王南溟、郑振满、张圣琳、赵世瑜、王铭铭、李人庆、周飞舟、王长百、马琳、梁钦东、李华东、吴飞、毛丹、江湄、张志强、陈进国、任强：《当代乡村建设中的艺术实践》，《学术研究》2016年第10期。
④ 渠濛：《当代艺术节介入乡村地域再生的可持续发展研究》，《公共艺术》2016年第5期。
⑤ 路艳红：《艺术乡建的主体性研究》，《艺术百家》，2020年第5期。
⑥ 季中扬、康泽楠：《主体重塑：艺术介入乡村建设的重要路径——以福建屏南县熙岭乡龙潭村为例》，《民族艺术研究》2019年第2期。

民艺共融，城乡共通又会带来艺术介入后延续性的思考，也就是艺术乡建面临的第二个问题。现阶段的艺术乡建模式大体上都是通过艺术家带着他毕生所学的艺术技能来到乡村，或是修复古建筑，或是进行村民美育，使乡村传统文化成为乡村发展的支柱型产业，利用看得见的经济效益唤起看不见的文化自信，吸引人才回乡，实现乡村自体有续循环发展。艺术乡建者们希望能够利用艺术创造对乡村的伦理关怀，重建土地与村民之间的联结，树立内生自信，筑牢乡村价值，提高乡村自身泵血能力和自我康复力，并且希望艺术家撤离之后乡村的艺术价值还能够永续存在。然而，艺术乡建其实存在自身选择局限的问题。中国的乡土社会是由一个个棋盘式的村子聚合起来的，他们有着不同的文化背景、地方传统和历史发展，差异性是普遍存在的，有文化底蕴深厚的村子，比如许村有古建筑，龙潭村有四平戏。但是也有存在时间不长、文化、经济都贫穷的村子。艺术家或是选择具有文化底蕴的村子，村子本身有文化，艺术才能去助力激活乡村文化，带动村民产生内生主体动力，或者总是默认村子都有文化，用艺术去创造文化或搬迁城市文化带来短暂收益，提升的也只是城市人的满意度、幸福感，梁毅认为艺术介入乡村建设是在为乡村文化"招魂"，新村子"魂"从何来？招来的是哪个城市的魂？根本不能保证村子在艺术撤离后能够实现自身有序循环发展，那时候村子又重归破败，可能等到几百年后复兴的只是这些遗留的城市文化。

还有一个关键问题是，就算是拥有深厚文化底蕴的村子，也没有形成品牌，文化转化程度很低。中国拥有世界上最多的自然遗产和文化遗产，乡村建设完全可以依托这些遗产打造属于自己的品牌，进驻世界市场，开拓文化影响力。艺术的纯粹性在乡建场域下是最不应该被强调的因素，文化变现也不单是指向功利性，村民的文化素养也是打造品牌的受益方。

而关于艺术乡建常提的"艺术介入"，任海指出"engage"中文翻译的问题，"介入"其实是不准确的，他的英文原意强调的是一种承诺的参与式关系，是一种相互的联系[①]，在陈亦铭看来，使用"介入"一词总会带有"精英式的俯

---

① 任海：《当代艺术的生成式审美——作为认识日常生活世界模式的社会参与式艺术》，《学习与探索》2018 年第 7 期。

就"①，刘琴也认为，艺术介入的提法应该被淡化，艺术应该"参与"乡村建设，与乡村主体发生"互动"②。刘舒曼、渠岩、王元泽等人都不提倡强硬的"介入"，更主张温和的、循序渐进的"融合"，于幸泽更加直白地指出艺术应该与社会生活"共生"③。社会实践性是艺术介入理论的关键，艺术的最终落脚点在于改变现实世界。艺术家只有在面对社会问题、文化问题和精神问题时，才是具体存在的、有真实意义的艺术家。从一开始的知识分子精英介入，再到后来的强调人民需求，艺术越来越贴近生活且融入生活。

乡建中艺术的"助力""参与"作用被提及的次数增多，"融合""共生"的构建模式被重视，由"艺术介入"到"艺术参与"，再到"艺术赋能文化，助力乡村建设"，这种发展过程不难看出艺术的"下沉"，艺术乡建的主体正在悄然发生转化，村民不再是被排除在艺术世界之外的所谓的"既得利益者"，艺术家也从主导者，变成了引导者，他们携带者从城市而来的知识、技能、新思想，引导村民慢慢变成有审美也敢于书写艺术的艺术建设者。艺术乡建的任务就是激发乡村传统文化的内生动力，提升乡村自身复原能力，开拓创新，以应对由于新自由主义和全球化经济发展带来的农村结构调整和乡村衰退。

城乡关系从二元对立走向融合一体，这是历史发展的必然趋势，和谐融洽的城乡关系应该是二者共同享有完善的基础设施和富足经济基础，仍然保有原先的文化景观特色，同样，艺术乡建也应该融合。现阶段有关艺术乡建的研究和建设成果虽然在强调村民主体性，也在强调艺术家的作用，也就是城市和乡村的统筹建设，但是还没有将二者很好地结合起来，如何动员村民真正地、发自内心地参与到艺术家引导的乡村建设中，切实可行地提升村民内在文化素养，持续有效地改善乡村面貌、打造文化品牌，是艺术乡建应该考虑的关键问题。艺术乡建应该得到更多的重视，在乡村建设方面发挥地作用还空余良多。

---

① 陈奕铭：《介入与融入：不同的"乡村实践"方式》，《美术观察》2017年第12期。
② 刘琴：《参与式艺术的乡村现场》，西安美术学院硕士学位论文，2019年。
③ 于幸泽：《介入与共生——当代艺术与城市公共空间》，《美术大观》2019年第6期。

第三节 台湖的民俗传统与非物质文化遗产资源

"特色小镇"这一概念肇始于2014年浙江的农村建设,2015年底国家发展改革委、财政部以及住建部开始在全国范围内开展特色小镇建设运动。台湖小镇作为北京副中心建设的三个特色小镇之一,在2021年同时迎来郎朗工作室入驻国家大剧院台湖舞美艺术中心与环球影城主题公园开业,使得台湖的知名度与人气得到进一步提升,借此良机,北京城市副中心投资建设集团董事长李长利也直言:"希望以此为契机,将台湖演艺小镇打造成中国特色小镇的示范标杆。"①

显而易见,建设特色小镇已是当下适应经济新常态、促进经济转型发展的重要战略选择。但台湖演艺小镇的建设理念又与大部分特色小镇秉持的"经济搭台,文化唱戏"观念截然不同,期望实现文化与经济的共同繁荣,走出大多小镇只考虑商业性需求的"一条街"模式。正如中国国家大剧院党委书记王宁所说:"小镇首先不能做成开发区,否则就失去了艺术的特点;第二不能作为一般的文创区,艺术的特点必须突出;第三不能作为纯娱乐区,要有艺术的魅力在里面。相比环球影视城的娱乐属性,艺术小镇更要体现艺术深厚的内涵。"②

台湖小镇作为建设文化副中心的重点环节,如果真想达到"成为标杆"这一雄伟目标,在建设过程中就不仅要发展现代的、西方的艺术中心,更要发掘传统的、地方的民风民俗。小镇建设要以非遗文化传承与推广为使命,将抽象的"特色"通过体验民俗风情、传统制作工艺和非物质文化遗产地展演转化为居民和游客的"临场感",展现台湖地区民俗、文化遗产、建筑、饮食诸多方面的特色,彰显地域特征,挖掘历史文化内涵为文旅产业服务,体现时代精神与传统文化的共融,实现经济空间与文化空间的统一。

---

① 张妮、青木:《一个演艺小镇,一种文化故事》,《环球时报》2021年9月3日,第13版。
② 同上。

一 台湖地区的非物质文化遗产资源

"非物质文化遗产"这一概念自联合国教科文组织在2000年确定后，迅速在全球范围内推广，已经深深嵌入当下的观念与生活，更成为国家和地方文化建设的重心。与符号化的书籍碑刻和实体化的建筑、器具等文化形式不同，非物质文化遗产是依然具有生命力，通过人的活动在当代社会中运作发展的文化，所以在讨论非物质文化资源时不能与其传承人进行分割。台湖镇尽管面积不大，但却拥有着相当丰富的非遗文化资源。截至2021年，台湖镇共有非遗项目8个，分别是：单琴大鼓、玉器制作技艺、料器制作技艺、传统琵琶制作技艺、椒麻鸭翅烹饪技艺、次一小车会、胡家垡高跷会、台湖村舞龙。其中，单琴大鼓、玉器制作技艺、料器制作技艺、传统琵琶制作技艺、椒麻鸭翅烹饪技艺这5个项目为通州区非遗项目；玉器制作技艺完成了北京市第五批市级非物质文化遗产代表性项目的申报。根据非遗的特点，可以将其简单分为两类，一是以玉器制作技艺和料器制作技艺为代表的"传统工艺及其产品"，二是以单琴大鼓、次一小车会为代表的"传统民俗表演"，本节首先对前者进行梳理，后者则放在下一节同其他民俗一同整理分析。

表3-1 台湖镇非物质文化遗产概览

项目名称	级别	类别	审批年份
玉器制作技艺	通州区非遗项目	传统技艺	2019年
料器制作技艺	通州区非遗项目	传统技艺	2007年
传统琵琶制作技艺	通州区非遗项目	传统技艺	2021年
椒麻鸭翅烹饪技艺	通州区非遗项目	传统技艺	2021年
单琴大鼓	通州区非遗项目	传统戏剧	2007年

"传统工艺及其产品"这一类非遗关注传统技艺的历史性，主要从其本身的文化文脉、材料使用、制作风格剖析、欣赏传统产品的文化多样性，促进当代人了解传统工艺的文化背景，识别其文化身份，感受文化魅力，在观赏和使用的过程中增加地方的文化价值。以料器为例，料器古时亦称琉璃，北京话俗称小玻璃玩意儿，小如珠子、猫狗等小动物。大如雄鹰、狮虎、麒麟等飞禽猛

兽，造型共有数百种之多。可谓是五花八门，不拘一格，料器以其绚烂色彩和优美造型丰富与点缀着人们的生活。

（一）料器制作技艺

料器是在三千多年前的琉璃工艺上发展而来的，伊始是用嘴含金属管吹灯火，料棍融化后用手捏成。后改用气筒、气缸吹制，80年代后料器厂采用气泵供气，大大节省了工人的体力。吹制料器时，工匠使用挑针、钳子、托盘、镊子、退热砂等工具配合多种模具，制作出形态各异。北京和山东的博山一直是料器传统生产基地。北京的料器兴于何时本身成谜，但在匠人们口中却有一个广为流传的传说，说是明朝宣德年间，一个姓李的书生从广东进京赶考，结果三试未中，所带盘缠用尽，生活十分窘迫。一天，他灵机一动，将手腕上的一副玻璃镯子放到炉火中烧软，再粒制（一种加工技术）成首饰一类的小件物品，拿到市场上去出售，结果所烧制的玻璃饰品，顷刻便被抢购一空，于是北京的料器生产便从此开始。[①]

同样是口耳相传，一些民间老艺人称通州地区的料器生产可以追溯到清朝末年，至今约有100多年的历史。传说民国初年，在北京学艺的台湖镇东下营村人高俊向料器名匠李春润学习制作料器，并首创了料鸟、料兽、料器花等产品，料器工艺始也传到通州区台湖镇东下营村。1973年台湖公社开始发展料活加工，在此之前料活没有大规模建厂，都以家庭工坊的模式进行生产，后逐渐形成有规模的三个行业领头人：朱家堡的陈富、西下营的刘殿举和东下营的刘长兴。1975年春，台湖料器在广交会打出名号，赢得诸多外国商人的喜爱，销量大增。为了满足市场，三位领头人纷纷扩大规模、征招工人，台湖政府也动员各家各户加入到料器生产行业中。台湖逐步成为"料器之乡"，激起相关从业人员的生产热情。改革开放后，台湖镇可谓村村有料器加工厂，户户有能工巧匠，料器艺术在台湖妇孺皆知。当地谚语直言："要看姑娘巧不巧，先看料活好不好。"[②] 料器手艺成为家庭手工业不可或缺的一环，更是构成社会评价的重要标准。台湖的料器专业村后来便如雨后春笋般不断涌现，专业户最多时

[①] 程行利：《乐和台湖》，团结出版社2021年版，第265页。
[②] 同上书，第266页。

达 400 多个，工匠数量达数千人，产品亦远销日本、韩国、新加坡、马来西亚、美国、俄罗斯、澳大利亚等国家。① 由此观之，料器工艺在台湖地方社会被广泛认同，更处在不断传承、发展的良性运作中。

（二）玉器制作技艺

相较于纯粹工匠手工制作的料器，玉石制品大都已机械或半机械操作，手工技术也相当模式化，但作为非物质文化遗产的台湖玉器制作技艺仍留有一手绝活——大件玉器。大件玉器制作的难点，主要体现在其开凿、运输、切割等都需要付出大量的精力，一着不慎便会使整个玉器的形态受损，这便对工匠的技术、体力、耐心提出了极高的要求。台湖的玉成轩工艺品厂在大件玉器方面堪称行业翘楚，张玉成师傅则是厂内具代表性的玉雕大师。

张玉成自 1974 年进入通州大杜社特艺厂，就被分到了"大鼻子"组，专攻玉石大象的雕刻。因此他对大象的雕刻情有独钟，也磨炼出相当精湛的手艺，受到很多行业内外的赞誉。时至今日，张玉成亲手制作出的大、小象不下几百对。其中，最小的是十几厘米的小象，最大的是重达 13 吨、2.5 米长、1.5 米高、宽 1 米的大象。② 雕刻如此巨大的玉象，必须用工程用的吊链进行翻料，再用直径达 1.2 米的切割机开料，在切割出大致形态后由工匠进行精雕细琢，最后整体抛光。这样复杂又漫长的工艺过程，奠定了大件玉器的文化价值，更为张玉成赢得了认可。2019 年 12 月 13 日，通州区文联、区档案馆、台湖镇党委、镇政府就在双益发文创园为张玉成颁发"中华传统工艺大师"称号，这既是对他艺术和非遗事业贡献的肯定，也是在公众层面鼓励和宣传了传统技术的当代价值。

台湖玉器制作技艺还有一件镇宅之宝，便是藏于北京玉成轩工艺品厂内的"九龙玉海"。作为迄今为止世界上形体最大的玉器作品，"九龙玉海"足足占据了整整一间房的空间，为了便于运输和参观，房门都特别设计为上下开合。这件 2005 年诞生的作品，一经问世便受到新华社、中央电视台、北京电视台、

---

① 程行利：《乐和台湖》，团结出版社 2021 年版，第 267 页。
② 《守"艺"通州 | 45 年如一日精雕细琢，磨炼功夫与艺术的玉雕大师张玉成》，搜狐网，https://www.sohu.com/a/374657623_120209831，访问时间：2022 年 1 月 8 日。

北京日报诸多媒体的关注报道。中华宝石玉文化研究会副会长齐石成先生认为"九龙玉海"比元代忽必烈大宴群臣时盛酒用的大型国宝"渎山玉海"周长长出 1.03 米，容量也大出不少，足以撑得起当代罕见这一评价。北京大学教授、北大宝石鉴定中心副主任崔文元说："九龙大玉海属于东北蛇纹玉，质地纯正，没有裂纹，雕工精湛，堪称一绝。具有很高的收藏价值。"①

（三）椒麻鸭翅烹饪技艺

如果说料器、玉器制作技艺还是属于小部分市民才有机会感受和体验的文化，那么满足基本需求的饮食文化则更密切地与大众生活结合在一起，椒麻鸭翅便是台湖饮食文化的代表。根据清史《宣统帝起居注》，椒麻鸭翅缘起于清末宫廷御宴全鸭席中的一道凉菜，由御厨朱七发明。②清朝覆灭后北平战乱不断，这一宫廷御菜流入平民百姓生活，由鲁菜大师苏德海、便宣坊第五代传人程明生、中国烹饪大师周俊强、首都烹饪艺术家赵虎薪火相传，延至今日。

椒麻鸭翅看起来跟市面上常见的"卤鸭"差别不大，实际上两者从原料到烹饪技术都截然不同。首先鸭翅必须来自大运河上的鸭子，据由梁实秋先生所著的《雅舍谈吃》中描写："北平苦旱，不是产鸭盛地，惟近在咫尺之通州得运河之便，渠塘交错，特宜畜鸭。"③运河鸭长久以来便是北京城优质鸭子的代表，据说早年北京烤鸭原材料也都是来自大运河。其次椒麻鸭翅的制作方法依然沿用古法，不会为了效率减少烹饪环节。在腌制阶段首先用 20 多种材料调配秘制酱汁，在烹饪阶段依次执行炸、烧、燀三法。炸，即先用大火快炸再转用文火慢炸，多次重复这一步骤使表皮完整的同时酥脆异常，而对火候的掌握也要随鸭翅的状态不断切换，这对厨师的技艺有着极高的要求。烧，即将炸好的鸭翅与秘制料包一同放入高汤中小火慢烧，使鸭翅将汤汁味道锁在肉中。燀，主要是用拢芡和收汁这两项繁杂技艺确保椒麻鸭翅形美味醇明油亮

---

① 《守"艺"通州 | 45 年如一日精雕细琢，磨炼功夫与艺术的玉雕大师张玉成》，搜狐网，https://www.sohu.com/a/374657623_120209831，访问时间：2022 年 1 月 8 日。
② 中国第一历史档案馆：《宣统帝起居注》，广西师范大学出版社 2007 年版，第 1482—1483 页。
③ 梁实秋：《雅舍谈吃》，江西教育出版社 2017 年版，第 192 页。

芡，可谓是本菜的精髓与难点。① 通过如此复杂的步骤制成的椒麻鸭翅不仅味道香浓绵长、五味俱全，更承载了地方文化与社会记忆，成为台湖文化发扬传播的有力媒介。

二 台湖民俗文化传统

正如前文所述，非物质文化遗产中诸如次一小车会、胡家堡高跷会、台湖村舞龙同技艺类不同，它们在社会生活中仅在节庆活动和表演等特殊时刻才会呈现，是一种非常态的非物质文化遗产。除了这些已经被官方鉴定、认可为非物质文化遗产的民俗之外，药王庙庙会、安定营皮影戏、蹦蹦戏等都是台湖不可或缺的民俗文化，它们共同构成了台湖的传统文化图景。

人类学家泰勒（Edward Burnett Tylor）在其代表作《原始文化》中将现代社会中的民俗现象视为原始人信仰和行为的文化遗留物，认定复杂多样的民俗现象都是原始文化在现代社会的一种残余。② 而在当下，民俗不仅是我们窥探传统生活样式的一面镜子，更是现实生活具体且有机的组成部分，对培育文化价值观、发扬共同体意识、提供旅游文化产业资源有着无可替代的重要作用。可以说，民众渴望并呼唤着对于传统民俗的保护与发掘，这一工作首先立足于地方既有民俗文化资源，在保存和整理民俗文化遗产的同时，将非物质文化遗产作为媒介，使民俗文化、民俗艺术与当代社会的文化、经济、生态需求进行优化整合，让民俗重新整合进国家与地方公共生活当中，而不是被视为历史的残渣被简单遗忘。

台湖地处京东近郊，民风民俗受北京影响痕迹明显。元、明两代，帝王为促进都城建设曾多次从全国各地征调民众到通州屯田，清代初期，满族正白旗也在通州大范围圈地，许多村庄如雨后春笋般涌现。③ 各地民俗同当地传统民俗互相影响、融合演化，使台湖民俗呈现出同北京高度相似，但同时保有地方特有民俗的整体特征。

---

① 《千年运河不但孕育了美景，还创造出了特色美食——椒麻鸭翅》，搜狐网，https：//www.sohu.com/a/434374583_120209831，访问时间：2022年3月10日。
② [英]爱德华·泰勒：《原始文化》，连树声译，广西师范大学出版社2005年版，第205页。
③ 孙自凯、张洪林：《通县志》，北京出版社2000年版，第765页。

新中国成立前台湖习俗众多，一般以农历时令欢庆节日，例如腊月二十三"祭灶日"、腊月三十"除夕"、初八"祭星日"、十五"上元节"、五月初五"端午节"、七月十五"中元节"、八月十五为"中秋节"、九月初九"重阳节"、十月初一"寒衣节"。[①] 新中国建立后，乡间时令节日逐步衰败，尔后除春节、上元节、清明节、端阳节、中秋节尚有遗俗外，其他逐步退出我们的视野。

（一）单琴大鼓

单琴大鼓便是在节庆活动中常见的民俗表演。单琴大鼓作为台湖民间艺种的代表，带有浓郁的地方特色，其词曲优美动人，唱腔纯正甜润，已被列入通州区非物质文化遗产名单。单琴大鼓作为五音大鼓（北京琴书）的前身，始于民国时期。其创始人为通州马驹桥柴家务的翟青山（1903—1952），翟青山青年时期在天津说书兼演奉调大鼓。民国二十一年（1932），因三弦伴奏声音过大盖住演唱，翟青山试图用悠扬动听的扬琴代替三弦，并同师弟魏德祥一边研讨排练，一边修改唱词曲调，最终在参考西河大鼓和乐亭大鼓的基础上，用扬琴伴奏，同时融合两种唱腔转成为新曲种，命名为"单琴大鼓"。[②] 时至今日，单琴大鼓传承四代，第二代传人是沈长禄，第三代传人有张宝增、张洪荣、孙艳芹，第四代传人有陈辰、胡伟。

值得一提的是，第三代传人张宝增为单琴大鼓的继承发扬做出了很大贡献。张宝增艺名张树增，台湖镇次二村人，次渠"星火工程艺术团"团长。自2002年他正式拜沈长禄为师后，便频繁在马驹桥一带的红白喜事上进行演出。在表演同时，为延续这一民俗绝技，张宝增自愿作起了搜集单琴大鼓的资料的工作，并在2005年申报了非物质文化遗产项目，使单琴大鼓于2006年正式成为通州区非物质文化遗产。2016年通州区政府举办"隔不断的记忆"传承非遗主题演出，使民俗文化走上大众舞台，单琴大鼓第二、三、四代传人同台亮相，展现了单琴大鼓的悠久历史与独特魅力。

[①] 孙自凯、张洪林：《通县志》，北京出版社2000年版，第769页。
[②] 程行利：《乐和台湖》，团结出版社2021年版，第213页。

(二)次一小车会

与单琴大鼓相比,小车会与高跷会则是规模更大、历史更久的民俗活动。小车会别名"太平车",源于宋朝初期间"韩龙送妹"的传说,后来逐渐转化为庆贺太平的一种民间花会艺术。小车会演员众多,表演场面宏大,风趣喜庆,剧情故事高潮迭起,富有喜剧色彩,深得乡间人们喜爱,在台湖地区最知名的便是次一村的小车会。

次一小车会起源于原次渠地区的郑庄小车会。郑庄小车兴于清同治年间,在次渠、马驹桥一带颇有名气,别号云车老会。这一别号来自于郑庄小车会进宫给懿贵妃表演时,演出了地面道路不平的景象。在不平路上行车,车子两个钻辘着地,这边高那边低,于是就会换着方向倾斜,持续出现这种状况就叫作"云车",表演途中,懿贵妃脱口直言"瞧这车'云'起来了!",会首便乘机请懿贵妃赐名"郑庄云车圣会"。此事之后小车会能打皇家专用的黄旗,且有资格登上潭柘寺庙会。清光绪三十年(1904)署理步军统领工巡局事务(俗称"九门提督")那桐为讨慈禧欢心,将郑庄村小车会招进紫禁城,表演更赢得慈禧的赞誉,自此郑庄小车会载誉京城。

郑庄小车会主要在传统节日期间演出,也时常被邀请到乡镇之中为喜庆之事助兴捧场。小车会表演的有数十人,角色齐全。据《通州文物志》记载,小车会表现的故事依据"昭君出塞"演化而来,通过各种技巧即所谓"活儿"显示了昭君出塞时的千辛万苦、重重险阻。角色有公子、甩头冠子、膏药、大烟袋、媒婆、傻柱子、傻丫头、推车的、拉车的、娘娘、渔翁、算账先生、挑担的、小媳妇、帮车的,加上负责吹唢呐、打镲、打鼓的乐队最多能达到三十多人,上场角色一般不少于十七个。[①] 传统演员大多为青年男子,如今则是女扮女角儿,男扮男角儿,唯有媒婆还是男性在扮。演员们浓妆艳抹、妆容华丽,通过幽默、滑稽、夸张的喜剧手法,在半个多小时内把出塞途中跌宕起伏的感人故事表演得淋漓尽致。尽管小车会主要靠动作和神态来传情达意,但在特定阶段也有唱词,可惜这些唱词已经遗失。

自民国后京城战乱不断,小车会一度被迫中止,直至20世纪80年代初,

---

① 杜德久:《通州文物志》,文化艺术出版社2006年版,第183页。

市、县文化文物部门开始整理挖掘台湖非物质文化遗产,郑庄村才有机会重新排演小车会,在村庄内部聚集50多人,上场的有20多人。时移世易,成员的年龄以40岁往上的人居多,年龄最大的有80多岁。为顺应时代发展,小车会还新添了诸如猪八戒、唐僧、孙悟空、青白蛇、许仙、法海等一共10多个新角色。如今郑庄云车会被次一村继承了下来,和次一村原有的小车会融合,人数最多时高达200多人。小车会也成为逢年过节必不可少的民俗活动,展示出台湖地区独有的人文风采,在传承非遗文化的同时塑造出全新的文化形态与价值观念。

(三)胡家垡村高跷老会

胡家垡村高跷老会同次一小车会类似,都是节庆期间常见的民俗活动规模化后的产物。高跷,也叫高跷秧歌,是一种常见的汉族民间表演艺术,通常以舞队的形式集体表演。胡家垡高跷会始于明末清初,距今已有400多年的历史。传说高跷会起源自永定河流域道教文化传人而生,96岁老翁王太至今仍记得1906年当地重修关帝庙时举行的高跷老会,当时的会首便是其长辈。1954年胡家垡高跷在通县举办的大型花会比赛荣获最高奖,奖旗也被王太留至今日,成为胡家垡高跷老会的辉煌见证。[1]

胡家垡高跷会技艺高超,内容丰富,表演由大头行、小头行、武扇、文扇、膏药、渔婆、渔樵二翁等角色组成,伴有四伴锣、四伴鼓的打击乐,通过动作将诙谐挑逗、富态靓丽、安然稳重、潇洒豪迈等截然不同的气质展示出来。尽管两根高跷承载着传统民俗的高超技艺,但青黄不接成为高跷会面临的最大难题,老辈演员年岁过大不宜演出,村内年轻人也对高跷丧失兴趣不愿学习,这使20世纪90年代中期后胡家垡高跷会被迫中止,技艺一度面临失传的风险。好在台湖镇政府一直努力尝试保护这类非物质文化遗产,试图让非遗迸发出时代活力,吸引更多人了解、喜欢、学习非遗项目。2019年,台湖镇通过人员和资金下沉的方式,支持胡家垡村依托高跷会,开展培训、展示、互动活动,活跃非遗传承环境,打造文化活动品牌。

事实上受到社会发展、国家政策、民间思潮等方面的影响,许多曾经繁

---

[1] 程行利:《乐和台湖》,团结出版社2021年版,第238页。

荣一时的民俗文化都处在消失的边缘。口子村的蹦蹦戏作为北方的古老戏种曾是大运河畔常见的欢乐乡土剧种，但在抗日战争时期被唐山地区的评戏逐渐取代，现在已经无人会唱；安定营的"滦州皮影"雕刻手法流畅、着色艳丽、技巧纯熟、唱腔优美，曾经风靡一时，但1956年农业合作化后便后继无人；新河村的药王庙庙会曾是当地规模最大的庙会之一，可民国初年大部分庙宇在反对迷信、拉毁佛像运动中被拆毁，剩下的少数寺庙不是因火灾等自然灾害损毁，就是被改作校舍，庙会便也不了了之。像胡家垡高跷会、次一小车会等民俗，是依托着非物质文化遗产的国家政策、基层政府的保护扶持与乡土社会自发的热爱才得以保留，是历史的长河中幸运的小部分，这更提醒我们建立民俗文化与当今公众对话的重要性与紧迫性，需要将民俗文化的保护与发扬工作放到更高层次进行建设与理解。

三 台湖地域文化特征

通过对台湖镇历史、非物质文化遗产资源和民俗文化传统的简略梳理，我们既可以看到台湖悠久的历史、丰富的地方文化底蕴与蓬勃开展的文化建设运动，亦能发现部分传统民俗文化的没落和建设中的不足。更重要的是，解决问题的前提是读懂问题，这要求我们对台湖镇的文化特征有一个总体性的把握，具体来说，其有文化与生态密切交互、非物质文化遗产资源发展不均衡、文化资源丰富且呈现出日常性、生活性这三大特征。

（一）文化与生态密切交互

德国人类学家格雷布尔内（Fritz Graebner）和奥地利人类学家施米特（Wilhelm Schmidt）最早提出"文化圈"概念，认定文化总是由某一地域内产生，再逐步向外扩散蔓延，使一种文化占据特定空间领域。要理解地方文化，首先便需要将文化发展与生态地理相统合。正如前文所述，"台湖"名称由来便是因河流下游区的多处土台与湖面，大量水系影响了地方的生计模式与文化，优美的生态环境也是其被萧太后选为捺钵地的原因。伴随着萧太后河这北京地区唯一一条以人命名的河流的通航，大量关于她的民俗故事也伸展开来，成为理解地域文化特色的重要线索，更给当代特色小镇建设提供了重新发掘利用的资源。

当下特色小镇的建设，台湖本身的自然环境也成为其满足文化与生态两方面需求的物质基础。在文化层面，政府依托运河历史文化，将萧太后河水引入演艺小镇内部，与台湖公园水系贯通，串联演艺功能节点，打造自然亲水，运河文化延展的小镇水环境，同时建设萧太后河古码头遗址公园作为展示运河文化的重要窗口。生态层面，充沛的水资源与极高的植被覆盖率确保了台湖作为首都生态绿壁的重要任务，也决定了特色小镇"小而美"的空间形态布局。

（二）非物质文化遗产资源发展不均衡

在对台湖非物质文化遗产资源的梳理中不难发现，尽管政府积极介入非物质文化遗产保护，关心和支持非遗传承人的工作，为非遗传承提供资金与服务，但非遗内部的不平衡状态依旧极为明显。例如作为非物质文化遗产的料器已经顺利融入当代社会的运作，实现非物质文化遗产的活态传承，在民众的日常生活中时刻浮现。但像传统琵琶制作技艺就离民众的生活极为遥远，绝大多数人既不了解也没机会体验这一非物质文化遗产。

保护是非遗文化的存活基础，传承则是非遗文化源远流长的核心问题。这种发展上的是否均衡本质上在于非遗本身与时代是否嵌合，能否嵌合决定了非遗在历史长河中是去是留。这一方面要求政府要主动激发民众对于本地非遗的认知，让非遗真正渗透进人们的生活中，另一方面也要求非遗传承人主动改变，意识到文化本身便是历史的、动态的，在当下社会中寻找传统与创新的磨合点。

（三）文化资源丰富且呈现出日常性、生活性

特色小镇的"特"是小镇的活力之源，如何挖掘小镇的特性、培育具有代表性的文化符号是当务之急。从台湖镇的非物质文化遗产与民俗文化看，台湖更多是作为一个京郊普通的村落，所以在民俗文化上更具有日常性和生活性，而非大众传统想象中的作为国家首都的北京形象。因此，台湖小镇才是北京郊区农村的普遍状态，是祛魅后真实的民俗生活写照，也正是由此对于这样一个村庄的特色小镇研究，才具有重要的研究意义。

中国著名民俗学家乌丙安说："民俗文化带有集体性、传承性和模式性的

现象，形成于过去，影响表现到现实生活。"① 非遗与民俗既可以是延续的集体记忆、文化价值，成为地方社会内部团结的强心剂，亦是对外的响亮招牌。通过对固有地方文化资源的开发，塑造小镇特色，重塑文化资源的当代价值，将民俗与历史转化为"文化资本"，为小镇文化生产提供更多元的未来，也为民间主体提供实现自我价值的全新空间，促成台湖镇的再生与发展。对台湖小镇的开发与研究，应该走出就像京剧、烤鸭这些传统的北京印象，步入到更加多元的，生活的北京文化中，实现民俗文化与现代旅游的有机结合。

第四节 台湖地区演艺小镇与艺术乡建的过程与实践

为调整北京市空间格局，治理大城市病，拓展发展新的空间，进而推动京津冀的协同发展。北京市开始探索人口经济密集地区优化开发模式，提出了"北京城市副中心"的概念，规划范围为原通州新城规划建设区。2012 年，北京市委，市政府明确提出"聚焦通州战略，打造功能完备的城市副中心"，更加明确了通州作为城市副中心定位。2017 年 2 月，习近平总书记考察北京城市副中心时指出，"站在当前这个时间节点建设北京城市副中心，要有 21 世纪的眼光。规划，建设，管理都要坚持高起点，高标准，高水平，落实世界眼光，国际标准，中国特色，高点定位的要求。不但要搞好总体规划，还要加强主要功能区块，主要景观，主要建筑物的设计，体现城市精神，展现城市特色，提升城市魅力。"位于通州区的台湖作为北京"城市副中心"主要打造的重点，《北京城市副中心控制性详细规划》中的相关要求指出，台湖要做好"城市副中心"，能够重点引导小城镇的功能联动和特色发展，共同承接中心城区功能和人口疏解。因此规划建设好台湖地区对于发挥北京"城市副中心"作用具有长远意义。

---

① 乌丙安：《中国民俗学》，长春出版社 2014 年版，第 21 页。

一 北京市和通州区对于台湖演艺小镇的规划与定位

（一）对自身的定位——自身内部的视角

蔡奇书记在2017年8月10日视察台湖镇，明确指出，规划建设好台湖镇，对于处理好城市副中心和通州区的关系，促进副中心可持续发展并发挥辐射带动作用，具有示范作用，要把台湖演艺小镇打造成为北京市特色小镇的标杆。在确立把台湖演艺小镇打造成为北京市特色小镇的标杆后，当地对演艺小镇的打造做出了如下的规划：

首先要明确《北京城市副中心控制性详细规划》中的相关要求，作为打造的总体方向。在该《规划》中明确提出，台湖要作为副中心拓展区，必须不断完善形成引导小城镇功能联动和特色发展，能够围绕副中心形成"众星拱月"的整体城乡格局，承接中心城区功能和人口疏解；并且能够管控好副中心周边的城乡接合部，大幅扩大绿色空间规模；演艺文化小城镇的建设，要能服务城市副中心发展，并带动本地新型城镇化。

其次要形成功能完备高效的工作组织，通州区委区政府高度重视副中心拓展区的规划编制，采用"1+X"的工作推进模式，其中"1"是指大的方向，以台湖镇镇域总体规划和台湖镇总体城市设计为支撑，"X"是指，在大方向的基础上学会统筹利用集体产业用地试点实施方案，还有综合交通规划以及特色片区规划这些更为细致具体的规划方案，更好的汇集多方智慧，保障形成高水平的规划成果。同时，也要积极对接演艺专班工作成果，以城市设计工作营的方式，开展台湖演艺小镇总体城市设计方案征集和专家咨询，明确好发展纲领和空间格局。

建设台湖演艺文化小城镇，服务城市副中心的发展，带动本地新型城镇化建设；坚持错位发展：协调好与中心城区，城市副中心的关系。打造台湖镇主要从文化和生态两大方面进行，文化上，台湖之于副中心通州，是副中心联动发展的演艺文化特色区，协调好与城市副中心演艺资源的分工发展关系，为中心城区的展演提供部分配套服务，着力创作排演，孵化创作剧目，先锋创意，与副中心联动发展，重点为副中心绿心剧院提供排练，创作地等配套服务。台湖之于首都，是首都文化中心的重要节点，首都新的文化地标，北京市特色小镇的标杆，同时使得演艺小镇与文旅区，张家湾古镇，宋庄文创区互动融合发展，构建通州区"大文化旅游区"。

生态上，台湖将被打造成为首都周边的生态绿壁，副中心重要的生态区。北京市农业农村局发布公告称将通州台湖打造成集"生态＋艺术＋演艺"为一体的全时活力小镇，以创意创作，展演交流为核心功能，以艺术推广，文化旅游为衍生功能的活力小镇；强化"台"和"湖"的联系，突出文化舞"台"，"湖"映林簇的空间特点；向周边逐层规划生态空间，在产业上紧密围绕演艺文化，同时体现生态宜居，形成以演艺区为核心，西部侧重综合配套，东部侧重生活配套的"同心圆"格局，并发挥展示中国传统文化自信，落实生态绿楔，通风廊道的生态作用。

2018年7月20日，蔡奇书记在北京市推进全国文化中心建设领导小组第三次会议上的讲话：台湖演艺小镇要坚持"特而精，小而美，活而新"，并且国家大剧院台湖舞美艺术中心的落地要发挥龙头作用，用好现有政策，促进文化创意产业"高精尖"发展。注重培育艺术推广，文化旅游等衍生功能；通过加强品牌建设，合理安排发展时序，建立健全运作机制，积极发挥社会效益，逐步带动实现产业效益。

（二）与外部相连接——一体化视角

台湖作为一个大的区域，发展演艺小镇对于带动周边区域的发展有什么作用，牵一发而动全身，如何影响该地的整体布局？

首先从空间用地上，台湖演艺小镇规划要对接通州区总体规划，强化刚性约束，并细化限制建设区，将镇域空间划分为城乡集建区和生态管控区，按照"一线两区"实施严格的一体化管控。在空间结构上，要顺应自然，塑造小组团与生态空间耦合的小镇格局，构建"艺术轴，小组团，水文脉，大观园"的空间结构。其中艺术轴指，以艺术之路为轴串联演艺小镇，环球主题公园，张家湾古镇，设计之，塑造区域融合发展的空间秩序；小组团即为打通两条绿廊，将镇区划分为3个小组团，塑造小镇与绿色空间耦合的田园空间形态；水文脉为传承运河历史文化，将萧太后河水引入演艺小镇内部，与台湖公园水系贯通，串联演艺功能节点，打造自然亲水，运河文化延展的小镇水环境；以萧太后河古码头遗址公园为载体，打造运河文化精华区，塑造凸显运河记忆的文化魅力场所，秉承自然生态理念，建设特色郊野公园群，营造田园交织，景镇交融的生态"大观园"。

然而，演艺小镇不仅局限于此，下一步，台湖演艺小镇将在更大范围内实施规划衔接，以演艺文化功能为轴带，做好与环球主题公园，张家湾设计小镇，张家湾古镇等重要节点的规划衔接。特别是要充分利用环球主题公园的产业溢出效应，进一步加强产业规划研究，做好做足配套服务，错位发展特色产业。目前，环球影城已经开放，借助环球影城的影响力，拉动当地的第三产业经济发展，主要从交通，住宿，产业三大方面来研究台湖演艺小镇与环球影城的联动发展机制。

首先从交通上，目前台湖镇九德路已经实现与环球影城接驳，普合桥立交和日新路立交已开工建设，打通台湖镇与环球主题公园之间的交通节点，实现演艺小镇与环球主题公园的道路贯通。

其次从产业对接上，台湖镇积极组织镇域内国家大剧院台湖舞美艺术中心与环球主题公园进行对接，双方就剧目演出，彩排，舞美设计制作，公寓住宿等方面进行了深入探讨，积极让环球主题公园的外溢资源能够扎根台湖，开发旅游文化产品，加快产业互补，承接环球主题公园外溢，打造文化旅游产业集群。并积极与环球主题公园互动发展，重点在科技和人才上形成良性互动，台湖镇侧重展示传统文化，吸引部分环球客流。

从住宿上，积极推进乡村民宿及精品酒店建设，主动为环球主题公园做好服务配套，布局高品质精品酒店，完善环球影城周边上下游产业链，弥补目前开园存在的住宿缺口，能够满足游客多元化的住宿需求，积极调动镇域内资源，建设精品酒店，民宿。目前编制完成民宿选址和可行性论证等前期工作，根据研究结果推动实施建设，目前进展有外朗营村民宿，外郎营村位于台湖镇核心，作为美丽乡村的保留村，已经有多家单位有意向开展民宿建设经营。目前有逸唐民宿项目位于台湖镇大庄村村委会北200米处，距离环球影城3000米，预计改造4间客房，打造高端五星级民宿，包括住宿，餐饮和娱乐。

（三）台湖演艺小镇建设的目标

1. 做强做精特色文化产业

台湖演艺小镇的发展将深度对接演艺文化专班确定的产业功能，着力培育创意创作，展演交流等核心功能和艺术推广，文化旅游等衍生功能，细化产业项目类型；充分发挥演艺文化专班，市政府，区政府以及演艺集团和文投公司的联动作用。以国家大剧院舞美基地为龙头，围绕艺术之路，水脉合理布局演艺产业用地，形成圈层式布局的演艺特色区；坚持市场经营模式，以主题演艺活动，节日庆典为吸引，塑造展演交流氛围，打造以小剧场为主的展演区；带动存量资源改造，推动老旧厂房改造，发展演艺相关产业，充分利用政策，设立运营基金，鼓励设计师，建造方，租户，居民等多方参与，推动老旧厂房改造升级。

2. 强化交通支撑能力，精准对接功能需求

交通层面上，构建开放便捷，空间耦合的轨道交通系统，支撑演艺客流的快速集散。形成三级轨道交通体系，加强与城市副中心，亦庄开发区的轨道交通联系，副中心M102环线延伸至镇区，能够较为便利的与亦庄线换乘；并且衔接高快速路系统，优化对外通道，构建多向多向多点的对外集散路网体系，利用周边高快速路，外移过境客流，新增副中心与站前区，亦庄地区交通直连通道，从而形成主次两级对外路网体系。

3. 构建完善的市政基础设施保障体系

台湖镇作为北京城市副中心主要打造的生态绿璧，构建完善的市政基础设施必不可少。其总体目标是保护水域，绿地等生态空间，重点围绕特色小镇景观水系和台湖公园，通过绿色和灰色基础设施，实现镇域保障水安全，改善水环境，修复水生态的综合目标；同时建设低碳高效的能源供应体系，大力发展可再生能源，建设绿色，低碳，高效，智能的现代能源体系；对于基础信息网络，要以智能化，便捷化为目标，统筹电信网，互联网，广播电视网，物联网等网络，实行多网融合，建成覆盖完善，畅通便捷的4G网络，加快推进5G新技术应用。

台湖演艺小镇有利于发挥北京市的文化资源优势，有利于形成本市错落有致的文化空间格局，有利于解决演艺文化人才和原创孵化缺少承载地和聚集地等突出问题。围绕本市全国文化中心，城市副中心，城乡一体化和乡村振兴，台湖演艺小镇力争打造成北京城市副中心重要的文化地标，运河文化上的演艺明珠，京津协同发展文化交融的展示平台，全国文化中心的特色节点，全国和全市特色小镇的标杆。

二 自上而下的艺术实践

（一）文化地标建设

在台湖演艺小镇中，作为文化地标建设的会展贸易中心是由"北京出版发行物流中心"升级建设而成，占地约460亩，规划了7.5万平方米的图书展销中心和11.5万平方米的图书配送中心，先后举办300多场大型图书订货会、展销会、发布会、推介会和行业论坛。北京发行集团总经理龙晓雯告诉记者，通过会展贸易中心的升级改造，可以给副中心从文化设施建设和文化地标建设，包括文化品牌建设上助力于台湖演艺小镇的建设。通过实体书店，书香北京和全民阅读的建设，来高质量发展台湖演艺小镇的功能和定位。

承接台湖演艺小镇文化创意生产功能的双益发文创园，总建筑面积达54315.1平方米，目前已经初步形成以演艺影视创作为核心的产业生态，打造了双益发演艺平台，孵化了舞台剧《绿色保卫战》、《魅力台湖戏韵万象演出季》等高口碑的精品剧目。韩迟是韩非子剧社负责人，作为落户企业的"当家人"，他觉得这里非常适合自己。"传统文化落户在这个地方，是非常适合的。"

（二）国家大剧院台湖舞美艺术中心

1. 国家大剧院舞美艺术中心落地台湖的过程

台湖舞美中心是国家大剧院品牌下的大型综合性舞美艺术中心，位于北京市通州区台湖镇台湖西路6号，工程于2014年11月开工，2015年12月合成剧场等5个单体工程钢筋混凝土结构完成，2016年12月集装箱库房钢筋混凝土结构完成，2017年12月31日工程完工。历经两年多的前期准备和三年的现场施工，台湖舞美艺术中心在2018年5月投入运营，配套设计了3个排练厅，13个化妆间，4间琴房，838个观众席，这里不仅可以让附近居民就近享受世界级的演出，同时还可满足近400位艺术家，演员的排练，创作需求。

国家大剧院台湖舞美艺术中心围绕首都"四个中心"建设，以助力北京城市副中心文化建设，在台湖演艺小镇建设中发挥龙头示范带动作用，为剧院运营发展提供有力保障，积极探索运营模式，尝试组织承办不同类型的活动，丰富副中心及台湖地区群众文化生活。

图 3-1 国家大剧院舞美艺术中心规划鸟瞰①

2. 国家大剧院台湖舞美艺术中心代表性活动

国家大剧院台湖舞美艺术中心走近台湖，策划主题艺术周，在 2019 年 9 月，为期 10 天的艺术周期间，汇聚名团佳作，呈现了 9 场公益性文化演出活动。国家大剧院管弦乐团及中国电影乐团带来讴歌时代，歌颂祖国的交响音乐会，北京京剧院等 5 所在京知名戏曲院团联合奉上中秋戏曲晚会，中国木偶剧院在教师节带来专场《少年孔子》，引进原创主旋律河北梆子现代戏《人民英雄纪念碑》引燃爱国情怀，传统杂技《传承荣光》使观众领略到精湛技艺，爵士音乐会给金秋时节带来律动。艺术周期首次组织的公众开放日和台湖舞美国际论坛，为普通大众和专业人士提供了走进舞台交流赏鉴的机会。

台湖舞美艺术中心服务于国家大剧院生产原创剧目，保障了是国家大剧院自制歌剧《纽伦堡的名歌手》，原创民族舞剧《天路》，话剧《暴风雨》等剧目的排练，合成。除此之外，先后为孟京辉工作室，中国歌剧舞剧院，中国东方歌舞团等机构的 6 部作品提供排练综合服务，其中有 4 部剧目完成了首演前的磨合演练，舞美艺术中心的专业化服务为剧目成功推出提供坚实保障。联合院团在台湖剧场合成的新创制剧目进行公益试演出，既为观众创造了先睹为快的机会，也有助于院团将公演效果调整至最佳。

台湖舞美中心积极延伸剧院品牌，将国家大剧院五月音乐节，八月合唱

---

① 本章图片均由台湖镇人民政府文化科提供，以下不再注出。——作者注

节的高水平节目和首都文明办"市民新春联欢会"在台湖剧场进行现场公益演出。同步直播杜达梅尔，郎朗与柏林爱乐乐团和费城交响乐团音乐会，"我和祖国一起成长"六一国际儿童节主题演出活动，通过大屏幕同步观看世界顶级交响乐团的演出现场，让观众在家门口领略难得一见的高雅艺术。

台湖舞美中心利用场地设施以及专业人员资源，为各类机构服务，积极承接活动展演，保障北京市文旅局相关重要活动，外交文化活动的演练，中国好人榜发布仪式暨全国道德模范与身边好人现场交流活动先后在台湖剧场完成录制，演练直播活动；并承接了"2018北京·通州运河文化艺术节"开幕式活动；潞河中学及其他艺术教育培训机构展演及培训研讨会议的成功举办，给了艺术研习和爱好者以实践的舞台。

图 3-2　通州运河文化艺术节

为了凝聚剧院的人气，台湖舞美中心与北京现代音乐学院，北京杂技团等机构，与著名舞蹈家，青年艺术家合作，引进原创音乐剧《天地运河情》，杂技《华彩北京》，原创舞剧《悟空》，儿童剧《小鸡彩虹》等5部作品以及云集打击乐名家的2019北京国家鼓手节项目落地台湖剧场及台湖露天剧场，承接北京市文旅局系列演出之北京曲艺团庆祝新中国成立70年原创新作专场节目，杭州歌舞剧院运河题材舞剧《遇见大运河》，以上演出将优秀剧目与观众连接在艺术时空里，为演艺小镇聚集文化氛围和人气。

台湖舞美艺术中心进入以后对当地的反馈：在艺术介入乡村的过程中，往往存在着多主体利益争端,村民前期缺少主动性,后期缺乏能动性,审美创造能力不足,以及生产出来的艺术作品后期产业转化能力不够,经济效益变现不足,地方村民的艺术修养不够,很难积聚人气,但在国家大剧院台湖舞美艺术中心落地的过程中,解决了一系列这方面的问题。国家大剧院本身自带吸引艺术创作者,演员,艺术爱好者的光环,郎朗工作室也在此落地等,大剧院提供了丰富的人力资源,比方说政府邀请大剧院的老师为舞蹈队排练节目,如前营村舞蹈队就是以崔志红为首的,在村民的积极参与下,于2008年成立,到目前为止,已有队员24名,舞蹈队的队员均来自前营村,由平均年龄46岁的前营村女性组成,一开始是由村民们自发组织形成,通过舞蹈健身的方式,赋予健身以娱乐性,提高村民们的健身热情,帮助村民们在舞蹈训练演出中找到乐趣,丰富业余生活,增进了邻里之间的感情,也为前营村带来了荣誉与活力。政府为群众舞蹈团请专业的舞蹈老师进行排练,提升村民参与的积极性,也提升了演出的质量。同时,国家大剧院邀请群众同台演出,使得艺术家与地方之间,艺术与地方居民之间发生关联。

同时,坚持市场经营模式,国家大剧院台湖剧院为台湖镇的文创产品提供展示的空间,以市场化经营的模式,将台湖地区的艺术资源以文创产品的形式展现出来,为台湖镇的文创产品提供设计视觉感强的品牌包装,从而打造台湖镇的品牌,以"艺术+售卖"的方式助力台湖镇的发展。同时,台湖镇联合国家大剧院台湖舞美艺术中心共同推出了"公众开放日活动,广邀镇内非遗项目及剪纸等参加,为非遗项目提供了一个优质的展销平台,现场的互动活动更是吸引了广大的学生和群众,通过最直观的接触和参与,展示了非遗项目的魅力。同时,台湖镇通过人员和资金下沉的方式,鼓励和支持有非遗项目的村社,依托特色非遗项目,自主开展独具特色的文化活动,活跃非遗传承环境,打造文化活动品牌。

打造"小剧场,小书吧,小工坊"构建展,演,商,创的功能混合模式,形成业态聚集,活络兴旺的文化群落,打造"小而不凡"的小剧场艺术创新演艺小镇。其中"小剧场",每个剧场200—500座,剧场演艺结合艺术展示,商业娱乐,教育实践及户外广场形成演艺气氛浓厚的多维体验的演艺功能集聚区;"小书吧"以实体书店为基础,结合咖啡,展览,时尚休闲,文化沙龙,艺术设计,生活美学等多业态形式,创造文化生活综合体;"小工坊"则是融合艺术作品的创作，孵化，宣传和推广为一体的艺术部落集群，打造功能灵活，承接国内外艺术家入驻创作的高水准艺术产业群落。

图 3-3　台湖露天剧场

今后，台湖舞美艺术中心将打造成为集舞台设计制作研发，国际舞美艺术交流，布景服装道具仓储，剧目排练合成，演出艺术活动和艺术普及教育于一体的艺术平台。依托国家大剧院的资源优势，打造以名家创作工作室为主的人才高地，以青年人才社区为主的孵化基地，原创精品剧目集中孵化地，舞美"智"造基地，演艺研究权威机构及大数据聚集地，版权机构及交易中心聚集地，打造剧目展演交流平台和高精尖舞美，道具演出装备的展示演示中心，建立演出博览交易平台。策划推出"星期音乐会"，"精品剧目展演"，"台湖演艺艺术周"，"台湖暑期儿童艺术演出季"，"台湖舞美国际论坛"等品牌项目，带动各类资源聚集，成为文艺院团艺术创排的孵化基地，舞美设计制作研发的实践平台，形成高品质演艺产业生态体系，在台湖演艺小镇建设中发挥示范引领作用，助力北京城市副中心文化设施服务能力的提升，不断满足人民群众日益增长的艺术文化生活需要，为首都全国文化中心建设乃至全国文艺繁荣贡献新的力量。

针对疫情，转变活动开展形式，采取线上＋线下模式，群众参与的积极性也较高，线上文化活动，如全民读书日"我身边的一本书"朗读，端午节包粽子，七一唱红歌朗诵视频征集，还开展了健步走活动中建党百年，全民健身日，七夕节线上知识答题等活动。针对村社区开展活动不积极，镇政府采取"三服务"政策。一服务是政府拟定专题活动，制订好活动方案下发；二服务是到现场指导，参与；三服务是准备好活动纪念品，针对创建工作中存在的问题，普遍问题政府采取统一制作，统一到位，统一解决的方法，取得明显效果。

3. 自下而上的艺术乡建

当地政府，社会力量发起的艺术乡建的项目，包括公共文化建设、体育文化节、各种社区文化节以及民间博物馆等，以及这些项目对于地方社会的影响。

在艺术乡建的过程中，会涉及到多方主体，彼此之间会存在千丝万缕的密切联系，也难免会有基于观念、思路、诉求和利益的冲突而产生矛盾。并且在现代性的规约下，艺术乡建容易出现类似于"民族国家—精英艺术—城乡"对峙的思维闭环。[①] 而台湖镇能够很好地利用其地理位置，通过艺术介入乡村，又并不仅限于艺术本身，而是让艺术与乡村之间的关系开始建立。[②]

为推进演艺小镇产业发展，提升演艺小镇的知名度及影响力，当地政府依托台湖舞美艺术中心龙头作用，策划组织星期音乐会、台湖爵士音乐节、河北梆子、8K全景舞台艺术展映、庆祝100周年展演剧目、少儿艺术展演等演出活动共43场，排练合成项目8项，培训项目3项，受众群体17000余人。具体活动活动如下。

（1）台湖文化艺术节

台湖镇文化艺术节是通州区特色品牌文化活动，自2011年起，已连续举办了9届，每年的文化艺术节，秉承着"一年一主题，月月有活动，人人能参与"的原则，以群众需求为出发点和着力点，围绕台湖发展中心，服务大局，逐步形成了"春满大地"群众舞蹈大赛，"五月的鲜花"群众歌咏比赛，"幸福老夫妻"评选拍照活动，"我们的节日"系列互动，"书香台湖"系列活动等多个群众喜爱，广泛参与的特色活动，每年直接参与到文化艺术节中的群众近5000人次，惠及台湖及周边居民5万余人次。2001年由台湖村爱好文艺的村民自发组织起星湖之声艺术团，成员有爱好乐器的，爱好唱歌，唱戏，跳舞

---

① 张颖：《中国艺术乡建二十年：本土化问题与方法论困境》，《民族艺术》2021年第5期。
② 渠岩：《艺术视界——渠岩的文化立场与社会表达》，东南大学出版社2014年版，第139页。

的。村委会大力支持该艺术团的发展，在2002年的时候出资购置了乐器，又招入了周边村的器乐爱好者和唱歌爱好者加入。经过好几年的发展，该艺术团于2010年3月获得演出资质，在日趋成熟的基础上，以自编，自创，自演为主；带动更多的群众积极参与文化活动为宗旨，以愉悦群众身心，普及文化道德，法律，知识为目的。在"星火工程"巡回演出的过程中，特别注重与群众的互动，每到一处，提前与各村领导打招呼，请该村有才艺的人员或该村组织的文化活动项目，同台共，互动联欢，使演出高潮不断，深受群众喜爱。"星火工程"巡回演出之外，还配合区，镇开展的各项文化活动，积极参与。2013年，艺术团应通州区文委主办，区文化馆承办"我的舞台"节目组的邀请，登上了每周五都在通州区运河广场举办的"我的舞台"群众参赛大舞台，参演的节目占到了该场晚会节目的一半。目的是为了锻炼队伍，充分展示个人才艺，以自创为主，把台湖新城区的新景象宣传出去，为台湖群众文化活动的开展在通州区占有一席之地，使得队伍更加成熟，不断提高。

文化艺术节依托国家大剧院，中央歌剧院，中国煤矿文工团等优质的演艺资源，以内容提升为目标，注重群众骨干培训，将群众性文化活动的水平推向了新的台阶。2019年4月，台湖镇第九届文化艺术节开幕式暨台湖镇与大剧院舞美基地文化共建启动仪式成功举办，标志着台湖镇文化艺术节全方位，深层次引入国家大剧院资源，群众文化活动和演艺艺术的交流和融汇。台湖镇文化艺术节在"新，特，精"上用心思，下功夫，文化艺术节分会场公益演出，贯穿全年的国家大剧院群众专场公益演出，大剧院公众开放日，中央歌剧院及国家大剧院专业演员助力庆"七一"文艺演出，国家大剧院走进乡村大舞台铜管五重奏等活动成功举办，文化艺术节在群众参与的基础上，逐步被打造成为鉴赏艺术，体验艺术，参与艺术的平台。到大剧院舞美艺术中心看一场新剧，和大剧院的专业演员同台演出成为台湖及周边居民享受公共文化服务的新流行，有力地提升了台湖镇文化艺术节的品牌影响力。

（2）台湖演艺车间

台湖演艺车间位于台湖演艺小镇鱼汇公园内，占地约30亩，建筑面积29000平方米，是北京市第一家成功引进北京曲剧浸没式驻场演出的剧场，固定演出曲目为《茶馆》《万籁清音八角鼓》等浸没式曲剧表演形式的剧目。2021年台湖演艺车间在重点推进的工作有：已签项目的演出场所经营许可证的落实,北京市京剧院台湖剧场项目的引进,音乐名人堂项目的合作洽谈,4000平方米的演播厅的报批建设,演艺主题民宿项目的改建报批,户外大型情境式演出活动的筹备等。自 2021 年 9 月起,台湖演艺车间还将携手 IMZ(国际音乐与媒体中心),AWAA(美国世界艺术家协会)等国家知名音乐,艺术和媒体机构,逐步开始汇聚世界优质,顶级且具有影响力的音乐艺术项目,艺术家,厂牌,媒体,渠道等资源,打造集博物馆,名人堂,原创内容生产基地,音乐人灵魂栖息地等多功能于一体的音乐艺术"潮"圣地,360 度全方位承载音乐艺术文化行业发展的产业生态系统。

(3)民间博物馆

文旺阁木作博物馆,坐落于通州区台湖镇东下营村。在这座占地二十多亩的非国有博物馆里,蕴含着有关老物件,老手艺的怀念与想法。馆长王文旺用了 7 个展厅,50 多个专题将之拆分,将木作这项器物文化讲给每一个人听。王文旺馆长告诉记者,在没有塑料,钢铁的年代,木料基本上是构成人们生活的主要材质,从博物馆的展厅的大门到每一件展品,几乎都是来自王文旺的个人收藏以及民间淘来的老物件。"不收来历不明的文物,不收皇家贵族的器物,只收老辈人留下的,民间实用的,跟老百姓衣食住行相关的东西。"他挑选了不同材质的木料,加工工具,招牌,车轮,扁担,大门,房梁等等一切与木作有关的物件,按照不同行业,不同用途,不同工艺划分成了近百个系列主题展。用这些"碎片"为人们还原出一个较为完整的木作世界。

(4)"数字化"建设

国家大剧院为响应国家和北京市"十四五"规划中"要统筹推进基础设施建设和加快数字化发展"的要求,结合剧院舞美制作的核心优势和台湖舞美艺术中心的区位优势,设计开发了针对舞美行业的专业性数字化管理交流平台—国家大剧院台湖舞美数字平台,包括"一库一平台一中心",即舞美资源数字化管理库,舞美资源展示交流平台,舞美资源数字化沉浸式体验中心。舞美资源数字化管理库致力于为舞美行业提供专业的资源管理系统,并计划将其在行业中共享开放。舞美资源展示交流平台致力于促进舞美行业交流,盘活优质舞美资源,助力舞美产业发展。舞美资源数字化沉浸式体验中心旨在以国家大剧院台湖舞美中心为基点,面向行业推动舞美人才,机构,企业,资源等线下互动与线上汇集。

在建设"城市副中心"国家战略中,艺术赋能乡村振兴,台湖地区演艺小镇的实践充分展现了"自上而下"的自觉与"自下而上"的自发[①],政府积极提供优质资源服务广大村民,能够解决艺术审美同质化,村民缺少主动性与能动性的问题。充分利用国家大剧院台湖舞美艺术中心的优势,积极转化艺术效益,提升了产品与服务的人气,积极挖掘地方文化,将艺术项目融入其中,使得自然资源与人文结合起来,构建起地方艺术场景。积极培育与引进艺术人才,吸引更多的艺术家到台湖定居,参与到村民的艺术项目中去,从而提升村民艺术素养。

台湖镇在艺术乡建的过程中,进行的艺术实践既不是"放任式"的只拨款不指导的形式,也并不是简单的"文化+乡村建设"的简单公式,而是通过激发村民的主体性,如坚持"月月有主题,周周有活动"的宗旨,即便是疫情时代政府也并未松懈,努力通过线上形式举办活动,这样的一些文化共建的活动,也能逐渐在村民心中形成共识,进而帮助农村提升内涵,在村民需要的时候及时提供帮助和指导,让艺术在村民和艺术家共同参与的过程中自然生长,最终在协商中促进村民的艺术认同,在参与中激发村民的主体意识,从而促进城乡关系的变革。让村民在参与艺术的过程中获得所思所想,对自己有所认识,艺术对其有所启发,从而减少城市与乡村的差距,并让更多的让认识村庄,让艺术"活"在村民的日常生活中。

第五节 通州区台湖演艺小镇建设工作的成效、经验与不足

一 成效

1.国家大剧院台湖舞美艺术中心的引入以"国字招牌"带动台湖地区演艺发展,优化了台湖地区的文化基础建设,提升了副中心的艺术文化承接力及影响力,产生了较高的文化效益。

台湖地区作为北京城市副中心三个重点的"特色小镇",也担负着通州区

---

① 张媛媛:《"艺术乡建"与中国当代艺术的在地实践》,《四川戏剧》2021年第11期。

优化文化基础设施以及提升文化影响力的重任。台湖地区成功引进了国家大剧院台湖舞美艺术中心这一具有重大文化效益的"国字招牌"项目。

国家大剧院台湖舞美艺术中心位于北京市通州区台湖镇台湖西路6号，包括国家大剧院台湖剧场，国家大剧院台湖露天剧场，演员住宿楼，艺术交流楼，舞美设计用房及散装库房，制作车间，集装箱库和地下停车场等配套设施。国家大剧院台湖舞美艺术中心致力于打造集设计制作，排练合成演出，服装道具展示，艺术创作，技术交流研讨和仓储于一体的"梦想城堡"。

凭借专业化的场地及服务，台湖舞美艺术中心已孵化多部作品，为多项国家大剧院内外的演出活动场地与保障，成功发挥了演艺小镇的艺术服务功能。疫情前，台湖舞美艺术中心除了负责国家大剧院的原创舞剧《天路》、话剧《暴风雨》、歌剧《唐璜》的排练合成工作外，还在服务国家大剧院原创剧目生产的同时，先后为国家话剧院、中国歌剧舞剧院、中国东方歌舞团、孟京辉工作室等机构的多部作品提供排演服务。疫情期间，尽管受到一定影响，舞美艺术中心依然继续保障了国家大剧院自制话剧《二月》、市民新春联欢会以及《我和祖国一起成长》——首都青少年庆祝"十一"主题活动等演出的排练合成，并先后为北京交响乐团大型京剧交响套曲《京城大运河》、四川交响乐团民族歌剧《同心结》、北京歌剧舞剧院音乐剧《在远方》等艺术院团以及社会艺术机构提供排练综合服务。

同时，台湖舞美艺术中心的文化服务性和文化影响力不仅限于台湖、通州甚至北京地区，更是国际同行互相交流的窗口。自2018年伊始，台湖舞美中心已连续四年作为"北京国际设计周"分会场，承办了多场探讨国内外舞美生态的国际论坛。台湖舞美国际论坛是一个以舞台艺术为讨论主体，通过国内外同行的专业交流不断拓宽剧院、舞台、技术、艺术边界，并试图寻找其内在联系的专业论坛。论坛举办期间广邀国内外知名舞美专家，通过集中展示当今舞台美术行业最新的创意与作品，深入探讨舞美行业面临的机遇与挑战，互鉴共享舞美领域最新科技、最新创意的经验与成果，搭建起中国乃至国际舞台美术的一个重要交流平台。论坛同期，台湖舞美艺术中心还举办了"舞台上的世界"主题展览，深度解密舞台背后的故事。同时邀请国内舞美专业人士及观众参观台湖舞美艺术中心的舞美布景制作车间、道具制作车间和服装制作车间、服装立体库房等区域，展现舞美制作行业的最新技术、探索行业未来标准化体系的建立。

台湖舞美国际论坛凸显了国家大剧院在全国文化中心建设和国际交往中心建设中的作用，展示了在剧目制作生产、舞台美术设计、舞美制作与生产中的引领作用和丰硕成果，更为国内外舞美同行搭建起交流合作的平台，加强了"国家大剧院"这个国字号演艺品牌的国际影响力。

2. 政府带动存量资源进行改造，推动老旧厂房改造，发展演艺相关产业，充分利用政策，设立运营基金，推动老旧厂房改造升级。双益发文创园及台湖图书城的改造建设促进台湖地区形成了密集的文化产业园和较为稳定的大型文化活动承办地。

台湖地区充分利用副中心建设的政策及资金优势，大力推动本地区一般制造业转型，支持文化创意产业发展，出现了双益发文创园这样的转型企业标杆；针对地区内废旧厂房及工业遗存，台湖政府联动当地居民、企业家、艺术家共同开发改造，重焕乡镇容貌与生机；此外，台湖政府启动台湖图书城改造项目，盘活拥有十几年历史的台湖出版物会展贸易中心，使其围绕"台湖演艺小镇"定位发挥更大作用。在一系列自上而下的实践中，台湖地区形成了较为密集的文化产业园和较为稳定的大型文化活动承办地，服务了副中心居民文化生活，提升了地区文化影响力。

双益发文创园是台湖地区一项备受瞩目的文化产业基地，是由原双益发食品有限公司车间在2016年配合城市副中心建设"一般制造业疏解"时通过艺术文化介入成功转型的企业之一。在"疏解"前，台湖地区由于交通优势集聚了一批耗能高、用水多的制造企业。2002年将生产车间开设在台湖的双益发食品有限公司就是其中之一。2016年，通州区为配合城市副中心建设，保护萧太后河生态环境，组织进行"一般制造业疏解"。双益发肉制品厂被划入疏解的范围内。当时，台湖开始谋划打造"演艺小镇"。肉制品厂占地面积约5万平方米，恰好位于通州区台湖创业园区，距离正在建设的环球主题公园仅1千米，文旅资源优势也格外明显，于是一年时间内，生产厂区转变为文创园区，以老旧生产厂房和办公楼为基础进行再设计与改造，过去的加工车间等老厂房悉数"变身"，曾经的肉制品加工车间彻底变了模样，建设起来1500平方米排练厅及剧场，8000平方米摄影棚，18000平方米的创意中心，用于文创及科技类企业办公空间，1200平方米的众创空间，提供作品创作及项目孵化等服务，还有 7500 平方米电视节目制作中心及影视后期制作机房等配套空间。

转型以来，园区已经陆续引进了影视、戏剧、多媒体、非遗文化、原创设计等文化原创项目，汇聚了专业影视演艺人才及企业，形成通州影视演艺文化资源共享平台。目前，双益发文创园累计入驻企业 60 余家，其中 50 家都是文化企业，涵盖演艺团体、戏剧创作、影视拍摄、非遗文化创新、设计及文创等领域，已形成以演艺影视制作作为核心的产业生态，包括大运河皮影艺术馆、艾特家族影视公司、北京心灵之声残疾人艺术团、中华传统工艺美术大师张玉成的工作室、生产年俗文化产品的福人福地文化发展公司等。同时，双益发文创园内还有一家由民间人士发起的公益文化馆——萧太后河文化馆。在其 400 余平的面积内，1000 多件民间收藏品在这里面向公众免费展出。内容涵盖各类字典、印刷器具、古籍、画卷、瓷器、玉器、体育用品、医学典籍、人体针灸模型等，并进行了细致分类和研究，形成丰富多彩的人文"宝库"。成组的青铜材质、石质、木质的印刷活字，成套的乐俑、出行队伍俑等千余件藏品蔚为大观，均是极具历史感的民间收藏品。馆内还有契丹文、渤海文、西夏文、女真文等八九个语种的十几部字典，还有各种各样包括医学典籍等在内的实物。这些物品从衣食住行多个方面再现了辽朝场景，堪称百科全书。目前关于辽朝的文物和研究资料相对较少。而萧太后河文化馆的藏品十分丰富，有很多从未发现的一手藏品，对我国辽金时期历史研究，乃至东北亚文化研究，都具有重要参考意义。针对一些重点项目，文创园也将与艺人进行合作，共同开发，未来也能增加文创园的收益，彻底实现向文创产业的转型。园区还要为影视戏剧演艺企业提供空间及资源对接服务，为入驻企业搭建可持续发展的资源共享平台，为台湖演艺小镇引进更多演艺机构、艺术家，繁荣演艺旅游市场。

与双益发文创园相似，位于张台路上的台湖演艺车间由过去的养鱼车间改造而来。2019 年，园区根据台湖演艺小镇"生态小镇、演艺台湖"定位，对原有的养鱼厂进行了改造，并利用自身资源优势，将生态和演艺相结合，创立了台湖演艺车间。从台湖演艺小镇鱼汇公园北门进入，穿过冰雪覆盖的水系和蜿蜒的道路，台湖演艺车间就位于公园中部。整座建筑由过去的厂房改造而成，古朴的外观处处透着时尚的设计感。内部装饰更是古色古香，随处可见红色、灰色的砖墙，分为表演舞台、庆礼堂、演出剧场、排练厅、咖啡厅、鱼道餐厅、艺术工作室等多种功能区域，可以满足演艺团体及文化活动等各类需求。

图 3-4 "文化北京 演艺台湖国家大剧院 2018 台湖音乐周"开幕式

除一般制造业及工业遗存的盘活与转型外，台湖地区还注重传统文化产业项目的升级改造。北京台湖出版物会展贸易中心地处通州区台湖镇核心位置，占地约 30 万平方米左右，是北京发行集团于 2007 年建成的大型重点文化创意产业项目。多年来，台湖图书城汇集了几百家出版社、书商企业，曾是亚洲地区最大的出版物集散中心。中心曾成功举办百余场大型行业展会、大型订货会和业内外交流等大型活动，提供一站式的专业高效服务，汇聚了出版发行业国内外和上中下游的资源，开创了国内大型图书文化产业新型业态经营模式的先河。

但近年来，随着网络不断发展以及电子读物不断涌现，台湖图书城的规模逐渐缩减。为助力城市副中心高质量发展、盘活国有资产和土地资源，随着 2021 年台湖演艺小镇启动项目闪耀亮相，北投集团以台湖图书城提升改造项目为工作重点，与发行集团签订股权合作协议，完成项目及精品酒店设计方案征集，启动精品酒店改造工程，并于 2021 年 10 月成功举办了招商推介会，首期与中央戏剧学院、北京交响乐团等 11 家单位签订战略意向合作协议。2022 年 1 月，台湖演艺小镇标志性项目酒店内外装修改造工程启动，标志着台湖图书城提升改造项目正式开工建设。台湖图书城项目的建设有利于打造台湖文化旅游产业集群，进一步盘活存量资源。按照台湖演艺小镇功能布局，会展贸易中心将转型成为台湖演艺创展中心，将建设以演艺特色会展、戏剧产业孵化、沉浸式主题娱乐、演艺科技赋能为主的产业布局，汇集演艺核心 IP，并承载演艺会展、沉浸式主题娱乐等功能。突出"创"与"展"两大要素，与国家大剧院舞美艺术中心等项目形成联动，增加小镇活力。未来，台湖图书城将在保持原有建筑肌理的基础上，做好利旧改造；同时，紧紧围绕台湖演艺小镇定位，打造成为台湖演艺小镇的新地标和助推小镇发展的新引擎。由此可见，台湖演艺小镇的建设方针成功对小镇内失活产业、废旧工业遗存进行了盘活与利用，在不浪费资源的同时重新激发了城镇的活力，并有助于产生积极的文化和经济效益。

3.台湖舞美中心、台湖公园、台湖演艺车间及台湖艺术节等活动为地区居民带来了便利的艺术及娱乐项目，丰富了地区居民艺术文化生活，提高了居民的艺术鉴赏力和幸福感。

台湖小镇利用国家大剧院舞美中心在地优势以及萧太后河的历史文化底蕴，通过打造台湖演艺车间、建设台湖公园、举办台湖艺术节等形式多样的方法，积极打造对副中心居民有益的文化艺术环境，提升了地区整体的文化软硬实力。丰富且高质量的演出、亲民的票价，充满艺术演艺氛围的环境以及以群众为主体的艺术活动为台湖及副中心居民带来了极大便利，在丰富艺术文化生活的同时，也有助于提高居民的艺术鉴赏力和幸福感。

国家大剧院台湖舞美艺术中心作为台湖演艺小镇的龙头项目，启用近三年以来，在保障剧目创排、引领行业前行的同时、一直致力于将国家级艺术殿堂的高雅艺术送到寻常百姓家，丰富当地的演出资源和文化生活。自 2018 年 9 月开放以来，台湖舞美艺术中心共完成演出近 180 场，近两万名演职人员到中心进行排演，超 7 万名观众到剧场观看演出。国家大剧院台湖舞美艺术中心已成为台湖演艺小镇的"招牌"，头部带动效应充分显现。从投入运营至今，舞美艺术中心已经形成了"台湖星期音乐会""台湖演艺艺术周""台湖暑期儿童艺术演出季""台湖精品剧目展演"四个演出品牌。其中，"台湖星期音乐会"平均演出票价低至每张 40 元，参演单位却质量不减，包括北京交响乐团、中国电影乐团、中国京剧院、人民艺术剧院、国家大剧院管弦乐团等著名院团。一以贯之的低票价、高质量演出，让台湖星期音乐会在全市范围内拥有了一批固定观众。而在"台湖演艺艺术周"期间，为拉近观众与高雅艺术的距离，演出均遴选经典通俗、喜闻乐见的作品，讲演结合。此外，艺术周坚持以惠民低票价进行销售，每场演出还专门设置公益专座，邀请台湖镇特殊（困难）群众走进剧场。"台湖精品剧目展演"则是舞美艺术中心在2020年全新策划推出的演出品牌，中国评剧院《花为媒》、北京市河北梆子剧团《人民英雄纪念碑》、北京曲剧团《龙须沟》、北方昆曲剧院《牡丹亭》等经典剧目以及戏曲名家悉数登场。

　　国家大剧院舞美中心等演出质量自然不在话下，台湖另一处独具特色的商业演出场地"台湖演艺车间"也奉献着精彩的演出。2022新年伊始，台湖演艺车间庆礼堂茶馆剧场通过六部门严格的联合验收审核，取得了《演出场所经营单位备案证明》，这是继《通州区台湖演艺小镇营业性演出场所审批实施意见》颁布后，台湖镇第一家通过通州区文旅局审核的营业性演出场所。春节期间，台湖演艺车间将推出昆曲、儿童剧、话剧等多种艺术演出，丰富市民文化生活。惠民票价从15元至20元不等。这是北京市首家成功引进北京曲剧浸没式驻场演出的剧场。500多平方米的空间内，张灯结彩、古韵悠扬，大堂中间布置了若干张木质桌椅，平时是游客的休息区，演出时就成为剧场舞台。例如曲剧《茶馆》演出时，演员就坐在观众身边演出互动，游客不仅能零距离感受曲剧魅力，还能穿上戏服真正融入表演之中。台湖演艺车间的演出形式更新颖，也另群众与艺术的距离更近一层。

　　便利的演出环境并不是台湖唯一的"硬件"优势，随处可见的文艺氛围才是透现"演艺小镇"气质的关键。台湖文化艺术公园是通州区数一数二的艺术公园，因临近萧太后河，公园以展示湿地水质净化、旅游休闲和湿地生产功能为主，丰富湿地生物多样性，使湿地植被覆盖度得到提高，岸坡植被带得到恢复，湿地蓄水保水能力得到加强。公园内部建设从中国传统文化及现代艺术中汲取灵感。园内著名的景点"长虹鱼跃"，是一座形状似鱼的百米大桥呈"S"形横跨湖面，取自《庄子·秋水篇》的创意。长虹鱼跃的东侧有一处"紫光荷香"，这里的荷花沿着水岸生长，绵延百米，在荷花盛开的夏季格外迷人。台湖公园还充分利用了台湖地区本土文化进行设计和布置，如园内湖水面的南端，有高台一座，名为"高台秋波"，是古代皇帝的"狩猎"之处的"晾鹰台"，这便是台湖镇名字"台"的由来，因此台湖公园内也设置了许多鹰的雕像。此外，台湖公园内还设置了诸如"环保材料雕塑艺术展"等艺术作品展示区，游客在游玩之余，还可以参观艺术展览，感受艺术熏陶。

图 3-5 台湖公园

台湖文化艺术公园是台湖地区公共文化休闲基础设施的一处缩影。台湖政府致力于为群众提供愉悦的生活环境和文化氛围。镇政府充分利用流经台湖地区的萧太后河水系，将其引入小镇内部，并充分利用萧太后河的历史元素以及周边近 20 处历史遗迹，串联成近百公里的公共活动绿色空间，为居民创造了田园风光，生态科普，艺术时尚于一体的多层次游憩环境。

除了充满艺术氛围的硬件设施及近在咫尺的精彩演出外，台湖镇还十分注重群众在文艺活动中的主体性，通过举办形式丰富的艺术节、支持民间艺术团体发展等形式，台湖地区及周围群众拥有了充分的舞台和资源展示自我，发展自己的民间艺术。台湖镇文化艺术节便是台湖镇自 2011 年发起的一项以群众为重心、围绕台湖"演艺小镇"定位发起的一系列丰富多彩的活动。包括以台湖地区群众为主体的舞蹈大赛、歌咏比赛，拍照比赛，读书活动等。此外，台湖地区还积极支持并资助民间自发艺术团体的创建及发展，出现了"星湖之声艺术团"这类优秀的民间艺术团体，并获得了"北京市星火工程文艺演出业余团队资质"。在项目的资助与支持下进行自主创作，与专业演出团队进行交流学习，并有机会登上更大舞台。

第三章　艺术乡建与台湖演艺小镇的运作实践

图 3-6　台湖音乐周

台湖通过引进国家大剧院舞美中心、建设演艺车间艺术公园、举办文化艺术节等方式，把精彩的音乐会、剧目等演出送到了群众家门口，让艺术家与艺术氛围变得触手可及，也让群众有了发挥自我主体性、在文艺熏陶中自我创造与展示的天地。台湖围绕"演艺小镇"的定位，让音乐和文艺流淌在城市血脉中，丰富了通州区群众的精神生活，助力了城市副中心文化发展，增强了当地群众的文化获得感和幸福感，同时充分调动了居民的艺术文化参与积极性，有助于提高居民的艺术鉴赏力和创造力。

二　经验

1.利用政策和资金优势精准定位"演艺小镇"品牌，大力发展文化创意产业，促进一般制造业转型及老旧厂房等城市闲置资源改造升级。

台湖镇利用城市副中心建设的政策和资金优势，紧紧围绕"演艺特色小镇"的发展定位对地区软硬件设施进行综合打造，高质量统筹引领产业规划，坚持城市更新利旧、坚持产业规划引领，在产业定位和运营理念上下功夫，在小镇建设和空间赋能上做足做细。通过大力发展文化创意产业，实现一般制造业转型，盘活地区内闲置资源，并初步形成了较为密集的演艺文化产业区。

台湖是北京城市副中心"十四五"规划中"一城一带一轴、四区三镇多点"的三个特色小镇之一。为确保演艺小镇建设风格、品质和特色，台湖镇搭建了台湖演艺小镇共建共治共享平台——台湖演艺小镇艺委会。"按照'特而精、小而美、活而新'的发展定位，艺委会对小镇规划设计、业态发展方向、演艺活动内容等提供专业意见，筛选高品质产业进驻小镇。借助城市副中心建设的诸多资源便利，以及"聚焦演艺功能，发展以演艺、文创及配套服务为主的特而精产业，打造展示城市副中心文化魅力新名片"的精准定位，台湖地区已经成功引入多项重点项目，其中包括国家大剧院旗下的"台湖舞美中心"此类具有"国字招牌"影响力的品牌项目，依托演艺小镇定位，台湖地区大力发展了演艺产业生态，吸引创作名家、人才，培育和引进精品剧本创作、舞美"智"造、演艺权威研究与大数据、演艺版权交易、演艺经纪等相关产业，打造品牌戏剧节，在积极助力城市副中心建设的同时，极大提高了台湖地区的经济文化影响力。

在引进项目产业、升级地区内部产业结构的过程中，台湖政府坚持大力发展文化创意产业，促进一般制造业转型及老旧厂房等城市闲置资源改造升级。创意产业是科技与人文的创新驱动，是城市内生动力的根本源泉，创意经济在城市产业中的地位越来越凸显，随着北京城市副中心建设的加快，越来越多的文化创意资源正在向通州集聚，成为北京产业发展的新引擎。台湖演艺小镇以国家大剧院台湖舞美艺术中心为龙头，依托环球影城辐射效应，带动文化优质资源集聚，促进文化创意产业发展，通过不断完善构建设计产业发展所需生态环境的保障机制，为设计产业蓬勃发展提供环境。

文化创意产业的聚集同时催生文化创意产业园区，反之，后者的建设也有利于文化创意产业聚集、城市艺术发展及传统文化保护。创意文化园区指的是特定的地理区位，其特色是将一城市的文化与娱乐施以最集中的方式集中在该地理区位内，文化园区是文化生产与消费的结合，是工作、休闲、居住等多项使用功能的结合。另有观点认为，文化园区指的是一个在都市中具备完善组织、明确标示、供综合使用的地区，它供夜间活动且延长地区的使用时间，让地区更具有吸引力；供艺术活动与艺术组织所需的条件，给居民与游客相关的艺术活动；供当地艺术家更多就业或居住的机会，让艺术与社区发展更紧密

图 3-7　台湖舞美艺术中心接入柏林之声

结合。① 文化创意产业园区的方式以不同形式的文化作为产业园区运作的主体，通过将多样的艺术形式集中于一定的社会空间，由此实现多样形态艺术的交融与碰撞，满足当下社会的审美需求，产生经济效益与社会影响力的双赢。台湖地区精准把握了创意产业发展这一时代动向，大力推进"一般制造业疏解"以及推动文化创意产业的发展，成功建设了诸如"双益发文创园"等具有新时代活力的文化创意产业园区。

在经济与政策助力文创产业发展的同时，台湖地区还多次举办研讨会，邀请如北京大学首都发展研究院院长、博士研究生导师、京津冀协同发展联合创新中心副主任李国平教授，北京市科学技术情报研究所总工、文化创意产业北京市重点实验室主任张京成研究员，北京工业大学文化创意产业研究所所长王国华等专家学者，就台湖地区"设计之都"新平台设计产业发展与布局主题展开讨论，并在"设计之都"新平台引入设计产业的选择、区域空间布局及服务配套环境建设进行了深度剖析，为"设计之都"新平台搭建提供有力依据。

2. 遵循当代乡建逻辑，通过艺术文化领域建设盘活乡镇文化活力，重塑社会文化空间。挖掘地区文化的同时，将传统融入经济发展和社会生活之中，发挥当地居民的主体性和主动性，促进传统文化在当代社会的活态传承。

---

① 王齐国、张凌云：《文化产业园理论与实践》，山东大学出版社 2011 年版，第 48—49 页。

台湖地区遵循当代乡建逻辑，让艺术参与乡镇建设，重视历史资源和传统文化用以打造文化硬件设施、尊重居民主体性和创造性，为居民艺术生活提供便利、保障及发挥的空间，重塑了本地区的社会文化空间，激发了传统文化在现代社会的内生动力。

台湖围绕"演艺小镇"定位，引入国家大剧院台湖舞美中心、打造台湖演艺车间，将音乐、戏剧等高质量演出引入，同时吸引诸如朗朗工作室等艺术家进驻，使艺术成为台湖血液流淌的一部分。台湖大力推进的文化创意产业园区对于促进当地文化遗产的活态传承也具有先天性的优势。文化创意产业园依存于具体的时空，其意在通过对多样形态艺术的集聚，在实现不同艺术之间碰撞的同时，通过与社区居民与游客结合的强调，实现艺术发展向具体社区的回归。此外，台湖镇依托国家大剧院的品牌效应，在台湖舞美中心举办了针对非遗及传统文化等项目的展示平台，使现场观众以最直接的方式接触非遗文化、感受传统魅力。双益发文创园中聚集了非遗传承人工作室、以传统文化为基底的创业公司，其中，一家专门将非遗技艺通过寓教于乐的方式来教授给小孩子们的机构"科瑞兔"，精选了包含非遗工艺的五大主题来进行教学，纺织编织、雕刻印刷、皮影、3D打印、彩虹衣舍，既让孩子学到了传统文化知识，又能将非遗文化发扬光大。利用文化创业产业园的形式，台湖地区可对辖区内的文化遗产及历史元素进行系统整体保护，同时实现经济效益与社会效益的双赢。

同时，台湖镇建设了兼具历史底蕴和现代艺术风格的台湖艺术公园，周边百姓可在闲暇之余随时接受传统文化熏陶、欣赏当代艺术作品。台湖镇在还不忘发挥当地居民在艺术乡建中的主体性，通过举办艺术节及点对点帮扶的形式，为当地民众提供自我展示的舞台以及与艺术大师学习交流的机会。台湖做到了让艺术与社会生活"共生"，在这里，艺术越来越贴近生活且融入生活。

3.顺应时代发展潮流，鼓励"智造"技术发展和文化产业数字化。

台湖地区顺应时代发展潮流，依托台湖高端总部基地和台湖光机电一体化基地，注重文化与科技产业的聚集，力图建设"数字化"平台，使科技成为经济文化发展的新动能、新引擎，促进通州产业的建设和发展，助力北京"科技中心""文化中心"的新布局。

台湖地区以台湖高端总部基地为核心发展设计产业，以智慧设计谷为先行启动区，合理布局设计产业发展，推动传统制造产业升级改造。依托中关村通州园，大力推进智能生产力提升工程，推动规模以上工业企业全面开展智能制造提升。支持企业沿智能制造的价值链突破，以智能化装备，建设智能化工厂，生产智能化的产品，延伸智能化服务。采取"优势产品＋标杆工厂"模式落地实施一批"优品智造"项目，打造形成"北京智造"的产业群体。鼓励企业借助工业互联网与京津冀企业开展协同制造、分布制造，拓展城市副中心智能制造发展空间。培育壮大共享制造、个性化定制等服务型制造新业态。

台湖地区还推动台湖光机电一体化基地企业的转型升级，推动跨界融合、跨界合作的探索和实践，培育机器人和智能装备等产业。北京经济技术开发区依托台湖光机电一体化基地，以智能制造中心为发展目标，围绕机器人与智能制造产业，打造全国高端装备产业创新示范区和系统解决方案策源地。依托马驹桥金桥园区、物流基地，围绕智能机器人等重点领域，聚焦关键前沿技术、整机及系统集成、系统模块及零部件，加强重大技术装备研发创新。

在推进企业向"智造"方向发展的同时，台湖还大力推动文化产业的数字化。台湖舞美中心设计开发了针对舞美行业的专业性数字化管理交流平台，即"国家大剧院台湖舞美数字平台"，启用舞美资源数字化管理库，舞美资源展示交流平台，舞美资源数字化沉浸式体验中心。在台湖舞美中心举办的台湖舞美国际论坛也将以数字化与舞台艺术为讨论主题，聚焦"舞美数字化平台"建设围绕"数字化与舞台艺术的未来"、"数字化时代的表演整体设计"和"面向数字化时代的戏曲舞美空间"等几个议题展开讨论。邀请到了国内外专业艺术院团、院校、研究机构的著名舞美设计师和相关领域的专家、学者共同参与，通过中外嘉宾主旨演讲、案例和经验分享、国内嘉宾对谈的形式展开交流研讨，旨在引发数字化时代对舞台表演艺术影响的思考，引导专业性数字化舞美行业发展方向。论坛围绕数字化与剧院、舞台的关系，科技赋能舞台艺术，舞台美术的数字化创作与呈现展开，从舞台美术数字化的设计与创作、数字化的管理与应用和数字化的推广与运营多维度讨论主题，极大提升了台湖演艺产业数字化的理论能力。

三 不足

1. 备受瞩目的环球影城项目与台湖本地特色文化趋向割裂，缺少联动。台湖成为项目的背景板，而非项目成为台湖的名片。

北京环球度假区及国家大剧院台湖舞美中心在建设时有望产生极大溢出效应，带动周边酒店业及文旅业发展，但就目前情况来看，环球度假区虽然已经开放，但溢出效应明显不足，对于台湖镇地区的影响未能达到预期。

虽然台湖镇积极组织镇域内国家大剧院台湖舞美艺术中心与环球主题公园进行对接，试图通过打造文化旅游产业集群，加快产业互补，使环球主题公园的外溢资源能够扎根台湖。但正因为极度重视"国际"和"国字头"两个重点项目的引进，为配合项目发展打造了无比便利的交通基础设施，环球影城可以通过地铁一号线直达，许多游客在环球影城游玩过后也有便利交通回去，真正实现了"从哪来，回哪去"。旅客在如此便利的交通条件下，也会降低对台湖地区其他文旅资源的垂青。此外，台湖地区也并没有真正形成对赴环球影城游客来说值得一看的、具有极强文旅吸引力的自身品牌项目，这也可能会造成专赴环球影城游玩的外地游客直接忽略掉台湖，转而"打卡"附近更加著名的景区。

2. 疫情造成文化演出活动减少、文化产业凋敝，如何在后疫情时代扶持文化产业重振将成为问题。

2020年初，由于新冠病毒全面爆发的影响，我国各类演出活动都受到了极大影响，台湖地区也不例外。此前早已投入运营的国家大剧院台湖舞美中心在较长一段时间内都没有任何活动，国内疫情平缓后，舞美中心的演出场次及承接的排演任务也与疫情前不可同日而语。另一方面，台湖地区的另一个国际项目"北京环球度假区"也因为疫情推迟开业，在2021年中下旬开业后，客流量也受到疫情影响远不及预期，这也大大削弱了环球度假区本应带来的溢出效应。

尽管台湖政府在疫情期间仍积极组织多种类型的非接触性文化活动，但台湖小镇的演艺活动无疑受到了重大影响，虽然坚持举办线上活动，但其与亲临现场的效果还是有天壤之别。环球度假区、台湖舞美中心以及政府主导的演出尚有国际资本、国家财力或政策的支持，但依靠市场生存的文创企业就没这么幸运了。台湖地区的文创产业也受到了疫情的重创，双益发文创园等代表地显得十分冷清，在疫情后的一年时间内，许多店铺和企业都已经支撑不住，纷纷倒闭。而在疫情反复，政策变化的情况下，新的文创项目想要迎难上马更显得机会渺茫。在这样的情况下，如何在疫情还未结束时帮扶这些文创企业，如何在疫情后重振台湖地区文化产业发展，也是需要考虑的重要议题。

3. 演艺小镇的落地与地方社区，与民众之间的不匹配，并没有真正意义上与地方社会融合。

台湖演艺小镇的建设在项目落地的过程中过于"自上而下"，与基层缺乏沟通交流和对接，导致建设实践缺少地方和群众参与，建设口号流于上级政府和媒体层面。

在实地调研的过程中可以发现，国家大剧院台湖舞美中心作为台湖演艺小镇的"龙头"招牌，却未能与台湖地区基层实现真正对接。台湖舞美中心直接受国家大剧院管辖，与台湖地区联合举办活动也更多通过一种"自上而下"的规划，而非"自下而上"回应群众的意愿、需求和呼声。虽然台湖舞美中心主动提供惠民演出票、开展群众参与的演出活动，但舞美中心直接受国家大剧院垂直管理，与台湖当地政府、民众没有过多的联系和接触，这点在当地政府与群众对台湖舞美中心的熟悉程度和互动关系上就可见一斑，这给项目的真正"落地"带来了问题。

另外，演艺小镇的建设倚重演艺活动空间的打造，但就目前情况看来，演艺空间无外乎国家大剧院台湖舞美中心及台湖演艺车间，真正有活力的民间演艺结构还极为匮乏。反观演绎市场较为繁荣的西城、东城等地区，依托学校、艺术机构，文化氛围等优势，聚集了大量的livehouse、独立剧场、电影资料馆等场所，正因场地处于市中心而产生的高额租金频频向市中心外围扩散。台湖地区作为"演艺小镇"，拥有极佳的天然资源优势、便利的交通环境、充足的资金和政策支持，可以考虑更多引进这些更加吸引极具文化消费能力及文化消费需求的年轻人的演艺场所。

第四章

宋庄艺术创意小镇的发展实践

宋庄艺术创意小镇建设是近年来北京副中心城市建设的重要举措之一，旨在发挥宋庄艺术集聚区的发展经验、资源优势和市场前景，与张家湾设计小镇、台湖演艺小镇及副中心拓展区其他特色小镇一道，推进新时代城乡共同繁荣发展，实现疏解北京非首都功能的重大战略目标。与其他特色小镇相比，宋庄艺术创意小镇建设具有潜在的艺术资源优势，同时其已经建立的艺术生态和产业链又面临很大挑战。建设好"小而特、小而精、小而美"的宋庄艺术创意小镇，既要回首过往，总结经验与教训，又要面向未来，应对时代需求，调整战略方向。

第一节 宋庄历史与村落记忆

一 镇域历史地理概况

宋庄，位于北京市通州区北部，西接朝阳区，北面紧邻顺义区，靠近首都机场空港区，东面是河北省三河市燕郊。距首都核心区东直门约22千米，距首都机场约12千米，整体地理区位比较优越。北京东面有两条重要的河流，一条是流经北京北部和东部的温榆河，一条是潮白河干流，宋庄恰好位于两条河流的中部，历史村落生计主要以农耕为主。

相较于通州南部及大运河而言，人们更容易忽视通州北部的文化地位，但宋庄也曾出土过石器，反映着通州地区新石器晚期的文明[①]。1988年12月，宋庄境内曾考古发现一辽塔地宫，经过文物分析和相关研究表明，该塔约建于辽圣宗统和晚期至开泰年间，葬主拟为尼姑，此辽塔塔基地宫平面呈圆形，直径约5米，外缘为勾纹条砖所砌，内部为勾纹方砖所垒，三层之下正中是两层整块6厘米厚的长方形青石板，再下为条砖所砌地宫。地宫内出土青砂岩棺形子母石函，有十二生肖及卷云、宝相花纹饰，另有"开元通宝"和北宋铜钱[②]。今天，在宋庄镇草寺村北还保存着一通清乾隆六年（1741）御制的徐元梦墓碑[③]，墓碑原立于今宋庄镇管头村东古去东陵御道北侧，虽然在特殊时期遭到损坏，徐元梦墓园也被平整，但考古出土的物质文化及地上文物都不同程度地见证着宋庄的历史变迁。

宋庄镇域于1953年置乡，1965年建宋庄公社，1983年复置乡，1990年建镇。20世纪末，宋庄镇有面积55.6平方公里，人口3.2万。辖区有高各庄、翟里、小杨各庄、北寺、辛店、喇嘛庄、大兴庄、末庄、六合村、疃里、小堡、后夏公庄、前夏公庄、邢各庄、丁各庄、高辛庄、菜元、小邓、大邓、师姑庄、北刘、摇不动、任庄、白庙等24个村委会。乡镇企业有铸造厂、印刷厂、机械加工厂等。农业以种养业为主，是首都粮食、蔬菜基地。1994年被北京市政府定为经济十强乡镇之一[④]。21世纪初，经调整后的宋庄镇域面积有114.18平方公里，常住人口5.81万，下设47个行政村委会[⑤]。21世纪经过镇域调整，全镇面积116平方公里，辖47个行政村，人口近10万人。2008年全镇耕地面积尚有58 906亩，粮食产量1722吨，年末农户总户数35 206户，

[①] 郭炜等编著：《大运河与通州古城》，北京出版社2018年版，第44页。

[②] 周良等：《通县出土罕见辽塔地宫石函》，《北京文物报》1989年第6期。转引自苏天钧主编：《北京考古集成》（宋辽卷），北京出版社2000年版，第335页。

[③] 徐元梦，字善长，舒赫禄氏，满洲正白旗人。康熙二十年（1681）进士，曾任户部主事、浙江巡抚、左都御史及翰林掌院学士、工部尚书、户部尚书、内阁学士、刑部侍郎、礼部侍郎等职。御制徐元梦墓碑为汉白玉制，首高1.6米，宽1.2米，厚0.52米，方额无字；身高2.2米，宽1.12米，厚0.44米，正面周边浮雕龙、云，无首题，右纵刻楷书5行，行48字，左刻满文5行，均系乾隆帝御笔，系表彰徐元梦功绩及表达敬重怀念老臣之意；龟趺高0.88米，残长2.4米，宽1.2米，背无纹饰。2001年被列入通州区文物保护单位。

[④]《中国政区大典》编委会编著：《中国政区大典》，浙江人民出版社1999年版，第37页。

[⑤] 孟钧主编，北京市民政局编：《北京市行政区划》，中国社会出版社2003年版，第357页。

户籍人口76 708人，其中农业人口46 729人，非农业人口13 412人，外来人口16 567人，出生492人，人口出生率8‰[①]。到2019年，宋庄镇域面积和行政村没有变化，总人口增至13万，9346.38亩永久基本农田划定。[②]

宋庄镇拥有较好的经济基础，在文明建设上也走在前列。自1996年起，宋庄就是京郊"十强乡镇"之一、北京市农村小城镇建设试点、国家级"综合改革试点镇"，并先后获得首都精神文明建设委员会、中宣部、中央精神文明建设指导委员会命名的"首都文明乡镇""全国创建文明村镇活动示范点"和"全国创建文明村镇工作先进单位"等荣誉称号[③]。2006年12月8日，经北京市文化创意产业领导小组审定，认定北京宋庄原创艺术与卡通产业集聚区为北京市首批十大文化创意产业集聚区之一。2008年10月，宋庄原创艺术与卡通产业集聚区被国家广电总局确定为国家动漫产业基地。

自20世纪90年代中期，宋庄镇逐渐形成中国乃至世界规模最大的当代艺术大本营。在宋庄生活的艺术家超过5000人。有艺术展馆30多家、画廊200多家、艺术家工作室4500多个，集中展览、经营面积达10多万平方米，艺术工作区从原来的零散发展到现在近20个，餐饮、休憩、时尚空间150个，年均举办各类文化艺术活动过千场次，慕名而来的海内外游客达到年均50万人次。2018年，宋庄镇全年完成税收16亿元，完成区级财力4.7亿元。[④]

二 村落记忆与民俗叙事

宋庄境内行政村较多，由宋庄地名志显示，部分村落始建于元代，大部分为明清成村的古村落。宋庄村是宋庄镇政府驻地的行政村，元代成村，因姓得

[①]《通州年鉴·宋庄镇》，2009年，北京市通州区人民政府官网，http://www.bjtzh.gov.cn/bjtz/fzx/2010-03/18/content_1062844.shtml，访问时间：2022年4月2日。

[②]《通州年鉴·宋庄镇》，2019年，北京市通州区人民政府官网，http://www.bjtzh.gov.cn/bjtz/fzx/202007/1308596.shtml，访问时间：2022年4月2日。

[③] 杨林主编，罗文路等编写：《文明落农家：通州区宋庄镇的文明村创建活动》，北京出版社2000年版，第1页。

[④]《通州年鉴·宋庄镇》，2019年，北京市通州区人民政府官网，http://www.bjtzh.gov.cn/bjtz/fzx/202007/1308596.shtml，访问时间：2022年4月2日。

名为宋家庄，1912年简称为宋庄。宋庄至今还有一部分满族。宋庄有一处重要的红色文化资源。这里曾是平津前线指挥部旧址。在宋庄镇宋庄村中老镇政府院内，原有一处清末民初建筑，是当地王姓地主的家院，由两所并列的三合院组成，南向，正房各五间，厢房各三间，房屋结构及样式属于近代通州乡间的典型院落。1948年11月，东北野战军挥师入关（山海关）与华北野战军会合，于1948年12月5日发起平津战役。由东北野战军司令员林彪、政委罗荣桓和华北野战军司令员聂荣臻等组成平津前线指挥部，实施对平津战役的战略部署，平津前线指挥部驻扎在河北省蓟县东南隅之八里庄。解放军截断敌军西窜或南逃的通路，将敌分割包围于北平、天津、张家口、新保安、塘沽5个据点。12月22日围歼新保安之敌第三十五军和两个师。24日攻克张家口，全歼守敌第十一兵团所属的一个军又7个师，完成了对天津的战略包围，1949年1月12日，指挥部迁至距北平只有60余里的通县宋庄镇（今宋庄镇政府院内）。1月14日解放军指挥部发出对天津的总攻命令，经29小时激战，全歼守敌13万余人，生俘守敌指挥官陈长捷。1月15日解放天津。至此，北平20余万守敌完全陷入绝境，林彪、罗荣桓、聂荣臻在通州五里桥会见国民党华北"剿总"总司令傅作义的全权代表邓宝珊、周北峰，进行和平解放北平问题的谈判。1月17日达成和平解放北平的协议。1月31日，北平宣告和平解放。至此，平津前线指挥部胜利完成历史使命。[1]因此，现存于宋庄的平津前线指挥部成为北平和平解放的重要见证。[2]

元代成村的村落还有疃里、白庙村、邢各庄等。疃里最初为一个渔家村落，俗称网户村。明代时有山西洪洞县韩氏五兄弟迁移至此定居，遂成大户，将村名更为韩家疃，1913年后改回疃里。邢各庄同韩家疃一样，都因姓而得名。

白庙村早在元代就已成村，其村名系因建设潮白河边的一座白马关帝庙而得名。传说明成祖亲征蒙古时，见大军前风沙弥漫中，有一神仙在前面带路，衣冠貌相看起来神似关公，唯独所骑的马是白色的。明成祖胜利回京之后，又

---

[1] 《北京百科全书 通州卷》编辑委员会编：《北京百科全书 通州卷》，奥林匹克出版社2001年版，第213页。
[2] 王岗主编：《北京历史文化资源调研报告》，中国经济出版社2013年版，第237页。

听闻有白马是关羽作战时的铁骑。于是，明成祖大悦，就下令在正阳门外建设了关帝庙，马要塑成白马，通州卫所属部队随成祖北征，凯旋后也在通州北城建成了白马关帝庙。白庙村的白马关帝庙也是同样的缘由。① 可见，白庙村虽自元代成村，但它还与明代屯兵有一定关联。白庙村里至今盛行一个段子，讲的是从前有一个白庙年轻人外出远行，口渴难耐，恰好前面有一所房屋，一位老大爷倚墙而坐。年轻人连忙上前作揖行礼，想向大爷讨杯水喝。老人也极为热情，拎出水壶倒上一碗就递给了年轻人，随后便问道："小伙子是从哪里来的啊？"回答："白庙的。"老人一听，立即就把水夺了回去，二话没说，关上门就不再搭理他了。后来，白庙人出门自报家门都不敢说是"白庙"的，而改口称自己是来自"黑寺"的。② 白庙村位于潮白河岸边，临河相望就是河北燕郊，潮白河在这里拐了一个弯，而白庙村刚好位于潮白河的西南岸。由于靠近潮白河，历史上的洪涝给白庙村留下了很多灾难记忆。同时，当地百姓也形成了以摆渡和船运为主要谋生手段。据传，白庙在东北三省都有知晓。这主要是由于白庙村是东三省进京的重要咽喉要道，来往的客商较多，但是在这里却发生了多次杀人械斗案件，因此传到了关外，也让白庙村落下了不受人欢迎的名声，才会有老人听到白庙村而闭户的故事。这个故事也反映出历史上白庙村是极为贫困的，百姓生活是非常艰苦的。

明代成村的有师姑庄、摇不动、翟里等。相传师姑庄内有一座观音庵，故名施姑庄，后写作今名。摇不动的村名则具有一定传奇性，该村在明代时初建于潮白河西岸的高地，相传村内有一座砖窑，因潮白河多次泛滥都没有损毁，因此称为摇不动。翟里和大部分村落一样，因姓得名。

清代成村的有六合村、北寺庄、辛店等。六合村实则由唐坨、江庄、辛庄、高庄、堤子和知福庄6个小村庄组成，民国时期统称为六合村。相传北寺庄村内曾有一座七圣庙，又俗称北寺。据《宸垣识略》记载，北京大栅栏北火扇胡同曾有一座七圣庙，乾隆三十年（1765）重修，"七圣祠，俗名蝎子庙"③。关于北寺庄的七圣庙到底供奉的何方神圣，有何信仰活动，则无从查阅了。辛

---

① 周良：《关帝庙与通县地名》，《北京文物报》1998年第1期。转引自苏天钧主编《北京考古集成》（综述卷），北京出版社2000年版，第631页。
② 张晓春编著：《最美乡村：当代中国乡村建设实践》，广西师范大学出版社2018年版，第76页。
③ 刘之光：《北京石刻艺术博物馆藏石刻目》，今日中国出版社1996年版，第59页。

店，清代成村，始称新店，民国时改为辛店。

由于宋庄镇自古位于潮白河和温榆河两大水系之间，因此对洪涝的灾害记忆较多。晚清时期，潮白河东摆不仅对运河产生了一定影响，更是直接影响了潮白河西岸的宋庄村落。"清道光以后，潮白河在通州城东北的平家疃、北寺庄一带屡次决口东流，因河水不入运河，运河水源减少，对漕运不利。特别是在咸丰三年，潮白河在北寺庄冲决河堤，北运河水势微弱，导致天津漕粮无法运输。于是，清政府屡次修筑潮白河大堤，堵塞决口，以阻挡潮白河决口泛溢，务必使潮白河水全部进入北运河。"[①] 如今，由于河道疏通和上游水库水量的控制，宋庄镇域的村民们不用再经受洪涝之苦了。

近年来，宋庄镇域内部分村落通过村史馆的形式传承村落历史与民俗记忆。小堡村史馆，位于宋庄镇小堡村，自 2012 年建成开放，馆内陈列了漕运文物、农耕文物、"文化大革命"文物及艺术家作品，实物 560 件。疃里村史馆，位于宋庄镇疃里村，2017 年 4 月底对外开放，馆内展示了农村老物件、回顾过去生活用品、疃里村发展状况以及疃里艺术团发展历程[②]。

三　非遗保护、传承与发展

与通州其他乡镇相比，宋庄整体的非物质文化遗产项目并不多。2021 年，通州区人民政府公布了《通州区第四批区级非物质文化遗产代表性项目名录》，共计 18 项入列，其中宋庄镇仅有一项，即"福艳皮影戏"入选区级传统戏剧类非遗名录，保护单位主体为北京福艳国际文化传媒发展有限公司。

福艳皮影戏的传承范围原先主要为河北省平泉市，属热河皮影中北影的代表流派[③]，既与唐山皮影有一定关联，又有着鲜明的地域色彩。近年来，河北平泉十分注重代表性非遗项目皮影戏的传承，将皮影戏剧团建设作为当地文旅产业发展的亮点，其中一些皮影戏团通过走出河北、走出国门的路径谋求新发

[①] 陈喜波：《漕运时代：北运河治理与变迁》，商务印书馆 2018 年版，第 329 页。
[②] 《通州年鉴·宋庄镇》，北京市通州区人民政府官网，http://www.bjtzh.gov.cn/bjtz/fzx/202007/t308596.shtml，访问时间：2022 年 4 月 2 日。
[③] 福艳皮影戏第四代传承人鲁永超讲述。详见《皮影戏：光影中的民间艺术为旅发大会预热升温》，澎湃新闻，https://m.thepaper.cn/baijiahao_4358932，访问时间：2022 年 3 月 20 日。

展，福艳皮影戏团就是这样一个例子。通过艺术突破和运营模式创新，该戏团曾在北京鸟巢、颐和园等重要场所的重要活动中亮相，并先后出访韩国、菲律宾及欧洲等国家地区进行文化交流活动[①]。与此同时，福艳皮影戏剧团还长期活跃在北京各项文化活动中，如 2017 年就参与了北京房山区黄山店村的"乡村艺术嘉年华"活动，对该剧团的介绍为："中国·福艳皮影戏剧团，前身为老艺术家项艳华女士创立的平泉福艳皮影团，是集皮影戏演出、皮影手工雕刻品制作销售、皮影戏文化交流、传统艺术教育、国际文化交流、文学剧本创作、皮影博物馆、展馆设计建设于一体的团体企业"[②]。另外，该戏剧团此前还注册有网站，剧团简介为"福艳皮影戏剧团，主要由平泉市皮影戏剧团和北京福艳国际文化传媒发展有限公司组成，其前身为老艺术家项艳华女士创立的平泉福艳皮影艺术团，主要以非物质文化遗产皮影戏为核心，是集皮影戏传承与发扬、皮影戏演出、皮影工艺品制作销售、皮影戏文化交流、传统艺术教育、国际文化交流、文学剧本创作、皮影戏文物保护修缮、皮影博物馆、展馆设计建设于一体的团体企业"[③]。在名为"中国皮影艺术委员会"的官方网站中也展示有"鲁永超：福艳皮影第四代传承人"的资料，"鲁永超，男，福艳皮影第四代传承人，师承父母，在拿线、小生上均有精益。2017 年推动成立了平泉市皮影戏剧团。2015 年参与创作、编写了皮影戏剧本《契丹始祖传说》。2018 年及 2019 年分别参与第三届河北省旅游发展产业大会和承德市第三届旅游产业大会，平泉市皮影戏剧团作为大会活动场馆之一承接了相关主要工作。2019年平泉市皮影戏剧团被评为全市先进单位。2019 年鲁永超团长被承德市委、市人民政府通报表扬，评为先进个人。2019 年鲁永超团长被平泉市旅游和文化广电局评为先进个人。2019 年参与了一系列文化进校园和文化扶贫下乡工作，带领剧团全年定期开展文化惠演工作。收藏整理了万余件不同时期皮影文

---

① 王海冬：《振兴承德皮影戏亟需世界眼光》，《承德日报》2020 年 10 月 12 日，第 5 版。
② 《乡村艺术嘉年华——姥姥家看大戏》，搜狐网，https://www.sohu.com/a/207349804_697558，访问时间：2022 年 4 月 28 日。
③ 原福艳皮影戏剧团官网，访问网址：www.fuyanpiyingtuan.com/，访问时间：2022 年 4 月 28 日。

物及剧本,并免费向市民参观开放,在传承发扬的道路上付诸践行"①。

这些资料都说明了"福艳皮影戏"项目并非宋庄镇"土生土长"的民间艺术,而是一种曾广泛流行于河北承德平泉地区的民俗文化。由于皮影戏具有较强的表演观赏性,在北京有更为广阔的演出市场及其发展平台,其他省市地区非遗项目的传入与生动传承都鲜明展现出了北京文化的包容性。近年来,北京市在非物质文化遗产保护工作政策上做出多项突破,比如"支持外地非遗在京传承传播",具体要求是,"充分发挥全国文化中心的凝聚荟萃、辐射带动、创新引领、传播交流和服务保障的重要功能,对符合首都城市战略定位、在京设有固定传承场所、开展传承活动3年以上、具有一定传承基础,在培养传承人才、开展传承活动等方面成效显著的其他地区省级以上非遗代表性项目在京开展保护传承工作,根据取得的效果及影响力,可以择优按照规定享受本市代表性项目的相关政策。完善京津冀非物质文化遗产保护协同发展机制,在跨区域调查研究、宣传展示、传承发展、旅游体验等方面开展深度合作"②。福艳皮影戏正是这方面的一个例子。它能够入选北京通州区级非遗项目,充分说明了该项目在北京传承传播的广泛性和积极性,侧面也反映了宋庄作为一个艺术集聚区对于民间艺术门类的包容和吸纳。

尽管宋庄本地的非遗项目不多,但在宋庄艺术集聚区却活跃着种类多样的非遗项目,如通州区级非遗项目靛庄景泰蓝制作技艺,北京的国家级非遗项目花丝镶嵌制作技艺、兔儿爷制作技艺,以及外省市非遗项目缂丝制作技艺等等。我们在宋庄艺术集聚区就访谈了"吉兔坊"的创始人胡鹏飞。他祖籍陕西凤翔,曾是凤翔泥塑的传承人,转战北京谋生后开始学习兔儿爷制作技艺,在继承传统的基础上创立了"吉兔坊"个人品牌,而宋庄是其发展壮大的一个新起点。不得不说,宋庄非遗保护与传承呈现出一个不同于其他地域的产业化路径,多元工艺门类在此交融交汇,成就着宋庄独特的非遗发展场景。

---

① 《鲁永超:福艳皮影第四代传承人》,中国皮影艺术委员会网站,http://www.pyyswyh.com/show.asp?id=338,访问时间:2022年4月28日。
② 《北京市非物质文化遗产传承发展工程实施方案》,中国经济网,http://www.ce.cn/culture/gd/202007/28/t20200728_35415227.shtml,访问时间:2022年4月28日。

图 4-1 宋庄"吉兔坊"工作坊兔儿爷制作场景

拍摄时间：2021 年 12 月 3 日

拍摄地点：宋庄艺术集聚区吉兔坊工作坊

拍摄者：王文超

图 4-2 "吉兔坊"兔儿爷创意代表作

拍摄时间：2021 年 12 月 3 日

拍摄地点：宋庄艺术集聚区吉兔坊工作坊

拍摄者：王文超

第二节 宋庄艺术集聚区的形成与生态

一 宋庄"画家村"的形成

宋庄画家村的形成得益于圆明园画家村。20世纪90年代，在圆明园福缘门村方圆20余里、700多户的农家村落里，一批来自全国各地的艺术家开始扎根于此，造就了新中国第一个自发形成的艺术家聚集地。尽管艺术家层次不一，生活状态也千差万别，但"圆明园画家村"的名号逐渐成为北京城重要的新闻热点，标志就是1992年《中国青年报》以《圆明园废墟上的艺术村落》为题对圆明园画家村进行了专题报道。这是我们今天所能见到的绝大部分资料对于圆明园画家村由来的通识性说法，但究其具体过程，还得依赖当事人的记述。

80年代末，先后毕业于北京一些艺术院校的华庆、张大力、牟森、高波、张念、康木等人，主动放弃国家的分配，以"盲流"身份寄住在圆明园附近的娄斗桥一带，成了京城较早的一拨儿流浪艺术家。吴文光早年拍摄的电影《流浪北京》记录了当时这些人的部分生活状态。尽管这些人后来大多都踏出国门，去了海外，但他们那种自由择业的勇气，却撼动了户籍制度的基石，为后来更多的艺术家流浪北京、选择自由职业牵线搭桥地做了某种索引。尤其是他们均都寄住在圆明园附近，以此为创作与生活的根据地，因此也成为了"圆明园画家村"的雏形。1990年，曾经参与报道京城流浪艺术家的《中国美术报》原工作人员田彬、丁方等人，因其报社解体，也都纷纷撤退出来，与方力钧、伊灵等艺术家一起迁到了福缘门村画画，从而形成了一个艺术家集聚的中心。这就是"圆明园画家村"的历史序幕。此后，随着序幕的拉开，越来越多的流浪艺术家纷至沓来，也就吸引了许多媒体的关注，"圆明园画家村"的称呼便不胫而走，渐渐成为一个文化象征。[1]

杨卫，1993年进入圆明园画家村，当他进入时，这里已经汇集了几十位艺术家。杨卫在那里生活居住了两年半。之后，由于外来人口的大量涌入，迅速裂变使原本单调的村庄变得复杂、多样，最多时曾聚集了200多为艺术家。这种群聚现象自然很快引起了地方政府的关注，为了消除不稳定因素，拆除成为圆明园油画村的最终宿命。这种混乱也为一些当事人记述下来。

圆明园的时候，我们经常在一起玩。因为当时的圆明园比较混乱，有好几拨人在一起，美院是一拨，社会上来的一拨，方力钧画画很努力，经常锁着门在里面画。福缘门村里经常有人敲门、喝喝茶、聊聊天。他工作室有一个小门，他经常偷偷进去把自己反锁起来。外面看，他永远不在家，其实他在里面努力画画。遇到有慕名而来的人，就没办法找他。他画到下午四五点钟，再偷偷把门打开，我们也经常聚在一起吃吃、喝

---

[1] 杨卫:《历史的后花园 圆明园画家村逸事》，河北美术出版社2007年版，第2页。

喝、玩玩。①

1994年前后，一些艺术家陆续走进了京郊东部的宋庄，一开始是附近小堡村、大兴庄、喇嘛庄、任庄、白庙村等多个村落。直到1995年10月，北京圆明园画家村被彻底拆迁解散后，艺术家集体搬迁到宋庄，小堡画家村的艺术群落开始有规模地生长。

刘祥在组诗《中国宋庄》中形象描绘了艺术家进入村落的场景，"上世纪九十年代某日，小村里来了怪人一群，奇装异服，南腔北调，又显然非打工一族。却比农民还土，专拣破房老院租住，旧门墩、朽树根如获至宝，陶罐里插一枝干枯莲蓬。最好的晚宴，摆上，花生米、猪头肉、二锅头，最快乐的日子，是黄昏村头小河旁的party"②。

图 4-3 树立在高速路口的"中国·宋庄"标识牌
拍摄时间：2022 年 3 月 24 日
拍摄地点：通州区宋庄镇　拍摄者：王文超

艺术家之所以选择宋庄的缘由，说必然，但也偶然。必然，是因为以小堡村为代表的宋庄当时属于京郊离城市最近的地方，比较符合艺术家创作与交流

---

① 严虹编著：《方力钧：100个人口述实录方力钧的艺术历程》，中国青年出版社2019年版，第239页。
② 刘祥：《小村画家群》，《刘祥作品选》，漓江出版社2013年版，第638页。

的实际需求，小堡村又是整个宋庄相对比较贫穷和落破的村子，隔壁的宋庄村经济条件就要好很多。我们今天在调查的过程中，当走进与小堡村隔街相望的宋庄村时，还有很多宋庄村民会回忆道，"我们以前要比他们村富裕得多"，他们只是将这种落差归结于村干部"没魄力"[①]。偶然的因素，则是"由于张惠平的学生靳国旺的家在小堡村"[②]。

  1993年，圆明园来的人越来越多，人多就混乱，于是想找一个更远又安静的地方，方力钧和张惠平找到宋庄、小堡，张惠平学生住在这个村里，说这边有房子很便宜。方力钧、张惠平是第一批在宋庄买房的，我是第二批，后来就越来越多了。我是方力钧鼓动到村里买房的，他说，"走吧，换个地方画画"。可能是在圆明园待得烦了，他把同学、朋友都拉到小堡，至少有朋友一起玩。搬到小堡以后和方力钧接触更多了，经常在他工作室吃饭、玩牌，每天晚上吃吃、喝喝，白天画画。村里有大事小事都找他帮忙解决，他影响力大，又有领导才能，做人也很好，这一点是大家公认的，为人处事，都很够哥们儿。艺术家的特点是不团结，艺术家在现实生活中是弱者，需要一个核心人物。能把艺术家团结起来，方力钧起到了这样的作用。这也是艺术家对社会的贡献，比如说方力钧在圆明园时期就起到很重要的核心作用，在宋庄他也起到很核心作用，这种能力是其他艺术家不具备的，这可能是方力钧的社会价值所在。[③]

  为什么会去宋庄呢，因为最早听说黄永玉老师去了那，正巧张惠平在那个村里教过书，他的一个学生当时就住在这个村子里面，了解到了情况：当地很穷，土地是沙土地，种地收入也不好，因为是北京周边的农村，年轻人愿意去城市，所以村里很多人都外出打工，空房子特别多。那时宋庄的房子因为没人住就等于白菜价，已经习惯了或者说喜欢上了圆明

[①] 访谈对象：Z某，宋庄村人；访谈人：王文超；访谈时间：2022年2月24日；访谈地点：宋庄镇宋庄村。
[②] 王笠泽：《躲风避雨进宋庄》，《宋庄房讼纪实》，中国政法大学出版社2013年版，第136页。
[③] 严虹编著：《方力钧：100个人口述实录方力钧的艺术历程》，中国青年出版社2019年版，第240页。

园那种创作环境的大伙儿一商量，直接买算了，于是方力钧、张惠平、岳敏君这几个人最早发起直接在宋庄买的房子，很便宜，一个院一两万块钱。地儿比圆明园宽敞了，圆明园那些人和其他一些朋友去方力钧他们那看过之后，就全搬过来了，1995年我买完房子，又叫了一些朋友过来。①

尽管存在一定的偶然性，但是宋庄小堡村的贫穷和空房多，无疑是吸引艺术家集聚的主要因素。除此之外，村委干部的认知也是一个关键因素。小堡村的村委书记崔大柏曾是一位当地有手艺的瓦木匠，从1988年开始担任村党支部书记。在艺术家进入小堡村后，崔小柏与其他干部的看法不同，他认为："这些个画家没出什么事啊！都在专心画画，安分守己，没有给我们村里带来什么危害。这些人都是国家名牌大学毕业的学生，还有那个理论家老头，他们都是很有学问、很有素质、很有水平的人，有幸住到我们村里了。现在瞧不出来情况，再过十年二十年，你们就会瞧出来了，他们的大学不会白上的，他们在我们村不会白呆的……"② 就是抱着这样的思维和认知，身为村委书记的崔小柏接纳了艺术家这个群体。

而在崔大柏接纳艺术家进入小堡村前后，小堡村的环境整治也在有条不紊地进行着。1990年代初，崔大柏就带领班子成员开排水沟、修路，整治村容村貌。1993年，崔大柏美国之行后，更是对村貌及环境整治工作极为重视，他相信只有村风村貌改善了，才有可能实现招商引资，一些项目才愿意在这里落地。随后，他还帮助村里成功申请到中英合作项目"华北乡村水环境治理"示范村，经此治理整顿后，小堡村的环境条件得以大大改善。这种不同于一般农村的村风村貌，无疑为习惯于城市生活的艺术家群体提供了极大的便利。

2008年，中共通州区委研究室在《通州区宋庄镇小堡村新农村建设的调研》中，将小堡画家村的聚集原因归纳为四方面：一是房屋租价低且有特色。小堡村家家户户的院子都很大，房租低，同时，朴素的北方民居易于激发创作灵感，很适合艺术家生活、工作。二是村民广泛接纳。小堡人始终是以一种尊

---

① 宋庄"老艺术家"粟宪庭口述，转引自张天羽：《北京宋庄艺术群落生态研究》，中国艺术研究院博士学位论文，2013年。
② 王笠泽：《崔大柏不是"疯子"》，《宋庄房讼纪实》，中国政法大学出版社2013年版，第185页。

重、宽容的心态对待艺术家，能够接受他们特立独行、放荡不羁的性格，至少不排斥，让艺术家感到了宽松。三是艺术家群居的特点。艺术家在小堡村租住和创作的成功，迅速吸引了圈子里的熟人、朋友和慕名而来者在这里聚集。四是村里主动提供工作、生活场所。随着画家的增多，村民房子已不能满足他们的需求，村里主动将废弃厂房按要求改造成工作室出租给他们。对有特殊需求的画家，村里出租土地让他们自己建房。而就在当年，小堡村共居住有艺术家250多名，约占宋庄镇艺术家总数的三分之一，主要是画家，也有批评家、作家等。大多以租居为主。据统计，艺术家租住农民自建房的占50%，租住改造后的旧厂房的占40%，艺术家自建房屋的占10%。[①]

二 艺术家与村民的磨合

在艺术家刚刚进入小堡村时，并非没有村民对这个群体产生怀疑。"村子里越来越多的形形色色的外来艺术家，村民们瞧着并不顺眼。男不男、女不女，扎小辫、留长发，要么，那头比农民的头还剃得光——锃光瓦亮，而且牵着大狗，招摇过市，让人看着心里发慌。"[②] 还有的老党员和村民会专门找崔大柏商量此事。毕竟这些艺术家刚刚经历了圆明园油画村的拆散，很多人对这些艺术家的身份难免打上问号，甚至一定程度上将他们与"暴乱分子""破坏和谐稳定"等字眼画等号。[③]

而对于这些艺术家而言，他们生活的宋庄，却又不同于一般的城市，所以很快融入这个村庄。

> 他们住着带有四合院的农舍，和农民一同分享着这里的阳光、土地与空气。他们也特别钟爱老家具，几乎每家都有几件"淘"来的旧摆设。他

[①] 中共通州区委研究室：《通州区宋庄镇小堡村新农村建设的调研》，北京市通州区人民政府官网，http://www.bjtzh.gov.cn/bjtz/fzx/2008-04/01/content_1063022.shtml，访问时间：2022年3月20日。

[②] 王笠泽：《崔大柏不是"疯子"》，《宋庄房讼纪实》，中国政法大学出版社2013年版，第185页。

[③] 同上。

们养的也是那种粗暴、凶恶的大狗，并习惯于对狗的训斥，谩骂中常夹杂着农民式的狡猾与威风。

和城里人不同的是，他们绝不会和邻居"老死不相往来"，他们喜欢串门、聊天、打牌、聚众，也十分满足于这里的无拘无束。大部分人过着毫无规律的生活，基本不看表，也很少惋惜时间的流逝。有人白天睡觉，晚上工作，有时也会趁着落日的余晖潜入城里，大量的酒精、些微的银子、一两个时尚的姑娘和昏暗的酒吧，常是他们的夜间布景。他们很少看报、听音乐，也不怎么看电视，电脑对他们来说更是稀罕玩意儿。他们不屑也懒得学，有电脑的也顶多是收发一下邮件。但他们喜欢打听，热衷传言，对口头消息兴趣盎然，各种信息在他们中间不胫而走。①

最初，在小堡村支书崔大柏的引导下，大部分村民还是自愿将自己的房屋出售或出租给艺术家，起初有不少房屋出售的现象。最开始的房屋出售，除了有艺术家和村民双方当事人以外，还有中间人签名，由村委会收取"土地使用费"，并盖有村委会的红印章。②但崔大柏很快认识到，对农民而言，出租比出售要更为长久，更划算。于是，从1995年前后，小堡村已经基本上不允许房屋买卖，于是一些艺术家又转向了小堡村周围其他的村子寻找可以买卖的房屋。

胡介报，于2004年开始担任宋庄镇党委书记。他在任时，正值宋庄转型发展的关键时期，当时宋庄的状态，用他的话来说，"大面积的农村企业倒闭，大量的工业厂房闲置，大量的农民住宅出现空穴。到什么程度呢？农民住宅的空穴率达到46%以上"③。造成这种状况的原因是由于，改革开放以后北京城市的快速发展给了京郊农民大量的就业机会，很多人都到城里务工，原有的乡村生活及村落结构开始出现一定程度的"空心化"。他在回忆宋庄形成的发展历程时，特别将当地农村老百姓的宽容作为艺术家之所以能够选择、能够集聚的一个重要原因。他讲到道：

---

① 吕澎：《中国当代艺术史（2000—2010）》，上海人民出版社2014年版，第94页。
② 王笠泽：《躲风避雨进宋庄》，《宋庄房讼纪实》，中国政法大学出版社2013年版，第136页。
③ 胡介报：《艺术成就宋庄》，方李莉：《艺术介入美丽乡村建设：艺术家与人类学家对话录》，文化艺术出版社2017年版，第84页。

宋庄是怎么形成的，大家也都纳闷。是不是就因为你的房地产便宜？不是的。当时方力钧和栗宪庭，他们找的地方更便宜，白给的有的是，这在当年还算贵的。那么是因为什么？就是那个地方老百姓的朴素与包容。直言不讳，当时一些艺术家都是被监控的、被驱赶的，当时我在区委组织部时，政法委是下令的，一到关键节点是要赶走艺术家的，要扔砖头，要断电和断水。那么小堡村对艺术家有一个很好的看法，就是这些人很仁义，另外他们还都有本事，而且还对社会有一种公益心。艺术家们来到小堡村以后，不光是他们的创作，而且从表面上看他们的穿戴有点放荡不羁，但是人性是好的，村民有什么困难，他们都热情主动地出手相助。另外，看到他们自己都有一种创意，有一种文化艺术的生活，所以老百姓又保护了他们，所以每到关键敏感的时间节点，老百姓会提前通报他们，会用心保护他们。就是因为当时这种开放包容的环境、呵护的环境，使他们得以安心下来。①

当地百姓的宽容，一方面是物质空间上的宽容，有了更多空闲的住房可以提供给艺术家租住；另一方面，也是更加重要的是精神心理上的宽容，乡土的厚道给了艺术家最温厚的生活空间。这种情形也被刘祥记录下来：

也曾有人对他们嗤之以鼻，也曾有人暗示之停水断电
小村支书却别出心裁，脸上写着微笑与顺其自然

既然是路边踏不死的野草，没必要移植成一片草坪
痴迷癫狂也是一种景致，至少村民们知道了什么叫油画

并未以村庄主宰者自居，容纳每一种声音的游走
闲暇时也和他们家长里短，感受一下什么叫现代情绪
不起眼的时光长成风景，小村因另类而"里通外国"
连种菜卖酒的都得到了实惠，承认他们这也是一种劳动

---

① 胡介报：《艺术成就宋庄》，方李莉：《艺术介入美丽乡村建设：艺术家与人类学家对话录》，文化艺术出版社2017年版，第87页。

> 孩子们有了学画的去处,记者们炒来了成群的游人
> 共产党支部书记如此潇洒,谁说这不是另一种艺术①

从这些回忆和描述中,我们能够感受到当时艺术家和村民之间的关系是比较和谐的。村民接纳了艺术家闯入他们的生活领地,同时也乐于接受艺术家带给他们的"文化艺术的生活"。这种文化艺术的生活,让原本面朝黄土的农民在淳朴的乡风中知道了西方的油画艺术,了解了引领中国的现代艺术,农民的孩子还能跟着艺术家学习画画,这原本是京郊农村最为罕至的资源。

宋庄原有的形态,用胡书记的话来说,"最初就一个画廊,还不是正规画廊,是餐厅兼画廊、兼沙龙"②。正是这种特殊的存在形式丰富了原本比较单一的乡村经济,给当地农民原有的生产方式、生活方式及其思维方式都带来了深刻变化。据胡介报介绍,宋庄从2004年直到现在,税收从原来的7000多万增长到现在的13个亿。13个亿是从哪来的?是文化产业发展的促进。"宋庄就有一个特点,不跟艺术家收税,我给他们提出的要求是,艺术家需要涵养,因为艺术家最宝贵的一生就是创作,但艺术机构需要纳税。就是因为做了这些事,才有了宋庄的今天,才有了宋庄这一块品牌。"③

然而,宋庄艺术家与农民之间的关系并不能持续性地宽容,随着这种经济模式的初步形成以及京郊地区整体经济的发展,因不规范的土地租售而产生的矛盾日渐突显。《南方周末》就曾报道了画家村农民诉讼索房的案例。

2002年画家A以4.5万元的价格购买了北京宋庄镇辛店村村民B的一套院落,后花费十几万元进行整修。但是,宅基地使用证无法"过户",只在变更栏注明"房屋出售给画家A使用"。2006年年底,村民B要求原价收回住房遭到拒绝后,向法院提起诉讼,要求撤销合同、收回房屋。通州法院宋庄法庭判决房屋买卖协议无效,判令村民B向画家A支付93 808元房屋补偿,限画家A90天内"退房"。画家A不服提出上诉,二审法院

---

① 刘祥:《一位共产党支部书记》,《刘祥作品选》,漓江出版社2013年版,第641页。
② 胡介报:《艺术成就宋庄》,方李莉:《艺术介入美丽乡村建设:艺术家与人类学家对话录》,文化艺术出版社2017年版,第88页。
③ 同上。

维持原判。

2008年1月，画家A以信赖利益受损为由，向通州区人民法院提起诉讼，要求村民B赔偿损失4877元。期间，经画家A申请，通州区法院委托北京中企华房地产估价有限公司对涉案房屋宅基地区位价值进行了评估，结果为房屋宅基地区位总价为264 700元。2008年10月，法院审理后认为：画家A与村民B所签订的房屋买卖合同被法院确认无效后，双方应按照各自的过错程度承担相应的责任。考虑到村民B作为出卖人在出卖时即明知其所出卖的房屋及宅基地属于我国法律禁止流转范围，其在出卖房屋多年后又以违法出售房屋为由主张合同无效，故其应对合同无效承担主要责任。对于画家A作为买受人信赖利益损失的赔偿，应当全面考虑出卖人因土地升值或拆迁、补偿所获利益，以及买受人因房屋现值和原买卖价格的差异所造成的损失两方面因素予以确定。村民B出售给画家A的房屋及添附部分价值已经法院判决折价补偿画家A，故对于画家A信赖利益损失的赔偿，仅考虑出卖人因土地升值或拆迁、补偿所获利益的因素，参照村民B出售房屋宅基地区位总价予以确定。依据《合同法》第58条的规定，判决村民B赔偿原告画家A损失185 290元。画家A向北京市第二中级人民法院提起上诉。2009年6月，北京市第二中级人民法院维持一审判决，农民B应当按照过错程度赔偿画家A经济损失18.5万元。画家A在90天内搬离房屋。①

艺术家在进入宋庄之后，从当初单纯性的租住发展到房屋买卖，短期内确实给彼此都带来了收益。农民卖掉了闲置的老旧房屋，获得了收入，艺术家获得了改造利用的空间。然而农村宅基地使用权资流转的限制，使得这项交易本身不具有法律效力，农民有权利随时收回当年已经卖出去的房子。这无疑给艺术家增加了不确定性。

这个案例在当时并非孤立，有关"小产权房"的讨论一时间将宋庄陷入了一场史无前例的舆论风暴中，同时也将艺术家与农民的关系瞬间紧张化，《瞭

---

① 郭红利主编：《农村土地流转》，天津科学技术出版社2016年版，第96页。该段内容系根据《南方周末》文章《画家村农民诉讼索房》整理。

《瞭望东方周刊》还用"失信的村庄"来定义宋庄,当地农民也成为被声讨的对象,在官媒及各种媒体的狂轰滥炸之下,胡介报"赢了官司,输了诚信"的名言也成为这场风波中被讨论的话题。① 而一些艺术家在这场风波中却也发声:"一种免费的广告——这样一件好事!"②

然而,在事情风波过去之后,宋庄艺术家与农民之间的关系变得更为多元和复杂。可以说,农民已经参与进由这些艺术家所构成的艺术生态体系中去,并在其中担任原有房东的角色,或者参与到其中公共服务事务、商业活动等环节。根据1993—2007年小堡村从事三产就业人员的相关数据,能够看出宋庄艺术家集聚大大改变了当地的经济结构,小堡村自2000年开始,全部人员都从事第二、第三产业。年人均收入从7992.9元增加到13 607.1元,年均增长14.23%。艺术家入驻规模的持续扩大,使得当地租金价格迅速上升,当地村民收入预期也在不断提高。③

那么,艺术家到底对当地产生了怎样的影响呢?我们不妨从政府的一份调研报告中管窥一二。2008年,通州区政府层面的总体观点是,小堡画家村落的形成与发展促进了当地新农村建设。具体表现在四个方面:一是促进了村民就业增收;二是促进了村内产业结构调整;三是明显改善了村容村貌;四是促进了乡风文明。尤其是最后两个方面,他们认为,画家村落的形成,对提高村民艺术修养,改变不良习俗,形成文明的村风民风起到了重要作用。村民艺术素质不断提高。在画家们的支持下,小堡村办了两个面向全国培训艺术人才的基地;在画家的无偿辅导下,村里农家有两个孩子考取了中央美术学院等艺术院校。在宋庄艺术节上,很多村民都能对一些艺术品发表自己的见解。邻里和谐得到进一步推进。以前小堡村民平时关注的多是土地及农作物,谈论的也多是家长里短、邻里关系等。受艺术家的熏陶和自己耳濡目染,从对艺术的知之较少和对艺术家的回避,到逐渐接纳艺术家,到自己和孩子同时向他们学习,邻里关系更加和谐,文明礼仪深入人心。由于长期接触,艺术家的一些生活方式对村民产生了较大触动。在他们的影响下,村民逐渐改变了说话粗鲁、

---

① 王笠泽:《"画家村"广告全中国》,《宋庄房讼纪实》,中国政法大学出版社2013年版,第332页。
② 同上书,第334页。
③ 孔建华:《北京宋庄原创艺术集聚区发展再研究》,《北京社会科学》2008年第2期。

随地吐痰等不良习惯，全村逐步形成了文明卫生的生活方式。与此同时，小堡村在给艺术家创造良好的环境，着力改善基础设施的同时，也改善了本村的基础配套功能性建设。当然，画家群体对小堡村的公益事业和文化建设做了许多贡献，如画家集资捐款为村里安装路灯，自愿捐款为村里修路等。早期到来的艺术家们多是购买了农民的院子，加以改造，打造成符合自己个性的工作室。更多的艺术家租用村里废弃的厂房、人防工事，甚至是养殖场，改造成了艺术家工作室，建成了一个个艺术园区。在乡村经济上，他们的感受当然最为明显，直接促进了该村第三产业的发展，使农民享受到了文化产业的实惠。小堡村村民人均收入已由1993年的3000元提高到2005年的10 700元，从宋庄的最穷村，成为在镇里首屈一指的富裕村。因画家集聚而带来的生活便利更不用说。[①]

三　宋庄艺术生态的形成

艺术生态，具体指的是艺术家及其艺术生存的基础环境。由于艺术家大多是散养的、个性的和充满创意的，对艺术生态当然有自己独特的选择和标准。当代画家于振立的大黑山艺术生活就特别能反映艺术家对艺术生态的需求。于振立因"革命宣传画"而知名，并于20世纪80年代开始西方现代艺术的创作实践，从现实主义转向抽象主义的艺术创作。1994年，他毅然搬迁到大连金州大黑山，依山而建造了一个抽象、怪诞的"理想建筑"，集合轮胎、水泥和酒瓶而塑造了各种建筑装置艺术，为自己打造了一个深居大山、又通过艺术与外界保持社会交往的艺术生态。当然，不是所有艺术家都必须选择走进大山，城郊同样也是艺术家追求理想艺术生态的处所。

2004年，宋庄镇提出了"文化造镇"的口号，让村镇成为服务于艺术家实现个人发展的重要平台。时任党委书记的胡介报很敏锐地感受到，如果单纯依靠招商引资的行政模式是很难吸引艺术家真正的融入，只有一个宽松、包容

---

① 中共通州区委研究室:《通州区宋庄镇小堡村新农村建设的调研》，北京市通州区人民政府官网，http://www.bjtzh.gov.cn/bjtz/fzx/2008-04/01/content_1063022.shtml，访问时间：2022年3月20日。

的艺术生态才能为艺术家提供可以落地扎根的土壤,要真正理解和呵护这些并非社会强势的群体。2005 年,宋庄小堡村举办了第一届中国宋庄文化艺术节,当年就吸引了 316 名艺术家参加,这样一个服务于艺术家的展示、推广的平台就逐渐搭建起来。此后,宋庄还先后成立了北京宋庄艺术发展基金会、中国文创公司、为艺术家专门服务的宋庄艺术促进会等机构。这些机构的产生,为宋庄艺术家集聚提供了平台和服务,为艺术区的发展也奠定了扎实基础。"对一些困难群体的扶助。我们的基金会每年要扶助几十个贫困的艺术家,最多的一个艺术家的扶持是为了给他治病,花去了 56 万多元。所以宋庄就是以一点一滴的人性化的服务,才影响了中国整个艺术群体。所以他们络绎不绝地一传十、十传百地来到这里,也正是因为这个情况,宋庄的艺术家集聚群从原来的 164 人发展到现在的 1 万多人,不仅涵盖了全国各个省市的艺术人才,而且涵盖了 37 个国家 200 多位常驻宋庄创作、生活的外国籍艺术家。也正是由于艺术家的集聚,艺术产业也集聚了。"①

不过这种状态在一些艺术家的观察视域中则有着"无绪"、多样化、流动性和草根性的特点。"无绪"指的是居住状态,他们可以以一种即为宽松的状态生存,"各种身份、怀着各种目的、来自各个地方的艺术家都可以在这里找到自己的位置";多样化是指这里之所以能够接纳各个阶层的艺术家,其主要原因在于宋庄区域范围较大,"大到一些区域团体和个人难以以一己的趣味爱好和身份等级为标准"进行实际意义上的排他,相对低廉的生活成本为多样化的生活状态提供了可能;流动性是指这里不仅可以作为艺术家进京的驿站,还拥有低廉的加工和生产成本,人员及生产的流动性十分明显;最后就是草根性,来到这里的艺术家大多出身非名牌院校,处于自由和纯个人化的原生态发展状态,"好画家"和"大艺术家"成为这些草根艺术家的两难处境。②宋庄就像一个"大酱缸",形塑着一种多样化、原生态的草根艺术生态。在吴鸿看来,除了宽松、包容的生存状态本身之外,这种状态还在一定程度上盲目地破坏着现代艺术。"这种破坏性的力量有时候表现为对所有'经典'盲目的、没有理

---

① 胡介报:《艺术成就宋庄》,方李莉:《艺术介入美丽乡村建设:艺术家与人类学家对话录》,文化艺术出版社 2017 年版,第 87—88 页。
② 吴鸿:《"艺术宋庄"的前世今生》,《吴鸿自选集》,北岳文艺出版社 2018 年版,第 136 页。

由的颠覆与嘲弄。它试图用一种最低的形态来抹平各种艺术表现能力之间的级差。而这种的'抹平'的动力不是来自于像现代艺术对传统学院派艺术技术主义的反叛与革命,相反,它来自于一种群氓式的对于必要的艺术表现技巧的仇视与嫉恨。这种草根性的颠覆的快感的释放是制约宋庄在技术美学的意义上能有所发展的最大的障碍。"①

艺术家居住性聚集往往会带来文化产业的纵向发展集聚,画廊、批评家和经纪人等先后成为艺术集聚区的重要组成部分。2006年12月,北京市文化创意产业领导小组为这里挂牌认定,将宋庄原创艺术与卡通产业集聚区作为北京市10个文化创意产业基地之一进行整体打造,小堡村也就此成为宋庄文化园区的核心和龙头区域。

当然,这一时期的集聚,除了宋庄艺术区之外,还有其他的产业集聚。宋庄大邓村从2001年开始发展宠物犬业,最初只是以小规模犬业养殖、零散式销售方式运行,建设了一个占地约3公顷的养殖小区。自2004年起,由于一些外部企业入驻、电子化销售和集团化经营管理,大邓犬业养殖进入快速发展期。尤其是2006年4月,大邓村吸引了天利集团入驻,通过土地流转,一个投资近3000万元、面积达13多公顷的国际爱犬俱乐部建设起来。同时,他们还成立了国内最大的宠物俱乐部和宋庄犬业专业合作社。通过外资引入和合作社发展,犬业经营产业化进一步升级,还通过构建犬主题旅游基地等方式,形成宣传、展示、销售、服务、技术咨询为一体的犬业基地。据悉,"大邓村'一品'策划将该村主题定位为'宠物犬休闲文化'",是融商业、文化、旅游于一身,集休闲、娱乐、观赏、游玩、宠物交易、宠物竞技、宠物服务、宠物医疗等多种功能于一体的生态环保型宠物犬文化休闲旅游区。它融合了自然、文化、商业、休闲四大元素,整合了观光旅游、休闲娱乐、餐饮住宿等多元业态,容纳了农业、畜牧业、服务业等众多产业元素。基于此,该村策划了宠物犬乐园、宠物犬展销馆、宠物犬研究基地、宠物犬咨询服务区、宠物犬主题客栈、生态餐厅等建设类项目,宠物犬大赛、宠物犬嘉年华、宠物犬展销会、年度文明养犬颁奖典礼、宠物犬交流研讨会等活动类项目,庭院绿化工程、沼气节能工程、污水和垃圾处理工程、道路交通提升工程、导游指示工程等配套项

---

① 吴鸿:《"艺术宋庄"的前世今生》,《吴鸿自选集》,北岳文艺出版社2018年版,第138页。

目。① 可以看出，这一时期产业集聚区的发展思路在宋庄是非常有市场的。

对于宋庄文化创意产业集聚区而言，艺术品市场体系也在逐渐形成。据悉，2011年宋庄有注册艺术家达到了6000人左右，艺术家结构趋于多元化。一些大型文化创意企业也陆续入驻宋庄，宋庄成为是通州乃至北京的"文化产业基地"建设的重要载体。艺术家聚集的过程带来了原料供应以及美术馆、画廊、拍卖机构、培训机构等文化艺术机构的集聚，形成了艺术品创作生产销售的一体化发展。目前，宋庄比较有特点的美术馆、艺术馆主要有，宋庄美术馆、小堡驿站、上上美术馆、树美术馆等，以及小堡文化馆、宋庄艺会馆等艺术交流中心，另外还有供展陈和销售的画廊、培训学校、画材商店等，以及文化相关制造企业、文化相关服务企业等等，都分散在小堡艺术区的各个主要街道。原有自然村落的空间格局已经被林林总总的艺术区所打破、隔离。宋庄已经不再属于通州的宋庄。②

宋庄的艺术生态主要表现在两个方面：一是建筑生态，二是艺术家生态。

就建筑生态而言，由于艺术家的介入、长期居住以及艺术功能的需求，在宋庄重新翻建了很多功能区。自从2005年宋庄进行整体的规划之后，特别注重对功能区的分化与完善，"整个村落最初只有西南角是村民居住区，随着艺术家的到来，慢慢地向东和向北扩展。艺术家最初来到画家村是租住或者购买村民的房屋，后来随着艺术家人数的增多，可以发展到村子东侧的工厂区，将旧工厂进行改造利用，再后来政府开始介入进行了整体的规划，将工厂区北侧土地卖给艺术家，成为艺术家自建区，而工厂区由政府统一规划开发，成为艺术家别墅区，以及工厂路艺术区沿街商业。而艺术家自建区的东侧则主要是地产商投资开发的住宅楼和空中画廊"③。李宝山经过对小堡村的实地调查，综合整体规划和用地布局，对宋庄艺术生态中的村民居住区、政府规划区、艺术家自建区、地产开发区和商业区五个组成部分的存在样态、功能及未来发展规划做了总体描述和归纳。

---

① 安金明主编：《乡村旅游的"北京模式"实践与应用》，中国旅游出版社2010年版，第144页。
② 张晓春编著：《最美乡村：当代中国乡村建设实践》，广西师范大学出版社2018年版，第245页。
③ 李宝山：《北京宋庄画家村聚落建筑空间类型研究》，北方工业大学硕士学位论文，2015年。

村民居住区：小堡村的根基所在，主要是小堡村的村民居住，现在有很多艺术家租用村民的房屋进行创作；

政府规划区：由政府主导规划，开发商投资开发，将原来的工厂区进行改造，沿原来工厂路进行改建，工厂路两侧主要是画材店和画廊等服务建筑，再往里是艺术家工作室区；

艺术家自建区：画家村将原来村北的空地出售给艺术家，让艺术家自由建造自己的工作室或者私人美术馆，政府对这一片区域主要进行道路规划和限高要求，建筑造型艺术家可自由选择；

地产开发区：主要是地产商从政府买地进行住宅和商业开发，开发主要是高层住宅加两层沿街商铺；

商业区：结合现在的佰富苑工业区，将原来的工厂和新建的工厂都规划到商业区，目前主要有文化影视公司、电气公司、物流公司、建筑材料公司等。[1]

从这个功能分区上可以看出，不同职业、不同身份的群体在宋庄达到了一个表面上相对和谐的安置，当地村民和长住艺术家能够在相对安静的环境下生活，这种规划更是一个小城镇，已经很难看出原有的村落结构与形态。而在整个艺术区，最受外人关注的还是各种美术馆、画廊、工作室及展示装置。美术馆既有较大型的上上国际美术馆、中型的宋庄美术馆，还有小型的树美术馆。作为一种比较综合性的场馆设施，美术馆主要承担了艺术区内展览、宣传推广、艺术交流、学术讨论、公众教育等职能。张天羽在考察中还注意到，这里还有50多家被冠名"美术馆"的非美术馆机构，实际就是工作室或画廊，冠名美术馆的目的就是为了夸大其艺术展示的功能性，增强商业目的；还有一些艺术中介也冠名"美术馆"，但实际功能则更为复杂，实则是根据市场需求随时调整经营策略，或作为工作室代理艺术家，或作为画廊签约、包装和炒作艺术家，或作为美术馆搞展示和陈设。[2] 我们在田野调查中也发现这类现象至今仍普遍存在，如某冠名美术馆虽然也有一些展陈和学术活动，但近年来更重要

---

[1] 李宝山：《北京宋庄画家村聚落建筑空间类型研究》，北方工业大学硕士学位论文，2015年。
[2] 张天羽：《北京宋庄艺术群落生态研究》，中国艺术研究院博士学位论文，2013年。

的业务是帮助艺术家及其他客户提供书籍编撰与出版服务，也兼营销售一些非遗工艺品等。张天羽对画廊生态现状分为四类，正规性画廊、非正规性画廊、个人工作室画廊和行画作坊性质画廊。尤其是这种行画画廊，虽然名义上称为画廊，但实际上与传统画廊的功能完全不同，他们主要针对慕名而来的游客和参观者，兜售一些低劣行画来冒充某艺术家作品。而这些画廊甚至没有和艺术家有直接往来关系，他们的画作都是由一些画手仿制，因此这种售品基本都算不上是艺术品，价格也相对低廉，仅仅是为到此一游的游客提供一些手办礼品，当然在一定程度上也能够获取一些短期利益[1]。

就宋庄艺术家生态而言，孔建华基于真实的内部数据描述了宋庄在一段时间内的艺术家内部生态。他使用的数据年限主要是 1993—2006 年。这一时期宋庄艺术家在地域构成上主要来自"中国内地和美国、法国、加拿大、英国、德国、瑞士、马来西亚、菲律宾等国家。据对 1993—2006 年 682 个艺术家来源地分析，国外艺术家 11 个，占 1.61%；中国艺术家 671 个，占 98.39%。国外艺术家中，欧洲艺术家占 45.45%，美洲艺术家占 36.36%，亚洲艺术家占 18.18%。国内艺术家最多的 10 个地区是河北、山东、北京、吉林、辽宁、黑龙江、陕西、四川、湖北、湖南，共有艺术家 451 个，占 66.13%"[2]。可见，宋庄还主要以中国内地为主，但能在 21 世纪之初就吸引外国艺术家来常驻也十分难得。就国内而言，也是充分体现了北京对华北、东北地区的集聚，艺术家就近选择大城市发展的概率较大。在男女性别比上，"男性艺术家 557 个，占 81.67%，女性艺术家 125 个，占 18.33%。女性艺术家来自国内 25 个省市和地区，其中河北、山东、辽宁、北京、四川的艺术家 65 个，占女性艺术家的 52%"[3]。艺术家群体本身的构成，加之宋庄艺术家这种漂泊异乡、孤独打拼的生存状态，男性所占比例要远远超出女性，而女性在地域来源上同样显示出较强的地缘性。

他将艺术家的集聚进程分为两个阶段，一是 1993—2002 年这 10 年间，年平均入驻艺术家为 25 个；二是 2003—2006 年间，年均入驻艺术家 113 个。这种增加率是十分显著的。在艺术家的空间集聚上，"小堡村域艺术家 375 个，

---

[1] 张天羽：《北京宋庄艺术群落生态研究》，中国艺术研究院博士学位论文，2013 年。
[2] 孔建华：《北京宋庄原创艺术集聚区发展再研究》，《北京社会科学》2008 年第 2 期。
[3] 同上。

占 53.34%；环绕小堡村域艺术家 152 个，占 21.62%；外围层艺术家 176 个，占 25.04%"。① 小堡村域艺术家指的是宋庄原创艺术集聚区的核心区，包括小堡村、小堡村画家大院、佰富苑环岛和东区艺术中心域。次级环绕区主要包括有疃里、宋庄村、大兴庄、大兴艺术空间、喇叭庄、艺术工厂区、徐辛庄、大庞村等。外围区主要指的是北寺、辛店村、任庄、白庙村等其他村落。这其中大多数都是以小堡村为中心，呈环状分布，共有艺术家 527 个，占比 74.96%。他们中间的 293 人为营造或租用民居的艺术家，占比 41.68%。

张天羽基于田野调查简单将之划分为长期居住艺术家和半居住艺术家。长期居住的艺术家主要是宋庄画家村形成之前就已经在这里扎根，以及后期大量虽然默默无闻但长期在宋庄稳定生存的群体；而半居住型艺术家更多是新来的新势力群体和非本土艺术家。② 我们在田野调查中的观察也基本一致，既有来通州本土的一些艺术家，有原先在城里工作后租住在这里的艺术家，也有很多刚刚到宋庄工作的新势力，他们大多数原本在外省市就从事书画工作，宋庄对他们而言只不过是转换了一个战场。如我们访谈了一位正在创作的陈某，聊天后才得知他是前一天刚刚从山东来到这里，由于在山东济南就从事书画行，所以宋庄对他而言只是生活环境的差异，工作内容依旧非常熟悉。另外，还有一些刚刚毕业的本科、大专学历的美术、设计艺术生，选择来到宋庄就业谋生，他们共同构成了宋庄多样化的艺术家生态。

当然，除了这种简单的划分之外，张天羽还从市场生态、生活生态和艺术生态三个视角进一步细化了宋庄艺术人群的生态谱系。例如，他对市场生态谱系的细化，就包括了艺术家与艺术家、艺术家与代理人、艺术家与职业艺术品经纪人、艺术家与藏家等关系组，这些关系能够清晰勾勒出在宋庄文艺市场中存在的错综复杂的关系。一个艺术家只有依靠和利用好这些关系，才有可能冲出市场链条的运转而走向成功。当然，生活于其中的艺术家们自然非常深谙此道。艺术家要面对的生活生态谱系，除了基础的艺术家与房东关系之外，还包含了艺术家与家属、商户之间的关系，艺术家与民间社会团体的关系。这里的房东，既有宋庄本村居民，也有村委会集体，甚至还有艺术家二房东等等。艺

---

① 孔建华：《北京宋庄原创艺术集聚区发展再研究》，《北京社会科学》2008 年第 2 期。
② 张天羽：《北京宋庄艺术群落生态研究》，中国艺术研究院博士学位论文，2013 年。

术家的创作与生存离不开这一层最最基础的交际圈,他们是艺术家走向生活最直接的接触对象,有的甚至也是艺术家最依赖的群体。当然,这个群体之间也有交叉,比如有的商户同时也可能是房东,房东也可能在某促进会团体从事相关工作。至于艺术家的艺术生态谱系,主要指艺术家与策展人、艺术家与评论家、艺术家与民间团体从业者的关系。宋庄策展人整体呈现出缺失匮乏的状态,更多依靠外来策展人,但是"外来策展人没有宋庄的生活体验经历,不熟悉宋庄艺术家的生活状态、宋庄艺术群落的生态体系、宋庄独有的文化语境,所以在策展时就很难精准地把握和推敲、设计和策划宋庄艺术家的展览,他们对宋庄艺术家和艺术家作品的认识很难准确,因为他们是在用他者的眼光去观察,而不是以自我观察的眼光来看待艺术家和艺术家作品"①。这是宋庄艺术生态谱系不完善的一个例证。

第三节 "宋庄模式"与艺术乡建

当艺术进入宋庄,有人敏锐地将之与当代艺术乡村建设联系起来,并发现了有人总结"宋庄模式"的特殊性。作为一种艺术乡建的"宋庄模式",它其实是一种"艺术家自发聚居,引发地方乡村在居住、生活、生产等方面发生相应变化,形成一种文化创意产业聚居区,从而改变了乡村原有的空间格局、发展模式和文化生态"②。这种模式并非以艺术介入乡村、建设乡村和改变乡村为目的。

一 艺术介入乡村的多元模式

(一)主体性建构与艺术实践

许村,位于山西省晋中市和顺县松烟镇,这里曾是电影《老井》的拍摄

---

① 张天羽:《北京宋庄艺术群落生态研究》,中国艺术研究院博士学位论文,2013年。
② 张晓春编著:《最美乡村:当代中国乡村建设实践》,广西师范大学出版社2018年版,第248页。

地。许村虽然也有丰富的历史文化资源，但与晋中平遥古城、乔家大院等知名文化遗产资源相比，许村的名气并不大。关于为何会选择许村，到许村做什么，渠岩明确表示："作为介入到许村的艺术家，我深感乡建不只是一个简单的建设问题，既不是发展话语下的物质扶贫，也不是灾难话语下的建筑抢救。以上问题都是表象，核心问题是离不开历史进程中的当代中国社会危机。……我们不是在许村建房子，……我们也不是在许村引进艺术家建艺术区，我只是怀抱复兴乡村文明的使命和理想来到许村。它既区别于现在各类社会团体说明乡村的功能化方式，同时又包含了所有这些具体的细节和任务。"[1] 与大多数更加强调艺术家作用的乡村建设不同，"许村是一个建立在情感关系意义上的共同体，不论是村民、政府、企业还是不同的权力机构、社会团体以及不同的个人，只要卷入其中，并与在地的生活和知识发生关系，就会嵌入其中，就会成为许村的一部分。你把你自己的认知、智慧、资源、情感投入进去，在这个过程中就会制造出一些被认为是有社会价值的东西，其中老百姓得到了经济收益，当地政府也从中获得了传播效果和影响力。不同主体相互之间形成互惠关系，这个过程就能持续进行，这里头其实是不同主体相互完成、相互给予的过程，这里头的张力始终是存在的，但这恰恰是生命力的表现"[2]。许村强调的是村民、艺术家与政府之间的共同体，各个主体之间是一个需要不断投入、沟通、协商和互动的互动实践关系。

许村名义上是艺术家介入，但其实是艺术家与村民、地方政府、企业、社会组织、乡村精英和合作社构筑了一个以艺术为核心的协同网络，这个共同体共同挖掘传统村落社区的文化自觉和内在动力，实现物质层面修复古建筑和精神层面梳理村史的文化重建过程，同时通过许村论坛、国际艺术节、新乡村文明制度化和老屋改造来实现文化创新，最终实现乡村重塑。"许村计划"最大的意义在于乡土文化的重建与创新，换用渠岩的话来说，就是要找回中华民族的神性。例如，"祠堂和家庙是乡村的神圣空间。老宅也有它特殊的神性，不是简单居住的物理空间，它是一个神性的空间。他和祠堂一样，都是约束中国人重要的空间现场。我们把村庄摧毁，老宅拆掉，把村民赶到城里去。就算农

---

[1] 渠岩：《限界的目光》，商务印书馆2018年版，第244—245页。
[2] 同上书，第245页。

民有钱在城里买套住房,但这个房子也只是物理空间,只管吃和住,已经对他没有神性的约束力。社会上不择手段的拜物导向,毒奶粉毒大米层出不穷,这些社会现象就是我们神性约束的源头出了问题。我现在创作的《祖灵的居所》建筑作品,就是对整个社会神性缺失,做出积极的响应和建构。这是真正的文明复兴,也是真正的文明建构。这套理论体系就是这么建立起来的。……如果不在乡村重建主体性,重建信仰,恢复伦理秩序,这些担心都会出现,人性恶的东西释放,没法约束,没法解决,这恰恰就使乡村主体遭到摧毁,价值碎片化之后,以拜物来决定成败。不像以前,官员、商人要荣归故里,回报家乡,做善事做好事,以人格力量受到乡亲们的尊重和爱戴。现在的乡村价值变了,就是以物质论成败,谁家的房子好,宅子盖得大,家门口停的汽车豪华,谁就感觉体面和显赫。如果这些作为乡村主体性价值的话,那么我们的乡村、整个社会和国家的自救是解决不了的。我们在许村也遇到这些问题,如果我们一味地进行经济救助,他们有钱以后自己就把房子拆了,盖那些西式小洋楼,钱更多的时候,会毫不犹豫地离开乡村,在县城或省城买房,奔向城市。所以,必须把乡村作为家园来修复,才能从根本上拯救乡村"①。从渠岩的表述中,我们能够感受到他对乡村和村民主体的重视,对重建乡土文化的期待。

渠岩还坚持认为艺术家对乡村具有承担引导的功能。他在看到乡村卫生条件普遍比较差的情况下,就开始带头在村里捡垃圾,这并非什么行为艺术,他的目的就是要感动村民,让村民逐渐形成垃圾收纳的习惯,让村民养成注意卫生的习惯。他就是愿意通过自己的实际行动,让这些实际行动,一件件的小事情去感染村民。此外,他还和村民耐心谈话,让村民意识到家乡是延续祖宗和家族血脉的地方,不要一味地奔向城市,或者用城市的发展之路来改造乡村,乡村就要保持其原本的样子和精神。渠岩所引导的乡村实践,正是对城市生存现状与城市化进程的一种深刻反思,他期望唤醒的是村民自身的主体性的现代化。

这种主体性的建构在宋庄则是相对迷失的。举一个例子,在张天羽的调研中,他发现宋庄的艺术家不仅仅存在着房屋之忧、市场之忧、产业之忧,以及身份之忧,很多人并不能完全认同自己是否属于宋庄,艺术家的归属感和认同

---

① 渠岩:《限界的目光》,商务印书馆2018年版,第245页。

感是错乱的。与此同时,"老宋庄"一词又被人们习惯地称呼那些较早来到宋庄买房打拼的群体,或者在宋庄待了有些年头的群体。但是,一个人即便在北京生活工作很多年头,大概也不会说自己是"老北京","老北京"更多被赋予那种祖辈长期定居于北京的土著们。然而,在宋庄,情况却并非如此,宋庄当地的老百姓几乎是处于被忽略地位的,艺术家和村民之间已经形成了一道"鸿沟"。观念上的宋庄主人似乎更应该属于艺术家,而非土著村民。人们认同,仅仅依靠土著村民的话,宋庄是不可能有今天的。于是,宋庄的主体性多少是错乱的。

(二)村社自治与参与式建造

郝堂村,位于河南省信阳市平桥区五里店镇,地处大别山余脉。郝堂村拥有很好的自然环境,但是村落原本的村容村貌和大多数河南村庄几乎没有太大差别。郝堂村的整治规划主要是在艺术家介入指导下,由非政府组织带领农民所进行了循序渐进的乡村更新改造,而非大拆大建式的营造。尽管在郝堂村的治理改造过程中,同时注意到了乡村文化、重建乡村文化认同、开启民智、重构乡村秩序等问题,但更为重要的和主要的工作还是围绕着建造而言,即与政府、农民和 NGO 组织相互合作的形式,致力于营造一个田园与村落,人与自然融为一体的乡土景观,他们期望打造一个"更像农村的农村"。他们在道路、水系、水坝、湿地、小型桥梁等方面尽可能地完善基础设施,让生活在农村的农民既能便利生活,又能享受城市稀缺的乡野情趣。

他们在这种参与式的建造过程中加入了很多巧思。"郝堂村的房屋建设中,有新建住宅,也有大量的旧房改造。房屋建设与改造中,尽量保留各个历史时期的建筑形态,改善内部功能和舒适度;发掘传统文化元素,吸收当地匠人师傅的经验和技艺,结合本地建筑材料,塑造出具有豫南地域特色的乡村民居。对于村庄现状建筑质量较好的住房,予以保留,主要进行外饰面的整修。对于改建和整饬建筑,设计人员根据郝堂村依山傍水、山水相映的特色,针对每户村民居住特点,分别设计个性鲜明、新颖别致的住房改造方案,并且对院内的水循环和污水处理都进行精心的改造。对新建住宅的农户,设计师提供风格一致的多种户型供选择。新建的公共建筑,如乡村客栈、幼儿园、小学、养老院、卫生所、公厕、图书室等都融入了地方文化和风格。"[1]他们期望通过建筑师的这种有限参与、指导和改造，能够让农民生活得既便利，又艺术，同时还符合当地文化习惯与传统。然后，无论如何参与，农民所享受到的生活一定是不同于他本身的文化习惯，尽管有他熟悉的元素和符号，但形态和功能上的变化一定会在很大程度上影响农民的使用习惯和长期累计的文化传统。这种转变与安徽"碧山计划"有所类似。当艺术家将当地人的建筑功能发生了改变，比如他们将原本废弃的祠堂改造成了碧山书局、理农馆，还打造一些多功能的休闲和学习空间，村民的生活方式一定是会发生改变的。

如果说这种参与式的改造，其根本目的都在于为乡民服务，通过空间的再造影响村民原有的生活方式和习惯等等。那么，在宋庄，这种情况是很难看到的。宋庄的房屋全都是由艺术家在设计、施工和运营使用，农民只要让渡了所有权、居住权和使用权，他们与艺术家的生活就是隔离的，彼此可以完全没有任何关系。即便是整个技术集聚区多样化的建筑形态，对于普通的当地老百姓而言也没有太多意义，他们只能客观上受到艺术家群体行为的影响而有一点变化，而这种变化也通常是被动的。

当然，也有观点认为宋庄的建造行为同样具有"强烈的文化自觉"——在创造作品的同时，与生活方式相联，一个不能不引起重视的现象是，有一大批富有个性、体现环保的艺术建筑在这时诞生。在大量的艺术建筑中，我们会发现，不论从外观造型还是内部功能设计，都充分发挥着艺术家的想象力，体现其对建筑和格局的要求，而不是统一设计、建设、装修后租给艺术家。因此，自建的艺术家工作室绝无雷同。今天我们在宋庄看到的，是每个富有个性的工作室；这些建筑不仅有它的独到之处，而且这些建筑把艺术家的品位、理念很好地沉淀和保留了下来。与历史上留传至今的文化遗产相同的是，宋庄画家村从设计构思之初，即有着一种文化自觉和未来期待，希望它能够传之后世。在不断完善中最终得以保留下来的建筑，事实上也都成了今天我们所看到的文化遗产。宋庄画家村艺术建筑，便是有着这样一种"遗产"的自觉，他们在有限的空间中，努力做得符合生态、保护生态，与某些地方耗费巨资建一些模式化

---

[1] 张晓春编著：《最美乡村：当代中国乡村建设实践》，广西师范大学出版社2018年版，第250页。

的建筑有着显著的区别。宋庄有一种强烈的文化自觉,他们在旧村改建中不赞成、不允许采取全部拆掉旧建筑这样一种简单、武断、粗暴的做法,因为这样永远不会有历史和文化的积淀,当代艺术更是如此。在这样一种观念引导下,宋庄画家村正在创造一种文化风貌,一种基于乡村格调的人与自然和谐的可持续发展的新格局。[①]

(三)文化经济与政策扶持

目前,国内外都有很多以文化艺术为主要发展对象或经营主业的集聚区或特色小镇。陈炯分析了国外艺术区的发展案例。例如,20世纪50—70年代,美国的一群艺术家集聚到了曼哈顿,将原本一个废旧的、军事基地的老工业区,转变成一个文化艺术产业的集聚区,使这里成为美国纽约重要的文化艺术区。这就充分实现了艺术集聚对于老旧厂房改造利用、文化产业发展带来改变的重要作用。美国纽约的苏荷SOHO艺术区正是位于曼哈顿的西南端,作为老工业集群,这里保存着最为庞大的铸铁建筑群,这无疑为亟待发展创作的艺术家提供了最为低廉的生存空间,同时艺术家在此生存也一直是一种非法状态,之后一场火灾引起了政府的注意。难得的是,政府在看到这些人文环境的变化之后,决定继续保持这里的状态。虽然允许房地产和企业进入来完善基础设施,但同时规定非艺术家不被允许进入这里居住。随后,在老工业建筑背景下,现代艺术与商业达到了完美融合,直到20世纪末期,这里由于引入了大量资本,租金飙升,艺术家不得不被排挤出去,这里最终沦为一个高级旅游点和奢侈品专卖区。

位于爱尔兰首都的都柏林圣殿酒吧区,也是整合爱尔兰地区文化艺术的荟萃地。这里由于在20世纪60年代后被闲置,租金暴跌,因而吸引了文化艺术从业者的格外关注,他们来到这里后以文化创意产业渐渐地复苏了这个地区。经过20余年后,这里成为集设计工作室、酒吧、音像制品商店等于一体的创意空间。最终在1987年得到了政府的认可,并相继出台一系列措施来支持园区的有序发展。为了增强政府之间的沟通和对话,他们还成立了发展委员会,可以以个人或企业的名义参加。在政府的稳定介入下,这里逐渐成为爱尔兰的

---

① 孔建华:《宋庄画家村札记》,《中国美术》2012年第4期。

重要名片。此外还有法国巴黎左岸、韩国骆山公共美术区等。

通过分析和总结国外艺术区的发展概况,陈炯总结了这些艺术园区在规划和经营上的一些主要特点。一是他们都比较主张商业发展,美国 SOHO 和爱尔兰圣殿酒吧区都是通过艺术家集聚造就了文化氛围,为了提升生存便利及城市品位,政府放弃了改造或拆迁。二是将这些地方保存下来,并允许部分商业入住。尽管在发展后期,伴随着租金上涨等因素,艺术家在与商业的博弈中最终败下阵来,不得不迁离退出。二是由于政府在其中扮演了重要职能,通过强大的政治权力来保护艺术,为艺术家创作提供了安稳、自由、宽松的环境。三是这里多元开放的园区和低廉的艺术成本,为艺术家创作提供了极为简单的条件。①

国外文化经济的发展模式与宋庄的发展具有很多相似之处,他们最初都源于自发的野蛮生长,随后受到了政府关注,并得以有效的引领、管理和扶持,最终实现了艺术区或特色小镇的整体多元化发展。

二 "宋庄模式"的特点及意义

当艺术进入乡村,宋庄呈现了一种较为特殊的发展模式。首先,这种模式的形成源于一种因艺术家集聚而带来的原创效应,很多人都将原创性作为宋庄模式之所以成立的一大特色和主导因素。而且,宋庄艺术集聚区的原创性,不单单是一种新型文化现象,还具有经济属性和功能特征。孔建华从政府管理者的立场出发认为,原创艺术集聚区属于新型文化现象,但政府以往对该类现象的认知和管理经验都是十分有限的,政府政策工具的选择也十分有限,因此,政府可能提供的服务也就同样十分有限。在全世界范围内,地方政府应该如何对待原创艺术集聚区是一个有待深入研究的问题。他此前就曾提出,宋庄原创艺术集聚区文化经济政策的制定,应坚持有限理性原则,尊重艺术生产规律,把握艺术家群体的需要。具体体现在:运用动态稳定的思维方法,时时检验政府在新现象面前管理方式的有效性,审慎而不盲动;以企业家精神,积极发现并适应新的变化;以渐近式的、改良的办法调整和改善政府的服务内容,创新

---

① 本部分主要参考陈炯:《艺术区形态研究》,上海三联书店 2014 年版,第 65—91 页。

政府管理方式；克服短视行为，将短期效益与长期利益有机结合。面对原创艺术集聚区这一新型文化现象，政府积极干预的目的是扶持艺术产业的发展，帮助其获得一个适宜的发展空间，服务和引导艺术集聚区的规模不断扩大，进而提高宋庄地区文化创意产品和服务的国际竞争力。[1]

基于宋庄艺术集聚区最具核心竞争力的原创性，相关文化创意产业得以形成，由此构成了一种文化经济发展模式，这便是"宋庄模式"形成的内在逻辑。孔建华进一步归纳了这种"宋庄模式"的主要特点，他认为，宋庄模式其实是一种主要由市场主导、政府引导的发展模式。宋庄画家村在整个形成过程中，政府一开始并没有给予过多的关注和引导，主要是一种民间的自发行为，这种艺术家的集聚在面对村委会的领导时表现出明显的灵活性，彼此相互接纳则选择共存。"从宋庄原创艺术集聚区发展看，影响因素主要包括地缘规划的协调性、租金价格的稳定性、原创环境的适宜性、艺术产业链的完备度、文化经济政策的宽容和成熟度，这些因素同政府的行为有直接或间接的联系。其中，地方政府的规划又是影响最大的因素。作为推动者，政府的作用是创造宽松的、有利于创意生成和成果转化的社会环境，保证艺术品的正常流通和艺术家的正常生活和创作。在艺术家持续聚集宋庄的过程中，要有意识地将艺术品一级市场直接建在集聚区。"[2]胡介报和崔大柏正是这一时期宋庄地方政府做出宽容引导决策的关键角色，他们为保障宋庄的顺利起步担负起了重要的推动者和挑战者的角色。在宋庄发展起步的初始阶段，他们通过明确"文化造镇"的文化经济发展理念，明晰了方向，为艺术家发展奠定了较为稳定的发展政策。同时，通过创办宋庄文化艺术节，借助节庆活动局面来实现宋庄文化品牌的营销和升级，为艺术家创作与销售提供了一个更为广阔的平台。他们还通过创办宋庄艺术促进会、宋庄文化创意产业发展有限公司，更好地服务于艺术家创作、生产、销售的各个环节，保障文化艺术产业良性运营与发展。"宋庄艺术促进会是艺术家与政府双向沟通的重要管道，艺术促进会反映艺术家的愿望和要求，并以良好的服务赢得艺术家和政府的认可。"[3]他们还积极规划文化创意

---

[1] 孔建华：《宋庄原创艺术集聚区发展方略》，《城市问题》2007年第5期。
[2] 孔建华：《北京市宋庄原创艺术集聚区的发展研究》，《北京社会科学》2007年第3期。
[3] 孔建华：《北京宋庄原创艺术集聚区发展再研究》，《北京社会科学》2008年第2期。

产业园区，引进知名文化创意机构入住，并在2006年将宋庄原创艺术集聚区申请成为北京市首批认定的十个文化创意产业集聚区之一，进一步规划引领宋庄区域的整体发展。当然，这一时期的文化艺术集聚仍旧处于初级阶段，依然需要政府大量的投入、引导和推动，消除集聚区的不利发展因素，为艺术家搭建更加有利于创作和发展的艺术生态环境。

孔建华还特别提出，要将宋庄地区作为文化经济特区纳入通州整体规划设计。当然，这种提法还是在通州成为副中心之前。他的基本认识是，宋庄既然在市场主导下能够自发形成艺术家集聚区，并且凭借各式各样的艺术家资源形成了具有地区特色的建筑文化形态和多样化文化艺术资源，具备了发展文化创意产业的一些基础条件，有利于扩大规模继续发展具有局部经济效应的产业集聚区。与此同时，宋庄也面临着很多问题，需要通过文化经济特区的方式予以解决，"首先是本地村民的安置和就业，他们在这一进程中如何享有更大的或是至少不低于周边村落的发展成果，同时在新城兴起后，他们是否有愿望改变或是去争取一种他们所希望的都市生活，这是一个关系宋庄画家村存在的关键节点。因为从根本上说，他们是这里的'原住民'，是此地真正的主人，小堡村是集体经济，村民有权利做出自己的决定"[①]。在孔建华提出的建设"宋庄文化经济特区"的范畴中，他首先将当地村民作为重要考虑对象，将大众视野中的艺术宋庄还原回乡土宋庄的面貌。随后，他又进一步考虑到了建设文化经济特区中的相关基础设施改造和完善问题。他认为，宋庄画家村地处通州新城边缘地带，协调好自然村落保护区、艺术区与其他地区的整体配套就显得十分重要，因此既要尊重这一出于文化目的的保护的需要，又要兼顾整个规划的合理性，由此才能突显出文化经济特区建设在特区与本土之间的融合。对于创意群体的生活和创业，他则认为如此大规模的艺术家群体的集结，势必会带来所有居住区都将面临的社会问题，诸如医疗卫生、社会保障、子女上学、交通出行、家属就业等等，这一切问题都需要就近解决和消化。这一方面需要政府进一步加大投入，势必会增加政府的管理和运营成本。另一方面，这一问题又回到了一个"尴尬"境地，那就是政府并没有从这里收过多少税，如何才能支付更多的管理和运营成本呢？考虑总总，孔建华还是立足于北京市乃至首都经

[①] 孔建华：《宋庄画家村札记》，《中国美术》2012年第4期。

济圈以至全国的视野上，提出要加强宋庄画家村研究，通过特殊的倾斜政策来构建一个文化经济特区。[①]

宋庄作为一个农村地区发展文化创意产业的新型模式，展现出了独特的发展特点和美好的发展前景。宋庄镇在十余年时间里，因为自由职业艺术家的聚居，其知名度和美誉度迅速提升，由一个名不见经传的普通小镇，发展成为具有重要国际影响的中国艺术名镇，形成了世界最大规模的原创艺术集聚区。宋庄原创艺术集聚区的发展对正在规划和建设中的百万人口的通州新城是一个战略性转折点。宋庄原创艺术集聚区是通州新城建设的引擎，是通州新城国际营销和全球形象推广的城市名片，是通州新城把握全球化机遇的通路。[②]建设文化经济特区，更有利于集合国内外艺术家和艺术机构的资源，丰富艺术交流活动，使之真正成为一个中国与世界进行现代艺术交流的国际化场所。他还进一步提出了宋庄打造文化经济特区的几点建议，包括更新发展理念、合理调整规划、改善内容监管、完善基础结构、培育宽容氛围和加强服务管理。尤其对于服务管理而言，更有益于政府管理部分发挥其资源调度及整合的优势，组建相关机构为宋庄提供更加专业化、体系化的服务，探索建立因需配套服务的管理方式。[③]

另外，还有学者比较了同为北京文化创意产业集聚区的798艺术区和宋庄，认为他们都经历了从文化创意生产集聚，到文化创意相关服务业发展，再到旅游休闲等多功能综合发展的阶段。但是，这两个园区所展现出来的两种发展模式还是有比较明显的差异。简单来讲，798模式为以城市功能区为主导，政府引导发挥主要作用，更加侧重多元功能复合和旅游休闲的文化创意旅游功能区；而宋庄模式更倾向于一个京郊农村相对独立的功能区，它的存在不是为城市功能服务，虽然也有一定的政府主导型，但政府作用要明显小于798园区，是功能同样日趋复杂多样的艺术园区。比较起来，二者都需要政府做好引导和支持工作，培育更加开放、包容、多元、健全的文化创意产业体系。[④]还

[①] 孔建华：《宋庄画家村札记》，《中国美术》2012年第4期。
[②] 孔建华：《北京市宋庄原创艺术集聚区的发展研究》，《北京社会科学》2007年第3期。
[③] 同上。
[④] 王欣、汤宇军：《北京文化创意产业集聚区的旅游功能发展：以798和宋庄为例》，北京旅游发展研究基地编：《北京旅游发展研究报告2013》，旅游教育出版社2014年版，第162页。

有学者在对二者进行比较时,更加认为798园区没有突出明确的概念,且没有实现文化资源的整合,仅仅是停留在销售与市场层面。与之相反,宋庄则以一种艺术生活的常态再现了艺术持续的生命力,给人一种始终饱满的、充满生机的可能性。"与798的有限量的前艺术商业状态相对比更具价值的是,宋庄在新文化探索与嫁接社会各种元素之后在生成方面上充满极多的想象力,而它可能是中国当代艺术另外一种意想不到的'收获'。如果在宋庄看不到这样一种可能性的'未来',那么也就无法理解'宋庄模式'在当下的现实意义。"① 从中国改革三十年来的社会总体发展层面进行考量,宋庄在某种程度上代表着整个社会的一种创新与创造的可能。

2012年,《通州区宋庄镇镇域规划》已经明确将以当代艺术为核心的文化创意产业作为宋庄经济发展的重要战略和组成部分。创建当代文化艺术基地,依托小堡村当代艺术家群落的核心资源,发挥临近通州新城的区位优势,以小堡为中心引导发展以绘画创意为核心的文化创意及艺术品展销、交易、培训等服务产业。同时依托佰富苑工业区建设,积极推动产业结构的升级改造,引导发展艺术品加工等相关衍生产业。同时依托良好的人文、生态环境资源,沿张采路在镇域东部引导发展有特色的文化旅游、体育健身等休闲产业。②

宋庄模式的意义也许会在于,它能够给艺术家带来更加持久的生命力和艺术转机,而它也同样存在一些缺憾,在这些发展模式中,当代艺术与艺术家成了中心,我们已经很难简单地去讨论宋庄本身的变化。还有那些祖辈生存在这里的宋庄当地人,他们已经被艺术家淹没,甚至他们的身份也被"老宋庄"的艺术家所取代,一个相融的新宋庄正在成长。与此同时,我们也需要清楚地看到,这也是我们当前在田野调查中所能够直观感受到的,目前整个宋庄而言,仅有以小堡村为核心的区域在快速地发展,而周边村落的变化并不明显。与小堡村隔街相望的宋庄村,尽管也有一些艺术家租住,但是他们似乎与宋庄村本身处于一个隔绝的状态,宋庄村依旧保持着其原本的村落结构与村容村貌,当地村民也未能像小堡村那样在本村实现生计方式的根本转变。

---

① 陈晓峰:《搅局:我来戳艺术江湖的泡泡》,新星出版社2012年版,第274页。
② 《通州区宋庄镇镇域规划》,北京市规划和自然资源委员会官网,http://ghzrzyw.beijing.gov.cn/zhengwuxinxi/ghcg/xxgh/tz/201912/t20191213_1700525.html,访问时间:2022年3月20日。

第四节　宋庄艺术创意小镇的新发展

特色小镇是实现农村特色资源转化，发展乡镇经济的重要举措。2016年10月14日，住建部公布了第一批中国特色小镇名单，涉及32省份共127个特色小镇，在小镇类别上分为文化传承型特色小镇、产业型特色小镇和国际型特色小镇，另外还有体育运动特色小镇，其中尤其以文化传承型特色小镇和产业型特色小镇为最多。冬奥会期间，冬奥小镇建设又成为一个新话题。

近年来，随着文化和旅游的融合发展，特色小镇建设又成为一个重要抓手和特点亮点。将地方优质特色的文化旅游资源进行整合，以文化作为核心内容，以旅游为重要路径，这是文旅特色小镇发展的主要思路，北京古北口水镇和西塘古镇都是典型的例子。古北口镇是第一批全国特色小镇，依托司马台历史遗迹，深度发掘长城文化、边关文化、民俗文化，建设集观光游览、休闲度假、商务会展、创意文化等业态为一体的古北水镇文化旅游区，2017年全年接待游客275.36万人次，实现营业收入9.79亿元，区域经济获得大幅度提升。再如浙江西塘镇，西塘镇是第二批全国特色小镇。西塘古镇依托保存完整的古代建筑、悠久的历史文化和浓郁的江南水乡风情开展文化旅游，通过物件征集、汉服文化、诗歌比赛、音乐演出等系列活动，不断强化游客的参与感和体验感，获得世界遗产保护杰出成就奖、首批中国历史文化名镇、最具水乡魅力影视基地、最具人文底蕴古城镇等称号，2018年"十一"黄金周游客达到56万人次。通过强化培育文化产业，这些特色小镇实现了带动区域经济社会发展的作用。① 当然，区别于资源化打造与利用的特色小镇，宋庄艺术创意小镇自从其艺术集聚区形成开始就具有特殊性，这也决定了其特色小镇发展的集群化特色化产业之路。

---

① 魏杰主编：《文化经济学》，企业管理出版社2020年版，第190页。

一 宋庄艺术创意小镇的政策规划

随着北京城市副中心在通州区落地并建设,宋庄艺术创意小镇成为北京城市副中心拓展区的 9 个特色小镇之一,同时与张家湾设计小镇、台湖演艺小镇共同构成北京市政府优先重点建设的"三大小镇"之一。宋庄镇成为北京城市副中心外围第一圈层特色小城镇,与城市副中心共同承接中心城区功能和人口疏解。规划建设宋庄镇是实现北京城市副中心城乡和谐发展、形成城乡共同繁荣局面的重要举措。

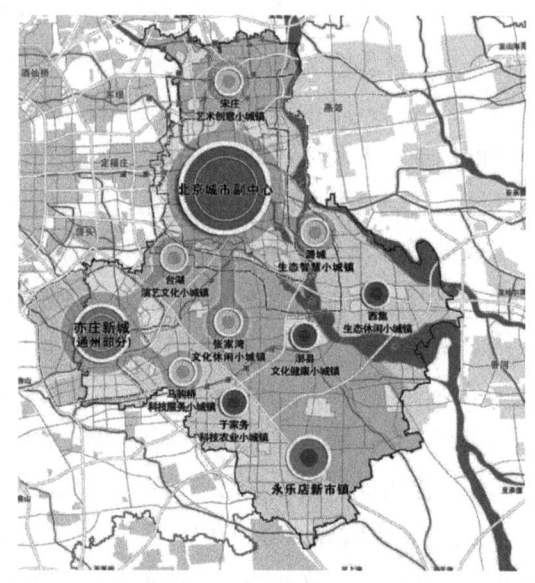

图 4-4 北京城市副中心与通州特色小镇建设区位规划①

根据《通州区宋庄镇国土空间规划及控制性详细规划(街区层面)(2020—2035 年)》,宋庄镇将建设成为城乡融合发展、生态与艺术交相辉映的"具有国际影响的艺术创意小城镇",率先开创北京城市副中心乡镇地区高质量发展新

---

① 北京市规划和自然资源委员会通州分局、通州区宋庄镇人民政府:《通州区宋庄镇国土空间规划及控制性详细规划(街区层面)(2020 年—2035 年)草案》,北京市通州区人民政府网,http://www.bjtzh.gov.cn/bjtz/home/202112/1506136.shtml,访问时间:2022 年 3 月 30 日。

局面①。同时，宋庄还从原先的"中国·宋庄"定位，正朝着"建设世界文化名镇，打造中国文化硅谷"的目标迈进。今后，重点将宋庄镇行政辖区中的城市副中心拓展区部分作为规划发展范围，大体范围为西至朝阳区交界（温榆河），东至三河市交界（潮白河），北至顺义区交界，南至城市副中心北边界（潞苑北大街），总面积约 98 平方公里，人口规模控制在 7.3 万人。宋庄镇功能定位为建设具有国际影响的艺术创意小城镇，发展目标为北京市创意源地、副中心艺术花园。

图 4-5　树立在宋庄镇政府大门对面的标语
拍摄时间：2022 年 3 月 24 日
拍摄地点：通州区宋庄镇　拍摄者：王文超

在空间布局上，宋庄镇延续城市副中心生态文明带和创新发展轴，构建"两带、两区"的总体空间结构。其中，两带包括依托大运河生态文明带延长线建设温榆河国际交流带，沿北三县交界地区建设潮白河生态休闲带；两区包括以小堡画家村为基础建设小堡艺术区，以徐辛庄轨道交通枢纽和公共服务职能为基础建设宋庄镇中心区，在宋庄镇中心区引入综合服务、商务服务、文

---

① 北京市规划和自然资源委员会通州分局、通州区宋庄镇人民政府网：《通州区宋庄镇国土空间规划及控制性详细规划（街区层面）（2020—2035 年）草案》，北京市通州区人民政府网，http://www.bjtzh.gov.cn/bjtz/home/202112/1506136.shtml，访问时间：2022 年 3 月 30 日。

化创意等功能。① 原有的以小堡村为核心的小堡艺术区，将成为宋庄艺术创意小镇的核心区，这里原本就聚集了大量艺术家和艺术相关产业从业人员，今后仍将成为艺术小镇的重要和核心地带。小堡艺术区规划范围大致为，西至六环路，南至京榆旧线，东至通怀路，北至北堤路，总规划面积为6.8平方公里。分北区、中区、南区三部分。②

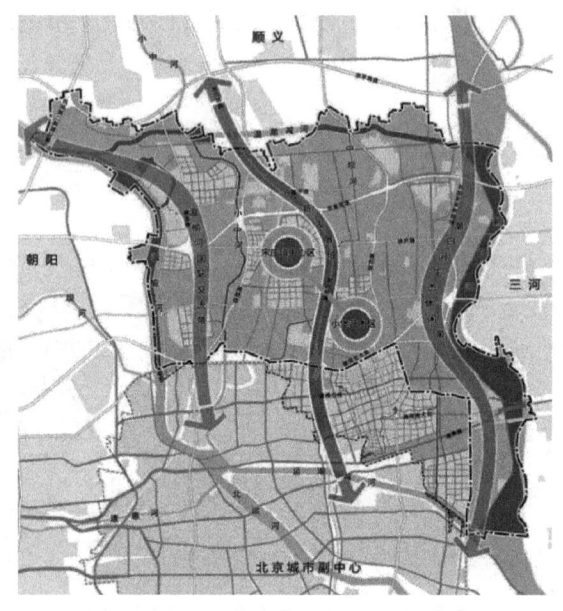

图4-6　宋庄镇空间结构规划示意图③

在产业方面，宋庄镇将打造艺术创意、综合服务、国际交流、生态休闲四大主导功能。宋庄镇将打造成为高标准、高水平、高质量的宜居小城镇。规划草案提出，完善"通州堰"系列分洪体系，重点推进温潮减河、宋庄蓄滞洪区建设，保障城市副中心防洪安全。同时，打造绿色高效的综合交通系统，实现轨道交通1小时内连接市域主要功能区，到2035年干线公路网总里程达到160公里左右，集中建设区道路网密度达到8公里/平方公里。从不同组团情况看，徐辛庄组团将建设枢纽生活服务小镇，小堡组团将建设原真艺术生态

---

① 北京市规划和自然资源委员会通州分局、通州区宋庄镇人民政府：《通州区宋庄镇国土空间规划及控制性详细规划（街区层面）(2020—2035年）草案》，北京市通州区人民政府，http://www.bjtzh.gov.cn/bjtz/home/202112/1506136.shtml，访问时间：2022年3月30日。
② 同上。

小镇，寨辛庄组团将建设水岸品质生活小镇，尹各庄和富豪组团将建设滨河魅力交往小镇。同时，宋庄镇规划还突出了生态空间特色，即水清岸绿、城乡交融、田园艺韵。到2035年，宋庄镇公园绿地500米服务半径覆盖率将达到100%，建成绿道110公里左右，并将建筑与景观串联，打造集文化创意、休闲游憩、运动健康、度假养生于一体的全域游览体系。[1]

由此，宋庄的定位也由原先的艺术集聚区转向了艺术创意小镇建设。作为北京城市副中心重点打造的三大特色小镇之一，相较于台湖演艺小镇、张家湾设计小镇和古镇而言，宋庄艺术创意小镇更具有发展基础和潜力，将成为北京城市副中心文化建设及构建大文旅格局的重要一环。创意艺术人才的集聚，将使得宋庄从原有的"中国·宋庄"的文化经济发展模式转向面向国际的更高知名度的艺术家群落。

2018年，蔡奇书记在视察宋庄艺术创意小镇时，将宋庄置于北京城市副中心的创新发展轴上，突出宋庄在文化旅游主导功能方面的重要作用，使其成为城市副中心的重要文化标志之一。他特别强调了如下发展要求。

要坚持规划引领，促进宋庄发展提升。严格遵循城市副中心控制性详细规划和通州区总体规划，抓紧编制宋庄镇域规划。突出主体功能，围绕艺术创意定位，有所为有所不为。加强城市设计与风貌管控，塑造"水清岸绿、城乡交融、田园艺韵"的风貌。做足艺术创意小镇文章，在小而特、小而精、小而美上下足功夫。

要注重小镇品质提升。最重要的是尊重艺术家，激发他们内在活力。真心关爱艺术家，打造有利于艺术创作激情迸发的良好环境，营造留住艺术家的氛围。在聚集艺术家、艺术场馆的同时，吸引文化领军企业、艺术创意公司入驻，制定政策引导发展公共文化服务。注重发展艺术品交易、展示、拍卖等中介服务业，办好中国艺术品产业博览会、宋庄文化艺术节等特色活动。

---

[1] 北京市规划和自然资源委员会通州分局、通州区宋庄镇人民政府：《通州区宋庄镇国土空间规划及控制性详细规划（街区层面）(2020—2035年)草案》，北京市通州区人民政府网，http://www.bjtzh.gov.cn/bjtz/home/202112/1506136.shtml，访问时间：2022年3月30日。

提升生态环境水平，推进大尺度绿化，抓好东郊森林公园建设。抓好小堡村工业大院整治，做好"城市双修"。加强艺术区小微绿地、口袋公园织补，把宋庄建成绿色小镇。加强基础设施配套，同步提升公共服务。

要抓好规范管理。实施村地镇管，加强用地指标镇级统筹。严控新生违法建设。统筹好经济效益和社会效益，既要尊重文艺规律，引导艺术家创作文艺精品；又要加强行业管理、行业自律。要做好工作统筹，明确区、镇、村各级主体责任，市有关部门要加强督促指导，推进任务落实。①

目前，宋庄艺术创意小镇正积极落实蔡奇书记的视察讲话要求，在转向"小而特、小而精、小而美"的精细化、高质量发展阶段，最突出的就是进一步在规划布局、环境品质、基础配套、公共服务等方面提质升级。宋庄也将打造"文化硅谷""世界文化名镇"作为更高的建设目标。发展艺术创意小镇，建设独特小镇、精致小镇、美丽小镇。就具体含义而言，建设独特小镇，就是要打造一条充满惊奇的艺术探访之路，集中展现宋庄艺术魅力和创新活力。建设精致小镇，就是要严格控制小镇组团、街巷和建筑尺度，形成隐逸自然、精致宜人的空间形态。建设美丽小镇，就是要塑造独具气质的艺术建筑风貌，体现城乡交融、内涵丰富的城乡风貌特色。②

二 宋庄艺术创意小镇的发展现状

（一）党建引领小镇发展

新时代，为了适应宋庄艺术创意小镇的新发展要求，宋庄坚持党建引领。于 2017 年 8 月成立了宋庄艺术区党委。艺术区党委的主要职能是全面发挥党和政府的引导和扶持功能，全面开展支持帮扶，积极推进区、镇级领导与艺术

---

① 《蔡奇走进城市副中心的这座艺术创意小镇》，北京日报客户端，2018 年 9 月 19 日。访问网址：https://baijiahao.baidu.com/s?id=1611988500326083917&wfr=spider&for=pc，访问时间：2022 年 3 月 5 日。
② 北京市规划和自然资源委员会通州分局、通州区宋庄镇人民政府：《通州区宋庄镇国土空间规划及控制性详细规划（街区层面）(2020—2035 年）草案》，北京市通州区人民政府网，http://www.bjtzh.gov.cn/bjtz/home/202112/1506136.shtml，访问时间：2022 年 3 月 30 日。

家交流沟通，通过政策解答、就业扶持等方式为艺术家送关爱，为艺术家群体交流创作提供便利。宋庄镇党委书记柳德利讲道："以艺术区党委为统领，以新联会党支部等为支撑，打造艺术区党建特色品牌。相继组织艺术家赴红色教育点采风和开展共建活动，积极为艺术家群体进行职称评定、社保办理等工作，实现广大艺术家群体紧紧围绕在镇党委周围，党在艺术领域的核心领导作用不断增强"①。这都鲜明体现了党建引领的关键作用。

另外，宋庄依旧强化对各种民间协会机构的大力支持，如艺术促进会、艺术场馆联合会、艺术服务业联合会和艺术新联会等，为艺术家的生活和工作提供切实的公共服务保障。宋庄新联会，即宋庄新的社会阶层人士联谊会，于2017年9月10日正式成立，开创了宋庄新的社会阶层人士统战工作的新局面，成为宋庄新的社会阶层人士政治生活中的一件大事。新联会可以联合其他组织举办具有特殊意义的艺术展，如2021年宋庄艺术新联会就联合了宋庄艺术区党委和荣宝斋画院，在宋庄镇党委领导下紧紧围绕建党百年，以"'艺'心向党"为主题在宋庄美术馆举办了北京通州宋庄艺术区新联会会员画展。主题展览分为"同舟共济""伟大复兴""众志成城""大好河山"四个篇章，汇聚了161件优秀党史题材及现实题材作品，讴歌和描绘建党的辉煌历史。展品涵盖国画、油画、书法、版画、雕塑等多个艺术门类，展现了中国共产党带领中国人民走向中华民族伟大复兴的光辉历程，表达了广大艺术家们热烈庆祝中国共产党成立100周年的喜悦之情。②

除此之外，宋庄在"留住艺术家"和"走向大众"层面都在积极实践。宋庄新联会副会长梁建平讲道："因为过去艺术家、体制外艺术家是不评职称的，经过新联会的努力，现在对艺术家们每年有一个职称评定，还解决了很多艺术家的实际困难，作为一个宋庄艺术家，我觉得这么多年见证了宋庄艺术和宋庄这个区域的一个健康的发展，由一个特别原始的一个村落，发展到今天政府定

---

① 《打造中国文化硅谷 北京宋庄建设世界文化名镇》，北京市通州区融媒体中心，https://baijiahao.baidu.com/s?id=1717924282557443597&wfr=spider&for=pc，访问时间：2022年3月5日。
② 《"艺"心向党——北京宋庄新联会艺术展开幕》，人民政协网，http://www.rmzxb.com.cn/c/2021-06-26/2890758.shtml，访问时间：2022年3月10日。

位世界文化创新小镇,我觉得是艺术家和政府共同努力的一个结果。"①职称评定自然对艺术家生态的秩序和良心竞争产生积极影响。2018 年,宋庄新联会依托各级机关的鼎力支持,成功突破政策瓶颈,为 22 名新联会艺术家申报了体制外艺术专业职称。至 2019 年,宋庄镇首批 9 名自由职业人才通过专家评审,获得高级和中级职称,并由新联会以法人社团身份为他们代缴社保。这也是北京市首次自由职业人才获评职称。②通过党建引领,更新组织制度,帮助艺术家建立了良好的艺术市场秩序和艺术家生态。

（二）基础设施转型提升

在宋庄艺术创意小镇的发展思路确定之后,原有的以小堡村为核心的艺术集聚区再次成为焦点。由于原有规划尚未全部落实到位,在新的建设过程中,更加强调了对小堡艺术区的较大规模的改造升级,其主导思想是在原有艺术区设计方案基础上,保留现有艺术功能区与艺术空间隔离,增补包括公租房在内的公共服务配套设施,新建一批艺术场馆设施,优化提升艺术区整体环境。通过这些举措,进一步为小堡艺术区的进驻艺术家创造更加优美宜人的生活工作环境。

不过,在存量更新改造过程中,多方力量之间也在不断进行博弈。存量规划是新时代规划设计的一个主导方向,近些年尤其是在一线城市的社区更新与改造中都在不断践行这种理念。"城市大量已有的、新增的矛盾的解决都需要依赖现有已建成的土地资源,而不仅仅局限在旧城,或者说旧城的概念扩大了,包括城市建设、功能发展和生活环境不符合现状或未来城市发展需求、亟待更新改造的城市已建成地区,城市更新除上述的工作内容外,还包括对城市各方利益兼顾的平衡协调。"③正是在这样的大背景下,即便是身处京郊的宋庄也自然需要面对怎样才能更加合理高效的使用和分配现有空间资源的问题。已

---

① 《打造中国文化硅谷 北京宋庄建设世界文化名镇》,北京市通州区融媒体中心,https：//baijiahao.baidu.com/s?id=1717924282557443597&wfr=spider&for=pc,访问时间:2022 年 3 月 5 日。
② 谈冕、梁脉秋、徐闻:《宋庄:从乡村乌托邦到文化硅谷》,《城市开发》2022 年第 2 期。
③ 于灏、季羿宇、岳鹏程:《基于多元利益博弈平衡的存量更新策略探索——以北京宋庄小堡地区规划为例》,《活力城乡 美好人居:2019 中国城市规划年会论文集》,内部资料,2019 年,第 1877 页。

有的调研发现，宋庄至今仍存在因土地权属和使用方式而产生的错综复杂的利益关系，不同群体的利益诉求构成了多样的社会矛盾和冲突。可以说，这是相对于其他小镇建设而言，最难以解决的问题。基于实地调研、访谈，调研组最终形成了"一轴三区"的小镇结构规划方案，以此打造"特色鲜明、规划有序、产业互动、服务多元、体系完善"的国际化艺术小镇。所提出的三个功能区划分分别为：南区为艺术生活服务区，中区为艺术产业综合区，北区为原创艺术体验区。同时，他们还在规划中有意将用地现状特征与未来功能类型相匹配，使得三区的划分恰好形成了不同利益间的界线，由此形成了三种不同的规划实施路径。[①]

当前的基本做法是，原有的小堡村北区主要是艺术家聚集区，现在这里仍旧聚集了大量艺术家工作室、工作坊、小型博物馆、画廊等。现有方案将在北区设计一条环线，取名为"共享社区环"，通过整合原有工作室和艺术设施等基础资源，结合艺术家生活和创作需求，同时考虑今后文旅融合发展，在这一片区精心织补配套的公共服务设施，进而为艺术社群的构建提供公共空间，具体包括艺术市集、体育设施、精品酒店、大师工坊等等。它们未来的功能将除了满足其日常的公共服务功能之外，还将为大众体验参观提供更加全面、立体、多样的艺术场景。

小堡村中区过去主要是工业区，经过近几年的疏解、腾退，近百余家工业企业全部停产关停，部分厂房也在陆续拆除。小堡村工业区厂房已经累计拆除9万多平方米，其他厂房也将陆续拆除。腾退出来的土地一部分用于城市副中心环城绿色游憩环的绿化带建设，一部分用于艺术场馆等项目建设。通过高水平的场馆设计、建设，高质量的策展、布展等，打造一面展示城市副中心艺术文化水平的重要窗口。挨着旗舰美术馆，还将建设一个美术馆群，未来主要由企业和民间机构运营，以市场的力量激发艺术区的活力。艺术区的中区还规划了一处集体土地租赁用房，也就是建在村集体土地上的公租房项目，该项目还将提供给青年艺术家一些房源。例如，经过改造升级后的小堡文化广场，就将

---

① 于灏、季羿宇、岳鹏程：《基于多元利益博弈平衡的存量更新策略探索——以北京宋庄小堡地区规划为例》，《活力城乡 美好人居：2019中国城市规划年会论文集》，内部资料，2019年，第1886—1887页。

成为艺术区游客集散地、艺术淘宝地和网红打卡地，为公众呈现一个充满艺术气息的生活社区和富有生活格调的空间。今后将以艺术创意为特色，重点引进"艺术交流展示、文化休闲体验、艺术创意办公、品牌新商业配套"四类业态。①

小堡村南区是原来的村庄所在地，也大多是小堡村土著居民的聚集地。近几年同样是在有机更新的理念之下，杜绝大拆大建，在原有小街小巷肌理的基础上进行点状更新。通过对小堡村南区的改造，既能够保留以往小堡村的乡土气质，留住上一阶段在艺术家聚集时期形成的独有的村庄气质，还有助于实现小堡艺术区整体的街巷环境改造升级。此外，绿色生态也是小堡艺术区的另一大亮点。利用现有的空地和绿地资源，艺术区内将营造 600 个生态院落、24 处小微绿地、6 条结构性生态绿廊、80 公顷中央艺术绿野，另外还有 150 米宽的带状生态屏障。以绿色空间为基底，构成生机勃勃的"艺术之原"。②

（三）解决民生安稳人心

对于宋庄绝大多数的艺术家而言，房屋仍旧是一个有待解决的重要保障。我们在田野调查的过程中发现，多个艺术家在租住或自建的工作室、美术馆中已经形成了非常体系化、规模化的展陈、生产与销售空间。如熊氏珐琅就拥有一座自建的三层美术馆，他们将一层打造为精品博物展陈，二层是艺术生产、交流与销售区域，三层同样作为创作生产空间提供给其他艺术家使用。吉兔坊也在宋庄租住了一处二层小楼，一层即有一处独立的销售空间，展陈了吉兔坊近年来生产销售的代表性产品，可供客户或游客尽情挑选适宜的商品，同时他们也在一层设立了专门的生产空间，十多位年轻人可以同时在这里设计制图和手工脱模生产，二层也有专门的设计与交流场所。无论是在规模上还是在装饰上，这里都为艺术家的创作与生活提供了绝佳的生存环境。然而，在交谈中，我们却发现他们的不安与隐忧，"今天的安定和繁荣，明天上午可能就得被推倒重来"，吉兔坊的负责人说道。曾经在城内搬家数次之后来到了宋庄，但是宋庄仍旧不能从根本上解决艺术家稳定的住所问题。在我们访谈时，吉兔坊也

---

① 《宋庄艺术创意小镇提质升级进行时》，北京市人民政府网，http：//www.beijing.gov.cn/renwen/jrbj/202104/t20210421_2364502.html，访问时间：2022 年 4 月 20 日。

② 《通州宋庄小堡艺术区迎升级：将建美术馆群》，北青网，https：//t.ynet.cn/baijia/29904517.html，访问时间：2022 年 3 月 25 日。

刚刚在这里稳定半年。

在宋庄新时代的发展规划中，还明确提到了"从底层机制入手，提供房屋保障"的发展策略。房屋对宋庄是头等一事，一来由于集聚带来了租金上涨，二来由于此前宋庄房讼案的负面影响。具体而言，宋庄为艺术家提供的保障机制包括四方面，一是保留集体土地性质，二是创新宅基地流转制度，三是落实责任双师制度，四是新增保障性住房。具体内容如下：

1. 保留集体土地性质，统筹把控开发用途

为了避免土地性质变更后走向市场，造成过度商业化开发，宋庄保留了区域内集体建设用地的土地性质，坚持规划引领，通过政府统筹、国企参与、转换主体、专业运营，保留、提升区域原有的艺术功能，给艺术家提供更多有保障的房屋储备。

印象街艺术区提升改造项目就建立在此基础上，由首都国有企业负责，将大部分不符合规范的和质量较差的房屋腾退。艺术区规划地上建筑面积约6.2万平方米，控高15米，打造集艺术家工作室、画材销售、创意研发、展览展示、商业休闲、精品酒店为一体的高品质艺术商业功能区。

2. 创新宅基地更新模式，保障建设合法合规

宋庄创新宅基地经营权市场化流转创新模式，将宅基地使用权流转到镇级公司平台——北京宋庄投资发展有限公司。由宋投公司对宅基地进行统筹、管理、经营，避免村民与艺术家、经营者产生直接矛盾冲突，控制房屋价格。同时，落实"责任双师"（责任规划师与责任建筑师）制度，按照城市设计确定的功能区域，进行统筹、规划、设计更新，由责任建筑师设计、操盘具体的宅基地改造项目。其次，在宅基地建设、更新的过程中，还会按照完整的报规流程操作，取得规划工程许可证，并办理正规工商营业执照。无论是对于村民还是艺术家等未来的经营者来说，这都是保护双方权益最好的方式。此外，艺术区还规划了一处集体土地租赁用房作为保障性公租房项目。该项目将拿出一定量的房源提供给青年艺术家居住。[①]

[①] 谈冕、梁脉秋、徐闻：《宋庄：从乡村乌托邦到文化硅谷》，《城市开发》2022年第2期。

那么，通过这种创新制度究竟能否彻底帮助宋庄不同情况的艺术家解决房屋利用的根本问题，还有待于今后继续观察，还有待于艺术家的口碑和反馈。

（四）面向大众文旅融合

走向大众，既是宋庄走向文旅融合的重要路径，也便于吸引更多大众多维度参与、深度体验艺术创造。在公共空间建设上，宋庄艺术区启动了小堡南街改造提升二期、首开印象街改造提升等重点项目，改造更新小堡文化广场，升级消费休闲空间。小堡文化广场曾经的设施陈旧、业态低端，人流吸引力与公共服务能力不足，在本次城市更新过程中，其定位于打造成为一个开放式艺术体验商业街区。改造之后的小堡文化广场保持了原有的建筑主体结构，在原街区建筑的基础上做减量和品质提升，重点以红砖与钢结构有层次的结合，提升了建筑外立面及内部空间，突出设计感，全面升级了业态和品牌，广场空间也重新布置了绿化景观、艺术雕塑等，最大限度使用设计力，让小堡文化广场焕然一新。[①]

2021年，宋庄小堡村的村口新添了一处占地上万平方米的开放式线性艺术公园，吸引了众多艺术、建筑、景观爱好者前往打卡。该项目是宋庄艺术商业示范街的入口，也是艺术创意小镇南区中轴线上的重要节点，与小堡文化广场、印象街项目构成整体景观系统。富有层次感的设计是这个公园最大的亮点。灰砖和暖黄铺装在色彩上碰撞融合，刚硬的底色上传达出了温暖和乐观的感觉，也与公园内的法桐树、银杏树遥相呼应，深秋叶黄，必是一番好景致。穿孔灰色墙砖又与穿孔耐候钢、不锈钢雕塑交替组合，则在构件上实现了传统与现代交融的层次感。[②]

宋庄文化艺术节是宋庄以节庆旅游助力文化品牌发展的重要平台。在持续举办宋庄文化艺术节的过程中，他们又提出了艺术集市的举措，以节庆升级城市文化氛围。所谓艺术集市，是新人艺术家们初露头角的舞台，更是传播名气、做热旅游的有效手段。但人头攒动的艺术活动也带来了更严峻的城市管理挑战，宋庄积极转变社会治理逻辑，变"管理"思维为"服务"思维，以更精细化和数字化手段保障节庆有序开展。2021年宋庄Maker Box艺术市集从众多艺术家中优选了

---

① 谈冕、梁脉秋、徐闻：《宋庄：从乡村乌托邦到文化硅谷》，《城市开发》2022年第2期。
② 同上。

30多位本土艺术家，给他们在市集上展示原创IP和各种巧妙设计的机会，同时借用小堡文化广场的开放空间，将市集展示、互动体验、潮玩美食完美融合，在吸引大量游客参与互动的过程中，艺术家既时尚又前卫的摊位总能让游客享受自由玩乐的乐趣[①]。同时，为了进一步拉近大众与艺术的距离，宋庄还推出了业态宜游化。所谓宜游化，主要针对过往宋庄艺术家大多属于闭门创作，与大众之间的距离甚远，人们很难了解艺术家工作室的真实情况，难以通过交流和互动了解艺术家的创作过程及所思所想，通过"宋庄艺术游指南"，大众能够很容易地获知先锋艺术家的主要简历及创作风格，并可通过预约进行线下交流。借助网上平台，宋庄区域内所有的消费场所也能得到直观的视觉呈现，方便大众打卡体验。

（五）公共艺术功能完备

宋庄作为艺术创意小镇，与张家湾设计小镇和台湖演艺小镇在艺术文化产业链上互补共生，宋庄尤其突出了其在博物馆、美术馆和艺术馆等城市公共艺术领域的重要功能。现有较知名的艺术机构有宋庄美术馆、北京当代艺术馆、宋庄当代艺术文献馆、树美术馆、AQART美术馆、上上美术馆、明耀美术馆、北京新世像美术馆、国防艺术区、中捷当代美术馆、山海美术馆、一耕美术馆、国中美术馆、万山河艺术馆、九至美术馆、文艺美术馆、伯揆美术馆，等等。此外每年还在新增各种名目和形式创新的场所，还有一些场所也在向宋庄聚集。

声音艺术博物馆原址位于东城区史家胡同，现迁址宋庄镇小堡村，占地面积10亩，建筑面积6000平方米。声音博物馆将声音作为展陈核心，设有面向声音艺术家与学者的专业档案馆，可听到老北京的、大自然的、语言的、音乐的等丰富多彩的声音，了解声音与整个世界的关系。博物馆内开辟了两层楼的空间，为孩子们提供"音速童年——我们一起玩声音"互动游戏空间，并为声音艺术家提供长期驻留项目，此外博物馆内还建有"分响美食"餐厅、烤肉餐厅，为游客提供一段可听声音、玩游戏、看表演、品美食的特别休闲时光，将身临其境的声音体验发挥得淋漓尽致。在声音艺术博物馆内还设计有一栋三层纯水泥浇筑的若谷楼，为给道路拓宽让路，整栋楼向院子里做了平移，外立面参差独特富有美感。博物馆内设计有各种演出空间和鸽哨基地，将定期举办

---

① 谈冕、梁脉秋、徐闻：《宋庄：从乡村乌托邦到文化硅谷》，《城市开发》2022年第2期。

电子乐、噪音、摇滚、鸽哨表演等类型多样的艺术演出。①另外，2021年，一处600平方米、拥有巨大落地窗的艺术书店也成为小堡文化广场改造提升后的最大亮点，这是宋庄艺术创意小镇引入的首家艺术书店，可供市民、艺术家休闲、交流，同时常态化运营文创复合空间、艺术品市集、画廊功能，进一步激发艺术创作活力。②艺术书店的融入也将进一步丰富宋庄艺术功能的多样性。

现阶段，宋庄还在有序推进镇域艺术资源的摸底调查工作。通过对整个艺术区的艺术创作人员、艺术区文化及相关企业负责人、艺术区艺术场馆负责人进行摸底调查，掌握基础资源数据，更好地推进艺术要素集聚和产业政策集成，加快艺术区高质量发展。

（六）网络直播多元经营

近年来，随着短视频直播平台的兴起和直播带货的快递发展。宋庄的经营方式也日渐多样化，中国宋庄书画直播基地的成立就是这样一种在"互联网+"时代大背景下的创新尝试。自2021年6月16日宋庄书画直播基地揭牌开始，标志着宋庄艺术创意小镇开启了产业发展与艺术服务的全新局面。宋庄书画直播基地位于宋庄"艺创云阶"文化产业园，首期规划面积1万平方米，以服务艺术家为根本，以完善产业链为方向，将不断丰富艺术品交易功能、活跃消费市场、升级展示交易平台，成为艺术创意小镇建设的新亮点，打造服务城市副中心建设的艺术创意产业联动示范基地。③

宋庄抖音书画直播基地是首家进驻中国宋庄书画直播基地的直播平台，一期面积3800平方米，共有18个直播间（含1个1000平方米超大直播间），将依托抖音电商直播平台的流量优势，推动宋庄本土艺术家从线下走向线上，创

---

① 《全市首个声音博物馆落户宋庄镇》，北京市通州区人民政府网，http://www.bjtzh.gov.cn/bjtz/xxfb/202111/1499897.shtml，访问时间：2022年4月2日。
② 《宋庄艺术创意小镇提质升级进行时》，原发表于《北京日报》，转自北京市人民政府网，http://www.beijing.gov.cn/renwen/jrbj/202104/t20210421_2364502.html，访问时间：2022年4月20日。
③ 《中国宋庄书画直播基地正式揭牌 抖音书画直播基地成为首家进驻的直播平台》，"中国宋庄"微信公众号，https://mp.weixin.qq.com/s/CPStmODrLKCUU5ZTlCdQMQ，访问时间：2022年4月20日。

造更广阔的展示平台、更专业的交易服务和更贴心的培训指导。"到 2021 年 12 月底,中国宋庄书画直播基地销售额突破 10 亿,已助力商家 2000 余位,帮助 7000 余名艺术家完成直播线上转化。"[①] 从这些数据增长能够看出,短视频直播为宋庄艺术产业的发展带来了新的活力和产业集群,而直播基地又是一次宋庄镇党委、政府为宋庄艺术发展平台建设做出的一次探索尝试。它的目的无疑是要在艺术创意小镇建设的过程中,创造更好地营商环境和艺术家服务平台,提供更多的发展亮点,激发城市副中心文化产业高质量发展的强大生命力。除了直播带货之外,抖音、快手等短视频平台还是重要的交互平台,大众网友可以通过网络博主的直播或短视频了解宋庄镇域内相关艺术家的主要经历、创作风格及其代表作等信息,进一步提升了线上宋庄的知名度,尤其是在疫情影响下拉近了大众与线上宋庄的距离。

三　宋庄艺术创意小镇的未来之思

今天的宋庄已经成为一个十分多元的代名词。作为空间区域和行政单元的宋庄,其所处的地理位置已经发生了很大变化,它不再是距离首都北京最近的郊区,而是位于首都核心区和城市副中心之间重要缓冲带,宋庄的生态环境、经济发展与功能定位将不可避免地越来越服务于北京城市发展的总体需求。

作为一个生活空间和区域共同体的宋庄,无论是宋庄本地人,还是"老宋庄"艺术群体,抑或刚刚来到宋庄打工的新势力,他们将在相互接纳、相互包容的磨合互动中实现共融共存。以小堡村为中心的艺术区如何有效协同周边其他村落的整体发展,也将直接关系着这一生活共同体的和谐稳定。现有的基础设施规划都十分注重"共同体"意识,以小堡广场的户外"城市客厅"为例,设计师充分考虑到了不同群体对公共空间的需求,以及空间能够赋予不同群体的社交属性和功能。通过用黄色的线性慢跑道蜿蜒前行,将不同空间串联在一起,连接了各个城市客厅。每个客厅根据不同功能设计为可时而开放时而围合,包括完全开放的欢迎客厅、半围合的社交客厅、有趣味游戏房的玩乐客厅

[①] 《探索"互联网+"文化产业发展 宋庄书画直播基地加速产业聚集》,北京市通州区人民政府网,http://www.bjtzh.gov.cn/bjtz/xxfb/202202/1513108.shtml,访问时间:2022 年 3 月 10 日。

和多功能的运动客厅[①]，城市设计的多元群体交融与平衡理念，也将引导整个宋庄区域内的整体和谐。

　　作为一种文化经济发展模式的宋庄，艺术创意小镇将成为其今后的主导方向，宋庄也注定不可能脱离"艺术"而发展。无论是在国家首都还是北京城市的功能定位中，宋庄艺术创意小镇都必将迎来一次新的洗牌和优胜劣汰。随着租金的上涨和新媒体技术的发展等因素，位于中低端的艺术家群体可能又会面临再一次的搬迁，他们或可能寻求新的城郊地带继续适应自由、松散的艺术生活状态。另外，随着国内其他城市艺术集聚区的兴起，尤其是新媒体直播的发展，一批艺术家可能因销售渠道的变化而辗转离开宋庄。事实上，目前已经有一些艺术家正在走这样的道路。

　　然而，在"宋庄模式"下，由艺术生态所形成的原创性依旧是宋庄的宝贵资源和持续动力。大量艺术家的聚集为宋庄提供了源源不断的原创动力，各种形式的艺术交流互动也为宋庄提供了艺术创新的可能性。与此同时，艺术家与艺术集聚区域的整体关系，将直接关系这个艺术生态链的持续发展。因此，如何留下这些艺术家，并且维系、更新和重构合理的艺术生态，这无疑是一个重要话题，也是摆在宋庄艺术创意小镇未来发展之路上的一个难关。现在，无论是政府、学者、社会各界，还是聚集在宋庄艺术区的新老艺术家们都在探索、经历和解决这一话题。我们也能看到政府在维系和应对艺术生态即将因副中心快速发展和京郊城市化进程而面临危机时所做出的种种努力，包括基础设施、住房民生、产业结构，等等。此前有关小堡艺术区存量更新规划的博弈之中，学者已经充分反映了其中多方力量的博弈，这些错综复杂的因素交叉在一起，对未来艺术生态的损害程度究竟有多大，现在暂且无法做出判断，我们只能静待观察。又或许将建构怎样新的艺术生态，也同样值得期待。

---

① Crossboundaries:《北京宋庄城市客厅微景观设计》,《建筑实践》2021年第10期。

附 录

运河记忆与村落文化变迁：
以北京通州里二泗小车会为中心的考察*

毛巧晖　张　歆

随着中国社会从农业社会向工业社会、从工业社会向后工业社会的变迁，运河记忆以异乎寻常的稳固性在当下社会中传承与发展。不同地域、民族、文明类型的多元文化借由运河交会、交流、对话、沉淀，在全球化与本土化的张力中，承载着运河记忆的社会规范（social norms）、社会习俗（social conventions）之于家庭、社区（邻里）的凝聚力引起了广泛关注[①]。在运河流域村落文化的具体研究中，基于"社会—文化"范式的运河记忆的构建深刻影响着运河文化当下的整体性面貌及未来的走向。伴随着社会转型的发生和实践[②]，对超越村落空间的运河文化的理解及其实践形式在社会系统内部形成分享链条，植根在特定群体情境中的个体利用"流域"空间去记忆或再现过去。法国学者莫里斯·哈布瓦赫（Maurice Halbwachs）在《论集体记忆》中指出："尽管集体记忆是在一个由人们构成的聚合体中存续着，并且从其基础中汲取力量，但也只是作为群体成员的个体才进行记忆。"[③]由于运河沿岸的历史

---

* 原文发表于《西北民族研究》2021年第2期，收入书中时略有修订。
① 社会规范、社会习俗等借鉴了美国学者弗朗西斯·福山（Francis Fukuyama）的说法和表述。具体参见弗朗西斯·福山：《大断裂：人类本性与社会秩序的重建》，唐磊译，广西师范大学出版社2015年版第10页。
② 孙立平：《社会转型：发展社会学的新议题》，《社会学研究》2005年第1期。
③ [法]莫里斯·哈布瓦赫：《论集体记忆》，毕然，郭金华译，上海人民出版社2002年版，第39—40页。

变迁与文化演进,"过去作为一个连续与变迁、连续与更新的复合体"[①],运河记忆对认同的缔造及其效果直指社会的凝聚性结构,将一些应该被铭刻于心的经验和回忆以一定形式固定下来并且葆有现实意义[②]。在运河记忆的共享过程中,通过将发生在从前某个时间段中的场景和历史拉进持续向前的"当下"的框架之内,构造了一个享有共同经验、期待和行为的"象征意义体系"[③],从而激活、唤醒和强化了多维的运河流域村落文化认同体系。

本文试图突破趋向均质化的村落研究[④],讨论"深入日常生活"的运河记忆对村落文化的"规范"和"定型"。里二泗码头作为承载运河记忆的空间场所,由于佑民观香火兴盛而"因寺成村"。在"朝山进香"的里二泗庙会表演中,里二泗小车会借助传统仪式演述与自身"主位"强调,重述运河记忆,并通过民俗仪式的循环与重塑,唤醒了超越个体、村落、地域的运河记忆,在历史沉淀中逐渐演化为"中华民族共有的精神家园"。

一 流动和衍生:信仰的流域传播与在地化

"流域"作为人—地—水交叉互动的复合系统,也是文化多样性的承载单元。信仰在流域传播的过程中,以"在地化的知识体系"为基础,重新塑造着连接自我—他人、地方—世界的多重关联网络,流动的运河为信仰的"认同"提供了一种物质表征和真实存在,而信仰的"在地化"又将物质现实转化为身份认同的代表性符号。

京杭大运河的天津三岔口至通州段称为"北运河"。此段河历史上有"沽

---

① [法]莫里斯·哈布瓦赫:《论集体记忆》,毕然、郭金华译,上海人民出版社2002年版,第46页。
② [德]扬·阿斯曼:《文化记忆:早期高级文化中的文字、回忆和政治身份》,金寿福、黄晓晨译,北京大学出版社2015年版,第6页。
③ 同上。
④ 村落研究逐渐从微观的社区研究走向宏观的区域研究,其研究范式大致分为:施坚雅的市场体系理论、台湾的祭祀圈理论、历史人类学的华南学派的研究。具体参见周大鸣、詹虚致:《人类学区域研究的脉络和反思》,《民族研究》2005年第1期。

水""潞水""笥沟"等多个名称,清雍正四年(1726)始称"北运河"①。北运河为京杭大运河首段,其漕运始于公元6世纪隋王朝,盛于金、元、明、清各代②。《金史·河渠志》记载:"大定二十一年,以八月京城储积不广,诏沿河恩、献等六州粟百万余石运至通州,入京师。"③元代漕运量成倍增长,北运河年运量高的年份达三百多万石。《元史·食货志》记载:"元都于燕京(大都城),去江南极远,而百司庶府之繁,卫士编民之众,无不仰给于江南。漕粮至于京师者一岁多至三百万余石。"④北运河上的重要枢纽通州于金天德三年(1151)"取漕运通济之义"⑤正式得名。明人蒋一葵《长安客话》有言:"国家奠鼎燕京,而以漕挽仰给东南,长河蜿蜒,势如游龙,而通州实咽喉之地。"⑥自元至明代中前期,张家湾一直是通州最重要的水陆转运码头之一,"为潞河(即北运河)下流,南北水陆要会也。自潞河南至长店四十里,水势环曲,官船客舫,漕运舟航,骈集于此。弦唱相闻,最称繁盛。"⑦

《元史·河渠志》记载:"通州运粮河全仰白、榆、浑三河之水,河流名曰潞河,舟楫之行有年矣。今岁新开闸河,分引浑、榆二河上源之水,故自李二寺至通州三十余里,河道浅涩。今春夏天旱,有止深二尺处,粮船不通,改用小料船搬载,淹延岁月,致亏粮数。"⑧为祈求漕运顺遂,官兵在此修建天妃宫(亦称"水神庙""神祠"),烧香祭拜,祈求水运平安。天妃宫修建时间约在元

---

① 雍正四年二月怡亲王、大学士朱轼奏议言:"臣等查水利所关最重,河道贵有专官。我皇上轸念直隶地方,特命怡亲王兴修水利,遍阅诸河。凡有应加疏浚修筑之处,现在逐一兴工。若不特设专官,工程难以稽核。应如怡亲王等所请,直隶之河分为四局:……其北运河为一局。旧有分司亦应撤回,令通永道就近兼辖。其管河州判等官悉听统辖。"具体参见〔清〕李逢亨:《永定河志》,北京燕山出版社2007年版。
② 北京市地方志编纂委员会编著:《北京志:地质矿产水利气象卷·水利志》,北京出版社2000年版第168页。
③ 〔元〕脱脱:《金史》,中华书局1975年版,第683页。
④ 〔明〕宋濂:《元史》,中华书局1976年版,第2364页。
⑤ 〔清〕周之翰:《通粮厅志·卷一·左辅志》,万历三十三年原刊本。
⑥ 〔明〕蒋一葵:《长安客话·卷六·畿辅杂记》,北京古籍出版社1994年版,第130页。
⑦ 同上。
⑧ 〔明〕宋濂:《元史》,中华书局1976年版,第1596页。

至元三十年（1294）郭守敬开通惠河成功之后，为漕运之产物[1]。明清两朝，漕运成为关系国家命脉之事。明嘉靖七年（1528），巡漕御史吴仲力排众议，重修通惠河，河口自张家湾北移至通州城北，内白河亦加以疏浚。漕船、商船、客船、贡船可由今西集镇和合站村[2]沿内白河直航至通州。由于"漕运皆由内河"，粮船至里二泗停泊数十艘，故人们"醵费演戏酬神"，"年必万人攒动，红男绿女，少长咸集"[3]。明嘉靖十四年（1535），道官周从善修缮、扩建天妃宫，并奏请皇帝为寺庙赐名，明世宗赐名为"佑民"，并赐玉皇阁匾额曰"锡禧"，"佑民观"替代"李二寺"成为庙名[4]。此后，明万历十年（1582）、崇祯八年（1635），清顺治八年（1651）、康熙三十九年（1700）、乾隆五十一年（1786）及民国年间，都曾重修佑民观[5]。由于宋元时期对祠庙和神灵的加封、赐额政策，以及明清时期对传统儒教祭祀观的重视，佑民观中供奉的天妃由地域色彩极浓的本地神灵（local god）向区域性神灵（regional god）发展，最后演变成全国性的神灵（national god）[6]，其信仰范围早已超出本地。住在里二泗附近的人们也逐渐组成被通称为"会"的祭祀共同体，其活动的主要舞台便是佑民观。《漷阴志略·寺观篇》载："佑民观。在县北十五里之里二泗，祀碧霞元君，岁丰则正月初至元宵必举香会，合邑若狂，其会有钟幡[7]、高跷、秧歌、少林等目，以及弄狮、舞灯、跑马、跳驼，诸技无不毕至，余适一遇之。"[8]佑民观

---

[1] 北京市通州区文化委员会，北京市通州区文学艺术界联合会编：《通州文物志》，文化艺术出版社 2006 年版，第 133 页。

[2] 元代称"合河站"，以内外白河于此合流为一故。

[3] 吴廷燮等撰：《北京市志稿》，北京燕山出版社 1998 年版，第 348 页。

[4] 冯鹤：《通州佑民观小考》，《中国道教》2012 年第 3 期。

[5] 北京市通州区文化委员会，北京市通州区文学艺术界联合会编：《通州文物志》，文化艺术出版社 2006 年版，第 134 页。

[6] 朱海滨：《祭祀政策与民间信仰变迁——近世浙江民间信仰研究》，复旦大学出版社 2008 年版，第 11 页。

[7] 钟幡，亦称中幡等。本文遵循原文，全文不予统一。——作者注

[8] 这里提到佑民观供奉的是碧霞元君，这与佑民观道长王子君的口述不一致："我们没有供碧霞元君，但我们有子孙娘娘，碧霞元君求子的比较多，我们这儿叫子孙娘娘，叫法不一样。"王子君从始至终都强调佑民观主神为护佑运河的妈祖，而非泰山娘娘碧霞元君。为了保护被访谈人隐私，也为了方便行文，本文的访谈人和小车会相关人员的姓名全部用化名。具体参见管庭芬，芷湘氏：《通州方志集成》第 8 册，北京联合出版公司 2017 年版，第 366 页。

是里二泗的核心,祠庙信仰与村落经济形态的形成紧密结合在一起。对码头商人及祠庙的管理者而言,祠庙以及在那里举行的活动是他们的衣食所依。而作为地域公共设施的佑民观,既是当地社会经济、精神生活的重要纽带,也是地域社会中位居支配阶层的士绅在当地发挥影响力的主要场所。佑民观及观内所供奉的诸多神灵,对居住在特定范围内的社会各阶层而言,是最重要的公共领域。里二泗码头由此逐渐"因寺成村",成为运河沿岸最富裕的一个村子,俗语云"船在张家湾,舵在里二泗"①,即言其地利之便。

"以神庙为中心的祭仪可以说更多地表现出文化的地方性,而且内在地表达了民众群体对于所处自然与社会地域空间中经济政治生活诸多关系和历史变化的认识。"②庙会时节演戏酬神之香会、游艺,比比皆是。清代《彭公案》中描绘:

过了张家湾,来至浬江涒③村口,一瞧人烟稠密,赶庙的买卖不少,锣鼓喧天,各样玩艺。也有跑马戏的,也有变戏法的、唱大鼓书的,医卜星相、三教九流之人,各样生意围绕的人甚多。大半都是为名利之人……坐着吃茶的人,有二十多位,俱是逛庙瞧会之人,老少不等……老翁说:"这浬江涒可是千百年的香火……"④

在"众会同而朝宝顶""奉典礼而进香烟"的花会表演中,应有里二泗小车会的身影。据佑民观碑文及村民的口述,可大致推测里二泗小车会为一位生于1879年的郭二爷组织成立的。由于里二泗地理位置特殊,商贸繁荣,民众的流动性较强,因此其香会参与者可能为各商铺出资雇请。现在的里二泗小车会成立于1996年,当时以穆厂禾为首,约三十人组成,年龄以50~60岁者居多,以表演小车会舞蹈为主要活动内容。张一丹、吴子玲两位里二泗村民带头到村里的服装厂、面包厂、水电厂筹集资金及旧的桌椅,以备筹建小车会之需。会首穆厂禾是邻村(姚辛庄)人,熟练掌握小车会表演技艺,是公认的

---

① 此资料来自访谈。访谈时间:2018年7月26日;访谈地点:里二泗村佑民观;访谈人:王晴、洪运涅;访谈对象:佑民观道长王子君。
② 刘铁梁:《作为公共生活的乡村庙会》,《民间文化》2001年第1期。
③ 文中的"浬江涒"就是里二泗庙。
④ 〔清〕贪梦道人,秦克、巩军校点:《彭公案》,上海古籍出版社2001年版,第4页。

"玩会"①权威人士。在姚辛庄小车会渐渐解散,玩会者近乎绝迹之时,他应张一丹、吴子玲的邀请,将小车会技艺传授于里二泗村民,并成立了里二泗小车会。里二泗小车会在成立之初即超出了村落边界,与商业、漕运、信仰呈现出强关联态势。在行香走会中,里二泗小车会遵循传统里二泗庙会"朝山进香"秩序,借助仪式演述与自身"主位"的强调,构拟了以小车会为中心的村落文化。小车会以运河记忆为纽带,使潜藏于人们记忆中的运河文化得以"显形"。

二 互通与融合:运河记忆与村落文化构建

运河将"上中下游和左右岸的自然体和人类群体连接为一个不可分割的整体"②,内部凝结着共同价值、经验、期望和理解的意义体系。这种依附于运河流域③的归属感由开放性与共享性的运河文化网络、空间化与符号化的运河记忆以及凝结为文本、舞蹈、图像和仪式的民间文艺形态共同构成。

作为一种与运河的"流动"紧密相关的文化样态,民间文艺借助仪式的演述,在构建村落文化认同的同时,也完成了对运河记忆的重述。运河流域村落对共有的文化符号的认同,增强了运河文化的交流、交融与和谐。运河文化的影响可能在一些地方被凸显,在一些地方呈隐匿状态,这与运河自身的凸显、弱化、隐匿直接相关。在昔日里二泗漕运繁盛之际,曾有诗句"潞水东湾四十程,烟光无数紫云生。王孙驰马城边过,笑指红楼听玉筝"④描摹其盛景。世事变迁,朝代更迭,"在时间和空间上的交流与相互滋养"的运河文化借助民间文艺的具体实践,延续着承载人们生存经验和生存智慧的运河记忆,逐渐发展出一整套适应商业生产的集礼俗制度、价值观念、风俗习惯等为一体的

---

① 北京通州将参与民间花会这一行为称作"走会""玩会"。
② 曾江:《作为方法的流域:中国人类学研究新视角——流域人类学大有可为》,中国社会科学网,http://www.cssn.cn/gd/gd_rwxn/xslt/201501/t20150108_1471179.shtml. 2015-01-08.
③ 将"流域"作为一种认知范式、注重文化网络与整体结构的关系研究借鉴了流域人类学的理论框架。具体参见田阡:《流域人类学导论》,人民出版社2018年版。
④〔明〕蒋一葵:《长安客话》,北京古籍出版社1982年版,第130页。

文化集合①。如里二泗小车会在"傻柱子赶驴娶媳妇""梁祝之恋""猪八戒背媳妇""孙悟空开路""跑旱船""扑蝴蝶""五鼠贺寿"等戏码的表演中，对于"上坡""下坡""走泥路""崎岖小路""涉水过桥"等不同场面的呈现都需要借助"小车"和"漕桥"来完成，它们作为共享的运河记忆象征性符号具有一定的感召力。"一项文化符号只有在诉诸适切的集体记忆，并与特定文化实践及社会、政治结构相契合的情形下，才能有效地发挥鼓动人心的作用。"②多元文化符号的生成与表述为人们提供了一个理解运河的经验体系。

就其呈现形态而言，里二泗小车会有意识地将民俗仪式的表演置于运河文化网络中，其对运河记忆的重新阐释突破了地域限制，原本附着于运河文化网络之上的意义被逐渐唤醒。2006年佑民观重建后，无论外村的花会是否参与，里二泗小车都会在每年正月初一和十五前往佑民观进香走会。其行进路线为：从里二泗文化活动中心出发，向北行进至里二泗中路，沿里二泗中路由东向西行进。花会进行的次序大致是：旗、锣、伞、扇率先；紧接其后的是狮子会、童子会、吵子（音乐）会；然后是飞叉、少林、高跷、小车、龙灯、中幡、挎鼓等；行走在最后的是每村一面的黑色或白色三角形特大号旗，旗上印着或绣有北斗七星图形，一路锣鼓喧天，响彻里二泗。首尾几百米长的队伍走出靛庄村北口后，乐声停止。队伍经过吴营凉水河桥，按规定的路（称"香道"）前行，在七点钟左右到达里二泗村西南口。经过一番准备之后，乐器响起，整队进村，来到佑民观牌楼前面的空地上。此时空地的东西两侧早已用杉篙搭好两个三角架子，两个架子上各悬着一挂大鞭炮。整好队伍，一切就绪后，一位手举黄色旗的会首高喊一声"进香"，场上众人除踩高跷者躬身合十外，都全部下跪。高悬的鞭炮与锣鼓唢呐先后响起。一队队年龄不过十一二岁、穿长衫戴礼帽、斜挎黄色香袋、手举杏黄色三角旗的孩子，在大人们的带领下走进山门，直去娘娘殿。轮流进入大殿后的孩子面对金花圣母像横排下跪，唱佛曲。"当庙内进香时，庙外牌楼前后，各档花会大显身手，尽情表演各自的技艺，观众围得里外三层，热闹非凡。表演结束后，观众进庙，或拜佛烧香，或参

---

① 毛巧晖等著：《北运河民俗志·第二卷·图像、文本与口述》，中国戏剧出版社2020年版，第120—130页。

② J. Hutchinson. *The Dynamics of Cultural Nationalism*. London: Routledge Press, 1987, P.20.

观购物。直到傍晚,庙会活动才渐渐停止。"①村民通过小车会的表演及行进路线,模拟运河生活场景,感受"鲜活"的记忆。原本碎片化的、想象的他者世界经由集体的认同得以构建并世代相传。当然,被演述的记忆带有构建性,人们将对于美好生活的希冀建立在对信仰场域——佑民观的感知上。由此,多重记忆交织形成相互回应、相互印证的共鸣。

就文化层面而言,血缘关系作为村落凝聚的纽带,同样也是运河文化网络构建的核心。如里二泗小车会会首李毅与小车会内"老太太"及"算命先生"的扮演者为亲兄弟,负责鼓镲的成员与"傻丫头"的扮演者为夫妻。里二泗小车会内部基本遵循自我组织、自我控制、自我管理的基本运行机制,李毅与成员商议后制定了《小车会安全管理制度》②,其中多次提及要服从上级领导的安排,为非物质文化遗产传承作贡献。但是在里二泗村中,"一切几乎都与自己的家族脐带相连"③。里二泗小车会成员通过种种直接或间接的关系互相关联起来,伦理本位依旧影响着他们日常生活中的交往逻辑。

在村落文化的构建中,民俗精英是延续村落文化的重要组织力量。这些处于村落社区中的地方精英,是政府与乡民相互沟通的桥梁。他们既是乡民熟知的同乡,又是视野开阔、深谙处事之道的文化精英,在村庄内具有组织协调村庄事务的能力,在村外拥有一定的社会资源,发挥着协调上级权威与下层乡民的作用④。如李毅,他从20世纪90年代开始负责里二泗村乡村文化站的工作,依据时令、节庆及农业生产,定期组织民众的文化活动,积极推动里二泗小车会的日常表演、节日会演的顺利进行。2011年6月,他被评为里二泗小车会代表性传承人,主要负责小车会的日常管理及其与外界协调沟通的工作,参与有关部门组织的公益性展览、演出、交流等活动。李毅还一度试图重建里二泗高跷会,后来因为安全问题作罢,高跷会的一应器具都由他妥善收藏在里二泗文化活动中心。2016年9月,为了全面贯彻落实北京市"1+3"公共文化政策

---

① 张雪光:《里二泗庙与里二泗庙会》,北京市通州区政协文史资料委员会编:《古韵通州》,文物出版社2006年版,第146—150页。
② 刘铁梁主编:《中国民俗文化志:北京·通州区卷》,北京出版社2006年版,第291—292页。
③ 浦永春:《从家族的观点看》,《浙江大学学报》(社会科学版)1997年第2期。
④ 赵旭东:《中国乡村文化的再生产——基于一种文化转型观念的再思考》,《南京农业大学学报》(社会科学版)2017年第1期。

精神，积极推进首都公共文化服务示范区创建工作，通州区文化委员会面向基层文艺爱好者，在北京文化艺术活动中心进行通州区首届文化组织员培训，学习内容主要有舞蹈、声乐、戏曲、大型活动组织的理论和实践。培训合格后的文化组织员主要负责文化建设工作的上传下达，参与社区公共文化体系建设。李毅参与了此次培训，并于2018年当选为张家湾镇里二泗村文化组织员，负责组织和管理里二泗小车会的日常表演、里二泗文体活动中心的设备维护以及数字影厅的放映等工作。李毅作为里二泗村由一系列制度、权威资源、文化传统和社会生态支持与发掘的"新乡贤"[1]，在村落文化构建中发挥着积极作用。

在民族图景、技术图景、经济图景、媒介图景和意识形态图景"离心式流动"的全球化进程中，传承场域的流动和表演程式的调整体现了人们对于文化规范与准则的认同。伴随着社会的变迁，村落文化不断重构，"持续向前的当下生产出不断变化的参照框架"[2]，"传统"在这样的阐释框架中被不断重新组织。如里二泗小车会主动融入"运河文化庙会""张家湾民俗文化节"等公共空间，除了在队形上精心编排，还设计了为观众所熟悉的"猪八戒抢媳妇儿"的表演桥段和"五鼠贺寿"的戏码。尤其是"五鼠贺寿"的表演，改变了以往固化的表演模式，公子、打锣人等角色以三人为一伍，分列五个点，呈现为同心圆的形状。另有一支队伍由甩头冠子领头，拉车的、坐车娘娘等角色随后，以画"8"字的形式绕圈经过五个点，步伐节奏随鼓镲声时快时慢，极具观赏性。这些改动并非出自传统的表演程式，但依旧赢得了人们的喜爱。究其原因，一方面，表演在主题选择、人物形象、桥段设置上体现出与运河记忆相吻合的特质；另一方面，表演植根于当下的文化语境，契合民众的精神需求与审美。

"运河流域既是自然资源的群集单元，也是文化多样性的承载单元，更是人们认识社会的一种方式。"[3] 在运河流域民间文艺的代际传承中，运河文化网络中文化主体与文化现象不断交流、交融与共生，以一种流动的方式将散落的

---

[1] 应小丽：《乡村振兴中新乡贤的培育及其整合效应——以浙江省绍兴地区为例》，《探索》2019年第2期。

[2] [德]扬·阿斯曼：《文化记忆：早期高级文化中的文字、回忆和政治身份》，金寿福、黄晓晨译，北京大学出版社2015年版，第35页。

[3] 田阡：《重观西南：走向以流域为路径的跨学科区域研究》，《广西民族大学学报》（哲学社会科学版）2016年第3期。

运河记忆加以关联。对运河记忆的强调，在满足人们精神需求的同时，也促使运河文化网络重新焕发生机。正是由于对运河记忆的储存、激活与表达，里二泗小车会才能够在北运河流域众多民间文艺样态中脱颖而出，被评选为区级非物质文化遗产代表性项目①。里二泗小车会技艺的发展与传承，对于民俗仪式秩序感与时间感的强调以及人们的积极参与，共同构成了超越个体、村落、地域的"流动"的运河记忆，并借助运河文化网络推动村落多维文化认同的构建。

三 涵化与认同：遗产化语境下里二泗小车会的承续与发展

运河记忆在岁时节日与庙会集会中周期性地重复，"展示了日常世界中被忽略的维度和其他潜在可能性"②，它们在代与代的交替和叠加中，呈现为多元、多样、共生的总体样态。无论历史如何更迭，运河记忆借助如里二泗小车会、安头屯中幡、皇木厂竹马会这样的具体民俗仪式的循环与重塑得以延续。

新中国成立后，国家对于民间文艺和农村文化都很重视，1950年政务院文化教育委员会为全国文教工作者编印的《文教参考资料》丛刊，就涉及怎样进行农村艺术活动，其中《改革民间艺术和地方戏的经过与收获》引起关注，被称为"一篇很好的经验总结"③。在新的社会语境中，民间香会被纳入社会主义文化体系。1954年春节，北京通县（今通州区）在里二泗村集中城乡五十七档花会，举行民间花会会演，演出历时三天，演员近三千人，观众逾五万人次。其中，胡各庄高跷、海户屯狮子、陆辛庄少林、里二泗童子跷等获得佳誉。"组织与推进农民群众的业余艺术活动是活跃农村文化生活，提高农业生产，推进互助合作运动和培养农民新的道德品质的重要方法之一。"④花会成为活跃民众生活、宣传文化政策的重要方式。后来民间文艺活动大部分终止。20世纪70年代末，北京延庆、密云等远郊区县的香会又开始活动，城区的部分

---

① 里二泗小车会在2009年被认定为"通州区非物质文化遗产代表性项目"。
② ［德］扬·阿斯曼：《文化记忆：早期高级文化中的文字、回忆和政治身份》，金寿福、黄晓晨译，北京大学出版社2015年版，第57页。
③ 依今：《介绍〈文教参考资料丛刊〉》，《人民日报》1950年4月5日，第6版。
④ 《民间艺术的花朵——群众业余音乐舞蹈观摩演出会农村部分》，人民日报1955年3月27日第5版。

香会也恢复走会。这一时期的香会表演"关注的不再是宗教寓意和地方自我组织的内涵"①，而是对"国家话语的反映与应对"②。如里二泗小车会在文艺会演中表演的是兴修水利、支援农业、推车运粮等体现"时代共名"的内容；小车搭载的也不再是俊媳妇，而是丰收的粮食或修水库的材料，角色也多为工农打扮。20世纪50—70年代，里二泗一带的运河文化貌似发生了断裂，但是过去的痕迹并未消逝，只是蛰伏于人们的记忆之中了。20世纪80年代再度兴起对各地域、各民族民俗艺术遗产的挖掘与保护，同时民俗艺术也面临新挑战，即在现代化变迁中民俗和文化心理发生变化，将民俗艺术视为"粗野""幼稚"。当时就已有学人提出："只有在民族的经济水平与文化素质提高后，国民才有可能从容地反思民间艺术的审美价值，但是我们不能等到那时候才回过头来抢救这笔遗产。"③1984年之后，通州地区的一些花会逐渐复出，通州新华大街每年春节举行花会调演，参赛花会15至20档不等，有高跷、小车、龙灯会等近10种。

20世纪90年代，各地域、各民族的民俗艺术交流活动频繁。1994年，文化部启动了"中国民间艺术"之乡的命名，这在政府层面进一步推动了民俗艺术的发展和研究。1999年，"99巴黎·中国文化周"以文化为切入点介绍中国。谈到其原因时，联合国教科文组织总干事费德里科·马约尔（Federico Mayor）说："自1985年参加《保护世界自然和文化遗产公约》以来，中国已先后有21处遗产地被列入《世界遗产名录》。联合国教科文组织希望通过对中国古典艺术、传统民间艺术和文化古迹保护的介绍，让人们了解中国的真正文化，让更多的人能够借助设在巴黎的联合国教科文组织总部的一角，进行一次对中国辉煌的过去和现代化的今天的美妙漫游。"④在国家文化主管部门的倡导下，随着人们物质生活的富裕，20世纪90年代以后，沉淀在个体和家庭之中的运河记忆被激活，运河流域的民间文艺开始逐渐向遗产化方向发展。2003年，联合

---

① 张青仁：《妙峰山庙会与香会活动的当代意义》，《北京社会科学》2017年第7期。
② 毛巧晖：《越界：1958年新民歌运动的大众化之路》，《民族艺术》2017年第3期。
③ 祝华新：《远古的回声——现代化进程中的民间艺术》，《人民日报》1987年5月19日，第3版。
④ 《联合国教科文组织总干事表示"99巴黎？中国文化周"将圆满成功》，《人民日报》1999年9月2日，第6版。

国教科文组织第 32 届大会通过了《保护非物质文化遗产公约》。"非物质文化遗产"（Intangible Cultural Heritage），指被各社区、群体，有时是个人，视为其文化遗产组成部分的各种社会实践，观念表述，表现形式，知识，技能以及相关的工具、实物、手工艺品和文化场所。非物质文化遗产世代相传，在各社区和群体适应周围环境以及与自然和历史的互动中，被不断地再创造，为这些社区和群体提供认同感和持续感，从而增强其对文化多样性和人类创造力的尊重[①]。2006 年，我国开始推行国家级、省级、市级、县级非物质文化遗产保护名录体系。北京市政府、市文化局、市非遗保护中心、各个区县文委等高度重视，北京地区的民间花会亦被纳入国家级、市级或区级非物质文化遗产保护名录，里二泗小车会被列入通州区非物质文化遗产保护名录。大运河申遗[②]成功后，与运河有关的民俗事象更加引起关注。

2009 年，里二泗小车会被认定为"通州区非物质文化遗产代表性项目"，这不仅仅是从民间花会到非物质文化遗产的话语表述的转换，其组织管理和文化实践也被纳入公共话语体系，仪式中的时间秩序逐步转换为统一的"时间表述"。如 2019 年 2 月 19 日，在第二届张家湾民俗文化节的表演中，里二泗小车会被安排在北大化小车会和枣林庄民族小车会之前表演（见图 1）。

这似乎与里二泗小车会的非物质文化遗产身份有关，因为在"不同文化相互交流和不同的利益主体进行资源博弈的过程中"[③]，非物质文化遗产身份的确认和展演空间的流动加剧了民间文艺内部的层级分化。但大家忽视了这恰是"果"，真正的"因"则是里二泗小车会因其特殊的地理位置而形成的文化身份。如上文所提及的，从元代到民国年间，里二泗是运河水运和护卫京师的重地，以佑民观为中心的信仰、庙会等使得里二泗具有一定的文化凝聚力。里二泗小车会聚集了周围地区的"玩会"人员，如里二泗小车会甩头冠子的扮演者张斌，原为通州张家湾镇瓜厂村人，1983 年参加瓜厂村小车会，在本村小车会解散后参加里二泗小车会；张华在姚辛庄小车会解散后，玩会者近乎绝迹的

---

① 此处使用《保护非物质文化遗产公约》2006 年 10 月 8 日订正本中的解释。具体参见巴莫曲布嫫：《从语词层面理解非物质文化遗产——基于〈公约〉"两个中文本"的分析》，《民族艺术》2015 年第 6 期。

② 中国大运河于 2014 年 6 月 22 日被选入《世界遗产名录》。

③ 徐赣丽、黄洁：《资源化与遗产化：当代民间文化的变迁趋势》，《民俗研究》2013 年第 5 期。

时候应邀来到里二泗村传授小车会技艺[①]。他们因运河记忆而聚集，在延续里二泗小车会民俗传统的基础上，通过调整与重构运河记忆的传承模式，为里二泗小车会的恢复、发展提供了重要的支撑。

图1　2019年2月19日第二届张家湾民俗文化节表演节目单

里二泗小车会充分利用"新型民俗节庆生长点"[②]，增加某些经过选择的文化因素，强化其身份认同并彰显其作为文化"中心"的特殊性。比如李毅有时会根据表演场域选择戏码，在唱词中增加"艰苦奋斗""幸福生活"的话语表述，如在张家湾民俗文化节[③]表演中的唱词："爷爷那年才十八呀！奶奶的花轿就抬进了家。娶亲那天我没赶上呀，爹爹他也不知在干啥？只听那锣鼓敲得那个响呦，红蜡烛映红了红窗户。爷爷喝醉啦，奶奶哭哑啦，后来就有了爹，爹就娶了妈。再后来就有了我们这群娃呀，艰苦奋斗创造了这个家！"[④] 里二泗小车会的承续与发展始终与民众的日常生活紧密结合，成为维系

[①] 此资料来自访谈。访谈时间：2018年7月30日；访谈地点：里二泗村村民委员会文化活动室；访谈人：毛巧晖、王晴等；被访谈人：李毅。

[②] 毛巧晖：《遗产化与民俗节日之转型：基于"2017'敛巧饭'民俗风情节"的考察》，《北京联合大学学报》（人文社会科学版）2018年第1期。

[③] 张家湾民俗文化节从2018年开始举办第一届，时间为3月份，地点在通州张家湾环湖小镇。2019年2月19日（农历正月十五），第二届张家湾民俗文化节在通州张家湾云杉路举办。

[④] 引自2018年7月30日采访李毅时现场表演录音整理资料。

运河记忆的一种文化实践，共享的运河记忆也成为不同群体互动和新传统形成的驱动力①。

里二泗小车会将传统的民俗实践与现代社会秩序相结合，既"主动融入"文化节的表演，又遵循传统的"时间观念"和"时间感觉"②。比如正月十五当日，里二泗小车会在表演前还是要赶至佑民观前烧香、拜娘娘并表演，里二泗的乡民们也早早聚集在庙前观看。关于这种表演形式，李毅表示："（文化节）走完回来的时候要再去娘娘庙拜一下，不拜的话那叫什么玩意儿呢。"③对"传统"的强调，在满足乡民精神需求的同时，也使由于人们价值观念的嬗变而有所松弛的"文化网络"再度焕发生机。

在遗产化进程中，张家湾民俗文化节上里二泗小车会的表演，本身就代表着国家对民间花会的制度性认可，而这种认可于从事花会表演的民间艺人来说具有极大的鼓舞性，同时也会唤醒人们对于民间技艺的传承之热情；虽然在演述符号的选择上带有一定的功利性与目的性，但里二泗小车会作为一种展现地方文化特色的非物质文化遗产在舞台抑或影像中的一次次呈现，亦可看作村落文化再度兴盛的契机。村落自在、自为、自如的文化传统与行为模式在遗产化语境中伴随着里二泗小车会的承续与发展逐渐"上升为国家或民族文化符号"④的显在表述和重要角色。

四 结　语

里二泗的村落文化由于"传统"的不断回溯而变得丰富与多元，形塑了共享的多元文化符号，唤醒了共同的文化记忆，从而构建了超越地域的文化认同。恰如日本学者川端康成在《日本文学的传统》中所说："我们的文学虽是随

---

① 张举文：《民俗认同：民俗学关键词之一》，《民间文化论坛》2018年第1期。
② 周星：《关于"时间"的民俗与文化》，《西北民族研究》2005年第2期。
③ 此资料来自访谈。访谈时间：2019年1月26日；访谈地点：里二泗文化活动中心；访谈人：王晴；访谈对象：李毅。
④ 翟风俭：《从"草根"到"国家文化符号"——中国非物质文化遗产命运之转变》，《艺术评论》2007年第6期。

西方文学潮流而动,但日本文学传统却是潜藏着的看不见的河床。"[1]村落文化以"看不见的河床"——运河记忆为底色,其文化传统在民俗仪式实践中被唤醒与激发,运河记忆逐渐内化;运河流域的民俗仪式及仪式性活动以独特的秩序感与时间感构建了人们的运河记忆,并被纳入地方政府文化记忆展示的新秩序和国家公共文化服务体系;记忆主体在个体实践中发生转移,民间艺人进一步获得新的身份与角色——非物质文化遗产传承人与文化组织员,促进了里二泗村文化规范与准则的形成。这三个层次的文化认同相互影响、相互作用,最终形成了多维的运河流域村落文化认同体系。

在村落文化认同的演进中,运河文化网络以其开放性、丰富性、多样性、绵延性融通多元文化空间,勾连起历史与现实、自我与世界的交流与交往。多样、复杂、流动的运河记忆携带着共有、共识、共享的传统文化基因,在人们的迁徙和流动中以铸牢中华民族共同体意识[2]为价值旨归,通过具体的文化实践,在历史与现实的交织、传承与超越中为村落文化认同提供了生命经验和情感纽带。运河文化在永不停滞的深层生命运动中形成的多元一体、开放包容的文化品格,促进和而不同、兼收并蓄的文明交流,呼应着人类命运共同体休戚与共的文化愿景,勾勒出一幅"世界大同,天下一家"的美好图景[3]。

---

[1] 原载于日本《朝日新闻》昭和十一年七月。引自叶渭渠:《东方美的现代探索者——川端康成评传》,中国社会科学出版社1989年版。
[2] 习近平:《论坚持推动构建人类命运共同体》,中央文献出版社2018年版。
[3]《世界大同,天下一家——论打造人类命运共同体》,《新华每日电讯》2017年1月2日,第2版。

古桥传说与运河文脉传承[*]

王卫华　孙佳丰

　　文脉这一概念源自文学理论,最初借"脉"的"血理"[①]之意,指称文章结构的内在线索[②]。在中国传统风水学中,文脉与地脉相通相融,是古时人们行风水之法的核心要义,体现了古人对自然生态与人文环境之和谐的追求。如今,文脉的概念被延伸扩展并广泛运用:在建筑学、城市学、环境学等应用科学领域,文脉主要指城市文化特质的延续,突出了空间建设与规划理念中的历史文化因素;在社会学、文化学、历史学等社会科学领域,文脉意为文化形成与发展的脉络,强调了对历史文化、城市风貌、民俗生活等文化事象的记忆与传承;在由政府、学者与民众共同参与的文化遗产和非物质文化遗产保护实践中,文脉传承被视为遗产保护的基本理念与重要目标。总体而言,文脉既指文化的时间脉络,也指文化的空间脉络,它既是一种可知的历史记忆,也是一种可感的文化呈现,而文脉传承则意味着保持文化事象在时间上的持续性,以及在空间上的系统性。

　　大运河在北京地区形成与发展的历史悠久,它是一种流淌的文明、一种线性的文化遗产,是对具有时间与空间双重维度的文脉概念的生动诠释。它集合了物质和非物质形式的文化,串联了运河沿线众多文化遗存与文化景观。这些丰富的运河风物遗存是北京地区元、明、清及近现代各个历史时期人类活动的文化印记,见证了北京城演进的历史,反映了大运河动态发展的过程。作为大运河文化的重要组成部分,运河古桥是北京段大运河上具有代表性的风物遗存,是塑造着北京城市文化风貌、凝结着北京深厚历史意蕴的文化地理标识。而与运河古桥相关的传说故事,在民众中口口相传,承载了民间关于北京城市建设和漕运兴衰的记忆与想象,在朴素的民间叙事中,生动地呈现出北京大运

---

　　[*] 原文发表于《北京联合大学学报》(人文社会科学版)2021年第3期。
　　[①]〔清〕张玉书原撰、马涛主编:《康熙字典 现代版》第3册,九州出版社1998年版,第2030页。
　　[②] 庄涛、胡敦骅等主编:《写作大辞典》,汉语大词典出版社1992年版,第321页。

河久远而广阔的时空跨度与文化脉络。因此，从时空脉络中分析大运河北京段古桥传说，通过传说叙事探寻民众记忆的历史与生活，能够对运河古桥传说在文脉传承中的实际价值做出更为深入的阐释。

一　运河文脉：古桥传说的文化时空

　　运河文脉是北京历史文脉、城市空间文脉的重要组成部分。"文脉"在北京民间常以"龙脉"为代名词。明清时期的北京形成两条"龙脉"，其一为"陆龙"，它俯卧在北京的中轴线上，东西长安街为龙须，故宫为龙身，景山与地安门为龙尾；其二为"水龙"，它以南海为龙头，中南海和北海为龙身，什刹海为龙尾。[①] 北京民间的"龙脉"之说是北京百姓受传统风水理念及皇权文化长期影响而形成的文化认知，它也在一定程度上反映出北京民众对城市格局与水系分布等生活环境的关注。与之相比，运河文脉的时间跨度更长、空间规模更大。从时间维度来看，北京大运河文脉的形成始于元代。元至元九年（1272），北京始为京都。作为全国的政治和文化中心，漕运水源和城市供水问题至关重要。至元二十八年（1291），都水监郭守敬奉诏主持兴修并完成了白浮泉引水工程，又于至元二十九年（1292）八月开凿通惠河，于至元三十年（1293）八月竣工，形成了自白浮泉，经高梁河、积水潭至通惠河的漕运河道。从空间维度来看，今天大运河北京段以白浮瓮山河、南长河、玉河故道、通惠河与北运河为主线，串联起北京城的西北和东南，流经昌平、海淀、西城、东城、朝阳、通州六区。这一广阔的大运河时空脉络，承载了北京数百年的文化发展史。

　　历史上，大运河北京段主线上的古桥是重要的交通建筑和地域标识。在白浮瓮山河下游入昆明湖处曾建有青龙桥，[②] 由玉泉山诸泉水汇流而成的长河，则是经玉泉山东石桥[③] 和颐和园玉带桥流入昆明湖。西山诸泉自昆明湖流出，又经颐和园绣漪桥入南长河。绣漪桥是南长河的起点，南长河向东南方向流经海

---

① 树军编著：《细说北京往事》，九州出版社2006年版，第6—7页。
② 段天顺、王同祯：《京水名桥》，北京美术摄影出版社2003年版，第104页。
③ 梁欣立：《北京古桥》，北京图书馆出版社2007年版，第171页。

淀区中部的长春桥、海淀区西部的麦钟桥,过广源闸桥入西直门外以西的紫竹院湖,后经其东侧白石闸桥,及西城区与海淀区交界处的高梁桥后注入西城区积水潭。德胜桥将积水潭分为西侧西海与东侧什刹海两部分。运河在积水潭经德胜桥由西海入什刹海,再经什刹海与后海连接处的银锭桥流入后海,然后向东从位于北京城中轴线上的万宁桥进入通惠河玉河故道段。万宁桥是玉河故道的起点,玉河曾流经东城区东不压桥、东板桥、涵碧桥、皇恩桥、北玉河桥、中玉河桥、南玉河桥、泡子河桥,至元北京城东南角东便门外的大通桥。① 大通桥为通惠河主干线起点,通惠河向东流曾经过朝阳区二闸桥、双桥,至今朝阳区东南部永通桥后进入通州区。元通惠河故道(今朝阳区杨闸村向东南折,至通州区张家湾村)上曾有通流闸桥、广利桥、东门桥、虹桥。② 通州城北门外近通惠河口处曾有通济桥。伴随着北京城市的建设与发展、漕运的兴盛与衰颓,运河古桥也经历了几多变化,许多古桥因其功能的丧失而被废弃遗忘,也有一些古桥在经历历代的修葺或改建后仍保留至今。这些得以留存的古桥不仅继续延续其交通功能,也留下了与之相关的民间传说。

  记忆的存在与文化的延续密不可分,作为记忆载体的古桥传说与凝结时空脉络的运河文化正体现了这种相辅相成的关系。承载文化记忆的民间传说是真实与虚构的结合体,其中真实的部分依托于历史事实,虚构的部分则源自于思想意识。所以,大运河北京段古桥传说是基于历史或现实中运河古桥的客观存在,以及特定社会文化背景中的民众主观意识塑造而形成的。文化记忆理论认为,"思想只有变得具体可感知才能进入记忆,成为记忆的对象,概念与图像在这个过程中融为一体",而"回忆形象需要一个特定的空间使其被物质化,需要一个特定的时间使其被现实化,所以回忆形象在空间和时间上总是具体的"③。也就是说,作为思想意识层面的文化心理与文化认知,通常要借助具体时空中的文化符号或文化事象才得以延续与表达。因此,运河古桥传说是民众将对于大运河文化的抽象记忆,凝结在对运河古桥这一具体对象的记忆之中而形成的叙事。也正是在有迹可循的时空场景中,运河古桥传说被民众不断回忆

---

① 梁欣立:《北京古桥》,北京图书馆出版社2007年版,第27—33页。
② 同上书,第290—292页。
③ [德]扬·阿斯曼:《文化记忆:早期高级文化中的文字、回忆和政治身份》,金寿福、黄晓晨译,北京大学出版社2015年版,第30—31页。

与讲述。可以说,古桥传说是运河文化记忆的叙事载体,运河文脉则构建起古桥传说的记忆空间。

二 古桥传说:记忆中的历史与生活

北京被人们称为"运河上飘来的城市",这不仅是因为从运河上运来的漕粮供养着北京的皇室与百姓,也不仅是因为从苏州和临清运来的砖石建起北京辉煌的宫殿与牢固的城墙,更是因为北京城市的建设与发展始终离不开大运河在北京的开凿与发展。元、明、清三代北京城市的发展一直伴随着通州至北京的运河开凿。大运河河道主线贯穿北京的城市中心,是北京漕运、防务和排水的主要河道,也是与民众日常生活联系最为密切的城市水道。它的形成一方面是基于北京的自然地理条件,更主要的是北京作为都城以来的几百年间,历朝对河流进行人工改造的结果。关于运河古桥的传说是一部生动的北京建城史、漕运发展史和民众生活史,它记录了北京城市空间的建设发展,见证了北京漕运兴衰的历史变迁,也呈现了北京居民的社会生活图景。

(一)漕运变迁的见证

隋唐大运河永济渠段的开凿开启了由水道运粮至北京的历史。辽金时期,北京地区发展为漕运中心,先后开凿萧太后河、金口河、闸河、漕渠等人工运河。元朝是大运河的发展和完善阶段。元朝建都北京后,将大运河南北取直,于大都开通惠河,实现京杭大运河全线通航。元代形成的运河线路在明、清两代基本被沿用。明朝迁都北京后,首都物资的运输更加依赖于运河,因此又在其基础上进行了大量的疏浚和建设。清代,大运河依旧是京城经济命脉所在,但水源问题更为凸显。不仅通惠河时断时续,北运河也时常面临河道淤塞、舟楫不通的困境。近代以来,铁路、公路的兴起对运河漕运产生了巨大影响,并最终替代漕运。

运河古桥传说,从侧面反映了北京大运河的形成,以及由盛转衰的发展过程。在《八里长桥不挽桅》[①]传说的开篇,就描述了南方漕船过八里桥进京城

---

① 郑建山:《大运河的传说》,文化艺术出版社2004年版,第36—40页。

时的场景：时逢北方大旱，京城急需粮食，粮船队伍从永通桥一直排到通州西门。《通州志》记载："永通桥，在州城西八里，明正统十一年（1446）敕建。"①八里桥建成以后，就成为京通粮道上的重要交通建筑。据史料记载，辽金以前，通州至燕京要道为通惠河河畔大道，元代京杭大运河形成之后，通州张家湾为运河北端码头，由码头至大都必须穿过通惠河。因此"尝架木为桥，或比舟为梁，以通往来，数易而速坏，舆马多至覆溺，而运输者尤为艰阻，劳费烦扰，不胜其患。"②《土桥镇水兽》③传说中的土桥，其正式名称广利桥是因近广利闸而得。通惠河上的广利上闸与广利下闸，是元代大运河二十四闸中的最后两座闸，都在张家湾镇内，上闸就在土桥村中。通惠河入潞河处正是张家湾下码头，建设北京的木材、供给北京的粮米以及各种物品都在此卸船上岸储存，或从通惠河"梯航入京"。从下码头车运百货或木材去北京，要穿过横在土桥村中的通惠河，因此便有了木架结构的土桥，后因重负难当改为石制桥。可见土桥在大运河北端码头到京城的交通中亦发挥重要作用。明代迁都北京后，此地更为京通之要塞，遂建此石桥。通州漕运繁忙时有"千樯万艘，辐辏云集，商贾行旅梯山航海而至者，车毂织路，相望于道"④的情景。可见元明两代大运河码头人群熙攘、车水马龙，可以想象当年漕运之繁盛。

《银锭观山水倒流》的传说，则反映了运河漕运在清代由盛转衰的历史。银锭桥初建于明正统年间。辽金时期银锭桥一带水域广阔，驳船可直达积水潭，这里建有木便桥。元代营建北京大都时，这里已有千帆万船往来，两岸商事繁荣。明代初年木桥的形状为半圆形，像一个倒扣着的银元宝，桥因此得名。明正统年间，木桥被改建为一座单孔石拱桥，银锭桥的名字就沿用下来。明代史籍《燕都游览志》记载："银锭桥在北安门海子三座桥之北，此城中水际看两山第一绝胜处也。桥东西皆水，荷芰菰蒲，不掩沧漪之色。南望宫阙，北望琳宫碧落，西望城外千万峰，远体毕露，不似净业湖之逼且障也。"⑤可见清

---

① 〔清〕王维珍编：《通州志》卷二，光绪五年（1879）刻本，第27页。
② 北京市通州区文化委员会编：《通州文物志》，文化艺术出版社2006年版，第171页。
③ 郑建山：《大运河的传说》，文化艺术出版社2004年版，第63—65页。
④ 北京市通州区文化委员会、北京市通州区文学艺术界联合会编：《通州文物志》，文化艺术出版社2006年版，第234页。
⑤ 〔清〕于敏中等编纂：《日下旧闻考》卷五四，北京古籍出版社1981年版，第879页。

代时银锭桥在人们心目中的地位。清朝人吴莘曾作《过银锭桥旧居》："鼓楼西接后湖湾，银锭桥横夕照间。不尽沧波连太液，依然晴翠送遥山。旧时院落松槐在，似境笙簧岁月间。白首炼师茶话久，春风料峭暮鸦还。"以此形容桥周围的美景，从侧面体现了运河河道之通畅，源头水源之充沛。1918年银锭桥大修，把穹隆形面改为有纵坡的平缓桥面，彼时由于政府更迭，军阀混战，社会处在动荡之中，什刹海无人管理疏通河道，从积水潭由西向东，从后海流向前海，年复一年，水底淤积渐厚，当银锭桥东侧水底淤泥高于西侧时，后海南流的李广桥下河道也堵塞，这时当积水潭水量少时，前海水面高于后海水面，前海水就会由东经过银锭桥向西流，形成了"银锭观山水倒流"的特殊景观。[①] 如今，"银锭观山"的美景已被现代建筑所包围，"水倒流"的奇景都只存在于传说之中了。

（二）城市建设的记录

北京漕运的发展与城市的建设几乎是同步的，且二者总是在相互影响中进行，与运河相伴相生的运河古桥就是这一过程的见证者。从建造年代上来看，大运河源头区白浮瓮山河上的青龙桥[②]，南长河上的广源闸桥、白石闸桥、高梁闸桥，以及玉河故道澄清上闸的万宁桥、东板桥，通惠河上的二闸桥、双桥，以及通惠河故道上的广利桥等古桥建造于元代；南长河上的麦钟桥，积水潭一带的德胜桥、银锭桥，玉河故道上的东不压桥、涵碧桥、皇恩桥、玉河三桥、泡子河桥、大通桥，以及通州八里桥、通流闸桥、通济桥等古桥建造于明代；而西郊昆明湖一带的玉泉山东石桥、玉带桥和绣漪桥则建于清代。这与元、明两代对北京漕运终点位置的设定，以及明清时期运河上游引水线路的调整有关。

在北京城市兴建之前，历史上曾多次引永定河的水作水源，供应北京城市的用水。但是永定河的洪水在当时的技术条件下难以控制。[③]所以元朝定都北京后，开通通州至大都运道，运河漕粮可从江南运抵通州，但是其运输能力

[①] 梁立新：《北京古桥》，北京图书馆出版社2007年版，第55页。
[②] 段天顺、王同祯：《京水名桥》，北京美术摄影出版社2003年版，第104页。
[③] 中央电视台编：《话说运河》，中国青年出版社1987年版，第14页。

仍不能适应漕运需要。为了运输方便，至元三十年（1293）按元朝都水监郭守敬的规划，由张家湾至大都之间凿通了通惠河，漕船可以由张家湾直抵大都积水潭。而明永乐中营建北京城时，将大通桥以上河段全部圈入皇城之内。这样通惠河玉河故道段便穿过皇城的"子午"方位，为了不破坏皇城"龙脉"风水，所以不再沿用元代的积水潭，而在通州土坝、石坝建港。通州便成了名副其实的大运河北终点，通州的经济与文化也在这一时期迅速发展起来。①《徐达一箭射出中轴线》②《吴仲建闸遇鲁班》③《东不压桥西压桥》④和《高亮赶水》⑤的传说都是以明成祖朱棣修建北京城为背景，讲述运河古桥的来历。

  北京的中轴线是北京城市历史风貌的重要载体，这条中轴线南起永定门，经正阳门、天安门、端门、午门、穿过皇城后门地安门、万宁桥、钟楼、鼓楼。⑥是元、明、清历代王朝城市建设的结果。元代，大运河北京段的全线开通，为北京城市的发展奠定了最基础的条件，北京旧城中轴线的确定时间便是在元大都时。⑦《徐达一箭射出中轴线》传说中的万宁桥始建于元代（1285），是北京中轴线上的第一桥，北京城里最古老的桥，因其建在玉河通往什刹海的入口处，所以俗称"海子桥"。又因在皇城后门外，又俗称"后门桥"。据传说，20世纪50年代，后门桥曾出土石鼠一对，在桥两侧，与正阳门瓮城内石马组成北京城市中心的"子午线"（鼠在地支中为"子"，马为"午"）。另一传说是桥下刻有"北京城"三字，每当夏季雨水多的时候，水位上涨到"北京城"三字时，就表明北京积水多了。⑧所以，在北京流传着"火烧潭柘寺，水淹北京城"的古训。

  水闸是通惠河上的重要建筑，是漕船能够随运河水在北京城畅通的关键设施。通惠河闸的修建与两位人物有关，一位是元代的郭守敬，一位是明代的

---

① 傅崇兰：《中国运河传》，山西人民出版社2005年版，第104页。
② 杨建业编著：《前门传说》，北京美术摄影出版社2012年版，第33—34页。
③ 马燕晖编著：《老北京的传说大全集》，武汉大学出版社2013年版，第236页。
④ 刘一达：《走进什刹海》，中国社会出版社2007年版，第207—208页。
⑤ 刘守华、陈丽梅主编：《中国民间故事》，长江文艺出版社2019年版，第25—29页。
⑥ 李建平：《北京城市历史文脉研究》，经济科学出版社2017年版，第106页。
⑦ 同上书，第19页。
⑧ 同上书，第129页。

吴仲。元代开凿通惠河时，为控制漕运的水量，自上游河口至通州的通惠河上设 24 闸，节水行舟，解决了北京地区地势西北高东南低的难题。"高亮赶水"传说中提到的广源闸位于海淀区万寿寺东侧，横跨长河，是通惠河上游的头闸，也是目前保存最完好的桥闸，素有"通惠第一闸"之称。早年间该闸具有调水、桥闸、码头等多种作用。① 广源闸桥就是广源闸上的梁桥，它兼有控制水流与方便通行的功能。"土桥镇水兽"传说中的位于张家湾元代通惠河故道上的土桥，官方名称为"广利桥"，就是因近广利闸而得名。"吴仲建闸遇鲁班"传说则讲述了明代官员吴仲重修通惠河，建通惠河五闸的故事。明代朱棣改建北京城，南城墙相对于元大都往南扩展了 2 里，文明闸至惠和闸段通惠河被包入城中。正统三年（1438），以东便门外大通桥作为通惠河的新起点，从此通惠河即指大通河至张家湾河段，也被称为大通河。因上游水源不足、河道淤塞等原因，一直到嘉靖初年，通州至京城的货物运送大多依靠陆运。嘉靖七年（1528），吴仲疏浚玉泉、瓮山泊等上游水源，弃元代通惠河经由通州城至高丽庄的下游故道，直接向东接入白河，修通惠河大通桥闸、庆丰闸、平津上闸、平津下闸、普济闸五闸。② 通过五座船闸，提升航道水位，以解决运粮漕船负重逆行进入大都的难题。

《东不压桥西压桥》传说中西压桥和东不压桥名称的变化，就是在明代扩建城墙时，根据城墙与东、西布粮桥的位置关系而形成的。明代北京城的修建是在大都城的基础上进行改建的。大都的改建，首先是缩减北城，然后开拓南城，形成北京内城的轮廓。世宗嘉靖三十二年（1553），又加筑南面外城。在改建大都城的同时，皇城和宫城也进行了改建。宣德年间，皇城北墙、东墙外推，将相邻的通惠河引入皇城，船只无法驶入积水潭码头。传说中提到的刘伯温，是明代的开国元勋。事实上，刘伯温在洪武八年（1375）就逝世了。那时的北京城还没有进行较大规模的改建。后人把北京城的修建归功于刘伯温，大概是出于人们对他的敬重，所以难免对其人有神话传说的渲染。③ 这一传说生动地反映了明代在元代基址上改建北京城的历史。

---

① 户力平：《光阴里的老北京》，新华出版社 2017 年版，第 38 页。
② 云亦编著：《大运河艺文录》，北京出版社 2018 年版，第 3—4 页。
③ 侯仁之：《侯仁之谈北京》，湖南少年儿童出版社 2010 年版，第 45—47 页。

大运河不同区位河段上的桥梁不仅建设于不同的时期，也具有不同的功能。与运河下游河段相比，运河上游段的玉带桥与绣漪桥更多地体现出御用性和园林造景的审美意趣，而不是漕运通航与行人往来的一般交通功能。颐和园玉带桥与绣漪桥的结构与造型基本相同，皆为单孔高拱券桥，其桥拱高耸，形态灵秀，雕栏玉砌，颇具苏杭韵味，且便于皇家游船从其下驶过。与之相关的《慈禧骑驴过玉带桥》[①]和《罗锅桥》[②]传说也都是内容与皇室相关的趣闻逸事。瓮山泊是大运河上游重要的蓄水池。元代时期昌平白浮泉一带水源充足，白浮翁山河一线有泉百眼，明清两朝则逐年减少。明代北京城规模扩大，城市主要水源便主要依靠西山诸泉，所以玉泉山和瓮山泊的规模也逐渐扩大。明代瓮山泊一带种稻植荷、风景秀美，明武宗、明神宗都曾在此泛舟钓鱼取乐。清乾隆十五年（1750），兴建清漪园（即今颐和园），将瓮山泊拓宽，形成今天的昆明湖。颐和园中的各式古桥就是在这一历史背景中修建的。

（三）民众生活的讲述

北京漕运的文化记忆附着于运河及其遗存之上，并根植于民众的日常生活之中。运河古桥作为漕粮运输和城市交通的重要建筑，与百姓日常生活息息相关。古桥是静止的建筑，传说却是生动鲜活的记忆。人们关于漕运文化的历史记忆与生活记忆很多都是通过运河古桥的传说得以保留并传承的。

《高亮赶水》的传说中提到北京曾经是一片苦海，叫作"苦海幽州"，因为高亮在战龙王时，只刺破了盛着苦水的鱼鳞篓，而盛着甜水的鱼鳞篓被逃跑的龙公带去了玉泉山，所以北京城里的井里大部分是苦水，玉泉山的水则是甜水。事实上，传说中的"苦海幽州"确实是历史真实的投射。北京地区古时称为幽州，处于永定河冲积扇中部，历史上曾有良好的地下水。但北京市区的地下水水质，因受人类长期活动的影响，生活污水渗入地下，从而使表层地下水受到污染，水质变硬，水中硫酸盐等矿物质提高，总含盐量上升，形成所谓的苦水，不适于饮用。[③]而深层地下水及山泉水则矿化度较低，成为所谓的甜水。

---

① 《趣闻圣经》编辑部主编：《老北京的趣闻传说》，旅游教育出版社2013年版，第365—366页。
② 吴蔚主编：《清代帝王笔下的颐和园》，中国电影出版社2015年版，第136—137页。
③ 水润之编著：《北京自来水博物馆》，同心出版社2013年版，第23页。

旧时北京的居民都是用老式的水井，而甜水井很少，大部分是苦水井，也有半甜半苦的二性子水。北京的水井随着时代的更替，如今大都无处可寻，不过关于苦水的生活却成为北京居民的记忆。那时候，一般人家都预备三种水：苦水、甜水与二性子水，人们用苦水洗衣服，二性子水做饭，甜水则用来喝茶。而皇宫中皇室成员则直接用玉泉山之水。明清时期，西直门是玉泉山向皇宫送水的水车的必经之门，因此有"水门"之称。由于那时候北京苦水多，甜水珍贵，给人们留下了深刻的生活记忆，所以《高亮赶水》的传说也就流传开来。

历史上，随着漕运的繁荣，大运河沿线的经济文化得到进一步发展。沿着运河自南方而来的漕船、商船推动了沿岸的商品贸易，随之在运河一带产生了大大小小的集市，如积水潭一带、通州城、张家湾镇等。通州流传着乾隆帝下江南的奇闻逸事。传说乾隆帝途经通州北运河沿岸时念道："南通州，北通州，南北通州通南北。"随行的纪晓岚见运河沿岸商店、餐馆、当铺颇多，街市甚为繁华，于是对道："东当铺，西当铺，东西当铺当东西。"此对联虽出于传说，但据此可以想象，北运河沿岸城镇经济发展之盛，以及桥梁在沟通运河两岸商品贸易中的重要作用。民间传说片段式地记录下了运河沿岸居民的经济生活。《扒拉桥》传说中，贡献建桥砖石的是八里桥边上卖茶水的老妪；《八里长桥不挽桅》传说中，启发人们改装桅杆的是跑大棚的厨子；《东不压桥西压桥》传说则说东不压桥一带在元代曾是交易布匹和粮食的集市；在《吴仲建闸遇鲁班》传说中，在通惠河疏通工程的工地旁，成百上千的工匠聚集，一时间形成了热闹非凡的集市。不论是传说中推动传说情节发展的关键人物的身份，还是关于故事场景的描述，都在一定程度上反映了大运河沿岸人们的经济生活。所以，关于运河古桥的修建历史和原初样貌，大多能从史料文献中找到记载，但要真正理解运河古桥与北京历史空间的文化关系，以及漕运文化影响下运河古桥与民众生活的内在联系，需要从流传在民间的传说故事中寻找答案。

三　文脉传承：古桥传说的当代价值

从隋唐时期永济渠开凿，到辽金时期北京始为漕运中心，到元代大运河进入繁荣时期，再到明清时期的进一步建设，大运河在北京经历了悠久的历史。虽然北京的漕运已随着清末现代铁路的兴起而终止，但大运河在北京的发展历程中所形成的文化时空脉络，已成为北京历史文脉的重要组成部分，并传承延续下来。作为运河文脉载体的运河古桥及其传说，在运河文脉传承中发挥重要的作用。作为运河文化遗产的组成部分，它以记忆性的叙事构建文化遗产存在的整体时空；它在重构过去的同时组织着当下与未来的经验，为北京城市建设提供历史文化资源，并在对历史文化的传承中，凝聚民族精神，增进中华民族共同体的文化认同。

（一）促进运河文化遗产的整体保护

大运河是重要的人类文化遗产，大运河北京段作为运河的北起点，是运河文化遗产的重要组成部分，它的普遍价值、真实性和完整性在国内与国际均得到充分肯定。2006年，国家文物局将大运河列入了《中国世界文化遗产预备名单》。2007年，国家文物局正式启动了大运河申报世界遗产的工作。此后，北京市也积极投入到保护规划的编制工作当中。2012年，作为大运河申报世界文化遗产的基础性和关键性工作，北京文物局制定并发布了《大运河文化遗产保护规划（北京段）》。2014年，卡塔尔多哈第38届世界遗产大会批准"中国大运河"列入世界遗产名录。包括了大运河河道遗产27段，以及运河水工遗存、运河附属遗存、运河相关遗产共计31个组成部分，共58处遗产，河道总长度1011公里。其中，大运河在北京市有河道遗产2段，分别是通惠河北京旧城段和通惠河通州段，有遗产点4个，分别为玉河故道、澄清上闸（万宁桥）、澄清下闸（东不压桥）和什刹海。

中国大运河申报世界文化遗产的过程及其成功对文化遗产保护理念产生重要影响，主要表现为对运河文化遗产时间性与空间性认识的加深。在时间性方面，大运河是静态与动态相结合的，由古代遗址、近代史迹和当代遗产共同构成的"活着的、流动的文化遗产"；在空间性方面，大运河是由文化要素与自然要素相互作用而形成的"文化景观"，是物质要素与非物质要素结合形成的"文化空间"，是由点、线、面共同构成的"线性文化遗产"。[①] 这些大运河保护和申报世界文化遗产中产生的进步认识，是对运河文脉及其传承的阐释与实践。运河文脉的传承，既意味着运河文化在时间上的连续性，即历史文化与现

[①] 单霁翔：《大运河飘来紫禁城》，中国大百科全书出版社2020年版，第211页。

代文化的接续,又意味着与空间上的连续性,即运河沿线各文化遗存与事象的联结,更重要的是,运河文脉的传承要实现时间文化与空间文化的结合。只有实现时间与空间的结合与互动,使不同性质、不同形式的文化事项相结合,运河文脉才能真正成为一个活态的、流动的文化线路,呈现生动的历史文化与社会生活,从而实现对运河文化遗产的整体性保护。大运河古桥传说,正是运河时间文化与空间文化结合的产物,它的传承对运河文化时空的构建与延续具有重要意义。

2012年《大运河文化遗产保护规划(北京段)》,提出以元至明清时期的京杭大运河作为北京段大运河遗产保护的核心,以元代白浮泉引水沿线、通惠河、坝河和白河(今北运河)一线河道作为北京段大运河遗产保护的主线,保护非物质文化遗产及物质文化遗产。其中,桥梁是物质文化遗产的重要组成部分,包括德胜桥、银锭桥、永通桥、通济桥遗址、广利桥、通运桥、张家湾东门桥和虹桥等;非物质文化遗产中有经典的八里桥的故事——《扒拉桥》和《不挽桅》传说。可以看出,随着对大运河文化的挖掘与保护,运河古桥的文化价值也受到关注。但从保护现状来看,包括运河古桥在内的运河风物,其景观、艺术价值与历史、文化价值并没有很好地统一起来。民间流传的许多运河古桥传说的文本,远比规划文件所列名单中的文本内容更为广泛。虽然这些文本趋于碎片化,但其内容朴素而生动、贴近生活、符合大众审美趣味,承载了丰富的运河民间记忆。同时,作为物质文化遗产的运河古桥本身又是古桥传说的实物载体。从运河古桥传说的文本内容与传承情况来看,古桥本身的现存状况与相关传说的流传程度间存在着必然的关联。传说中出现的古桥,都有相关的实物遗存,如高梁桥、广源闸桥、八里桥、通运桥、万宁桥、银锭桥等桥梁及其传说。这与民间风物传说的传承特点有关。风物传说是对风物的来历、特征、命名原因等进行说明解释,所以风物的存在就为相关传说提供了讲述的语境,这是风物传说传承与传播的重要条件。也正因如此,古桥传说对于唤起人们保护运河文化的意识,可起到重要作用。

(二)提供北京城市建设的文化依据

大运河是活态的线性文化遗产,其遗产的分布具有点、线、面结合的特点。北京段大运河流经北京市昌平、海淀、西城、东城、朝阳、通州六区,串联了北京西郊、北京老城区、北京东南郊的历史风物,形成具有历史性、空间性的文化脉络。作为重要的运河风物,运河古桥是运河文化遗产的重要组成部分,是大运河上的标志性节点建筑,在古都历史风貌保护和城市文化建设方面具有重要意义。而承载城市记忆的运河古桥传说,具有延续运河文脉的历史价值,是传承城市文脉的记忆基点和文化依据。

2015年,北京市文物局提出包括"运河文化带"在内的"三个文化带"的保护利用规划,并写入2016年的《北京市"十三五"规划纲要》。2017年6月,习近平总书记对建设大运河文化带做出重要指示:"大运河是祖先留给我们的宝贵遗产,是流动的文化,要统筹保护好、传承好、利用好。"根据这一指示,2017年9月发布的《北京城市总体规划(2016—2035年)》中再次强调要将"大运河文化带""长城文化带"和"西山永定河文化带"作为北京历史文化名城保护体系的重要内容。在2019年发布的《北京市大运河文化保护传承利用实施规划》和《北京市大运河文化保护传承利用五年行动计划(2018—2022年)》中,又进一步明确了大运河北京段构建"一河、两道、三区"的文化带发展格局。"一河"即以大运河北京段为轴线,组织推进大运河文化保护传承利用,建设大运河文化带。"两道"即全线滨河绿道和重点游船通航河道。"三区"即运河文化展示区、运河生态景观区和疏解整治提升区。① 近年来,北京也不断创新大运河保护利用发展模式,将运河文化保护与城市建设发展有机结合,在进行运河历史文化街区保护、风景名胜区建设的同时,推进沿线特色小镇、美丽乡村建设,打造城市文化旅游综合体。

通惠河玉河故道曾是北京城重要的运河水道,它北起位于北京中轴线上的万宁桥,向东南流,过东不压桥后沿今正义路南流,于南玉河桥(江米桥)东流至东便门大通桥处汇入通惠河。历史上,玉河故道一带市井繁华、人口密集,运河之上除具有标志性意义的万宁桥、东不压桥、南玉河桥、大通桥外,还建有东板桥、涵碧桥、皇恩桥、北玉河桥、中玉河桥和泡子河桥等大大小小的桥梁。后来随着明代皇城的扩建,明清两代北京城内的通惠河段(即今玉河

---

① 关桂峰、李嘉瑞:《构建"一河、两道、三区":北京发布大运河文化保护传承利用实施规划》,新华网,http://www.xinhuanet.com/politics/2019-12/05/c_1125313557.htm,访问时间:2020年12月10日。

故道）失去了水运功能，变成排洪排污的渠道。民国十四年（1925），北玉河桥以南河段首先被砌为暗沟，两侧建成马路，就是今东城区的正义路。北玉河桥以北的河段后来也改造成暗沟和马路，就是今东城区的南河沿大街、北河沿大街、北河胡同、东不压桥胡同等。① 这些地名记录了通惠河玉河故道曾经存在的历史。如今在东城区政府 2006 年开启的"北京玉河历史文化恢复工程"中，位于什刹海东的万宁桥到地安门东大街路北的玉河故道已从暗河变为明河，两岸修建为城市公园。东不压桥遗址作为玉河故道上唯一的运河文物遗迹，与其相关传说为玉河景观增添了生活化的历史文化元素。而除了大运河流经的颐和园、紫竹院和动物园外，海淀区南长河段、西城区积水潭至什刹海一带和通州区通惠河、北运河段也分别建成南长河公园、什刹海 - 汇通祠 - 西海湿地公园、后海公园、西海子公园、运河公园和大运河森林公园等以大运河为主题或突出运河文化的公共空间。在这些公共文化空间的建构过程中，运河古桥传说为恢复北京的历史风貌提供了记忆支持。

2018 年《大运河文化带旅游规划及实施方案》，进行了详细的城市空间规划，以实现大运河文化带旅游突破性发展，即"一核心、两主轴、三区段、九组团"的空间布局。"一核心"是指以通州大运河旅游核心（区）作为大运河文化带旅游发展的核心，成为发展空间上的重点突破；"两主轴"包含通惠河轴线和北运河轴线；"三区段"分别是河源区段、都市区段、通州区段；"九组团"有白浮泉水源文化与乡村旅游组团、昆明湖水上休闲与皇家文化组团、什刹海历史街区与滨湖休闲组团、高碑店运河民俗与文化创意组团、通州运河历史文化与水城休闲组团、城市绿心生态观光与文化体验组团、张家湾古镇文化旅游小镇组团、漷县历史古镇与湿地观光组团、潮白河民俗休闲与滨河度假组团。在这一建设规划中，运河古桥及其传说应当发挥传承与传播运河文化的作用。具体而言，就是应当保护古桥实体及周边环境，以保护古桥传说的实物载体。同时应当在旅游项目的设计中，通过展示板、导游词等创造传说的讲述情境，促进运河文化的传播，使运河古桥传说的传承，成为北京城市文化保护与空间生产的重要手段。

---

① 尹钧科：《北京古代交通》，北京出版社 2000 年版，第 68 页。

（三）系牢民众文化认同的精神纽带

运河文脉的核心在于文化，它包含了漕运历史文化、运河文物古迹、民间传说故事等文化事象，也承载了中华民族共享的文化传统、共同的历史记忆与共识的价值观念，并在此基础上形成民众的历史文化认同、地域文化认同、多元文化认同和价值观念认同。运河古桥传说则体现了文化、记忆与认同三者的互构关系，成为民众文化认同的叙事表达，并以记忆的形式在文化认同的形成与发展过程中起到纽带作用。

北京城是中华文明发展的历史缩影，北京的大运河文化亦是在中华民族融合发展的宏大历史背景中形成的。尤其在元、明、清时期，北京文化体现出极大的包容性特点，大运河则在北京包容性文化的形成中起到重要作用。元代通惠河的竣工标志着京杭大运河的全线贯通，成为南北经济交通的大动脉，来自南方的漕粮和物资直达都城。明代紫禁城建造之初，大量的建材与工匠也都是从运河而来。清代康熙、乾隆等帝王多次顺大运河南下，吸取南方文化。在这一过程中，大量的人才、各地区独具特色的文化，都通过大运河源源不断地进入北京城。因此，大运河为不同地区、不同民族文化在北京的融合起到了促进作用。所以说，北京民众所认同的历史文化与地域文化本身具有中华民族多元文化的属性。而北京民族融合的历史文化具有物质与精神两种形式，包括建筑、工程、器物等可见实物，可以通过遗迹或遗存的形式留存，而民间信仰、价值观念等精神层面的文化，往往通过传说故事的形式传承下来。

鲁班信仰是中华民族传统的民间文化，它源于古代工匠的历史记忆，并在中华各民族文化间不断重构与丰富，形成中华民族共有的民间信仰文化。鲁班是一位被神化的历史人物，因其在发明创造及土木建筑方面成就突出，故成为我国古代劳动人民智慧的象征。人们把很多古代劳动人民的集体创造和发明集中到他的身上，于是就诞生了有关鲁班的诸多传说故事。尤其是鲁班造桥的故事，更是有诸多版本。在北京流传的大运河古桥传说中，鲁班是的形象十分普遍。在《扒拉桥》[①]传说中，鲁班化身为白胡子老汉，在八里桥建造工地旁终日凿打石块，凿好后便默默离开了。最后，鲁班凿打的石块刚好填补了桥洞处

[①] 郑建山：《大运河的传说》，文化艺术出版社2004年版，第35—36页。

的大窟窿，解决了工匠们的燃眉之急。《颐和园的十七孔桥是怎么修成的》[①]的传说也讲述了鲁班帮助修十七孔桥的故事，情节与八里桥修建传说十分相似。《八里长桥不挽桅》[②]的传说异文中，在故事的结尾强调做饸饹提醒船员们改造桅杆的厨子就是鲁班，或是鲁班的儿子、鲁班的徒弟。《吴仲建闸遇鲁班》[③]传说则讲述吴仲在疏通通惠河工程中因地势落差陷入困局时，鲁班化身为卖炸糕的白发老翁，以谐音启发吴仲采用建闸之法的故事。总之，这些传说都直观地反映出民间社会对中华民族文化精英鲁班的感激与崇拜，反映了民众对传统中华文化的普遍认同。

文化认同也表现为具有共识性的价值观念。运河古桥传说中，对英勇、智慧人物的歌颂与赞美，和对奸诈、贪婪之人的讽刺与唾弃，体现了中华民族共通的道德标准和共同的价值观念。在《高亮赶水》传说中，人们将高亮描述为危急时刻挺身而出、面对敌人英勇无畏、为造福人民而舍生忘我的英雄。而在《卧虎桥》传说中，人们则借严嵩饿死桥上、化为饿虎的故事，表达对陷害忠良，压榨百姓之奸臣的痛恨。此外，《徐达一箭射出中轴线》传说中，徐达张弓弩箭的武将气势，刘伯温运筹帷幄的军师智慧，《罗锅桥》传说中刘墉机智过人的才子之气，《吴仲建闸遇鲁班》传说中吴仲运河建闸的贤官之能，都表达了人们对英雄人物的崇敬。而在人们对这些传说的不断回忆与讲述中，元世祖忽必烈、明成祖朱棣、水利专家郭守敬等北京大运河修筑的决策者和设计者，以及为修河筑桥工程挥洒汗水的千万工匠，和无数奔忙于运河及沿岸的船工与百姓，都集合了民众所认同的中华民族智慧勇敢、勤劳务实的品格与美德，体现了民众在精神文化层面的价值共识。而在运河古桥传说传承与传播中，这种文化认同也被不断强化与巩固，并在更广的时空范围产生影响。所以，古桥传说承载的运河文脉，也是民众文化认同的纽带。

总而言之，运河古桥传说的传承，就是运河历史文脉和北京城市文脉的传承。古桥与运河相生相伴，它伴随着北京城市的建设发展，见证了北京漕运的兴衰变迁。从山水秀丽的西郊，到热闹繁华的市井，再到京东要道通州，运

---

① 《趣闻圣经》编辑部：《老北京的趣闻传说》，旅游教育出版社2013年版，第107页。
② 郑建山：《大运河的传说》，文化艺术出版社2004年版，第36—40页。
③ 马燕晖编著：《老北京的传说大全集》，武汉大学出版社2013年版，第236页。

河及其串联起的古桥，勾勒出一个底蕴深厚、水气灵光的北京城。从这一意义上说，运河古桥承载了大运河文化的时间脉络与空间脉络，是北京历史名城的文化符号与地理标识。而文脉的传承重在文化心理的延续，它通过记忆的方式与传说的形式来实现。传说使作为运河古迹的桥梁生动起来，使北京运河文化的历史鲜活起来，使大运河风物遗存的景观价值、艺术价值与文化价值统一起来，将宏观的历史叙事与具体的生活细节相融合，使悠久而广阔的运河文脉成为人们内心对民族文化的认同与坚守。文脉传承意味着在守护传统文化根脉的同时，紧紧把握住时代的脉搏。在城市发展迅速、文化日新月异的今天，古桥传说更凸显出其在文化传承、遗产保护、城市建设、经济发展与构建和谐社会中的作用，这是运河古桥传说独特的文化价值。

运河纽带与民族交往交流交融
——基于通州北运河流域的田野调查[*]

张青仁　梁家欣

全长3200公里的京杭大运河沟通南北，绵延于古老中国的广袤区域，在漫长的历史长河中源源不断地输送着物资，服务于人们的交流。既有研究表明，大运河的开通与漕运的发展，在很大程度上决定了回族在中原地区和长江流域散居的基本框架，并使其融入中华民族命运共同体之中[①]。运河漕运是如何吸引回族民众加入的？回族民众在运河漕运中扮演着怎样的角色？他们与汉族和其他民族有着怎样的互动与交融？在漕运停航一百多年后的今天，运河沿岸的回汉两族又有着怎样的互动与交融？对于上述问题，学界仍然缺少基于历史材料和田野调查的思考。

在方法论层面上，人类学流域研究的拓展为这些问题的解决提供了新思路。在对经典人类学聚焦超级微观世界的反思中，当代人类学已经走出了传统社区研究的范式，主张在纵横交错的网络体系中审视局部与整体，强调在全球体系与区域社会中理解文明的互动与交融[②]。在这一背景下，关注河流区域内族群与文明的互动，探寻流域文明浸润的生活和道德世界的流域人类学研究应时而生[③][④]，涌现出清水江研究[⑤]、珠江研究[⑥]等一系列研究。笔者认为，人类学流域研究的拓展与流域人类学的提出，以及在流域人类学研究视野中将族际

---

[*] 原文发表于《西北民族研究》2022年第1期。
[①] 王树理：《大运河与我国回族散杂居格局的形成》，《回族研究》2001年第4期。
[②] 王铭铭：《人类学讲义稿》，世界图书出版公司2011年版，第321页。
[③] 赵旭东：《流域文明的民族志书写——中国人类学的视野提升与范式转换》，《社会科学战线》2017年第2期。
[④] 田阡：《流域人类学导论》，人民出版社2018年版。
[⑤] 张应强：《木材之流动：清代清水江下游地区的市场、权力与社会》，生活·读书·新知三联书店2006年版。
[⑥] 周大鸣：《珠江流域的族群与文化——宏观视野下的人类学研究》，《社会科学战线》2017年第2期。

互动嵌入流域时空轴内探讨，以此审视中国历史文化的局部整体性①的路径，不仅是在方法论层面上对超级微观世界的超越，更是对人类社会天然联系机理与纽带的承认。当然，族群的互动与文明的交融并非瞬时产物，而是一个持续的历史"沉淀"过程，如同岩石上的沉淀物在经历溶解、融合后，最终融为一体，成为新的沉积物的过程②。本研究立足于对北京通州地区北运河流域历史文献的搜集与田野调查，对不同时期回汉两族以运河为核心的交往交流交融实践进行分析，以此为切入口对运河在中华民族命运共同体形成中的角色与意义进行剖析。

一　漕运发展与回汉两族的交融互动

民国《通县志要》说："本县之有回民，应始于元朝。"③回族定居通州与战争有关，战争使回族人流入通州，马政、牛市的发展又使他们定居于此。元朝统一全国后，规定京畿地区禁止农耕，其土地用来种饲马草，还在各地设立了统一管理马匹的马站。《元史》记载："通州皮货所，提领一员，大使一员，副使一员，用从九品印，延祐六年置。"④大批回族人因马政留在了通州。与马政类似，元朝也实行了牛市管理和牛畜调配，久而久之在通州形成了规模较大的市场。此外，元朝对从事牛羊行业的色目人采取优惠政策，吸引了大批关外回族人驱赶牛羊来通州交易，促进了通州回族社区的繁荣壮大。清朝《通州新志·补遗篇》说："通州回民礼拜寺居州治东南隅，创自元季，规模弘壮。"⑤随着运河的开通和漕运贸易的发展，通州成为多河富水和上拱京畿、下控天津的重镇，大批回族人迁徙至通州。

元朝至元二十八年（1291），在郭守敬的主持下，沟通北京和通州的通惠

---

① 田阡：《重观西南：走向以流域为路径的跨学科区域研究》，《广西民族大学学报》（哲学社会科学版）2016 第 3 期。
② Alejandro Grimson. *Los Límites de la Cultura —— Críticas de las Teotías de la Identidad.* Buenos Aires：Siglo Veintiuno Editores，2011，P.162.
③〔民国〕金士坚修、徐白纂：《通县志要·卷六·宗教》，成文出版社 1968 年影印本。
④〔明〕宋濂：《元史》卷八五，中华书局 1976 年版。
⑤〔清〕黄成章：《通州新志·补遗篇》，雍正三年版，通州图书馆藏。

河成功开凿,并与大运河相连,通州成为各地物资水路入京的必经之地。在漕运的带动下,通州本地的经济得到了迅速发展。作为漕运核心的漕粮制度主要有漕粮的征收、运输和交仓三个部分。朝廷在各省设立征漕州县,将征收所得漕粮通过运河运输北上,在漕运码头交接转运。作为漕粮入京的中转站,漕粮的调配、运输及仓储等各个环节均在通州完成,通州由此产生了大量的人力和物力需求。此外,全国各地的土特产也顺着漕运网络涌入通州,随之而来的南北商人会集于此,饭店、会馆、骆驼店和茶局等得到迅速发展。漕运的发展不仅给通州带来了巨大的商贸流通量,也使通州本地回汉民众的生活与运河紧密相关。

在漕运贸易迅速发展的背景下,大批回族人从外地迁入通州,通州的回族人数迅速增长。漕运节点张家湾吸引了大量的回族人,"张家湾之戴、王、尹、马四姓,皆自沧州迁来"[①]。"北运河西岸成为回族人集中的地带,堤坝停泊处附近人口最为集中。聚居在通州的回族,多依靠着运河船谋生,从事粮船、商船的装卸、运输和经济行业,还有一部分人做行商、摊贩等。"[②] 运河沿岸的回族人完全融入漕运形成的生产链中。

随着漕务工作的日益繁忙,一些漕务环节逐渐成为固定的行当,经纪就是其中的一种。户部设立坐粮厅,在厅丞下设八科、三班、六役,辖六十四巡社,管七十二行业[③]。经纪是坐粮厅下属的六役之一,掌管漕粮的验收,是通州漕运仓储事务最繁忙的部门,在这一行当工作的人员也被称为"经纪"。一般来说,每位经纪雇用一两名斛头专门负责收验粮食,一名扞手负责取米样,同时还需雇用多名扛夫负责搬运漕粮。经纪由坐粮厅委派,实际上是衙署和仓场之间的中介。漕运兴盛之时,因为回族人善于经商、精于计算,所以通州的经纪大多是回族人,汉族人只占少数[④]。更多的回族人从事脚行等体力活,充当扛夫、装运工的角色。漕运衙署的派出管理部门称为"前所",统筹、负责

---

① 金士坚修,徐白纂:《通县志要·卷六·宗教》,成文出版社1968年影印本。
② 北京百科全书总编辑委员会、北京百科全书通州卷编辑委员会编:《北京百科全书:通州卷》,奥林匹克出版社2001年版,第127页。
③ 北京市政协文史资料委员会编:《北京文史资料精选:通州卷》,北京出版社2006年版,第31页。
④ 同上书,第32页。

船运派工、税收等事务。前所多为回族人所掌控,甚至"前所"成为回族社区的代称①。繁忙的漕务活动带动了通州本地经济的繁荣。来自江南塞北的物资在此处卸船登岸,形成了包括粮食店、布行、盐店、瓷器市场等在内的各色市场。其中,牛羊肉市场大多为回族人经营,回族的清真饭馆也大受欢迎。小楼饭店的烧鲇鱼、大顺斋的糖火烧及万通酱园的酱豆腐风靡一时,被誉为"通州三宝"②。

民族文化的互补性使回族在运河漕运及其带来的商贸体系中承担了一定的分工,但这并不意味着漕运贸易专属于回族。漕粮的调配、运输、仓储及其衍生的商贸、餐饮、食品等行业,环环相扣,需要大量的人员,只有在汉族等其他民族的共同参与之下,运河漕运和商业贸易才能完成。可以说,回族民众对运河漕运的参与、所承担的分工以及在此基础上与汉族等其他民族的齐心协力,具备埃米尔·涂尔干(Émile Durkheim)所言的"有机团结"的属性。这是一种建立在个体差别的基础之上,强调彼此个性与分工的社会组织形式。此外,涂尔干亦主张个体与集体相互依赖,即个体必须符合法人团体共同遵循的习惯和程序,以维系个人与社会联系的纽带,实现凝聚力的生成③。正是在参与漕运及其商业贸易的过程中,运河沿岸的回汉两族发生着持续的互动与交融,并在这一过程中形成共同体。通州北关地区与南大街地区的发展就是典型案例。

通州北城门外的一片区域被称为"北关"。从元朝至元十六年(1279)开始,北关成了京杭大运河的北端码头。漕粮在这里验收、储存,从这里转运到大都。南方运来的百货在这里卸船登岸,转销北方各地;北方产的山珍、皮毛等物品在这里装船,销往江淮。北关地区的多个村庄都围绕漕运及与其相关的商业贸易,从事着和运河相关的行当,其中就包括皇木厂村、盐滩村、下关村、马厂村、姜厂子村和回族民众居住的牛作坊村。旧时,皇家需要的大批木材从南方经运河运到通州城北,被抬到岸上存放起来,设立厂子加以保护和

---

① 北京百科全书总编辑委员会、北京百科全书通州卷编辑委员会编:《北京百科全书:通州卷》,奥林匹克出版社 2001 年版,第 127 页。
② 通州区图书馆编:《通州十八个半截儿胡同》,内部资料,2008 年版,第 31 页。
③ [法]埃米尔·涂尔干:《社会分工论》,渠东译,生活·读书·新知三联书店 2000 年版,第 91 页。

管理，由此形成了皇木厂。① 皇木厂的东边是盐滩村。盐滩村原来叫"盐厂"，是存放和外销从南方运来的食盐的场所。马厂村是古时官方养马的地方。漕运的发展使通州城内设有各类粮仓，其内储存的豆类是马粮的上好选择。为了方便调运马粮，马厂就建在通州北关附近。姜厂子村位于盐滩村南面，南方的生姜漕运至此存放，形成村落后以"姜"命名。漕运的发展使得很多回族人在此做买卖和卖苦力。为饮食之便，一些回族人就在北关附近寻得一处屠宰的场地，将其命名为"牛羊作坊"。久而久之，形成了回族人聚居并从事牛羊肉交易的牛作坊村。在对漕运和商贸的参与中，牛作坊村与北关地区相邻的几个村庄相互依存，在因漕运而产生的产业链条上承担着各自的分工，维系着长久的互动与协作，促成通州北关地区的繁荣发展，使北关地区有了通州人口耳相传的"富北关"的美誉。

通州城内的南大街则在物质空间和文化的层面上见证了运河沿岸回汉两族的交融共生。通州城内的清真寺始建于元朝，初名"牛市口礼拜寺"；明朝正德十四年（1519）重修，改名"朝真寺"；明朝万历二十一年（1593）再次重修，易称"清真寺"。② 明朝洪武元年（1368），孙兴祖修筑通州城，清真寺及其周边地区并入通州城东南隅。嘉靖年间，随着漕运的鼎盛，通州城内的回族人搬迁至此，以清真寺为中心自北向南建房定居，先后形成十五条半截胡同。进入清朝之后，随着漕运的繁盛和定居回族人的增多，这十五条半截胡同发展成十八条半截胡同。在这些回族人居住的社区，有汉族和其他民族的人杂居。清朝乾隆年间，这一区域内兴建了莲花寺与紫竹庵这两座香火炽盛的佛教寺院。③ 多民族的杂居带来的是民族文化的交融。京畿地区素有"行香走会"的传统，通州地区更是民间花会的繁盛之地。清朝咸丰年间，来自十八条半截胡同的一个名为"金四抱"的回族人开始在莲花寺周边组织高跷表演。此后，他的儿子"耗财买脸"，创立了通州城里独一无二、传承至今的回族高跷会。④ 这在相当

---

① 周良：《大运河源头第一镇》，内部资料，第31—33页。
② 〔清〕高建勋修，〔清〕王维珍纂，〔清〕陈镜清续纂修：《通州志·卷二·寺观庵堂》，光绪本，通州图书馆藏。
③ 〔清〕高天凤修，〔清〕金梅纂：《通州志·卷二·寺观庵堂》，乾隆本，通州图书馆藏。
④ 北京市政协文史资料委员会编：《北京文史资料精选·通州卷》，北京出版社2006年版，第294—295页。

程度上显示着回族民众对中华文化的高度认同。

正是在对漕运和商业贸易的共同参与中，北运河流域的回汉两族结成了相互依存、密不可分的关系。建立在自然分工基础上的相互协作不仅体现了回汉两族在经济层面上的相互依赖，更体现了回汉两族在对运河漕运长久参与中形成的相互团结与认同。北运河流域回汉两族的互动与交融以及在此基础上形成的共同体是运河纽带整合地方社会的缩影。超越地方社会、贯通南北的大运河沟通了中国东部的多个地区。在强大、稳固的政治体系的支配下，在经济社会普遍发展的背景下，依靠运河动脉，农业生产者和手工业者之间的交换频繁发生，南方的粮食、茶叶、木材等物品源源不断地运往政治中心北京。社会分工、物资交换与朝贡体系的确立在事实上形成了伊曼纽尔·沃勒斯坦（Immanuel Wallerstein）所言的"区域体系"。① 区别于资本主义体系对资本积累的关注，这一体系强调的是政治、经济与文化的互动与交融，以及在此基础上原生形态的共同体的形成。②

二 外敌入侵、漕运中断与回汉两族的抵抗与互助

19世纪中叶后，中国社会陷入长久的苦难与动荡之中。北运河一带遭受列强的入侵，运河沿岸的回汉民众陷入长久的苦难之中。此外，持续的社会动荡使运河漕运从19世纪末开始式微，1901年后漕运彻底中断。在这一背景下，北运河沿岸回汉两族的互动与交融也从对运河漕运的共同参与转变为对侵略者的共同抵抗与危急关头的互助。

（一）回汉民众的奋勇抗敌

第二次鸦片战争期间，英法联军在侵犯天津后，经通州攻入北京，在马头、张家湾、八里桥等地遭到当地民众的抵抗。光绪二十六年（1900），在北关码头上做苦力的回族劳工傅德寿与他的三个结义兄弟即东关的陆德文、南

---

① ［美］伊曼纽尔·沃勒斯坦：《否思社会科学——19世纪范式的局限》，刘琦岩、叶萌芽译，生活·读书·新知三联书店2008年版，第269—272页。
② ［德］安德烈·冈德·弗兰克、［英］巴里·K.吉尔斯：《世界体系：500年还是5000年》，社会科学文献出版社2004年版，第10页。

关的于德源、西关的纪德兴,发起反帝爱国主义运动,全县穷苦民众积极响应。当时正逢八国联军攻打北京,通州遭到侵犯。八国联军在引爆通州火药局之后,纵火焚烧了商业街,大肆烧杀抢掠。徐宗浩《庚子变乱记》记述,东街一带以南尽遭焚毁,成为废墟。傅德寿等人率领通州本地组织,奋力抵抗列强[①]。通州北关清真寺的碑刻记载了各族民众同心协力抵抗侵略者的经历:

> 清光绪二十六年夏秋,通州民众奋起,北关尤烈,不分民族,同仇敌忾。

20世纪初,运河沿岸繁华的商业街区在20年中连续遭遇三次火灾。在牛市岗一带,回族民众两次在废墟上重修店铺。数次战争留下的残砖瓦砾,竟使重修的店铺高出石道三米有余。更多的回族民众不堪战争的纷扰,纷纷迁徙至北京城、天津和关外谋生[②],留在当地的回族民众长久地投入反抗侵略者的斗争中。抗日战争期间,通州回族人朱锡斌加入了回族爱国组织俱进会,组织回汉民众发起反抗侵略者的抗争[③]。1942年初,通州运河沿岸的回族同胞自发组织回民队,配合八路军开展抗日活动。仅1943年9月至12月,通州回民队在燕郊、夏垫(店)和李旗庄等地就伏击敌人50余次。回民队坚持抗战,1945年11月被收编进解放军通县大队[④]。对回族民众在抗日战争中的奋勇杀敌,老舍先生曾给予专门的述评[⑤]。

(二)危急关头的民族互助

八国联军的侵华对通州的经济社会产生了重大的破坏。随着漕运的中断,世世代代依赖运河为生的回汉民众失去了生活来源。对于连年的饥荒和民不聊生的状况,不断有大臣向光绪皇帝上奏,要求在通州广开粮仓,救济民众。光绪皇帝在光绪二十年(1894)、二十五年(1899)和二十八年(1902)等年份共

---

① 中国人民政治协商会议北京市委员会文史资料委员会编:《北京文史资料》第58辑,北京出版社1998年版,第192页。
② 同上书,第187页。
③ 张巨龄:《中国回教俱进会初创记评(上)》,《回族研究》1997年第4期。
④ 通州区地方志编纂委员会编:《通县志》,北京出版社2003年版,第611页。
⑤ 张宗奇:《伊斯兰文化与中国本土文化的整合》,东方出版社2006年版。

恩赏通州清真寺回民粥厂二百石粮食。虽然回族同胞已是自顾不暇，但清真寺仍然对回汉民众"一视同仁，以惠贫困而广皇仁"①。民国初年，通州王恕园等五处的粥厂与通州清真寺回民粥厂合并，"创设教养局，专收通州贫民，体力强壮者入局学习纺线、织布、编席等艺，老弱疾废者归粥厂就食。暖厂及栖流所两处，分别收养贫苦老弱疾废妇女男丁，附设女教养局，专收贫妇及十二岁以上幼女学习纺线、织布、编席、编筐等工艺，并将栖流所改为习艺所"②。

20世纪20年代中后期，通州当地的局势稍微缓和，原本依托于漕运做买卖的回族民众开始重拾从商的传统。1930年，在通州调查的王英华女士发表了《通县回民的概况》一文，详细记载了当时通州回族民众经商成风的情形：

> 回民的职业为商、为农、为工者最多，教育界的较少，通县当然不能逃出这个例外。据大部分的调查结果，在劳动界者要估占全数十分之三，商界要估占十分之四，政界要估占全部分之二，学界只估占其余的一小部分了。
>
> 商界为全职业之中最占优胜，数目最多者。在通县回民为商，多分布于北京，一部分本县中。好的可以自己建设商店，经营其商事，获利尚称丰厚。那小本的经营，终日奔波，所获无几。并且经营小本生意的还很多。③

在社会动荡、经济恶化的当时，回族民众通过经商解决了温饱问题，他们也利用经商所得，帮助无家可归、四处乞讨的各民族同胞。新建村90岁的老人王悦至今还记得自己孩童时跟随家人前去回民商店接受救济的经历。这不仅是危急关头的相互救济，更显示着一种一体的、超越民族界限的情感认同已经形成。当回族民众遭遇困难时，汉族民众也会出手相助。在民众眼中，回汉两族不分民族、互相扶持、互相帮忙是长期延续下来的传统。

在参与运河漕运中，回汉民族基于劳动分工协作，形成原生形态的共同体。在国家生死存亡的危急时刻，这一原生形态共同体的情感基础和政治认同

---

① 〔清〕陈璧：《望岩堂奏稿·上》，朝华出版社2018年版，第340页。
② 王娟：《清末民初北京地区的社会变迁与慈善组织的转型》，《史学月刊》2006年第2期。
③ 王英华：《通县回民的概况》，《月华》1930年第24、25期。

得到了进一步的强化,推动着回汉两族从原生形态的命运共同体向政治命运共同体转化,具有现代民族国家萌芽的意义①。正是在对敌人的抵抗中,在对共同命运与道义、责任的承担中,回汉两族团结协作,保家卫国。也正是在爱国情感的支配下,回汉两族才能打破民族界限。跨越民族的互助成为运河沿岸回汉两族的基本共识,从而进一步彰显中国传统社会民族互动交融的实质,即在传统中国社会,多民族之间的互动与交融并非民族主义支配下对自身利益和情感终极关怀的推及,而是一种推己及人、深入日常生活的人文主义的普遍关怀与实践这一关怀的能力②。

三 运河遗产的继承与回汉两族互动交融的当代实践

在经历了 20 世纪的巨大变革后,如今通州的运河沿岸已经发生了翻天覆地的变化。自 1901 年漕运彻底中断后,漕运及其带来的传统商贸已从民众的日常生活中退出。在城市副中心建设的大背景下,运河沿岸的村落或者已搬迁,或者正在经历拆迁。虽然生产生活方式的巨大变化使世世代代生活在运河沿岸的民众逐渐与运河疏离,但对于他们而言,可见的运河景观承载着他们的历史记忆,这些历史记忆是祖先留给他们的宝贵遗产,更是指引他们未来发展方向的明灯。无论是运河节点张家湾、北关等村落,还是运河沿岸的普通村落堡头、里二泗等,村民们都会强调祖辈都是生活在运河边上的人,是运河带来了村落的发展。在北关地区的新建村,年长的崔师傅这样谈论道:

> 我没有参加过漕运,也没有经历运河兴盛的时候。我只在小的时候去运河游过泳、摸过虾。我们这祖祖辈辈回汉之间关系好得不得了,这是在运河漕运的时候就打下来的关系。还有,我们这现在不说,过去的时候,也比隔壁村富裕多了。为什么富?因为我们这里靠山吃山,靠水吃水。祖祖辈辈靠运河讨生活,让我们比别的村的人更有活泛劲。哪怕是种地,

---

① 青觉、赵超:《中华民族共同体意识的形成机理、功能与嬗变——一个系统论的分析框架》,《民族教育研究》2018 年第 4 期。
② 关凯:《中国民族政策:历史、理论与现实的挑战》,《中央社会主义学院学报》2017 年第 2 期。

我们也比别的地方种得多。①

对生活在运河沿岸的通州民众而言，七百多年来运河漕运的发展给后世留下了两份宝贵的遗产：一份是祖祖辈辈靠运河讨生活练就的吃苦耐劳与聪颖灵活的品质，这不仅造就了历史上北运河沿岸的富庶，更使其在改革开放后迅速发展为首都经济的繁盛之地；另一份是回汉民族互嵌共生、守望相助的传统。在运河商贸的角色分工和共同参与中，在对外敌的共同抵抗中，回汉两族早已形成了一种同胞的同源性与根基性的情感。这一情感亦早已深入回汉民众的日常生活中，成为指导他们行为实践的社会框架。在继承运河遗产的基础上，运河沿岸的回汉民众不断延续、丰富和发展着回汉两族的互动与交融。这表现在族际交往实践规范的内化、民族文化的共享、族际收养与族际通婚和对国家建设的共同参与等多个层面。

以北关地区的新建村为例，可以在微观层面上对当前北运河沿岸回汉两族的互动交融情况有一个了解。1953年，运河旁北关地区的皇木厂、盐滩、马厂、姜厂子、牛作坊、下关、大悲林、桂子胡同等村落合并为新建乡。人民公社化时期，新建乡成为新建生产大队。1983年，人民公社撤销，新建生产大队成为新建村。2010年，新建村拆迁，村民们全部搬迁至运河旁边的高层住宅小区。如今的新建村，人口有4931人，其中回族人口344人。大部分村民每天都会在小区广场上聊天。如果不是刻意询问，根本不会知道这些亲热交谈的居民们来自不同的民族。初入社区时，面对课题组"民族关系怎么样？"的提问，村民们觉得很难理解这一问题。在他们的观念中，回汉两族世世代代居住在这里，习惯虽然有些不同，却很难上升到宏大的"民族差异"的层面。

如何应对不同民族的风俗传统呢？回汉民众多用"习惯"来回答。众所周知，回族民众在饮食上有一定的禁忌。"吃了吗？""吃什么？"是最常见的问候语。在新建村，回汉民众相互应答问候语时都会说"肉炒白菜""肉炒青椒"之类的话语。

在将尊重民族文化差异的交往实践内化为日常生活习惯的同时，新建村的

---

① 访谈人：张青仁、梁家欣、殷瑞珂；访谈对象：崔师傅；访谈地点：北京市通州区新建村二期高层；访谈时间：2019年10月29日。

回汉民众亦延续着祖辈们的传统，在日常生活中守望相助，命运与共。在尚未拆迁之时，村民们都居住在自建房里。由于条件简陋，自建房经常出现漏水而需要修补瓦片等大大小小的问题。只要招呼一声，街坊邻居都会过来搭把手。新建房屋、红白事更是村民们共同参与的大事。每逢年节，新建村还会举行集体性的踩街庆祝活动。回汉民众老老小小共同参与的新建村高跷会是北关地区的一绝。如今，因为村落搬迁、场地限制等诸多原因，村民不再需要共同修建房屋，高跷会也不再举办。但是，在小区礼堂举办的红白事仍然是全体村民共同参与的大事。

在延续祖祖辈辈守望相助传统的同时，回汉两族的交融在新建村里普遍发生着，在过去这表现为跨越族际的收养，在当下则表现为普遍出现的族际通婚。三年严重自然灾害时期，村里不少多子女家庭陷入困顿，一部分贫困家庭的子女被条件尚好的家庭收养。"那会儿有回民抱养汉民的，WWM 他本来就是汉民，后面被回民抱养了。"①

据年长的老人们回忆，仅在 20 世纪五六十年代，新建村就有十多名族际收养子女。如今，因为社会经济的发展和收养法律的健全，族际收养的现象不再出现，族际通婚成为新建村回汉两族交融的新表现。据《通州志》记载，20 世纪 50 年代，通州出现了第一例回汉通婚。当下，仅在新建村就有 25 个回汉两族通婚的案例。与过去相比，当前回汉两族的通婚方式也更为多元。谈及此，二女儿嫁给汉族女婿的回族同胞高某这样说："我老闺女就找了个汉民。就是讲究互相尊重、互相理解就行。现在都是孩子自由恋爱了。"②

族际收养与族际通婚是衡量民族关系的关键因素，能直截了当地表明两个民族是相互依存还是独立发展。这种现象的出现固然有个体因素的影响，但从根本上来说取决于民族交往的社会环境。正是在对祖辈传承的回汉两族互动交融的继承与发展中，族际收养与族际通婚才能在当前的新建村内普遍发生。

在超越微观的层面上，运河沿岸的回汉民众亦积极投入新时代国家建设的各项事业中。20 世纪 50 年代后，通州回族同胞响应国家号召，前往陕甘宁等

---

① 访谈人：张青仁；访谈对象：戴某某；访谈地点：北京市通州区新建村二期高层；访谈时间：2019 年 10 月 29 日。
② 访谈人：梁家欣；访谈对象：高某；访谈地点：北京市通州区新建村二期高层；访谈时间：2019 年 12 月 7 日。

地支援地方建设。此外，回汉同胞亦一起参与了密云水库的建设等多个工程。改革开放后，运河沿岸的回族同胞继承祖辈们从商的传统，出现了小楼饭店、烤肉季、大顺斋等一系列特色店铺，加上清真大寺、北关清真寺等多处历史文化遗产，形成了南大街、张家湾特色小镇等一系列标志性的区域社会发展样板。当前，通州当地的回族同胞和汉族同胞一道，正积极投入城市副中心建设等新时代经济社会发展的各项事业中。

四 结 语

在对漕运的参与中，回汉两族基于角色分工形成了相互依存的共同体关系。自然分工基础上的相互协作不仅体现了两个民族经济层面上的相互依赖，更体现了两个民族在对运河漕运的长久参与中形成的团结感与彼此认同感。19世纪末至20世纪上半叶，在外敌入侵、漕运中断的背景下，北运河沿岸回汉两族的互动与交融转变为对外敌的共同抵抗和日常生活中的互助关怀。在这一过程中，回汉两族的关系也从原生形态的相互依赖与协作转变为对共同命运的承担。虽然由于经济和社会的发展，当前古老的大运河已经从民众的生产生活中退出，但对运河遗产的继承使沿岸的回汉民众仍然延续着祖辈们的传统，他们将族际交往的规范内化，实现着文化的共享与民族的交融，并携手投入国家建设的各个方面，不断延续、丰富和发展着回汉两族互动交融的传统。

对通州北运河地区的调查表明，中华民族多元一体格局的形成并非一蹴而就，而是基于河流、道路、山脉等天然纽带，是各个民族持续交往交流交融的结果，亦是在漫长历史发展的进程中不断演化、积累和层叠的产物。各个民族的互动交融，赋予了中华民族共同体极强的凝聚力，这是历经磨难后中华民族仍然屹立于世界民族之林的重要支撑。另一方面，从北至南的大运河沟通了燕赵、齐鲁、中原、淮扬、吴越等多个地域的文明，在多个维度上推动着中华民族共同体的建设。大运河与连接东西方、推动沿线国家经济社会发展和人类文明进步的陆上丝绸之路及海上丝绸之路一道，是古代中国参与区域社会和世界体系的充分体现。

传统工艺的文化复兴与"非遗"实践[*]

王文超

一 问题的提出

当前,我们谈论传统工艺复兴往往离不开两个概念,一是"非物质文化遗产保护",二是"传统工艺振兴"。前者是受联合国教科文组织《保护非物质文化遗产公约》影响,自21世纪初叶开始在包括我国在内的世界多国迅速兴起并扩展的文化遗产保护运动,其中专门涉及传统手工技艺,具体保护实践的类别上以"传统技艺"为主项,在"传统美术""民俗"等其他类别上也有不同程度地涉及;后者源于我国文化部、工业和信息化部、财政部制定,并于2017年3月12日经国务院同意并发布的《中国传统工艺振兴计划》,系从国家层面专门针对传统工艺提出的具有全局性、战略性的传承与振兴计划。对传统工艺的复兴,二者相互依存,互为补充,2018年新发布的《国家传统工艺振兴目录》作为传统工艺振兴计划的主要任务之一,其选择与确立是以传统技艺类的国家级非遗项目为基础,并反过来进一步促进非遗工作的持续推进。此外,自2016年出现在政府工作报告中的"工匠精神"同样为传统工艺复兴提供了政策支持,营造了社会语境。因此,由这两个概念主导的当代传统工艺复兴初步具备了两个特点:一是具体运作自上而下展开,二是兼具学理正当和国家话语。

需要指明的是,传统工艺复兴并非始自于非物质文化遗产的本土化实践。单就改革开放以来传统工艺的发展历程而言,在非遗运动开始之前就已经呈现了复兴态势,并曾一度受到不同学科的学者关注。只不过,无论就其复兴规模还是社会影响力,在一定程度上都无法与当前相比较。这种状况的发生,正如朱霞从自愈机制理论来分析传统工艺的活化,应当从长时段的历史发展来看待传统工艺的保护与发展问题,"相信在传统文化的记忆库保存着工艺与文化的基因,在适当的时机下自愈机制会发生作用,某些断裂或失传的传统工艺可能

---

[*] 原文发表于《民间文化论坛》2019年第4期。

重新活化,并回归社会生活"①。因非遗而引发的国家战略恰恰为传统工艺的当代复兴提供了恰当时机,而非遗运动前也同样存在类似的复兴时机。因此,本文所要关注和讨论的问题是,非遗运动前后传统工艺复兴的原因及其差别,尤其是当前面向非遗实践的传统工艺复兴又表现出怎样的特殊性和未来价值。

本文试图以改革开放以来传统工艺的发展历程为研究对象,以非遗实践开展为分界线,将前后两个时段的传统工艺复兴概括为生产复兴和文化复兴。所谓生产复兴,强调的是关注保护性开发、产业布局调整、技术适度创新和市场经济效益,虽然这一时期学者也呼吁传统工艺的文化价值,但为了适应当时整个国家的现代化建设,生产开发无疑显得更为紧迫和重要;②所谓文化复兴,并非忽视生产,而是基于生产之上,突显传统工艺的内生和外延价值,弘扬传统手工艺的文化精髓和价值,一并关注其对家族、村落、行业和民族等多层面文化繁荣的促进作用。揭示并厘清传统工艺复兴的两个阶段,有助于更加全面、理性地看待传统技艺类非遗项目的生产性保护与本土化实践,有益于深刻认识因文化复兴所带来的传统手工文化自信与价值理性。

二 前非遗时代的传统工艺生产复兴

改革开放之初,传统工艺的部分门类在局部地区出现了复兴,原因较为多元,此时的复兴已经注重"结合现代社会和人们的各种需求,从传统手工艺文化中提取合理的基因,注入或融入现代生活的肌体中去,使之获得更生和发展,获得新的面貌和新的形态"③,并试图在国家产业布局中扩充传统手工艺品产值的比重,使产业复兴成为传统工艺复兴的根本。即便是这一时期所大力强调的传统工艺保护,也往往是与传统工艺开发联系在一起,在深度挖掘其文化价值和科学价值的基础上,不忽视"传统工艺所蕴存的巨大的经济价值"④。

传统工艺生产复兴的首要原因是应对国内外市场需求,尤其是国外市场,由此将之作为促进地方经济发展的产业支脉。胡平曾对20世纪中国传统手工

---

① 朱霞:《传统工艺的传承特质与自愈机制》,《北京师范大学学报》2018年第4期。
② 华觉明:《论传统工艺的保护和开发》,《中国历史博物馆馆刊》1992年6月。
③ 胡平:《中国传统手工艺的复兴》,《装饰》1999年第6期。
④ 华觉明:《论传统工艺的保护和开发》,《中国历史博物馆馆刊》1992年6月。

艺百年发展进行了总结。他认为，由于众所周知的内外部国情造成了"传统手工艺一进入20世纪就先天不足，步履蹒跚"[1]，进入当代社会又面临着生产环境与社会环境的双重危机，无论是单件制作还使批量生产的传统工艺都面临在危机和机遇中寻找生存，走向复兴。事实上，在改革开放之初，由于大部分传统工艺还没有找到完善成熟的产业化发展之路，同时又试图抓住海外市场需求来补充国家和地方经济总量，所以最直接的方法就是通过发挥劳动力资源丰富的优势，迅速调整生产结构，将原有单件制作模式粗放地转换为批量生产模式，这一时期的北京京郊特种工艺发展浪潮正是在这样的背景下迅速发展起来的。

北京民间特种工艺是自20世纪初叶发展起来的，主要以景泰蓝（珐琅）、漆器、玉器和牙雕等为代表，清末工艺局的设立作为承接清宫造办处手艺人社会流向的重要机构，推动了北京特种工艺的进一步发展，使其开始逐步走出国门并作为中国的"技术代表"出现在世界博览会的舞台，并在20世纪中期基本形成了"外销为主、内销为辅"的京作特种工艺市场格局[2]。新中国成立后，将特种工艺品用于出口外销换取外汇仍旧在政府国民经济中占有重要位置，尽管因国家政策而屡受波折，但特种工艺仍旧得到了长足发展，尤其是形成了以城市为中心发展格局。改革开放以后，随着整个工艺美术行业进入"扩张期"，北京工艺美术品总公司下属的20余家专业厂家"为适应外贸的需求，不断扩大生产规模，增加产品种类，部分厂家的产品一度出现了供不应求的状况，使该行业在整体上呈扩张之势"[3]。在这样的背景下，原本以城市为中心的特种手工艺生产不得以向京郊农村蔓延，开始利用京郊农村丰富的劳动力资源进行扩大化生产。北京雕漆厂李一之曾回忆，"为了满足外贸出口，北京雕漆厂除了人员迅猛增加外，还积极发展乡镇外加工企业，在京郊大力发展雕漆加工点，有宣武街道雕漆厂，朝阳区东坝、洼里、黄港、孙河、辛堡、七棵树、将台、望京、三里屯，通县西集、大闸，房山县西庄户，密云县太师屯，顺义县李桥、后沙峪、北雾，以及河北省固安、文安、曲阳等雕漆加工作坊40余处，

---

[1] 胡平：《中国传统手工艺的复兴》，《装饰》1999年第6期。
[2] 吴明娣主编：《百年京作：20世纪北京传统工艺美术的传承与保护》，首都师范大学出版社2014年版，第7页。
[3] 同上书，第12页。

以解决产能不足的困难"①。与雕漆的发展情况相似,京郊珐琅厂也同样在改革开放之初如雨后春笋般涌现,它们作为由乡镇或村镇集体创办的外加工厂或加工点,在充分发挥京郊闲散劳动力资源的同时,大大促进了北京特种工艺行业的整体发展和繁荣,使这一时期北京特种工艺呈现出一派生产上的复兴面貌。

近年来,笔者在文献梳理基础上,重点以北京朝阳区和通州区为个案进行田野调查②,通过对历史上曾存在过的京郊珐琅厂及其当年实际参与创办、运营和制作的相关人员进行访谈,将现有个案点的实际生产情况及其特征概括为五点:第一,工厂性质为集体所有,多为镇办或村办,尤其是村办企业最多,工厂由村委班子领导,另选有经验者担任业务负责人,便于统一经营和管理;第二,经营定位为外加工,业务对接北京市内的各类工艺美术专业厂家,大多只需要专注于生产环节,不用担心销售和市场;第三,工人群体主要为本村闲散劳力,且以女性为主体;第四,分工细化、生产技术体系有限,通过简单培训后即可熟练掌握整个工艺流程中的某道工序,并不要求掌握全部工艺流程,便于简单重复劳作的批量化生产;第五,产品层次有限,质量参差不齐,在这种短期培训与技术设备有限的生产条件下所制造的产品,其品质肯定不能与单件制作的精雕细刻相比。近年来,国内市场又有不少20世纪80年代外销特种工艺品回流销售,从这些实物也能反映出当时的产品质量。

由于投资少、风险小,能充分发挥村落闲置劳动力资源为农民创收,这类外加工工厂在京郊农村快速兴办,据不完全统计,各种门类的工厂总计达数百家。与此同时,因为存在市场经营和技术体系上的严重缺陷,以及对城市大型专业厂家的过度依附性,使得其在1990年后迅速消亡。20世纪80年代末期,我国外贸出口市场遭到限制和破坏,整个工艺美术行业陷入困境。1989年,北京工艺美术品总公司迫于国际市场形势压力,一改此前以外贸出口为主的政策,实行"立足国内,以内为主"的方针③。由于国内特种工艺品消费市场

---

① 李一之编著:《雕漆》,北京美术摄影出版社2012年版,第54页。
② 本项研究曾以题《当代京郊特种手工艺生产浪潮的回顾与思考》,于2018年12月9日在华东师范大学人文与社会科学研究院主办的"市场与能力:传统工艺当代传承关键问题"学术论坛上宣读。
③ 吴明娣主编:《百年京作:20世纪北京传统工艺美术的传承与保护》,首都师范大学出版社2014年版,第13页。

有限，很多工厂难以及时调整产品结构，致使经营陷入困境，如1992年经营状况较好的北京珐琅厂都开始靠出租厂房来维持生计，① 没有了"计划经济的外加工订单"的京郊工厂被迫接连倒闭。改革开放之初，京郊特种工艺的生产复兴浪潮就此衰退。

进入20世纪90年代以后，传统工艺的生产复兴开始出现了一些变化，不再停留于依赖传统生产模式和简单劳动力资源，在一些地区和手工艺门类中，知识和技能在实践过程中越来越受到重视。方李莉在研究景德镇民窑业时，特别关注了现代手艺群体围绕制瓷而展开的一系列生产活动和经济活动，并将景德镇陶瓷手工艺复兴分为三个阶段，其中包含了前非遗时代的两个阶段，一是20世纪90年代城市周边家庭作坊式的仿古瓷生产阶段，因具有投资资金少、生产规模小的特点，因而较为容易地逐渐恢复了当地传统的手工艺技术体系；二是20世纪90年代末至2006年，开始进入以工艺美术大师和艺术精英引导的陶瓷手工艺创新发展时期，主要以生产艺术瓷和个性化、艺术化的手工生活用瓷为标志。② 她在研究中多次强调了知识和智慧的重要性，认为景德镇陶瓷手工艺的当代复兴，既区别于注重劳动力投入的前工业社会模式，又有别于将资本作为主要生产变量的工业社会模式，"生产方式中最重要的因素既不是资本，也不是劳动力，他们最重要的生产资料是他们本人与众不同的制瓷或绘瓷的技艺以及对古陶瓷历史的认识、理解和对市场的把握、了解等方面的知识，其中还包括市场的信息、个人的经验、价值观等"③。与20世纪80年代京郊特种工艺发展浪潮相比，90年代以来景德镇陶瓷手工艺的生产复兴更加突出了手艺人个体的能动性和创造性，这无疑为即将到来的非遗运动奠定了坚实的群众基础和一定的自觉意识。

---

① 吴明娣主编：《百年京作：20世纪北京传统工艺美术的传承与保护》，首都师范大学出版社2014年版，第14页。

② 方李莉：《论"非遗"传承与当代社会的多样性发展——以景德镇传统手工艺复兴为例》，《民族艺术》2015年第1期。

③ 方李莉：《传统与变迁——景德镇新旧民窑业田野考察》，江西人民出版社2000年版，第139页。转引自方李莉：《艺术人类学的本土视野》，中国文联出版社2014年版，第101页。

三 面向非遗实践的传统工艺文化复兴

与前述特定区域、特殊手工艺门类的复兴浪潮相比，传统技艺类的非物质文化遗产保护运动真正让全国各省市、各民族、各层级的广大群体充分认识到了传统手工艺的特殊价值，这也符合非遗保护的真正价值，即"让社会中的文化受尊重"①，让不同社区的每一个人都能参与进来。与前述生产复兴相比，非遗语境下的传统工艺复兴更是一次面向生产实践的文化复兴，"以非物质文化遗产为代表的民族的文化传统，正成为一种人文资源，被用来建构和产生在全球一体化语境中的民族政治和民族文化的主体意识，同时也被活用成当地的文化和经济的新的建构方式，不仅重新模塑了当地文化，同时也成为当地新的经济的增长点"②。非遗语境下传统工艺从生产复兴转向文化复兴，并非是讲不再重视生产，而是更加突出了主体意识和地方认同，突显了因传统工艺复兴而引起的对家族、村落、民族和行业等不同层面文化的整体复兴。

（一）个体意识与家族品牌

家族传承是传统工艺传承的主要方式之一，近代以来很多技艺的发展传承都与某些家族保持着密切关联，非遗语境下的传统工艺复兴很容易转变成家族文化和家族品牌。"传统工艺品牌的创建是振兴传统工艺的关键，它既是一种中国企业身份的战略，也是一种中国身份的战略。"③家族品牌更是传统工艺诸多品牌的重要类别之一。

靛庄花丝厂作为前述当代京郊特种工艺生产浪潮中涌现的一家村办企业，位于北京市通州区漷县镇靛庄村，以生产花丝珐琅为主业。在改革开放的发展之初，靛庄花丝厂由村委领导，吸收本村闲置劳动力，在生产销售上与北京珐琅厂和北京市工艺品进出口公司密切配合，1985—1991 年，该厂扩大生产规

---

① 高丙中:《〈保护非物质文化遗产公约〉的精神构成与中国实践》，《中南民族大学学报》2017 年第 4 期。
② 方李莉:《论"非遗"传承与当代社会的多样性发展——以景德镇传统手工艺复兴为例》，《民族艺术》2015 年第 1 期。
③ 李晓岑、朱霞:《传统工艺与中国品牌》，《自然辩证法研究》2017 年第 2 期。

模,职工人数达400人,在这同期其他同类工厂中均属少见,由此带来经济效益大幅度提高,资产总额突破300万元。[1]该厂的另一特殊性在于,从建厂之初,该厂在业务和技术体系上依赖本村熊家,建厂时主要依赖于技术负责人及厂长熊振江,熊振江的父亲在清末民国时曾在北京老天利学徒、做工,晚年才回到家乡靛庄,熊振江将内化的家族传承与村办工厂发展模式结合,保证了工厂的技术体系相较成熟,1988年熊振江获得"县级农民企业家、市劳动模范"等称号。到1990年代,在其他同类工厂因技术短腿和市场缺失而纷纷倒闭的背景下,该厂在不存在技术短腿问题的前提下,顺应政府政策(1990初期允许乡镇企业拥有自主产品出口权),积极争取"自营出口权"。从1993下半年筹备,到1995年初成功获批,该厂成为了"北京市村办企业中第一个获得自营出口权的企业"[2]。在整体出口市场不乐观的情况下,该厂积极与美国和香港等企业进行业务洽谈,继续维系花丝珐琅的出口贸易。

进入21世纪和非遗时代,尤其是2006年"景泰蓝制作技艺"被列入第一批国家级非遗名录后,在北京市珐琅厂主导的"京珐"文化话语语境下,京郊"遗珠"的存续和生存又面临新的挑战和机遇。基于笔者近年来对现任厂长熊松涛的访谈,我们发现,靛庄花丝厂当前依旧延续了"浪潮"中的一个重要特点,即以本村及周边村民为主要劳动力资源,目前工人约有60余人,大多数自20世纪八九十年代就在该厂做工,也有少量年轻人加入,相对稳定可靠的职工群体成为该厂发展的重要前提。2011年,靛庄花丝厂申报的"靛庄景泰蓝制作技艺"入选通州区区级非遗名录,而作为该项目的重要传承人,熊松涛和父亲熊振江在同年打出"熊氏珐琅"的品牌,期望通过品牌化经营,形成家族品牌特色,增厚商品的家族文化附加值。通过多年与不同厂商的合作,熊松涛意识到品牌对于企业发展的重要性,传统的"靛庄花丝厂"并不能充分反映其技术特性和文化价值,与"京珐"传统的铜胎铜丝有所区别,熊氏珐琅大胆突破创新,逐渐形成了银胎银丝或银胎金丝风格,并在烧制、釉料选择、打磨等诸多环节进行改革,在产品种类上从传统器物发展至代表性的珐琅表盘制作技

---

[1] 中共通县县委办公室:《漷县镇靛庄花丝厂获得自营出口权的启示与思考》,《农村经济与管理》1995年第2期。

[2] 同上。

艺，今后还将继续将传统工艺与首饰设计理念相结合，继续拓宽"熊氏珐琅"品牌化道路；在家族品牌宣传上，通过建设家族艺术馆、多媒体传播方式来全面展示家族品牌的历史、文化与实物珍品，进一步传播熊氏珐琅文化。

从非遗项目"靛庄景泰蓝制作技艺"中衍生出"熊氏珐琅"家族品牌，以及因非遗实践而催生的家族意识觉醒和家族品牌生成的现象并非孤例，体现了传统工艺的非遗实践对于推动家族文化繁荣的促进作用。

（二）文化认同与社区复兴

传统技艺类非遗项目辐射的区域范围十分广泛，由此带动越来越多的当地人关注地方知识和传统工艺。如同方李莉对景德镇的研究，其第三阶段的复兴时间基本是以非遗运动在我国的全面展开为标志的，此时的景德镇已经从一个"仿古瓷生产的集散地"发展到"每一个角落的传统手工艺文化的复兴"的局面，手艺人群体结构从第二阶段的精英阶层为主体开始向社会每一个层面转移，包含农民工、艺校学生和全国各地乃至世界各地的艺术家等在内共同构成了一个新的职业群体——"景漂"[①]，他们共同推动了一个世界陶瓷中心的形成和再生产，也在重新创造一个区域的文化复兴。对于非遗时代的传统工艺，方李莉认为，"作为传统文化的非物质文化遗产，并没有离我们而远去；相反，其正在帮助看到通往人类社会未来之路"[②]，她同时倡导地方要积极利用非遗文化资源，去探索具有地方性的现代文化之路与现代社会运行模式，以此来保持文化多样性。景德镇的传统工艺复兴因其历史盛名、代表性工艺门类鲜明，又长期受到地方政府和社会精英的关注而具有特殊性，较容易构建地方文化认同和社会认同，但对于当前绝大多数存在手工艺传统的普通社区，情况则有所不同。

近年来，国家大力倡导乡村振兴计划，伴随地方社区对传统技艺类非遗项目的普遍重视，以及国家传统工艺振兴计划的提出，传统工艺成为地方各级政府试图打造美丽乡村和实现乡村脱贫攻坚的重要手段和工具。在这种局面下，单靠地方政府引导和民众热情还不够，相关领域的政策倾斜和社会精英介入已

---

① 方李莉：《论"非遗"传承与当代社会的多样性发展——以景德镇传统手工艺复兴为例》，《民族艺术》2015年第1期。

② 同上。

经成为培育传统工艺复兴的重要方式。以贵州为例①,从2011年起,以雷山为代表的部分地区率先同相关高校开展合作,通过共建非遗保护与研发中心的形式来深度挖掘地方非遗文化资源,探索保护与传承兼具的非遗产业链,将传统手工艺与现代设计、市场运作有机整合。在这样的前期经验积累下,2015年以来,雷山进一步响应国家对非遗传承人试点培训的发展规划,面向全省建设了传统工艺贵州工作站,在全国范围内梳理了非遗保护与传承创新的贵州模式。随着国家文化和旅游部陆续发布《中国非物质文化遗产传承人群研修研习培训计划实施方案(2018—2020)》和《关于大力振兴贫困地区传统工艺助力精准扶贫的通知》,已有经验的在全国推广,并从国家层面号召各地文化部门和地方精英直接或间接地参与到传统工艺的整理、研究、保护和开发进程,帮助传承人和地方民众提升产品层次、艺术审美和现代功能,最终达到帮助地方脱贫致富,重构社区文化认同的终极目标。

但是,对于这种帮扶开发有必要吸取前序历史经验,把握尺度。倘若过度涉入很容易造成地方内生力不足,使地方民众沦为新文化产业的低端劳动力,甚至被边缘化。最终就像前述京郊特种工艺浪潮中所表现的那样,一旦缺失了外力引导和产业体系,地方手工艺就会成为虚假的繁荣。有学者已经开始从人类学视角反思这种以设计师为代表的社会精英介入,对地方传统工艺及其社会体系将会造成怎样的影响,依循将传统手工艺看作社区文化重要组成部分的观点,尊重手艺带给手艺人和地方民众的"人类价值"②,避免外部介入所造成的地方传统碎片化、地方手艺人的去技能化和地方手工艺的整体异化,由此提出要倡导一种"协同设计"思维模式,要求外部精英与地方手艺人或非遗传承人、地方广大人民群众一道创新、创造③,促进地方文化主体自信,加强地方民众对新文化产业的认同感,实现地方社区的整体繁荣和复兴。

---

① 有关传统工艺贵州工作站的发展历程,主要参考赵罡:《由点到面 全面推进——从雷山非物质文化遗产中心到贵州传统工艺工作站的建设探索》,《中国民族美术》2017年第1期。
② 张朵朵:《风险中的具身知识:设计师介入地方传统手工艺的人类学反思》,《美术与设计》2016年第2期。
③ 张朵朵:《协同设计"触动"传统社区复兴——以"新通道·花瑶花"项目的非遗研究与创新实践为例》,《装饰》2016年第12期。

（三）手艺文化与常态发展

今天谈传统工艺复兴，是因为其曾经一度面临危机，考量其危机来源很大程度上属于"社会心态危机"[①]，在工业化语境下容易将之视为落后的而有意从日常生活中遗弃，在现代化语境下容易将之"过度艺术化"或"奢侈化"而不得以地脱离普通生活。这两种社会心态都不利于传统工艺的长期稳定发展。

事实上，传统工艺的常态发展已经具备良好条件和成果基础。在学术研究层面，不同学科共同聚焦，关注并探讨传统工艺的国学价值[②]、科技内涵[③]、民俗传承[④]，以及学科建设的可能性和重要意义[⑤]；在行业发展的实践层面，关注内在驱动力[⑥]，探讨其多面向的产业化发展模式，这些都足以为传统工艺行业的整体生态奠定学理和经验基础。与此同时，还有一种声音正在引导传统工艺走进日常生活，那就是"恢复与重建中国人自己的健康、典雅、讲究的生活方式"[⑦]，由此形成满足生活消费需求和精神需求的手艺文化和社会风尚，进一步使得非遗实践对于手艺文化的引领逐步实现从工具理性向价值理性的跨越。

我们对于非物质文化遗产的讨论正在逐渐超越对本真性和变异过程等问题的纠结，更加坚定传统文化的核心信仰和价值观体系[⑧]，相信在文化自愈机制下或断裂或失色的部分传统工艺势必会在某个时机得以重新活化或回归。面对传统工艺在全国大范围内的非遗实践和文化复兴，我们要在认真记录、整理和深入研究的基础上，在有序推动传统工艺产业化开发过程中，更多关注传统工艺的常态化发展，让这场文化复兴的春风真正地润物细无声、无声胜有声。

---

① 本文对"社会生态危机"的提法源自胡平的"心态的危机"，详见胡平：《中国传统手工艺的复兴》，《装饰》1999年第6期。
② 董晓萍：《传统工艺、多元社会模式与高等教育》，《中国科学院院刊》2018年第12期。
③ 张柏春：《传统工艺的科学认知》，《中国科学院院刊》2018年第12期。
④ 朱霞：《传统工艺的传承特质与自愈机制》，《北京师范大学学报》（社会科学版）2018年第4期。
⑤ 华觉明：《中国传统工艺的现代价值与学科建设》，《中国科学院院刊》2018年第12期。
⑥ 练春海：《传统手工艺行业发展的内在驱动力建设》，《中国美术研究》2016年第4期。
⑦ 徐艺乙：《材料·工艺·形态——传统手工艺及其关键词解读》，《徐州工程学院学报》2017年第5期。
⑧ 张举文：《非物质文化遗产与中国文化的自愈机制》，《民俗研究》2018年第1期。

参考文献

古籍

[1]〔清〕高建勋等修，王维珍等纂:《(光绪)通州志》，光绪五年(1879)刻本。

[2]〔清〕周之翰撰:《通粮厅志》，学生书局1970年版。

[3]〔清〕于敏中等编纂:《日下旧闻考》，北京古籍出版社1981年版。

[4]〔汉〕河上公注，〔三国〕王弼注，〔汉〕严遵指归，刘思禾校点:《老子》，上海古籍出版社2013年版。

[5]〔清〕文康:《儿女英雄传》，岳麓书社2016年版。

[6]〔元〕脱脱等:《辽史》，中华书局2017年版。

资料汇编

[1] 冯其庸主编:《曹雪芹墓石论争集》，文化艺术出版社1994年版。

[2] 段宝林主编，郑恩波、张明副主编:《刘绍棠与运河乡土文学》，北京燕山出版社1996年版。

[3]《中国政区大典》编委会编著:《中国政区大典》，浙江人民出版社1999年版。

[4] 中共北京市委宣传部、北京市思想政治工作研究会编:《文明落农家：通州区宋庄镇的文明村创建活动》，北京出版社2000年版。

[5] 苏天钧主编:《北京考古集成》，北京出版社2000年版。

[6] 中国戏曲志编辑委员会:《中国戏曲志·北京卷》，中国ISBN中心2000年版。

[7]《北京百科全书·通州卷》编辑委员会编:《北京百科全书·通州卷》，奥林匹克出版社2001年版。

[8] 北京市民政局编:《北京市行政区划》，中国社会出版社2003年版。

[9] 郑建山选编:《大运河的传说》,文化艺术出版社 2004 年版。
[10] 周良等主编:《通州民间艺术》,文化艺术出版社 2004 年版。
[11] 北京市通州区政协文史和学习委员会、北京市通州区张家湾镇人民政府编著:《漕运古镇张家湾》,团结出版社 2014 年版。
[12] 北京市通州区政协文史和学习委员会、北京市通州区西集镇人民政府编:《颐和西集》,团结出版社 2017 年版。
[13] 郭炜等编著:《大运河与通州古城》,北京出版社 2018 年版。
[14] 张晓春编著:《最美乡村:当代中国乡村建设实践》,广西师范大学出版社 2018 年版。

内部资料

[1] 清华大学国家文化产业研究中心编制:《通州区产业规划研究:中期研究成果之三 文化旅游产业规划研究(上):文化创意产业》,2017 年。
[2]《张家湾古镇地区规划及实施方案系列规划工作进展汇报》,2019 年,通州图书馆藏。
[3]《张家湾古镇规划》,2019 年,通州图书馆藏。
[4]《张家湾设计小镇产业策划》,2019 年,通州图书馆藏。
[5]《张家湾设计小镇综合方案汇报》,2019 年,通州图书馆藏。。
[6] 北京市文学艺术界联合会、中共北京市通州区西集镇委员会、北京市通州区西集镇人民政府:《民间故事集》,通州图书馆藏。

著作

[1] 茅盾:《茅盾论中国现代作家作品》,北京大学出版社 1980 年版。
[2] [法] 摩莱里:《自然法典》,黄建华、姜亚洲译,商务印书馆 1982 年版。
[3] 刘绍棠:《乡土文学四十年》,文化艺术出版社 1990 年版。
[4] 晏阳初著,宋恩荣主编:《晏阳初全集·第 2 卷(1938—1949)》,湖南教育出版社 1992 年版。
[5] 孙犁:《孙犁文集》,百花文艺出版社 1992 年版。

[6] 中共中央马克思恩格斯列宁斯大林著作编译局编译:《马克思恩格斯全集》,人民出版社1995年版。

[7] [英]埃比尼泽·霍华德:《明日的田园城市》,金经元译,商务印书馆2000年版。

[8] [美]唐纳德·L.哈迪斯蒂:《生态人类学》,郭凡、邹和译,文物出版社2002年版。

[9] 《刘绍棠文集》,北京十月文艺出版社2003年版。

[10] 周良编著:《通州文物》,文化艺术出版社2004年版。

[11] [英]爱德华·泰勒:《原始文化》,连树声译,广西师范大学出版社2005年版。

[12] [美]刘易斯·芒福德:《城市发展史——起源、演变和前景》,倪文彦、宋俊岭译,中国建筑工业出版社2005年版。

[13] 费孝通:《乡土中国》,北京出版社2005年版。

[14] 张海洋主编:《民族研究文集·学科建设与应用研究卷》,中央民族大学出版社2006年版。

[15] 郑恩波:《刘绍棠全传》,文化艺术出版社2006年版。

[16] 梁漱溟:《乡村建设理论》,上海人民出版社2006年版。

[17] 杜德久:《通州文物志》,文化艺术出版社2006年版。

[18] 陈晓峰:《搅局:我来戳艺术江湖的泡泡》,新星出版社2012年版。

[19] 《刘祥作品选》,漓江出版社2013年版。

[20] 王笠泽:《宋庄房讼纪实》,中国政法大学出版社2013年版。

[21] 陈炯:《艺术区形态研究》,上海三联书店2014年版。

[22] 王梓夫:《漕运古镇》,中国文史出版社2015年版。

[23] 《吴鸿自选集》,北岳文艺出版社2015年版。

[24] 周恒、赖文波主编:《城市公共艺术》,重庆大学出版社2016年版。

[25] 李莉:《艺术介入美丽乡村建设:艺术家与人类学家对话录》,文化艺术出版社2017年版。

[26] 渠岩:《限界的目光》,商务印书馆2018年版。

[27] 孙连庆编著:《张家湾》,北京出版社2018年版。

[28] 刘绍棠:《十步香草》,北京十月文艺出版社2018年版。

[29] 毛巧晖等：《北运河民俗志·第一卷·基于文献与口述的考察》，中国戏剧出版社 2019 年版。

[30] 毛巧晖等：《北运河民俗志·第二卷·图像、文本与口述》，中国戏剧出版社，2020 年版。

[31] 毛巧晖等：《北运河民俗志·第三卷·民间文学合集》，学苑出版社，2021 年版。

期刊

[1] 刘绍棠：《〈蒲柳人家〉二三事》，《北京师范大学学报》（社会科学版）1981 年第 2 期。

[2] 刘绍棠：《乡土与创作——〈峨眉〉题外》，《人民文学》1981 年第 7 期。

[3] 宁泽民、柳克令：《北京市通县乡镇工业 1986—1990 年发展的探讨》，《北京农业工程大学学报》1986 年第 4 期。

[4] 周良：《铜帮铁底运粮河析》，《北京文博》1998 年第 1 期。

[5] 虞和平：《民国时期乡村建设运动的农村改造模式》，《近代史研究》2006 年第 4 期。

[6] 孔建华：《北京宋庄原创艺术集聚区发展研究》，《北京社会科学》2007 年第 3 期。

[7] 孔建华：《宋庄原创艺术集聚区发展方略》，《城市问题》2007 年第 5 期。

[8] 崔越：《马克思、恩格斯城乡融合理论的现实启示》，《经济与社会发展》2009 年第 2 期。

[9] 赵方忠：《台湖：探路特色小城镇》，《投资北京》2010 年第 2 期。

[10] 王晶、李浩、王辉：《城市工业遗产保护更新——一种构建创意城市的重要途径》，《国际城市规划》2012 年第 3 期。

[11] 孔建华：《宋庄画家村札记》，《中国美术》2012 年第 4 期。

[12] 刘洁、苏杨：《从人口分布的不均衡性看北京"城市病"》，《中国发展观察》2013 年第 5 期。

[13] 董丽娟：《乡村集市的"民俗文化空间性"》，《文化学刊》2014 年第 6 期。

[14] 曹成竹：《从"歌谣运动"到"红色歌谣"：歌谣的现代文学之旅》，《文艺

争鸣》2014年第6期。

[15] 周星：《"生活革命"与中国民俗学的方向》，《民俗研究》2017年第1期。

[16] 刘姝曼：《艺术介入乡村建设的回首、反思与展望——基于"青田范式"的人类学考察》，《民族艺林》2017年第4期。

[17] 王亚华、苏毅清：《乡村振兴——中国农村发展新战略》，《中央社会主义学院学报》2017年第6期。

[18] 毛巧晖、白蓉：《地域秩序与社会记忆的表达——以山西运城盐池神话为中心的考察》，《中北大学学报》(社会科学版)，2018年第4期。

[19] 毛巧晖：《文学想象与地域民俗认同的构拟——基于北京市通州区张家湾"中国红学文化之乡"构筑的思考》，《暨南学报》(哲学社会科学版)2019年第4期。

[20] 王孟图：《从"主体性"到"主体间性"：艺术介入乡村建设的再思考——基于福建屏南古村落发展实践的启示》，《民族艺术研究》2019年第6期。

[21] 彭灵灵：《特色小镇培育发展的逻辑》，《城市观察》2020年第1期。

[22] 路艳红：《艺术乡建的主体性研究》，《艺术百家》2020年第5期。

[23] 毛巧晖：《民间文学的搜集整理与知识生产：以曹雪芹传说为中心的讨论》，《红楼梦学刊》2020年第6期。

[24] 王铭、刘爽：《运河京门：张家湾运河古镇的独特定位及其当代塑造》，《新视野》2021年第3期。

[25] 许檀：《明清时期的通州商业》，《中国社会经济史研究》2021年第3期。

[26] 严鹏、孙星、陈文佳：《工业遗产：一个面向未来的论纲》，《东方学刊》2021年第3期。

[27] 王卫华、孙佳丰：《古桥传说与运河文脉传承》，《北京联合大学学报》(人文社会科学版)2021年第3期。

[28] 郭洁、郭斯蕤：《张家湾设计小镇：北京城市副中心新型工业用地混合利用研究》，《北京规划建设》2021年第4期。

[29] [美]张举文：《从实践概念"非物质文化遗产"到学科概念"文化遗产"的转向》，《民俗研究》2021年第5期。

[30] 陈喜波、贾濛：《漂来的繁华：明清北运河水系变迁与通州张家湾码头兴衰——兼论张家湾运河文化遗产保护、传承和利用》，《首都师范大学学

报》（社会科学版）2021年第5期。

[31] 张颖：《中国艺术乡建二十年：本土化问题与方法论困境》，《民族艺术》2021年第5期。

[32] 李博洋：《北京城市副中心公共艺术空间规划研究》，《北京规划建设》2021年第6期。

[33] 毛巧晖、王晴：《民间花会与社会治理——以北京市通州区里二泗小车会为中心的讨论》，《社会治理》，2021年第8期。

[34] 毛巧晖：《北运河流域民间文艺资源的传承与转化》，《美术观察》2021年第10期。

[35] 张嫚嫚：《"艺术乡建"与中国当代艺术的在地实践》，《四川戏剧》2021年第11期。

[36] 王浏琯、王崑声：《城市副中心系统特征分析及提升对策——以北京城市副中心为例》，《城市问题》2021年第12期。

[37] 王倩：《工业遗址之蝶变重生：张家湾北泡轻钢厂工业遗址改造》，《北京规划建设》2022年第1期。

[38] 谈冕、梁脉秋、徐闻：《宋庄：从乡村乌托邦到文化硅谷》，《城市开发》2022年第2期。

电子资源

[1] 中国共产党北京市通州区委员会宣传部微信公众平台"北京通州发布"。
[2] 北京市通州区融媒体中心微信公众平台"通州融媒"。
[3] 北京市通州区农业农村局微信公众平台"通州三农"。
[4] 北京市通州区宋庄镇人民政府微信公众平台"中国宋庄"。
[5] 北京市建筑设计研究院有限公司微信公众平台"BIAD创作"。
[6] 北京市通州区人民政府网（http://zhengfu.bjtzh.gov.cn/）
[7] 北京西城文明网（http://bj.wenming.cn/xc/）
[8] 中华人民共和国中央人民政府网（https://www.gov.cn/）
[9] 中国皮影艺术委员会网站（http://pyyswyh.com/）
[10] 北京市规划和自然资源委员会网站（http://ghzrzyw.beijing.gov.cn/）

学位论文

[1] 林巍：《北京家庭旅馆发展现状及对策研究》，北京第二外国语学院硕士学位论文，2009年。

[2] 张天羽：《北京宋庄艺术群落生态研究》，中国艺术研究院博士学位论文，2013年。

[3] 李宝山：《北京宋庄画家村聚落建筑空间类型研究》，北方工业大学硕士学位论文，2015年。

[4] 刘琴：《参与式艺术的乡村现场》，西安美术学院硕士学位论文，2019年。

[5] 陈田甜：《武隆懒坝大地艺术节"在地"设计研究》，四川美术学院硕士学位论文，2020年。

报纸文章

[1] 《农村工具改革的新发展》，《人民日报》1960年1月13日，第1版。

[2] 《发动群众 面向群众》，《人民日报》1968年5月23日，第4版。

[3] 通县革委会、通县驻军支左办公室联合调查组：《在农村文艺领域中实现无产阶级的全面专政 通县农村业余毛泽东思想文艺宣传队调查报告》，《人民日报》1969年2月19日，第4版。

[4] 黄兆琦、周毅之：《京郊应该走在农业现代化的前列——从通县县委书记的访欧观感谈起》，《人民日报》1978年12月20日，第3版。

[5] 《公社与大专院校挂钩办专科班》，《人民日报》1983年1月17日，第4版。

[6] 习近平：《决胜全面建成小康社会 夺取新时代中国特色社会主义伟大胜利》，《人民日报》2017年10月28日，第1版。

[7] 张妮、青木：《一个演艺小镇，一种文化故事》，《环球时报》2021年9月3日，第13版。

[8] 李春莲、李乔宇：《北京环球影城"满月"调查：酒店"一房难求" 新店蓄势待发》，《证券日报》2021年10月20日，第A3版。

[9] 冯维静：《千年古河道种出6万平方米"水下森林"》，《北京日报》2021年

10月27日，第13版。

[10] 吴金梅:《北京环球影城聚能之下文旅产业聚落式发展思考》,《中国旅游报》2021年11月12日，第3版。

[11] 付伟:《激活村民参与乡村建设的内生动力》,《光明日报》2022年1月18日，第13版。